Fritz Meichner · Caspar David Friedrich

FRITZ MEICHNER

CASPAR DAVID FRIEDRICH

ROMAN

SEINES LEBENS

AGENTUR DES RAUHEN HAUSES

HAMBURG

Berechtigte Lizenzausgabe für Agentur des
Rauhen Hauses Hamburg
1. Auflage 1975
Typographie Horst Erich Wolter
Umschlag Dieter Gätjens
Umschlaglitho mit freundlicher Genehmigung
des Prestel-Verlages, München
Gesamtherstellung Clausen & Bosse, Leck
ISBN 3 7600 0132 7
Bestellnummer 1306 1

IM FRÜHLICHT

Eben ist das Land, gründunkel und von sandigem Gelb. Trennend gezogen zwischen Himmel und Meer, friedet es das unruhige Wasser ein, das es in weiter Umarmung umfängt. An beiden Seiten der Bucht strebt es zum Meer hin, reckt sich im Nordwesten der großen Insel entgegen, die es fast erreicht, und zerrinnt mit ihren Umrissen in der Weite.

Wie das Auge, wenn es das Land verfolgt, über zart gestrichene Linien tastet, so wiegt sich der Blick der Ferne zu. Er muß, weil das Land jäh abbricht, sich dem Sprühen des Wassers und dem Kampf hingeben, den das Gewölk mit dem Licht in mannigfaltigen Farbenspielen vollführt.

Weil aber das Auge beständig in diesen Weiten kreist, wandern auch die Gedanken über das Land hinweg nach den Erscheinungen am Himmelsgewölbe. Sie werden bereitet zum Aufbruch aus der irdischen Gebundenheit nach der Freiheit des Raumes.

Den alten Witt aber, der in der Frühe zum Fischfang ausfährt, bewegt solch ein Trachten nach der Ferne und zur Höhe nicht, weder beim Tagewerk noch bei der Heimkehr am Abend.

Um die Morgendämmerung tritt er aus seiner Kate. Das Reetdach ist tief heruntergezogen, die kleinen Fenster sind nur eben darunter sichtbar. In einer Stube brennt Licht, matt fällt der Schein durch das blinde Glas. Der Alte blinzelt durch den Frühnebel nach den roten Äpfeln und nach ein paar armseligen Kartoffelstauden in seinem Garten.

Langsam geht er auf die Böschung zu. Nach wenigen

Schritten verhält er. Seine Augen, eben noch zwischen faltigen Lidern eingeklemmt, spähen hellwach nach dem Strand hinunter, als nehme er etwas Gewohntes und doch eben nicht Alltägliches wahr.

Da hockt wirklich wieder der Junge auf dem Bootsrand.

Der Alte bewegt sich gemächlich die Böschung abwärts. Zwischen Runzeln, Bartstoppeln und verwitterten Hautfalten kommt ein freundliches Wohlwollen zum Vorschein.

„Du bist wohl schon um Mitternacht von Greifswald abgerückt, Junge?“

Der Knabe rutscht vom Boot, steht verfroren und kümmerlich vor ihm.

„Willst du mitfahren, Caspar? He?“

„Ich kann nicht. Bruder Christoffer wartet.“

Witt sieht prüfend nach dem Wetter.

„Es ist diesig, aber es wird aufklaren. Schade, Junge. Kannst du nicht doch mitkommen?“

„Dann muß Christoffer allein das Holz für die Seifenkessel hacken.“

„Na, denn hilft das nicht.“

Er geht auf die ausgespannten Netze zu, die in langen Reihen am Ufer hängen, und löst sie von den Stangen. Der Knabe streift Schuhe und Strümpfe ab und hilft ihm. Er hält die Netze, die der Alte ihm zureicht, mit hochgestreckten Armen, damit sie nicht durcheinandergeraten. Die letzten Pfähle stehen nicht mehr am Ufer; der alte Witt watet fast bis an die Knie im Wasser.

„Junge, bleib zurück und gib die Netze her. Du hast keine Wasserstiefel an.“

„Ich habe keine Stiefel an, ich helfe mit.“

Ein paar Fischer haben sich eingefunden. Sie tragen die Mönchguter Tracht mit kurzen Jacken, hellen Leinenhosen und hohen Stiefeln. Die runden Hüte mit dem breiten Rand haben sie ins Genick geschoben, das hält den Blick frei. Sie sehen über den Greifswalder Bodden hinaus, wie der alte Witt es tat, sie sagen das gleiche vom Wetter und sie verrichten dieselbe Arbeit; einige von ihnen nehmen die schweren Aalreusen von den Pfählen ab.

Der Alte und der Knabe haben die Netze ins Boot gelegt. Da kommt auch Albert Türke die Böschung herunter. Er ist wohl wenige Jahre jünger als Witt, er ist größer und erscheint daher hagerer. Er nickt dem Jungen zu, gibt einen knurrenden Laut von sich und macht sich mit Witt daran, das Boot ins Wasser zu schieben. Auch der Knabe stemmt sich gegen die Bootswand, als könnten die Männer seine Kräfte nicht entbehren.

„Recht so, Junge. Halt dich zu uns. Sonst sitzt du eines Tages in Vaters Seifensiederei und wirst ein Bleichgesicht. Dünn wie ein Aal bist du schon."

Caspar hebt trotzig den Kopf. Der Alte stutzt. Da ist etwas an dem Jungen, das ihm bisher noch nicht aufgefallen ist. Er macht sich aber keine Gedanken darüber, steigt ins Boot und setzt sich auf die vordere Ducht. Auch Türke schwingt sich über den Bootsrand und stößt das Fahrzeug mit dem Riemen vom Land ab.

„Und nun geh man nach Haus, Junge."

Türke steht etwas geneigt auf der Ducht am Heck des Bootes, taucht den Riemen bis zur Hälfte ins Wasser, dreht ihn abwechselnd von rechts nach links und von links nach rechts. Das kleine Fahrzeug kommt langsam in Bewegung, dann schießt es nach vorn, er wriggt mit kräftigen Armen.

Caspar sieht dem Boot nach, das kleine Schaumstreifen hinter sich zurückläßt. Er denkt nicht daran, nach Hause zu gehen, seine Schuhe liegen noch am Strand, ihn friert in der Morgenfrühe. Er vergißt es bald, denn jetzt segeln die Quatzen mit breitem Heck und braunen Segeln und einige Briggs und Gaffelschoner aus dem Greifswalder Hafen vorüber. Möwen lärmen um ihre Masten.

Der östliche Teil der großen Insel, der bisher nur in flachen und ein wenig ansteigenden Schatten sichtbar war, beginnt im Widerschein der Morgensonne sich deutlicher abzuheben. Wie sanft durchglühte Wolken lagern die umnebelten Ufer am Horizont. Im Wasser sprüht und flimmert es. Der Himmel wird frei und hoch.

Inzwischen sind die Fischerboote einige hundert Meter nordwärts gefahren, die Fischer haben ihre Netze und Aalreusen gesetzt. Die Quatzen segeln schon weiter draußen, und noch immer steht der Knabe da und sieht hinaus.

Die Zwiesprache, die Land und Meer, Himmel und Erde, Wolke und Licht miteinander pflegen, beginnt er zu ahnen, noch ungewiß, wie ein Kind es nicht anders kann, doch mit einer verborgenen Freude. Von dieser Landschaft Fernedeuten wird sein Blick genährt, sein Auge ist gewohnt, zu forschen und zu schauen. Da ist das strichig feine Gewölk und das Segeln der Wolken über dem leuchtenden und von Schatten überdunkelten Wasser. Dann wieder überfluten sie als blaugraue Wellen den Himmel und erhärten mit ihrer Umrandung sein Blau zu einer glanzlosen Kühle.

Erregend ist für den Knaben das Herausbrechen des Lichtes zwischen den Wolkenballen. Ihn dünkt, als käme es von dorther, wo die Ewigkeit ist, von der die Menschen reden und singen und die er nicht begreifen kann. Darum gibt es auch für ihn nichts Köstlicheres als das Aufsteigen und Niedergehen der Sonne und das Wandeln des Mondes durch die gespenstischen Schatten der Abendwolken.

In dieser Morgenfrühe ist er wieder so versunken, daß ihn nichts von außen her erreicht, auch die lauten Stimmen, die näher dringen, hört er nicht.

Ein paar junge Burschen kommen in Begleitung eines Mannes aus der Richtung von Wieck her. Sie streiten untereinander und scheinen über eine wichtige Sache uneins zu sein.

„Seid still!" sagt der Mann mit verhaltener Stimme. „Seht dort hinaus. Bei diesem Anblick verlieren die Kunstregeln der Malerei ihre Bedeutung. Kaum ein Maler hat unsere einsame Landschaft wahrhaft geschaut, geschweige denn gemalt. Diesen herben Küstenstrich erachtete bisher kein Künstler für wert, seine Kunst an ihm zu erproben. Ich kann euch nur immer hier herausführen, damit ihr den Kampf des Lichtes mit dem Gewölk, mit dem Dunst der Frühe in euch aufnehmt. Beobachtet diese Farbenspiele am Himmelsgewölbe, die das Wasser auffängt und in zuckenden Lichtern zurückwirft. Erleben, in sich durchleben, was ihr schaut, ist alles in der Kunst."

Die Burschen betrachten schweigend das Erglühen der Insel. Es ist ja nicht das erste Mal, daß ihr Lehrer, der akademische Zeichenmeister Quistorp, vor Sonnenaufgang mit ihnen über Land wandert und auf die Erscheinungen am Himmel und im Meer, an den Dünen und am Strand hindeutet. Wie in der Zeichenstunde teilen sie mit gedämpften Stimmen ihre Eindrücke einander mit.

Quistorp überläßt sie eine Weile sich selbst und geht einige Schritte nach dem Ufer hin. Am Strand sieht er eine schmale Gestalt, die Hände im kurzen Mantel vergraben. Diesen Knaben kennt er vom Ansehen; er ist ihm auf der Straße begegnet, und er hat etwas Besonderes in seinem Blick entdeckt, das nach Anteilnahme verlangt. Was es ist, darüber ist er sich noch nicht im klaren. Regungslos und wie hingebannt scheint der Knabe den hinausfahrenden Quatzen nachzuschauen. Oder ist es etwas anderes, das ihn so hinwegnimmt? Es ist nicht die Art des Mannes, das zu tun, was er jetzt unternimmt, aber hier ist es für ihn wie ein Gebot. Er tritt sachte an den Knaben heran und fragt:

„Wohin fahren die Fischer heute? Weißt du es?"

Der Knabe rührt sich nicht. Er hat nur eine Stimme gehört, weiter nichts. Er antwortet abwesend:

„Ins Helle fahren sie ... in das Glänzende ... da draußen ..."

Der Fremde stutzt, fragt dringlicher:

„Wohin?"

Verstört wendet sich der Knabe ihm zu. Er sieht angegriffen aus. Doch die klaren Augen des Mannes, in denen nichts von Neugierde, eher etwas von einer geheimen Mitwisserschaft zu spüren ist, lassen ihn nicht los. Mit einer abweisenden und brüchigen Stimme, ernüchtert, fast sachlich sagt Caspar:

„Sie werden wie immer nach Rügen hinüberfahren ..."

„Gewiß, nach Rügen, wo wollten sie sonst wohl hin", antwortet der Fremde. „Warst du schon einmal drüben?"

Caspar möchte gerne gehen. Aber dieser Mann hat ein Gesicht, zu dem man unbedingtes Vertrauen haben kann. Und so bedeutet er zögernd dem Fremden, daß er die Insel immer nur von diesem Ufer der Bucht aus gesehen habe und nicht glauben könne, daß sie steile Klippen, Berge und hohe Eichenwälder habe, wie der Vater und auch die Fischer es ihm erzählen. Und weiter berichtet er, daß bei ihm zu Hause an der Wand ein Bild hänge, auf dem eine Bergkette gemalt sei, die sei aber sehr hoch, und er könne sich nicht vorstellen, daß sich auf der Insel solch ein Gebirge erhebe.

Der Fremde hat ihm ernsthaft zugehört und findet seine Zweifel durchaus richtig.

„Ein Gebirge erhebt sich nicht auf unserer Insel, und dennoch wirken ihre hellen Kreidefelsen so mächtig, und der Blick von ihren Anhöhen ist so erhaben, daß sie an Großartigkeit jedem Gebirge standhalten, es sogar in ihrer Farbigkeit und ihren Lichterscheinungen übertreffen. Ich habe zu Hause einige Bilder von Rügen, sie sind von einem berühmten Maler gezeichnet. Wenn du mit mir in meine Wohnung kommen willst, kannst du sie dir ansehen."

„Ihr könnt voraufgehen", ruft der Mann den jungen Burschen zu, die jetzt neugierig auf Caspar sehen. „In einer Stunde seid ihr zum Unterricht bei mir. Es ist ohnehin Zeit umzukehren."

Sie machen sich eilends davon. Quistorp, den Knaben an seiner Seite, folgt ihnen langsam nach. Sie wandern den Ryckfluß entlang. Vor ihnen liegt, in den lichtgrauen Himmel gezeichnet, das kleine Greifswald, friedlich von Wiesen umschlossen. Der stumpfe Turm von St. Marien erhebt sich nur eben über der Kirche, breites Dach, Abbild einer irdisch gebundenen Frömmigkeit, während der Sankt-Nikolai-Kirchturm schlank und in anmutiger Wölbung hinaufstrebt und mit einer nadelfeinen Spitze in den Himmel sticht.

Der Fremde erzählt von den Türmen anderer Städte, die ihr Antlitz formen, ein stolzes und kühnes, wie etwa bei dem nahen Stralsund, das von Kämpfen und Notzeit Kunde gibt. Noch mächtiger aber präge sich diese Art in Wismar aus, das seine Kirchtürme so verwegen in den Himmel strecke, daß sie als riesige kantige Blöcke darin ständen, um sich jedem Ansturm widersetzen zu können.

„In der Mitte zwischen beiden Städten liegt die Stadt der Siebenzahl", fährt er gedämpft fort, als spreche er von etwas nah Vertrautem. „Wie sieben Straßen sich aus dem Innern der Stadt an den Strand hinabsenken und sieben kleine Türme den Rathausgiebel krönen, so kann man die sieben Türme ihrer Tore und Kirchen zählen, wenn man vom Meer den Fluß hinauffährt oder sie im Heimwandern von Osten her in den Abendhimmel steigen sieht."

Der Fremde findet diese Stadt am eigenartigsten von den dreien, weil sie trotzig, aber zugleich von einer anmutvollen Schönheit sei. Vielleicht bilde er sich dies auch nur ein; sie sei seine Vaterstadt Rostock. Als Knabe habe er sie verlassen müssen, fügt er leiser hinzu.

Er wird still und nachdenklich. Die beiden wandern ein Stück des Weges schweigend dahin.

Der Knabe, der schon von diesen Städten und ihren Namen hörte, sieht sie heute seltsam klar vor seinem inneren Auge auftauchen.

Sie haben den Greifswalder Hafen erreicht, hohe Dreimastschoner und Barken liegen vor Anker, ruhelos und hungrig schweifen Möwen um ihre unbekleideten Masten. Quistorp geht mit dem Knaben nicht durch das Mühlentor, durch das man für gewöhnlich vom Strand her die Stadt betritt; er biegt mit ihm in die Knopfstraße ein, die gleich den anderen bescheidenen Straßen den Hafen und das Innere der Stadt miteinander verbindet.

Die Knopfstraße hat ihr Eigentümliches, woran sich der Knabe jetzt erinnert und was ihn veranlaßt, den Fremden schräg von unten her zu betrachten. Er weiß, daß in der Knopfstraße zwei neue Putzbauten nebeneinander stehen, die die niedrigen Kleinbürgerhäuser um ein Stockwerk überragen und die gegen die dürftigen Häuschen zwei wahre Schlösser zu nennen sind. Er hat schon öfter im Vorübergehen ihre zwar nüchternen, doch in dieser Umgebung sich prächtig abhebenden Fassaden mit den von Hohlkehlen eingerahmten Fenstern betrachtet und an den Schildern bemerkt, daß in dem einen der Ratsherr von Linde, in dem anderen eine ihm unbekannte Person mit Namen Quistorp wohnt. Während seine Gedanken noch um diesen Unbekannten kreisen, findet er sich von seinem Begleiter die Vortreppe jenes Hauses hinaufgeschoben.

Sie treten durch das von Schmuckwerk umrahmte Portal in den hohen Dielenraum, wo sich leicht gewunden eine schmiedeeiserne Treppe ins obere Stockwerk schwingt. Stille und Dämmerung umfangen sie, und der Knabe fühlt sich in eine ihm unbekannte Welt entrückt. Als sie einen saalartigen Raum betreten, in den durch vier Fenster das Licht von draußen durch grüne Vorhänge nur gedämpft fällt, findet er seine Ahnung bestätigt.

Es ist gut, daß der Fremde, der sicher kein anderer als jener unbekannte Herr Quistorp ist, ihn allein läßt und er sich mit den neuen Eindrücken auseinandersetzen kann. Die betörende Vielfalt der Dinge, die dieser Raum beherbergt: die vielen Bilder, die in den Winkeln stehenden Abgüsse verschiedener klassischer Skulpturen kümmern ihn wenig. Auch die vielgestaltigen Krüge, Vasen und Töpfe oder die verschiedenen Meßapparate, Zirkel und Winkelmesser lenken ihn nicht ab, so wie die auf dem Tisch durcheinandergeworfenen Blätter mit zeichnerischen Entwürfen von Bauten, Straßen und Brücken ihn nicht zu genauer Betrachtung reizen. Er geht geradewegs auf zwei kleinere, nahe beisammen hängende Gemälde zu, die jedoch in solcher Höhe angebracht sind, daß er, um sie genau ansehen zu können, einen Stuhl heranrückt und hinaufsteigt.

Es ist merkwürdig, wie anders ein Bild sein kann als jenes zu Hause mit den glanzlosen Farben und dem Gebirge. Wiesen, Berge und Himmel liegen dort wie auf einem großen Teller nebeneinander. Auf diesem Bild hier zittert lebendige Luft, und Licht webt um Baum und Gesträuch. Man möchte hineinwandern bis nach den blassen Bergen im Hintergrund. Noch seltsamer ist auf dem anderen, etwas kleineren Gemälde das Wasser, das geradeso wie draußen auf dem Bodden unter dem Mond glitzert und das hell aus der Dunkelheit bricht. Spärliche Umrisse eines Schlosses sind darin zu entdecken.

Der Knabe streicht vorsichtig mit dem Finger darüber hin. Wie hingehaucht ist die Farbe und leuchtet dennoch seltsam mächtig.

Es wäre besser gewesen, wenn Herr Quistorp noch nicht wieder hereingekommen wäre. Der Knabe muß seine Entdeckungen im Stich lassen und geschwind mit dem Ärmel die Spuren seiner schmutzigen Füße auf dem Stuhl wegwischen.

Der Eigentümer all dieser Kostbarkeiten scheint jedoch nichts zu merken, er kniet vor der Wandborte, neigt sich über aufgestapelte Mappen und sucht darin herum. So hat der Knabe Zeit, ein anderes kleines Gemälde anzusehen. Aus dem Dunkel der Nacht hebt sich der Leib des Gekreuzigten in solcher Helligkeit, daß er den Knaben an das Mondlicht erinnert, wenn es durch drohende Wolken bricht.

Caspar schreckt auf, als Herr Quistorp neben ihm steht. Er bedeutet ihm, daß er dieses Bild in einem Museum abgemalt habe, in Wirklichkeit sei es von solcher Erhabenheit, daß niemand es je wieder vergessen könne. Jene beiden holländischen Landschaften seien echt und unter großen Opfern erworben worden.

Jetzt aber solle der Knabe an den Tisch herantreten, damit er die Mappe mit den Bildern von der Insel ansehen könne, die von einem bedeutenden Maler, Philipp Hackert, gezeichnet seien.

Herr Quistorp hebt jedes Blatt mit einer ehrfurchtsvollen Gebärde auf und legt es vor Caspar hin, seine Stimme ist gedämpft, wenn er auf das Bedeutsame in diesen Darstellungen hinweist. Beide sind so miteinander beschäftigt, daß sie nicht merken, als von der Diele her Stimmengewirr und Füßeschurren heraufdringen. Bald darauf betreten die Schüler den Saal, begeben sich an ihre Plätze und packen schweigend ihre Zeichenblöcke aus. Ein schmaler, hochgewachsener Junge holt einige Krüge und Gefäße von der Borte, verteilt sie unter den Knaben und setzt sich dann selbst mit einem Zeichenblock an das Fenster, nahe dem Abguß einer Statue, in deren Anblick er sich versenkt, ohne sich entschließen zu können, sie abzuzeichnen.

Sie kommen sicher schon lange hierher, und ich habe es nicht gewußt, denkt Caspar und macht ein mürrisches Gesicht. Doch dann, über die Rügenschen Landschaften geneigt, steigt in seiner Erinnerung die Abendstunde eines beklemmend trüben Novembertages in ihm auf, in der er ein Erlebnis hatte, das er nicht vergessen kann.

Er war allein in der Wohnstube gewesen. Die Dämmerung hatte ein fahles Gespinst über die Dinge ringsum gezogen. Ein Gefühl von Verlassenheit, das ihn seit dem frühen Tod der Mutter oft befiel, hatte ihn ans Fenster getrieben, vor dem die Mauern von Sankt Nikolai hochstiegen und alles nur noch tiefer verdunkelten. Er hatte nach dem knappen Ausschnitt des Himmels hinaufgesehen, in den, vom ruhelosen Geflatter der Dohlen umkreist, der Kirchturm aufstieg. Allmählich hatte sich ein matter, rötlicher Schein in die Dämmerung gegossen. Eine Wolke, die schwer und grau dahinsegelte, war am Rand vom Widerschein der Abendsonne durchglüht. Dieser Anblick hatte ihm wohlgetan. Er wollte ihn sich erhalten, wie man ein Gebet oder einen frommen Choral in sich bewahrt. So hatte er auf einem Blatt Papier, das er sich vom Schreibpult des Vaters holte, die Umrisse eines Gewölkes mit unsicheren Linien gekritzelt und mit dem Stift dunkelgraue Schatten hineingefügt. Darunter hatte er, während er in großen, krausen Strichen hin und her fuhr, eine dunkle Fläche entstehen lassen, die unter jenem Wolkengebilde die Erde darstellen sollte. Dabei war ihm froher und leichter zu Sinn geworden. Er hatte das Blatt zusammengefaltet und unter sein Kopfkissen geschoben und abends vor dem Einschlafen in Gedanken das Grau und das Goldrot der Wolke hineingemalt. So war es nur natürlich, daß er morgens beim Erwachen ernüchtert und beschämt war, als er ein schwarzweißes Etwas auf dem Papier fand. Er beschloß, es zu vernichten, verschaffte sich aus Vaters Lichtgießerei eine Kerze, und damit auch nicht eine Spur von seinem Geheimnis sichtbar bliebe, hielt er es über die Flamme, bis es verkohlt war. Seither wagte er nie mehr, den Himmel, die Wolken oder sonst etwas zu zeichnen, und wehrte sich tapfer, wenn die Versuchung über ihn kam.

Herr Quistorp, der die Zeichnungen der Schüler geprüft und verbessert hat, neigt sich über ihn. Caspar ist es, als könne dieser Mann in seinen Gedanken lesen und sich darin umschauen, wie es ihm beliebt. Er fragt ihn dann auch wirklich, ob er einmal versucht habe, etwas abzuzeichnen, ein Gefäß, eine Blume oder gar eine Landschaft. Caspar sieht die Augen über sich, die klar und ruhig sind, und nun kann er sein Geheimnis nicht mehr verbergen. Stockend und ohne Herrn Quistorp anzusehen, antwortet er, daß er wohl versucht habe, den Himmel zu zeichnen, weil es ihm aber mißglückt sei, habe er es nicht noch einmal getan.

Die Schüler arbeiten emsig fort und haben sicher nichts gehört. Nur der eine, der vor der Statue sitzt und kaum einige Striche zuwege gebracht hat, sieht mit seinen dunklen Augen aufmerksam zu Caspar hinüber. Herr Quistorp bemerkt es, klopft ihm leicht auf die Schulter:

„Arbeite und träume nicht, Schildener!“

Er holt einen schmalen Krug mit ein paar Gräsern von der Borte, stellt ihn vor Caspar hin und ersucht ihn, die Form des Kruges, sonderlich die zarten Fasern des Grases abzuzeichnen. Dann wendet er sich scheinbar gleichgültig wieder von ihm weg. Caspar sieht unwillig auf den Krug, verkrampft die Hände unter dem Tisch und findet Herrn Quistorps Ansinnen befremdend. Doch je länger er das feine Gras betrachtet, fällt ihm ein, wie schön es draußen unter dem Abendhimmel steht und wie unermeßlich hoch die Wolken über dem Gras hinziehen und wie der Wind darüber hinfährt, daß es sich neigen muß. Da regt sich in ihm das gleiche Verlangen wie an jenem Novemberabend. Er beginnt zu zeichnen, langsam, Strich um Strich, wird eifriger und hört nicht auf, bis es Mittag geworden ist und er mit den anderen Schülern nach Hause geschickt wird.

Es kümmert ihn nicht, daß der junge Schildener vor der Tür auf ihn wartet und ihn forschend mit seinen klugen Augen ansieht, als brenne er darauf, eine Frage an ihn zu richten. Denn nun taucht Christoffer wieder in ihm auf, Bruder Christoffer, den er im Stich gelassen hat. Er rennt die Knopfstraße hinauf und erreicht schnell die Lange Straße. Schräg drüben, zu Füßen von Sankt Nikolai, liegt seines Vaters, des Adolf Gottlieb Friedrich Seifensiederei, und vor der Tür wartet Christoffer. Er steht hoch aufgeschossen und allzu hager da mit dem knochigen Gesicht über dem dünnen Hals, die Arme verschränkt, den gerundeten Rücken an die Haustür gelehnt, sein Körper beugt sich in Spannung und Erwartung nach vorn. Er hat eine starre Entschlossenheit im Blick und ruft, als er den Bruder um die Ecke biegen sieht, wie aus Angst befreit:

„Caspar!“

Als der Knabe vor ihm steht, faßt er ihn an beiden Armen, schüttelt ihn:

„Caspar, wo warst du heute morgen?“

Und Caspar, noch glühend vor Erregung, überstürzt:

„Bei Quistorp, beim Zeichenmeister Quistorp!“

Anfangs besorgt, dann mit einem befreiten Lächeln, als werde ihm eine längst gehegte Vermutung bestätigt, vernimmt Christoffer die folgenreichen Begebenheiten dieses Morgens.

Nach mancherlei Hausarbeit, zu der die Knaben an schulfreien Tagen herangezogen werden, finden sich die beiden Brüder am Nachmittag wieder in der Wohnstube zusammen. In der zwielichtigen Dämmerung hocken sie auf der Erde nahe am Fenster, spielen mit dem jüngsten Bruder Christian und tauschen ihre Erlebnisse aus.

Sobald es dunkel geworden ist, beginnen sie mit einem selbst erdachten Spiel, dem sie alle drei mit Leidenschaft zugetan sind. Während der Woche gelingt es Christoffer manchmal, Abfälle aus der Lichtgießerei zu bekommen oder vom Vater einige Kerzen zu erbitten. Die winzigen Lichtstümpfe, in die er die Kerzen zerteilt, befestigt er mit heißem, flüssigem Talg auf kleinen Holzplättchen, entzündet sie und läßt sie in einer mit Wasser gefüllten Schale schwimmen.

Nichts kann den kleinen Christian so zu kreischenden Freudenfanfaren hinreißen wie der Anblick der Schiffchen auf dem winzigen Weltozean einer Wasserschüssel. Caspar bietet dieses Spiel willkommene Versenkung in eine magische Wunderwelt von Helle und Dunkelheit, während er das Gleiten der Schiffe und ihren flackernden Schein an den Wänden verfolgt, Christoffer nutzt das spärliche Kerzenlicht, das um diese Tageszeit in dem sparsamen Haushalt nur an Feiertagen voll erstrahlen darf, um in einer alten Postille oder einem Gesangbuch zu lesen.

Heute findet Christoffer keine Ruhe. Während er immer wieder die Hände des kleinen Bruders, die nach den brennenden Stümpfchen greifen wollen, zurückzieht und die Schiffe selbst mit leisem Anstoß hin und her treibt, wartet er gespannt darauf, was Caspar ihm zu sagen hat. Der Bruder sieht unwillig nach dem Bild mit der Bergkette hinauf, das ein dunkles, viereckiges Loch in die kahle helle Wand zeichnet. Endlich ist es soweit.

„Christoffer, das Bild taugt nichts. Ich habe andere Bilder bei Meister Quistorp gesehen, da ist es mir aufgegangen: Auf den Bildern ist Himmel und Luft und das weite Land. Auf diesem Bild sind Himmel, Berg und Erde nebeneinander gekleckst."

Und weil Christoffer schweigt, fragt er unwillig:

„Warum hat Vater ein schlechtes Bild und nicht solche wie Meister Quistorp?"

„Vater hat es vom Großvater her, und darum ist es ihm lieb. Großvater hat es von einer Reise mitgebracht. Er wird sich nicht viel darum gekümmert haben, ob es gut oder schlecht war, wenn er darauf nur die Berge sehen konnte, das Tal und das Kirchlein und den blauen Bach. Großvater war arm, und der Maler, dem er es abkaufte, war gewiß kein großer Künstler und nahm wenig dafür."

Darüber muß Caspar nachdenken.

In diese Stille tritt sein jüngerer Bruder Heinrich. Er geht im Bogen um den kleinen Christian herum und hockt sich, etwas abseits, neben Christoffer nieder. Auf diesem Platz verharrt er regungslos, verfolgt jedoch gespannt jede Bewegung des jüngsten Bruders. Seine Hände sind unruhig, er möchte wohl gern selbst ein Schiffchen anstoßen. Aber wie selbstverständlich hat Christian seine Arme um die Schüssel gebreitet, als verfüge er allein über die Flotte, und demütig ergibt sich Heinrich einem müßigen Zuschauen.

„Meister Quistorp hat mir erlaubt, daß ich bei ihm zeichnen lernen darf", beginnt Caspar wieder, „ich brauche Vater nicht um Erlaubnis zu bitten, er will nichts dafür haben. Vater würde es sonst nicht erlauben, und Tante Heiden würde mich auslachen."

„Du gehst zu Meister Quistorp. Ich werde es mit Vater bereden", entscheidet Christoffer, und Caspar weiß, daß der Bruder ihm beistehen wird, wie er es immer tut.

Inzwischen hat der Jüngste ein neues Spiel ersonnen, ein prächtiges Spiel, das er sogleich ausführen muß. Mit beiden Händen planscht er im Wasser, so daß die Schiffchen darin zu tanzen beginnen und das Wasser über den Rand schwappt.

Heinrich wird unruhig, er will Christian zurückhalten, aber er kann es nicht. Immer wenn er eilig etwas sagen will, kann er die Worte nicht herausbringen, wenn er erregt ist, überschlägt sich seine Stimme in einem nervösen Hasten. Christian wird desto lustiger, wilder fahren seine Händchen in das aufspritzende Wasser. Bevor die beiden Brüder es merken, sind die Schiffe versunken, die Lichter ausgelöscht, nur ein einziges brennt noch. Heinrich drängt sich dicht an Christoffer, der seinen Arm um ihn legt. Caspar sieht nach dem Schatten, den das letzte flackernde Licht an die Wand wirft.

Da beginnt Christoffer ein Lied von Tersteegen zu singen, seine Stimme ist hell und weich:

„Die Dunkelheit ist da und alles schweiget;
mein Geist vor dir, o Majestät, sich beuget.
Ins Heiligtum, ins dunkle, kehr ich ein;
Herr, rede du, lass' mich ganz stille sein."

Aus den unteren Räumen dringen nun wieder das Brodeln und Kochen der Siederei herauf. Sieben Kinder sind im Haus, und viel muß geschafft werden. Der Seifensieder und Lichtzieher Adolf Gottlieb Friedrich muß bis in den Abend hinein am Herd stehen, die Öle, Fette und die gesottene Seife prüfen. Sein ältester Sohn Adolf hilft ihm dabei, oder er zieht die Wollfäden durch den geschmolzenen und in Formen gegossenen Talg. Die Dämpfe steigen aus den Kesseln, mischen sich mit dem Geruch der Talge und Fette und ziehen durchs Haus bis in das dunkle Zimmer hinauf, in dem es still geworden ist, denn der kleine Christian ist eingeschlafen. Die letzte Kerze im Wasser der Schale zittert auf und erlischt.

DIE ENTRÜCKUNG

Auf dem Eis des Ryckflusses ist ein Knistern und Krachen zu spüren, und flußabwärts biegt es sich leicht, wenn jemand darüber hingeht. Es ist holprig und uneben, und hier und da laufen böse Striche hindurch. Bis gestern abend stand es eben wie eine granitene Fläche in der kalten Luft unter dem wolkenlosen Winterhimmel. Heute ist es lebendig von glucksenden Tönen, ein feuchter, weicher Wind streicht darüber weg, und das Gewölk hängt tief. Trübe Tage zeigen sich an, und der Himmel geht grau in den Abend hinüber.

Morgen wird das Eis noch tragen, versichert sich Caspar und hackt vor dem Heimweg kleine Löcher mit seinem Schlittschuh hinein. Die anderen Jungen sind voraufgegangen, auch die Brüder sind nicht mehr bei ihm. Benommen von einer seltsamen Erscheinung, ist er zurückgeblieben. Er hatte sich vom Wind noch einmal den Fluß hinabtreiben lassen. Eine gespenstische Dämmerung hatte ihn aufgenommen. Weit lagen die Felder im Schnee und verloren sich im Ungewissen. Da war die Ruine von Eldena aus der Ebene gestiegen, das Tor mit dem hohen, gotischen Bogen. Es war anders heute nach dem Wechsel der Witterung als an den hellen Wintertagen, an denen sich Baum und Strauch und das Tor gegen den klaren Himmel abhoben. Ein Geheimnis war um das alte Gemäuer da draußen in der nebelnden Dämmerung, es hatte ihn festgehalten, und er hatte an das Lied denken müssen, das Christoffer sang von dem dunklen Heiligtum, in dem Gott ist . . . Dann aber hatte es ihn fortgetrieben, er war umgekehrt und wieder flußaufwärts gelaufen.

Die einbrechende Dunkelheit zieht sich dichter um ihn, die Schiffslaternen geben ein dumpfes Licht.

Ein Schauer fliegt durch den Knaben, er löst die Schlittschuhe von den kalten Füßen. Es ist gut, daß er bald zu Hause sein wird. Die Brüder, die Schwestern werden um ihn sein und Tante Heiden mit ihren lustigen Reden. Vor allem wird Christoffer bei ihm sein. Und nun kann er nicht eilig genug nach Hause laufen.

Die Abendstunden, in denen sich die Brüder zusammenfinden, sind wie vor Jahren, nur breiten sie sich nicht mehr zwischen Spiel und Traum aus. Die Träume sind gefährlicher, und was sie einander zu sagen haben, ist kälter und härter geworden. Auf dem Gesicht des Jüngsten liegt noch ein unbekümmertes Lachen, das Aufblitzen seiner Augen, die Jubelrufe während seiner jetzt häufiger wechselnden Spiele sind ihm noch eigen. Christian hat angefangen, kleine Holzfiguren zu schnitzen, einen heiligen Petrus, einen pommerschen Fischer mit schief im Winde hängendem Bart und phantastische Märchenfiguren. Kästchen für Schwester Catharinas Nähtisch, Leuchter für Maria werden gefertigt, und immer hockt ein Geistlein darauf oder ein wunderlicher Schnörkel, der zu einem Handgriff dienen soll.

Heinrich hält noch die Scheu für sich, dann und wann sieht er wie gebannt auf Christian. Das Lernen fällt ihm schwer, er möchte den älteren Bruder Christoffer etwas fragen. Fühlt er aber Christians Augen auf sich gerichtet, kann er nicht sprechen, er verschluckt die Worte, bis Christoffer es merkt, ihn neben sich zieht, ihn zur Ruhe zwingt und die Sprache sich langsam löst.

Auch das ist so geblieben, daß Christoffer sich über ein Buch beugt; das Lichtstümpchen zum Lesen brennt für ihn allein. Er muß sich zuweilen aufrichten, um die Luft tiefer einatmen zu können, langsam und mit einem Rasseln in der Brust. Wenn einer der Knaben ihn etwas fragt, vergeht eine Weile, ehe seine nach innen gewandten Augen sich dem Wirklichen zuwenden und seine Gedanken ihn freigeben.

Abgerückt von den Brüdern, nur matt vom Lichtschein getroffen, zeichnet Caspar gotische Torbogen auf ein Blatt, das neben seinem Schulbuch liegt. Das geht eine gute Zeit so hin.

Dann schiebt er unmutig die Zeichnung von sich.

„Meister Quistorp will, daß ich nur abzeichnen soll, eine Blume, den Krug, die Figur. Ich muß es allein finden, das andere ... ich weiß nicht, wie ich es nennen soll ..."

Christoffer schließt die Augen. Er hat etwas in Caspars Blick gesehen, das hat ihn erschreckt. Dann sagt er:

„Wenn du Meister Quistorp nicht folgst, wird nichts bleiben als dieses krause Zeug, das ohne Leben ist. Es ist noch nicht soweit, daß du allein das andere findest oder wie du es nennen magst. Gib dich zufrieden, Bruder."

Caspar starrt vor sich hin.

Dann springt er auf, zerreißt das Blatt, steckt es in das flackernde Ofenfeuer. Er hilft dem kleinen Christian beim Schnitzen eines wunderlichen Kobolds, er hilft Heinrich bei seiner Schularbeit, er hört Bruder Johann zu, der eben lärmend hereinkommt und erklärt, daß er beinah auf dem Wallgraben eingebrochen sei.

Caspar horcht hinaus. Der Wind hebt sich auf, streicht um das Haus und singt in der schmalen Turmgasse.

Sieben Schläge von der Nikolaikirche schwingen aus; im Haus hallen sie dumpf nach. Da wird es hell in der Stube, Maria bringt den Leuchter, Catharina trägt Teller und Suppenschüssel herein und deckt sicher zugreifend den Abendtisch. Alles geht geschwind. Sie blickt aus ihren blanken Augen fröhlich zu den Brüdern hin; Johann ist der erste am Tisch.

„Raufbolde kriegen den Rest, warte nur, Junge!" Ihre Stimme ist kräftig wie ihr Lachen.

Christian fährt eilends mit dem Arm über den Tisch, schiebt seine Schnitzereien zu sich heran in ein Kästlein.

Maria sieht ihm über die Schulter und hebt das kleine Wunderding gegen das Licht.

„Was für ein schnurriger Kauz der Junge ist!" Sie schüttelt ihren Kopf mit dem zarten Gesicht und fährt sanft mit der Hand dem kleinen Bruder durchs krause Haar. Der will es ihr wegnehmen.

„Du darfst es nicht sehen, es soll zu Weihnachten sein."

Adolf und Vater Friedrich kommen aus der Siederei. Noch erhitzt vom Dampf der Kessel, bringen sie den Geruch von gesottener Seife mit herein. Beide sind müde, beide karg mit dem Wort. Tante Heiden huscht flink hinter ihnen her.

Kaum hat sich die Familie um den Tisch versammelt, als jemand die Treppe heraufpoltert, und in die eben noch stumme Familie fährt eine erwartungsvolle Unruhe. Solches Tappen und Schnaufen im Treppenhaus kündigt stets den Besuch von Onkel Präfke an, und Onkel Präfke, das heißt für die Friedrichs ein prächtiges Stück Gänsefleisch, eine Landwurst, frisch geräucherte Flundern oder Aale und zu allem noch ein paar lustige Schwänke und Märlein aus der Vaterstadt Greifswald.

„Da fallen mir gerade die rechten Fettklöße in die magere Abendsuppe“, meint Tante Heiden, die eben die Teller füllt. Ihre Worte rufen Kichern und unbekümmertes Gelächter hervor, wie die meisten ihrer urplötzlich hervorgebrachten Sprüche. Sogar Vater Friedrichs vergrübeltes Gesicht erhellt sich.

Onkel Präfke legt dann auch ungeniert seine in durchfettetes Papier gewickelten Aale auf das saubere Tischtuch, was Catharina veranlaßt, eine Schüssel herbeizuschaffen. Der Höhepunkt für die Jungen rückt heran, als Onkel Präfke, breit am Tisch hingebaut, so daß sie eng aneinanderrücken müssen, mit kundiger Geschicklichkeit die geräucherten Aale enthäutet, zerkleinert und ihnen zuteilt, so daß jeder auf dem flugs geleerten Suppenteller sein Stück erwischt.

„Heute morgen habe ich wieder einmal Glück gehabt. Ich war bei dem alten Witt in Wieck, er hatte gerade die gestern gestochenen Aale geräuchert. Für Caspar bot er mir einen besonders fetten an. Da mußte ich ihn erinnern, daß sich heute abend sieben hungrige Mäuler aufsperren und ich wohl mit einem Exemplar nicht auskommen würde. So hat er mir dies Bündel überlassen. Der gute Kerl forderte einen so geringen Preis, daß ich ihm noch ein paar Groschen zugab. Doch sieh, Schwager, für uns drei Alten habe ich ein besonders delikates Tier aufgespart“, wendet sich Onkel Präfke mit vergnüglichem Augenzwinkern an Vater Friedrich. „Deine Brut sollte ich lieber ein Stöckchen fühlen lassen als sie mit diesen kostbaren Leckereien unserer Ostsee zu traktieren."

Vater Friedrich sieht scharf zu ihm hinüber.

„Was hat es denn schon wieder gegeben? Nur kräftig drauflos, Schwager, aber einen rechten Knüppel mußt du tanzen lassen auf ihren Hintern."

Onkel Präfke beeilt sich, dem kleinen Christian ein letztes Stück Aal zuzuschieben.

„Diesmal war es der Kleinste, der wohl dreister als die übrigen alle zusammen ist. Dein Söhnchen Christian hat mit seiner Keckheit unseren biederen Kaufmann Jürss in Staunen versetzt, wie er mir soeben erzählte. Heute mittag kommt der kleine Bursche in den Laden spaziert und bittet ihn, er möchte ihm sagen, wieviel Uhr es wohl sei. Gleich zwölf, sagt er und erinnert das Bürschlein freundlich daran, sich zu sputen, um beim Mittagessen nicht zu spät zu erscheinen. Was aber tut das Söhnlein? Weicht nicht vom Fleck, druckst, als müßte es noch was von sich geben, streckt die kleinen dreckigen Finger aus und flötet artig: ‚Danke schön, Herr Jürss, aber eigentlich wollte ich gern ein Zuckerstück dazu haben'."

Onkel Präfke pflegt seine Schnurren mit anschaulichen Gesten und Stimmkurven zu begleiten. Ein fröhliches Behagen breitet sich aus, die Jungen necken den Kleinen. Vater Friedrich sieht nicht gerade aufgemuntert auf seinen Jüngsten und mustert etwas von oben herab seine Jungen.

„Meine Sophie hat mir fünf Jungen geboren, leicht ist es ihr nicht geworden, und viel zu früh hat sie mich mit diesen Rauhbeinen allein gelassen. Sie machen mir Sorgen. Christoffer ist zu schnell gewachsen und schwach auf der Brust, Heinrich hat das Stottern, Johann strolcht herum und kann nur mit Prügel an seine Schulaufgaben gebracht werden, Caspar greift wohl zu, aber mehr bei den Fischern im Hafen als im Haus, wo es not tut, ist sonst in Träumen oder bei seiner Zeichnerei, die auch nichts nütze ist. Dieser kleine Kerl steht kräftig und fest auf seinen kurzen Beinen, wird aber von der ganzen Familie so verhätschelt, daß er einmal auf der faulen Haut liegen wird."

„Wächst sich alles zurecht, Vater Friedrich, hab Geduld mit deinen Sprößlingen. Adolf ist gewandt im Sieden und Lichtziehen, daß eure Kerzen bald am Hof des Königs flakkern werden. Und wie lange dauert's, bis unsere Catharina zu ihrem Sponholz nach Breesen zieht und ein Prachtstück von einer Pfarrfrau wird."

Onkel Präfke blinzelt zufrieden und lehnt sich sodann mit beiden Armen breit über die Tischkante, guckt die Jungen herausfordernd an, daß sie ungeduldig auf ihren Stühlen rutschen, und platzt endlich mit wichtiger Miene heraus:

„Kennt einer von euch Jungen wohl den alten Haudegen, den kuriosen Major Nienkirchen?"

„Den mit den weißen Haaren, im blauen Rock, gestiefelt und gespornt? Er trägt einen Orden vorn auf der Brust und einen Hirschfänger zur Seite." Caspars Gesicht leuchtet.

„Ganz recht, Caspar David! Ich bin wie aus den Wolken gefallen, daß du ihn dir so genau angeguckt hast. Solch ein Kerl von einem saftigen Bauernsprößling, solch einen Ausbund von Kraftmensch wie diesen Nienkirchen könnt ihr in unserm Schwedisch-Pommern umsonst suchen. Seine Finger sollen solche Teufelsgewalt haben, daß er ein Büblein mit einem Nasenstüber schnurstracks auf den Zwiebelturm unserer Nikolaikirche hinaufexpediert. Es war ihm auch einmal ein gutes Jahrgeld für seine Tapferkeit im Krieg zugesagt worden, aber das ging juppheidi in die Binsen. Doch unser Major, der ein findiger Kauz ist und etwas von Musik versteht, baut Violinen und Violen und schlägt sich damit durch sein abenteuerliches Dasein. Hier und da gibt's kleine Zuschüsse von unseren Landesherren, bei denen er wegen seiner schnurrigen Einfälle und seiner Geselligkeit gelegentlich ihrer Jagdgelage einen Stein im Brett hat.

Nun trieb mich gestern ein gar gewaltiger Durst nach dem Markt in die Engelsche Weinstube. Dort fand ich den Major mit seinen Kumpanen und erfuhr aus seinem Mund einen köstlichen Streich, den er sich mit einigen Herren unserer Stadt Greifswald erlaubt hat. Es liegt schon einige Zeit zurück, als er Vormund der Kinder eines verstorbenen Pächters auf dem Universitätsgut Ladebow hier in der Nähe der Ryckmündung war. Eines Abends kommt er von der Entenjagd heim und findet eine Gesellschaft Greifswalder Damen und Herren vor, die sich in seinen Räumen verlustieren und tanzen, darunter auch einen Professor unserer Universität. Als unser Major die Herrschaften nicht gerade sanft zur Rede stellt, meint dieser Gast, er stehe selbst der akademischen Güterverwaltung vor, und so könne er mitsamt den anwesenden Gästen sich hier erlauben, was ihm Spaß mache. Die spitzfindigen Reden des gelehrten Herrn waren recht danach angetan, den Zorn des Majors zum Sieden zu bringen. Er stampfte mit seinen dreckigen Stiefeln quer durch den Saal über das feine, blankgeputzte Parkett, über die seidenen Schleppen der Damen, schlug mit der Faust, als wäre sie die eiserne des Götz von Berlichingen, ein Loch unterhalb des Fensters in die Vorderwand, langte sich den Herrn Professor, expedierte ihn durch das Pförtlein ins Freie, als wäre er ein federleichter Knabe. Und wer sich zu mucksen wagte, flog hinterdrein."

„Bravo, Major Nienkirchen!" ertönt es rund um den Abendtisch, am hellsten von dem kleinen Christian, der in seiner Ausgelassenheit alle übertönt.

„Der Major hat einen mächtigen Kopf, einen wilden Blick, den würde ich lieber abmalen als die toten Figuren bei Meister Quistorp!" fährt Caspar los. Er hat sich vor Aufregung auf die Tischkante gehockt.

„Das wär was!" Onkel Präfke prustet und lacht. „Ausgerechnet der Major sollte ein paar Stunden still sitzen, und das noch vor so einem Dreikäsehoch." Er richtet seine runden Augen auf Caspar.

„Wen meint ihr wohl, meine Lieben, habe ich gestern noch in der Engelschen Schenke getroffen? Unsern berühmten Zeichenmeister und Architekten Quistorp, der mir ein gar liebliches Stück von unserm Caspar erzählte."

Die Geschichte sollte Onkel Präfke lieber für sich behalten. Sie liegt dem Caspar schon seit Tagen schwer im Gedärm. Er hat Meister Quistorp einen Kummer angetan, den er nie mehr gutmachen kann. Der Meister besaß unter seinen kostbaren Gemälden ein kleines Bild, auf dem zwei Musikinstrumente, eine Flöte und eine Zither mit einem Notenbuch gemalt waren; auch ein Totenkopf war darauf, wie es auf alten Bildern zuweilen üblich ist. Dieses Kleinod war ihm von Dresden geschickt worden, und weil es leicht beschmutzt war, sollte es mit lauwarmem Wasser gesäubert werden. Caspar war in die Küche gelaufen, hatte sich einen Teekessel mit heißem Wasser geben lassen, und als Quistorp für einen Augenblick abgerufen wurde, hatte er sich voll Eifer selbst an die Arbeit gemacht und das Wasser über das Bild gegossen. Er hatte mit einem Tuch auf den schmutzigen Stellen gerieben, doch zu seinem Entsetzen wurden die schönen, glühenden Farben bleich und trübe, und die Pracht des Bildes war hin. Meister Quistorp bemerkte Caspar in ratlosem Kummer vor dem Gemälde, er schalt nicht einmal, sah aber so bekümmert aus, daß Caspar noch jetzt kaum die Tränen darüber verhalten kann. Lautlos rutscht er wieder auf seinen Stuhl hinunter.

„Was hat der Meister Quistorp gesagt, erzähle doch, Onkel Präfke", drängen die Brüder.

Doch der hat nun auf einmal vollauf damit zu tun, seinen von der üppigen Aalmahlzeit brennenden Durst mit Korn zu löschen. Als sie jedoch nicht nachgeben und auch Vater Friedrich, durch Caspars längliches Gesicht argwöhnisch geworden, auf ihn einredet, läuft Präfkes Rundgesicht rot an, und mit heiserer Stimme faucht er los, wobei er jeden außer Caspar zornig anfunkelt:

„Seid ihr nicht ein neugieriges Gesindel alle miteinander? Habe ich euch nicht genug Geschichten erzählt, daß mir die Kehle vor Durst austrocknet? Gelobt und gepriesen hat er unsern Caspar, was er für ein eifriger Zeichenjünger ist und mit Farben umzugehen versteht, daß es eine wahre Lust ist! Und wer wie Caspar alleweil zu wild und zu hitzig bei einer Sache ist als zu lau, der wird einmal ein richtiger Kerl werden, der weiß, was er will. Ich sage dir, Vater Friedrich, höre auf den Meister Quistorp und auf deinen Schwager Präfke. Der Caspar wird noch einmal ganz Greifswald zurechtstutzen. Bis er soweit ist, wird es gerade an der Zeit sein, daß die alten Häuser in der Anklamer und in der Knopfstraße, die von greulichem Dreck nur so strotzen, frisch angepinselt werden müssen. Und kann einer wohl durch das Fettentor spazieren, ohne sich mager zu ärgern, wie verfallen und trübe das aussieht? Ich sag dir, der Caspar wird unserer Stadt dereinst noch Glanz und Farbe geben!"

Caspar ist zufrieden, daß er mit Heinrich und Christian zu Bett geschickt wird, denn was Onkel Präfke da eben gesagt hat, muß gründlich überdacht werden. Er hockt mit hochgezogenen Knien im Bett und grübelt vor sich hin.

Christoffer steckt den Kopf durch die Tür, in seinen Augen sitzt ein Lächeln wie selten. „Wenn wir unsern Onkel Präfke nicht hätten, der mit seinen lustigen Späßen dem Vater gute Laune macht! Und daß er ihm eingeheizt hat, auf Meister Quistorp zu hören. Er hat es auf Präfkesche Art getan, aber die ist nicht die schlechteste."

Er beugt sich zu Caspar und sagt leise:

„Der Onkel hat schon recht, Farben werden sein, nur daß sie von anderer Art sein werden, als er es meint. Schlaf ruhig, Bruder, du wirst zur rechten Stunde aufwachen."

Caspar legt sich zum Schlafen zurecht, doch zieht er die Decke nur bis ans Kinn. Er horcht, wie zwischen den stokkenden Atemzügen Heinrichs und den gleichmäßigen des kleinen Christian, zwischen dem Gelächter und Geraune im Nebenzimmer der Wind ans Fenster schlägt. Unruhig fährt der durch die Turmgasse, pfeift in den Winkeln der Kirchenmauer und macht sich nach kurzer Rast immer wieder von neuem auf.

Am Morgen will es nicht hell werden. Christoffer, der Caspar in den Mantel hilft, meint, daß es nun mit dem Eislauf vorbei sei. Er hustet dabei und sieht blaß aus, und die so leicht entzündeten Augen haben einen matten Blick.

Caspar zieht die Brauen zusammen. Wie ein Blitz fährt es durch ihn hin, daß er Christoffer an der Hand fassen möchte, wie er es früher getan, dann fröre ihn nicht so, wenn er durch den Greifswalder Morgen, in dem es rieselt und nebelt, zur Schule gehen muß. Aber das ist lange her, und jetzt hat er auch schon wieder ganz andere Gedanken im Kopf.

Im Schulhof steht ein Häuflein Jungen beisammen.

„Das Eis ist noch fest im Hafen, nur ein paar Stellen sind schlecht, heute hält es. Der Ryck ist noch sicher. Kommt ihr mit?"

„Heute wollen wir laufen, morgen ist es vorbei!"

Und Caspar unter ihnen:

„Noch einmal bis Wieck und Eldena."

„Nach Wieck zu ist es schon rissig, bis dahin reicht es nicht mehr, da ist der Fluß zu breit."

Um so besser, dann laufe ich allein hinaus, denkt Caspar und beschließt, Christoffer nichts davon zu sagen, wenngleich ihm nicht ganz wohl dabei ist.

Im Hafen von Greifswald ist am Nachmittag der Ryck noch sicher. Er ist nicht von spiegelnder Glätte, es lassen sich keine Bogen auf seinem Eis schwingen und keine kunstvollen Figuren laufen, denn es ist holprig und stumpf. An einer Stelle haben die Aalstecher ein großes Loch hineingeschlagen, Eisstücke und kleine Splitter liegen daneben, und als die Sonne für einen Augenblick durchbricht, funkeln sie wie blitzende Steine auf der schmutziggrauen Fläche.

Als es dämmert, findet Caspar es an der Zeit, sich von den Jungen abzusondern und den Lauf nach Eldena zu wagen. Ihm ist, als sehe er Christoffer von weitem kommen, doch er hat es gleich wieder vergessen. Sicher wird das Eis einen einzelnen Jungen, der so leicht ist wie er, noch tragen. Der Wind hat sich verstärkt, und es ist schon eine Lust, sich von ihm treiben zu lassen, der Ferne zu. Er hat etwas Geheimnisvolles, dieser Wind, der von Westen herüberweht, von den Städten mit hohen Toren und Türmen. Er bringt schwere Wolken mit sich, trächtig vom Schnee, der zu Wasser zerrinnen wird, sobald er die Erde berührt.

Das Schilf steht hoch am Ryck, zur Linken so hoch, daß es gegen das ostwärts jagende Gewölk abgrenzt, eine gelblichfahle Mauer unter der dunklen Wetterwand. Möwen tauchen auf im Grau, kämpfen zäh gegen den Wind, der sie zurückfegt, schräg über das sich windende Schilf hinweg. Zur Rechten führt ein Fußweg am Ufer entlang, und hin und wieder springt armseliges Gesträuch in den Fluß vor. Frei sieht der Blick über die Schneefläche hin, die sich weit dehnt und mit dem Grau des Himmels ineinanderrinnt.

Dieser Verschwiegenheit, dieser kühlen Ferne entgegen läßt sich der Knabe treiben und horcht auf die Stimmen der Öde, die sich kundtun im knisternden Eis, im fernen Möwenschrei, im Rauschen des Schilfs, im unwirklichen Ton der Wildenten und im rauhen Ruf der Krähen, die vor ihm auf und nieder schweifen. Caspar muß weiter und immer weiter laufen, so wie er an manchem Morgen zu den Fischern nach Wieck hinaus muß. Seine Augen brennen durch die Fahlheit und sehen nicht zur Seite.

Das Eis reißt auf und schwellt hoch in kleinen höckrigen Erhebungen. Er achtet der Risse nicht, die sich schon zu Spalten öffnen. Er wird es nicht gewahr, daß das Wasser, vom Meer in die Bucht getrieben, nun auch in den Fluß strömt und Eisschollen löst, in die feste Masse eindringt und überall aus Löchern schwarz herausquillt und offensteht wie ein düsteres Grab. Ein paarmal stolpert er, und nun müßte er merken, daß das Eis unsicher wird. Aber wie kann es in sein Bewußtsein dringen, wenn er nach der Ruine sucht, die er gestern in einem unwirklichen Dämmern sah.

Da hebt sie sich aus dem Schnee, vorerst wie ein Schatten, dann wie ein Tor, das in einen Bereich außerhalb alles Vertrauten führt. Der Knabe steht einen Augenblick wie gebannt. Hinter diesem Tor ist Nebel und Dämmerung. Wie sang Christoffer? ‚Ins Heiligtum, ins dunkle, kehr ich ein ... Herr, rede du, laß mich ganz stille sein ...‘ Am hellsten brennt Gottes Licht im Dunkel. Ist Gott hinter dem Tor? Kann er dort seine Stimme hören?

So bedrängt es den Knaben. Wie kann er gewahr werden, daß sich die Eisschollen gegeneinanderschieben und krachen? Wie kann er, der auf die Stimme Gottes horchen will, die anderen Stimmen hören, die hinter ihm herrufen?

Auch nicht die eine geliebte Stimme dringt bis zu ihm, eine aus Angst und Verzweiflung heisere Stimme, die seinen Namen ruft und erstickt in einem Schrei ...

Da klafft es unter ihm auseinander. Eisig schlägt es durch seinen Körper, umspült ihn mit Todeskälte und zieht ihn abwärts. Schwer zerren die Schuhe, das Nasse steigt.

Ist dies die Nacht? Vater im Himmel, wo ist dein Licht?

Das Schilf rauscht fremd am Ufer. Und Gott ist weit.

„Christoffer!“

Er schreit des Bruders Namen in den Wind, der ihn ostwärts der Ferne zuträgt. Es kann nicht anders sein, Christoffer ist nahe ...

Und wirklich werden seine Arme, die sich noch über dem Eis halten, mit hartem Griff umklammert. Schon fühlt er sich hochgezogen ... da splittert und kracht es, wo eben noch rettender Halt war, ein Körper preßt sich an den seinen. Er spürt den stoßenden Atem.

Ist es Christoffer? Ein fremdes und doch vertrautes Gesicht ist dem seinen nahe, die Blicke bohren sich in die seinen, als wollten sie nie von ihm lassen.

Christoffer ...

Caspar fühlt sich nach dem Ufer gezogen, schon kann er das dünne Strauchwerk fassen. Warum greift nicht auch Christoffer danach? Warum sind seine Augen wie ausgelöscht? Warum sinkt des Bruders Körper willenlos in die Tiefe?

Caspar will sich vom haltenden Zweig lösen, will nach dem Bruder fassen. Da zerrt ihn jemand die niedrige Böschung herauf, wirft einen schweren Mantel über ihn und trägt ihn fort. Immer weiter fort von dem Bruder, wenn er auch unaufhörlich nach Christoffer schreit. Sie tragen ihn weg, und er muß den Bruder allein lassen. Im Eis. In der Nacht. In der Finsternis ...

Sie haben ihn nach Haus gebracht. Adolf reißt ihm den Mantel und das nasse Zeug herunter, Catharina reibt ihn mit einem warmen Tuch und bringt ihn zu Bett. Warum Adolf? Warum Catharina? In Fiebernächten hat ihn doch Christoffer mit Decken umwickelt und umsorgt?

Schreie nach dem Bruder gellen durch das Haus, Stunden um Stunden.

Endlich werden Stimmen nebenan laut und ein Schurren von Füßen. Sie keuchen, als trügen sie eine schwerere Last als die sie zuvor getragen. Caspar fährt hoch aus dem

Bett, steht in der Tür, starrt auf den schmalen umwickelten Körper, den sie auf dem Boden niederlegen. Dann schlägt er hin, eh die Schwestern ihn halten können.

Tage und Nächte zeichnet das Fieber dem Kranken dunkle Schatten an die hell getünchte Wand. Es sind Bilder, ähnlich denen, die er bei Meister Quistorp sah, dunkle Holzschnitte auf weißem Grund. Auf allen Bildern sieht er den Bruder in mannigfachen Gestalten. Er reitet zu Pferd als ein Ritter, der Körper trägt schwer an der Rüstung, doch hält er sich aufrecht, der Blick ist starr und kalt, ihm zur Seite folgen Tod und Teufel. Ein anderes Mal ist er in einer Schlacht mit sich aufbäumenden Pferden, unter deren Hufen der Bruder liegt.

An einem Morgen glänzt das klare Winterlicht im Raum. Der Kranke sieht die weißen Felder im Schnee, aus denen das Tor steigt. Und er hört, wie sie singen, der Vater, die Brüder, die Schwestern:

„Ein Tag, der sagt dem andern,
mein Leben sei ein Wandern
zur großen Ewigkeit ...“

Zur großen Ewigkeit ... da ist nun Christoffer ... der Bruder ..., denkt der Knabe, und es will ihm nicht mehr aus dem Sinn.

Von diesem Tag an gesundet er.

DER VERWIRRTE

An einem späten Herbstabend sitzt dem akademischen Zeichenlehrer und Architekten Quistorp sein Freund Kosegarten, der Pfarrer und Dichter zu Altenkirchen auf Rügen, an einem Tisch seines Arbeitszimmers gegenüber, auf dem Radierungen, Stiche und Zeichnungen ausgebreitet liegen. Der Sturm, der seit drei Tagen und Nächten unaufhaltsam von Osten dunkel geballtes Gewölk vor sich herjagte, lärmt noch laut in den Straßen von Greifswald, doch macht sich schon eine Milderung des Wetters spürbar.

Kosegarten bleibt es nicht verborgen, daß sein Gastgeber, von Unruhe getrieben, zum wiederholten Mal aufsteht und den Raum durchwandert, dann wieder flüchtig zwischen den Vorhängen des Fensters auf die Straße und nach dem bewegten Himmel aussieht.

„Vor morgen werde ich dich nicht von meiner Gegenwart befreien", sagt er mit einem kleinen boshaften Lächeln, ohne von einer Radierung aufzusehen, „keinesfalls vor morgen, Freund, wenn du auch noch so erwartungsvoll nach dem Wetter ausspähst. In dieser Nacht fährt mich keine Schaluppe durch das aufgewühlte Wasser in mein meerumschlungenes Wittow."

„Du ahnst nicht, wie wohl mir deine Gesellschaft an diesem Abend tut", versichert jener und zieht eine verschlossene Kiste unter dem Schrank hervor, an der er sich zu schaffen macht. „Eine kleine Kostbarkeit, die ich kürzlich erstanden habe, wird dich mit der unfreiwilligen Verzögerung deiner Heimkehr versöhnen."

„Versöhnen!“ begehrt Kosegarten auf und fährt im Überschwang, von dem seine Rede gern getragen ist, fort: „Versöhnen, sagst du? Welch ein Hohn! Wo würde ich lieber weilen als in diesem Haus, das die erlesensten Schätze birgt und aus dessen Winkeln die Götterbildnisse Griechenlands auf uns herabschauen. Diese einzige Oase der Kunst an unserem barbarischen Küstenstrich.“

Mit leichtem Grollen, aber nicht ohne inneres Behagen, legt er ein Blatt beiseite.

„Um wieviel ungehemmter könnte ich mich diesen Genüssen hingeben, nagte nicht die Unruhe um meine streitlustigen Wittower an mir und die Sorge, daß sie ohne mich einander schlimmes Unheil zufügen werden. Ich bekenne dir, Freund, daß meine Wolgaster Rektoratsjahre, in denen ich wie unter dem Joch einer Gefangenschaft seufzte, mir heute wie ein liebliches Idyll erscheinen wollen gegen den Tumult, dem mich mein Pfarramt zu Altenkirchen seit Jahren aussetzt.“

„Du redest, als hättest du dich dem kriegerischen Handwerk ergeben, und wir glauben dich im beschaulichen Dasein eines dichtenden Gottesmannes“, entgegnet Quistorp verwundert, entnimmt der Kiste ein umwickeltes Bündel und läßt sich wieder am Tisch nieder.

„Weiß Gott, ich habe ein rauhes Amt zu verwalten“, fährt Kosegarten los, doch sogleich begleitet eine innere Genugtuung seine wohlgesetzte Rede. „Bin ich auch nicht wie ein Pfarrer vor hundert Jahren genötigt, einen Knotenstock für die zankenden Bauern mit auf die Kanzel zu nehmen, so muß ich doch die Obliegenheiten eines Polizisten und Richters den meinen hinzufügen. Diese wichtigen Ämter mit Personen zu besetzen ist anscheinend für unsere paradiesischen Gefilde nicht für nötig befunden worden, und so bleibt mir nichts, als jegliche Art von verzwicktem Handel bis zur ausschweifendsten Schlägerei selbst zu schlichten. Nur der Lehrer und der Chirurgus stehen mir mit dem Aufschreiben des Protokolls zur Seite."

„Der gefeierte Sänger von Schwedisch-Pommern im Dienst der hohen Polizei, eine erheiternde Vorstellung", wirft Quistorp lächelnd ein. Kosegarten überhört es. Die Gelegenheit, sich gehörig auszugrollen und dabei seine Selbstzufriedenheit leuchten zu lassen, nutzt er gründlich.

„Diese Sparsamkeit mag der Anlaß gewesen sein, daß eine handfeste und gewitzigte Lebensart bei einem Wittower Pfarrer höher geschätzt wird als theologisches Studium und humanistische Bildung. Etliche Pfarrer dort oben haben kein rechtes Hochdeutsch reden und schreiben können, und mein Vorgänger verwaltete zuvor das Amt eines Aufsehers des Greifswalder Botanischen Gartens."

„Er wird mit seltsamen Gewächsen umzugehen verstanden haben." Quistorp legt die Hände über den umhüllten Gegenstand, als wolle er ihn vor dem Hader und der Lächerlichkeit weltlichen Treibens schützen.

„Ich kann nicht klagen, daß ich mit dem Doppelgespann milder Weisheit und herzhaften Zupackens bei diesem eigenwilligen Volk etwa nicht auf friedliche Weise zu regieren vermöchte. Um so bunter und aufregender vollzieht sich der Lauf eines Gerichtstages, den wir gelegentlich einer Häufung schwieriger Fälle einberufen müssen und zu dem sich ein rechtmäßiger Justitiarius und sonderlich die Herren des Landes einfinden, die mit stolzem und prächtigem Gefolge einherschreiten. Da kommt es dann vor, daß ein Dutzend Fälle an solch einem Tag abgetan werden muß, eine saure Beschäftigung, die die hohen Herren zu einer ausgiebigen Erholung in den Schenken berechtigt, bis sie in der Frühe mehr oder minder schwankend von unseren Hügeln zu Tal ziehen. Doch was bedeutet dies alles!" platzt Kosegarten in ehrlichem Unmut los. „Gering sind diese Plänkeleien gegen die Gesuche der Bedürftigen und die Kümmernisse der Leibeigenen, um derentwillen ich manche Nächte mit Bittschriften, Rat und Tröstung zubringe, ohne daß es etwas nützt. Erst kürzlich habe ich das Legen zweier Bauernschaften geschehen lassen müssen und wurde nicht einer Antwort von den Herren für würdig befunden, wenngleich höhere Geister des Landes sich nicht auf so billige Weise mir gegenüber drückten. Wie ein armseliger Tropf stand ich vor den Unglücklichen und konnte ihnen nicht helfen."

„Und wie nimmt deine Muse diese lärmenden Störungen?" fragt Quistorp ablenkend.

Kosegartens Züge hellen sich auf.

„Sie hebt sich beschwingter als je aus der Bedrängnis kleinlicher Enge, befeuert von dem weitgeschwungenen Ausblick nach Arkonas Höhe, nach den höchsten Dünen unseres Eilandes Hiddensee, dem Dornbusch und den grünschimmernden Ufern von Jasmund. Ich hätte meiner Muse kein begnadeteres Asyl schaffen können als diese in die Unendlichkeit von Himmel und Meer hineingewobene Landschaft."

„So wollen wir deine Greifswalder Verbannung mit einem Blick in eines alten Meisters Werkstatt beschließen. Sieh her." Quistorp entnimmt der Umhüllung ein Gemälde von Adam Elsheimer, auf dem in der zarten Linienführung des Künstlers eine Landschaft, getaucht in das Licht des aus den Wolken tretenden Mondes, gemalt ist. Er lehnt das Bild, das wie die meisten des frühen Entdeckers halbdunkler Landschaften von kleinem Format ist, gegen einige aufgestapelte Bücher, schließt das eine Auge und steht betrachtend mit dem Freund davor.

„Welch ein Kleinod hast du für unsere Küste gerettet", unterbricht Kosegarten leise die Stille. „Ich bewundere die Kühnheit, mit der du den Kunstsinn unserer braven Landsleute zu wecken suchst."

Quistorp läßt suchend die Augen über die mit Bildern behangenen Wände gleiten.

„Die kleine Landschaft verdient einen abgesonderten Raum", sagt er leise. Während er die zwischen zwei Fenstern der Vorderwand hängende Kopie eines unbekannten Niederländers entfernt und die leere Stelle mit dem Bild des Altmeisters ausfüllt, fügt er in einem sonderbar erregten Ton hinzu:

„Er wird meinen Caspar begeistern, dieser Elsheimer, denn er hat schon vor zweihundert Jahren über die Fragen nachgesonnen, die auch ihn bedrängen. Ein Einsamer, dem die Natur voll göttlicher Offenbarung war; seine Fröhlichkeit soll selten von Schatten frei gewesen sein."

„Meinst du den jungen Caspar Friedrich, den du vor Jahren am Ufer der Bucht aufgelesen hast? Was ist aus ihm geworden?"

Quistorp setzt sich auf ein Sofa mit geschwungener Lehne. Er stützt den Kopf in die Hand und sagt, der Betrachtung des Bildes hingegeben:

„Es ist gut, daß wir einmal von ihm sprechen. Ich weiß nicht, ob ich wachsam genug war. Eine begreifliche Stokkung ist in seine Arbeit und damit eine leichte Entfremdung zwischen uns getreten, die von dem Mangel an neuen Spannungen und Anregungen herrühren mag. Die Zeit, da er meiner bedarf, ist wohl vorbei."

„Das sagst du, der du wie ich ein rastloser Kämpfer für die Vervollkommnung deiner Geschöpfe bist? Ohne dich wäre der Bursche in dieser Höhle von Unverstand und Spießertum sicher verkümmert!"

„Wir wollen uns nicht überschätzen", widerspricht Quistorp, „wenn uns die Natur ein seltenes Gebilde ihrer Schöpfung in den Schoß wirft und uns gebietet, es zu entfalten."

Kosegarten ist gereizt.

„Du mißachtest jene erste und dringendste Stufe, jenes Klären der dumpfen Antriebe, Ahnungen und Versuche, ohne das ein nicht zielklar geführtes Talent kostbare Jahre mit unsicherem Tasten verstreichen läßt."

„Nicht minder dringlich ist es, dünkt mich, die rechte und nicht zu späte Stunde zu finden, in der wir uns losreißen müssen, um einen Schüler sich selbst zu überantworten."

Nach einigem Auf- und Niedergehen läßt sich Kosegarten auf seinem Stuhl nieder.

„Wie alt ist dieser Friedrich?"

„Bald wird er sein neunzehntes Jahr erreicht haben. Anfangs folgte er mir hingegeben, wenn auch schon früh seine Eigenwilligkeit die stete Entwicklung hemmte."

Quistorp richtet sich auf, legt beide Arme um die Knie und gibt sich Erinnerungen hin.

„Nie habe ich bei einem Knaben diese Versenkung in die Natur, in ihre Erscheinungen, dieses Lauschen auf ihre Stimmen, ihre Gesetze bemerkt. Ich entsinne mich einer Wanderung, die ich vor Jahren mit ihm und anderen Schülern in die Peenemündung unternahm. Sie hatten den Tag mit Beobachtungen und mit Zeichnen verbracht. Gegen Sonnenuntergang ruhten wir am Peeneufer aus. Ein lila Dunst lag über dem Wasser, in dem noch der rötliche Hauch der Sonne zerfloß. Ringsum war es still, und Caspar konnte sich nicht genug erschöpfen im Anblick einzelner Baumgruppen, die gegen den Abendhimmel standen, oder einer Blume, die aus dem Schatten des Schilfes tauchte. Nach einer Weile entfernte er sich, kehrte jedoch nicht zurück, so daß ich Schildener bat, ihn zu suchen. Erst nach geraumer Zeit sah ich ihn erregt daherkommen. Er hatte den Vermißten, berichtete er, gegen den Stamm einer einsamen Kiefer lehnend, gefunden, und weil er sich ihm nicht aufdrängen wollte, sei er zurückgewichen. Erst später gesellte sich Caspar zu uns, blieb während des Heimwegs verschlossen, so daß auch Schildener davon ergriffen wurde. Diese Schwermut ist um so auffallender, weil er oft ein fröhlicher und ausgelassener, manchmal sogar witziger Bursche ist.“

„Sagtest du nicht vor Jahren, daß sein Bruder ertrank?“

„Das hat an seinem Gemüt genagt und anhaltender in ihm nachgewirkt als bei einem robusteren Jungen. Doch glaube ich, daß die Abwegigkeit seines Wesens anderen Quellen entspringt und erst durch späteres Erleiden vertieft, aber auch gefährdet wurde.“

Quistorp verstummt und brütet vor sich hin, auch Kosegarten ist nachdenklich geworden. Erst als ein Windstoß ins Geäst der Pappel vor dem Fenster fährt, schreckt Quistorp auf, erhebt sich schwer und läßt sich am Tisch dem Freund gegenüber nieder. Er stützt die Arme auf, umspannt mit beiden Händen das Gesicht.

„Ich fürchte um ihn, Freund, ich bange um sein Leben. Er entgleitet mir in ein gefährliches Treiben, von dem ich ihn nicht abhalten kann. Er ist an der Grenze, über die jede ungewöhnliche Jugend muß, an der sie ungehemmter Wildheit oder unheilbarer Schwermut verfallen kann. Ich täusche mich nicht, daß ihm das Letztere droht und er im Unwetter den Abgrund sucht."

Kosegarten ist ernst seinen Worten gefolgt, nun schüttelt er mit einem beruhigenden Lächeln den Kopf.

„Taten wir dergleichen nicht auch in früheren Jahren? Schwärmten in Sturm und Wetter und wähnten uns in Ossians düsteren Gefilden? Oder denke der Schwermut, in der wir uns nach genossener Lektüre des Werther gefielen, ohne daß wir seinem Vorbild zu folgen trachteten."

Quistorp wehrt bedrückt ab.

„Es sind keine Schwärmereien oder gar Extravaganzen verwöhnter Söhne. Er wuchs in einem ärmlichen Haus mit sechs Geschwistern auf. Ihn jagt ein Getriebenwerden an die abschüssigen Gestade des Lebens."

Wieder setzt der Freund ihm eine heitere Überlegenheit entgegen.

„Es ist das ungestillte Verlangen des Herzens, das auch dich einst zu Torheiten hinreißen wollte. Du dichtest ihm höhere Empfindungen an, während sie in Wahrheit wohl nicht über die einer sensiblen Jugend hinausragen."

Nur einen Augenblick stutzt Quistorp. Dann löst sich seine gespannte Haltung, er faltet die Hände auf dem Tisch.

„Sein Herz ist zu sehr von Gott erfüllt, als daß er sich von einem Liebesleid verwirren ließe. Ihn treiben Mächte, die göttliche Offenbarung in der Kunst zu bekennen; sie werden ihn zerstören, wenn sein künstlerisches Reifen ihnen nicht gewachsen ist. Solche Inbrunst führt zur Höhe oder Verwirrung."

Kosegarten atmet schwer.

„Dann wirst du ihn nicht retten können. Wenn du ihn aber begnadet glaubst, warum fürchtest du?"

Seine Frage schwebt noch im Raum, als heftig ans Fenster geklopft wird. Quistorp eilt hinaus, öffnet die Haustür und kehrt mit einem älteren Schüler zurück. Ohne die Anwesenheit eines Dritten zu bemerken, berichtet der mit fliegendem Atem, daß sein Freund Caspar David vor Beginn des Sturmes verschwunden sei. Die Familie Friedrich befinde sich in heftiger Unruhe, weil sie nicht die geringste Ahnung von seinem Verbleib habe. Auch von den Fischern am Wiecker Hafen, von denen er sich häufig habe nach Rügen fahren lassen, wäre nichts zu erfahren, weil sie infolge des Sturmes wohl in einem Nothafen gelandet und vor morgen nicht zurück zu erwarten seien. Ein alter Fischer sei von Haus zu Haus gelaufen, um einen der Jüngeren zu einer Überfahrt nach Rügen, wo sich Caspar nach seiner Meinung aufhalte, anzuspornen, doch bei diesem Unwetter wolle keiner die Fahrt wagen.

Quistorp findet seine Ahnung bestätigt. Er erwidert, daß auch er sich trüben Vermutungen hingäbe, worauf der Student ihn lodernden Blickes ansieht:

„Es muß etwas geschehen. Nur Sie können helfen, wenn er zurückkehrt, nur Sie. Vor uns versperrt er sich."

Verstört tritt Quistorp ans Fenster und sieht dem Davoneilenden nach. Auf die Frage des Freundes, wer jener fremde Jüngling sei, erwidert er zerstreut, daß es sich um einen Studenten der Rechte namens Schildener handele, der einem Kreis Greifswalder Studenten angehöre, zu dem sich auch der begabte Arndt und der poetisch veranlagte Lappe aus Wolgast gesellt hätten.

„Es sind doch einige junge Geister, die uns hoffen lassen, daß auch hier oben bei uns ein Wachsen und Werden im Gang ist." Kosegarten bemüht sich, den Freund von seinen Grübeleien abzubringen. „Mich erinnert dein Friedrich an ein seltsames Kind, das mir in meiner Wolgaster Zeit begegnete, an den jungen Bruder meines Schülers Daniel Runge. Ein scheuer Knabe mit einem Sinn voller Märchen und Visionen. Er fertigte phantastische Scherenschnitte und redete ein wunderliches Zeug zusammen vom Leben der Blumen und Gewächse. Einst lag er krank auf den Tod, glaubte, er müsse sterben, fühlte sich schon der Welt entrückt und meinte, niemandem sei mehr an ihm gelegen. Da wurde er gewahr, wie seine Mutter sich voller Tränen über ihn neigte, und von ihrem Schmerz erschüttert, klammerte er sich ans Leben und genas. Eine zarte Seele, dieser Knabe; bisher hat er den rauhen Winden unserer Küste und dem nüchternen Sinn unserer Landsleute standgehalten. Sei getrost, Freund", bittet Kosegarten und erhebt sich, „laß uns schlafen gehen. Ich will deinen Friedrich in mein Gebet beschließen, daß ihn gleich jenem Knaben ein Zeichen ans Leben binde."

Er sucht in dem einsamen Haus des Freundes eine Schlafstätte auf, während dieser, scheinbar den zeichnerischen Entwürfen oder dem Betrachten seiner neu erworbenen Landschaft hingegeben, wachend die Nacht verbringt.

Die Fischer vom Greifswalder Bodden, aus dem Dorf Wieck und die aus Lubmin und von der Greifswalder Oie vernehmen die merkwürdigen Andeutungen und Berichte über ihn, als sie bei Beginn des großen Sturmes in Stubbenkammer auf Rügen an Land gehen müssen, nachdem sie in der Ostsee fetten Aalen und Flundern nachgespürt hatten.

Die von Stubbenkammer sahen ihn schon im Frühling, ohne daß sie sich eingehender mit ihm beschäftigten. Erst als er an jedem Morgen um die gleiche Stunde mit eiligen Schritten daherkam, wurden sie aufmerksam. Sie bemerkten ihn auch am Strand, wenn sie abends von ihren Fischzügen heimkehrten, und es entging ihnen nicht, daß er sich scheu in die Waldungen zurückzog, sobald er ihrer ansichtig wurde.

Als im Sommer das Weiß der Kreidefelsen und der steinige Strand grell in der Sonne flimmerten, das Wasser glatt unter der Schwüle lag und helle Nächte über der Insel dämmerten, war er für sie verschwunden, und sie vergaßen ihn.

Sobald aber die langwierigen Herbststürme hereinbrachen, tauchte er wieder auf. Er schien noch scheuer geworden, und einigen Fischern, die ihm unversehens begegneten, fiel es auf, daß er unverständliche Worte vor sich hin stammelte, daß sie ihm kopfschüttelnd nachsahen und die Schultern zuckten. Einige erinnern sich, daß sie einen sonderbar verschlossenen Burschen auf ihren Schaluppen mehrmals vom Festland nach der Insel übergesetzt haben und daß dieser des Seifensieders Friedrich Sohn aus Greifswald sein müsse, der als kleiner Kerl dem nun schon achtzigjährigen alten Witt immer bei den Netzen geholfen hatte und mit ihm auf Fang gefahren war.

Was sie aber jetzt mit eigenen Augen beobachten, ist

weitaus verwunderlicher. Es ist geradezu eine Gotteslästerung, wie der Bursche an den schroffsten Klippen des Königstuhls sich dem Sturm entgegenstemmt oder von den ins Meer vorspringenden Felssteinen in die Tiefe späht. Die jüngeren Fischer können sich nicht enthalten, über ihn zu witzeln und einander ihre zweideutigen Vermutungen wegen seines abwegigen Gebarens zuzuraunen. Man solle ihn nur mit der drallen Fischerstochter Ite Schütterow in eine Kammer sperren, schlagen einige vor, die würde ihn schon auf eine gründliche und liebevolle Art heilen. Die älteren aber verfolgen ihn wortlos mit ihren scharfen Blikken wie ein Schiff, das in den Sturm hinausfährt. Auch abends, als sie in der Schutzhütte beim Branntwein sitzen, ziehen sie gedankenvoll an ihren Pfeifen, wenn die anderen sich über den Greifswalder und seine närrischen Klippenwanderungen auslassen.

In der Nacht werden sie von einem krachenden Getöse aus dem Schlaf geweckt. Im ersten Entsetzen meinen sie, der Wald mit seinen hochstämmigen Buchen donnere auf sie herab, begrabe ihre kleine Hütte und zerschlage ihre Boote. Und weil sie das höllische Pfeifen und Sausen rings um sich und über sich hören, können sie gar nicht glauben, daß sie sich noch im Schutz des hohen Ufers befinden. Sicher hat der Sturm sie mitsamt der hölzernen Hütte an das jenseitige Ufer von Mönchgut gefegt.

Sie wollen zur Tür hinaus, aber da stemmt sich etwas dagegen, und nun geht es ihnen auf, daß der Sturm, der vorher von Nordwesten blies, plötzlich nach Osten umgesprungen ist und geradewegs auf das hohe Ufer zubraust. Die Wellen haben einige ihrer Boote gegen die Felssteine geschleudert und eins gar auf diese Weise zertrümmert.

Der Sturm hat einen Teil ihrer zum Trocknen aufgehängten Netze von den Pfählen losgerissen, in den Sand gezerrt und darin eingewellt. Sie arbeiten verbissen und suchen zu retten, was sie können, ziehen ihre Boote weit ans Ufer hinauf und bergen ihre Netze.

Als aber die Morgendämmerung anbricht, stehen sie am Ufer und sehen auf die tobenden Wasser hinaus, stehen stumm in ihrer Hilflosigkeit und ihrem ohnmächtigen Groll. Sie sehen draußen etwas zwischen den Wellen auftauchen und wieder verschwinden, das wie lange graue Balken aussieht, und sie wissen, daß es die festen, harten Stämme der Buchen aus der Stubnitz sind, die der Sturm ausriß und ins Meer schleuderte und die nun von den Wellen gegen ihre Aalreusen geschleudert werden und gegen die Haltepfähle anprallen. Ihnen bleibt nichts, als der Zerstörung ihres mühsam hergerichteten Fangwerkes zuzusehen.

Sie ziehen sich in ihre Schutzhütte zurück, holen die spärlichen Reste ihres Vorrats hervor und überlegen, wie lange er reichen mag. Bei diesem Unwetter kann keiner den Weg nach Saßnitz ohne Todesgefahr wagen. Während sie dasitzen, müde und mißmutig, und sich an Korn und Branntwein wärmen, springt einer von ihnen auf und weist wortlos durch das kleine Fenster nach dem hohen Ufer hinauf, wo die weißgezackten Klippen gegen das jagende Gewölk starren.

Dort oben strebt ein Bursche dem abschüssigen Abhang zu, er klammert sich an die Stämme der Bäume und an die Felsen. Sie erkennen ihn sogleich, und vorerst bringen sie kein Wort hervor, denn sie denken alle das gleiche: daß die Wassermassen das Kreidehochufer zerwühlt und durchnäßt haben und die steilen Abschüsse in nächster Minute abstürzen können, und daß der sich hochbäumende Wellengischt vom Grund aufgewühlte Steine mit sich bringt, die einen Menschen wie tötender Hagel zerschlagen können. Das alles weiß wohl der Bursche nicht? Oder weiß er es etwa doch und will es so? Dann soll ihn der Teufel holen ...

Nun müßte er sie rufen hören; sie haben die hohlen Hände an den Mund gelegt und schreien, und der Sturm trägt ihre Rufe hinauf. Wenn er nicht so jung wäre und wenn dem Seifensieder Friedrich nicht schon ein Junge ertrunken wäre, würden sie ihn laufen lassen. Nun aber hält es sie nicht länger. Sie klettern ihm nach, bleiben stehen und rufen, und weil er nicht innehält, arbeiten sie sich weiter über das Geröll.

Als sie ihn dann wirklich gepackt haben und er ihnen willenlos folgt, vergehen ihnen ihre Flüche und Drohungen, denn hinter diesem abgezehrten Gesicht mit den lodernden Augen mag es wohl nicht ganz geheuer sein.

In der Hütte nimmt er etwas trockenes Schwarzbrot und Branntwein zu sich, sinkt entkräftet auf ein Bündel Netze. Zwei Tage und Nächte liegt er in einem dumpfen Schlaf, bis das Unwetter sich zu legen beginnt und die Fischer zur Heimfahrt aufbrechen.

Es ist dieselbe Nacht, in der Quistorp über seinen geliebten und eigenwilligsten Schüler grübelt und nicht zur Ruhe finden kann.

In den frühen Morgenstunden des darauffolgenden Tages kommen zwei Studenten vom Greiswalder Hafen herauf und biegen in die Lange Straße ein. In ihrer Mitte geht ein junger Mensch, der, ohne daß sie ihn berühren, den Eindruck eines willenlos Geführten macht. Die Blässe in seinem Gesicht, die durch das blonde, vom Wind zerzauste Haar gesteigert wird, muß wohl von einer inneren Zerschlagenheit herrühren. Seine Augen haften am Boden, tun sich nur selten auf und bleiben dann starr hinausgewandt.

Die Straße liegt noch in einem sonnenlosen Grau, die Wolken reißen sich hier und da voneinander los und geben gelbrosa Tönungen der höheren Wolkenschichten frei. Die Wipfel der nach dem Wall hinüberführenden Bäume strekken sich gegen ein hellbraun durchflossenes Weiß; über der Spitze von St. Nikolai segeln Fetzen zurückgefegten Gewölkes. Als einer der Studenten gegenüber der Friedrichschen Siederei die Straße kreuzen will, reißt der Geführte ihn am Arm zurück.

„Nicht dort hinüber, Schildener", fordert er jetzt, als sei der Wille in ihm erwacht, und drängt zum Weitergehen.

„In meiner Kammer ist wenig Raum, doch um so mehr Abgeschiedenheit", bemerkt scheu der andere Gefährte. „Wenn sie euch genügt?"

„Wir bleiben bei dir, Lappe", entscheidet Schildener. „Geht ihr voran, ich gebe den Seinen und Quistorp von seiner Rückkehr Nachricht."

Die beiden biegen in die Kapaunenstraße, die gleich anderen mit ärmlichen kleinen Häusern bebauten Seitengassen den etwa achtzig Studenten Greifswalds Unterkunft gewährt. Sie gelangen auf einer an der Hinterwand eines Häuschens errichteten Stiege in das Quartier des Studenten der Theologie Karl Lappe und seines Freundes Henning.

Die Kahlheit und Dürftigkeit der Bodenkammer wird einzig durch die Farbenfülle eines Kranzes bunter Herbstblumen unterbrochen, der um das Bild eines Mannes geschlungen ist. Zu Häupten der einen Lagerstätte, die aus einer auf vier Holzpflöcken befestigten Matratze und einer grauen Wolldecke hergerichtet ist, liegt ein umwickeltes Bündel, aus dem Lappe eine Zinnkanne hervorzieht.

„Ein Rest unserer Milch wird dich erwärmen."

Er bietet dem Freund einen gefüllten Becher. Dieser leert ihn hastig und wirft sich erschöpft auf das Lager. Lappe neigt sich über das Wandbrett, holt aus einer Schale ein paar Äpfel und Haselnüsse und legt sie neben den Freund. Er deckt, weil er ihn schon in leichtem Schlaf findet, seinen Mantel über ihn. Einer als Borte dienenden Kiste entnimmt er einige Bücher und setzt sich an den mit losen Blättern überdeckten Tisch. Doch kann er seine Gedanken nicht beisammenhalten; besorgt sieht er immer wieder auf den Schlafenden oder durch das niedrige Fenster in den herbstlichen Garten.

Als er Schildener die Stiege heraufklettern hört, öffnet er leise die Kammertür.

„Du gehst heute nicht in die Vorlesung?" fragt der andere nebenhin, weicht den unruhig auf ihn gewandten Blicken Lappes aus, setzt sich an den Tisch und blättert mit scheinbarem Gleichmut in einem Buch.

„Du versäumst nicht allzuviel in unserem verschlafenen Hörsaal."

Lappe wirft sich ihm, weil Schildener seine Spannung nicht beachtet, über den Tisch entgegen und flüstert:

„Wo war er alle die Tage und Nächte? Hast du etwas erfahren?"

„Die Fischer brachten ihn heute früh von Rügen mit herüber", Schildener hebt die Augen nicht, alles an ihm ist Abweisung. „Als ich auf Caspar zuging, sagten sie, ich solle ihn nach Hause bringen und nicht aus den Augen lassen."

„Dann weiß ich genug", sagt Lappe niedergeschlagen, „es war ihm zuviel geworden, er konnte nicht mehr."

Unwillig fährt Schildener hoch, wirft einen scheuen Blick auf den Schlafenden.

„Bestimmtes haben sie nicht gesagt."

„Aber ich habe es geahnt, daß es so war und so kommen mußte. Warum verschließt du es vor mir? Du weißt, wie teuer er mir ist."

„Das war er mir lange, bevor du ihn kanntest. Und doch gelangte ich nie bis an sein Inneres."

„Denk an die wenigen Stunden, in denen er aufgeschlossen war, fröhlich und warmherzig . . ."

„Und doch zog er sich dann jäh in sich selbst zurück, und das beunruhigte und kränkte mich." Schildener bricht voller Bitterkeit ab. Nach einigem Überlegen fügt er ruhiger hinzu: „Du wirst wahrscheinlich recht haben mit deiner Vermutung. Quistorp sagte dasselbe."

Er stützt beide Ellenbogen auf die Knie und drückt die Fäuste gegen die Augen. Auch Lappe ist still geworden und sieht bedrückt über die Bäume des Gartens hinweg nach den Wildgänsen, die von den Gewässern des Nordens kommen und die Ankunft des Herbstes ausschreien.

„Zwei Jahre hause ich jetzt mit meinem Freund Henning in dieser Kammer, und wenn ich mit ansehe, wie an seinem vereinsamten Gemüt die Schwermut nagt, muß ich ihn mit Caspar vergleichen. Bei Caspar bricht sie durch wie der

Sturm mit düsteren Wolken, aus denen dann ebenso schnell die Sonne kraftvoller Fröhlichkeit leuchten kann. In Hennings Wesen liegt eine Ergebenheit, ein Hindämmern in dem Halbdunkel seiner Träume und Poesien, ohne daß er sich je in eine wilde Absonderlichkeit steigert oder auch nur der Gedanke an eine gewaltsame Tat in ihm lebendig wird."

„Er wird auslöschen in ein tatenloses Dasein, weil seine Phantastereien ihn wie ein Unkraut überwuchern, das keine Früchte treibt", bemerkt Schildener trocken.

„Caspar kann doch nicht aus einer großen Verlassenheit heraus in die Irre getrieben worden sein", grübelt Lappe fort, „er hat sein Elternhaus, seinen Vater, seine Geschwister, das humorvolle Doppelgespann von Tante Heiden und Onkel Präfke. Wenn diese Geborgenheit verlorengeht, dann ist der Frieden dahin. Kaum war ich sieben Jahre, da starb mein Vater, ich war fortan einsam."

„Und doch bist du voller Zuversicht und verfolgst dein vorgestecktes Ziel."

„Den frühen Verlust und alles, was mich bedrängt und was mich erhebt, fasse ich in meine Verse, bescheidene Versuche, aber ich finde Halt und Trost darin."

Er hält die hagere Hand gegen die Schläfe gestützt, die hohe Stirn und die hellen Augen leuchten von innen her.

Schildener, der unter dem Schutz wohlhabender Eltern aufwuchs, fühlt sich vor der klaren Sicherheit dieses Heimatlosen gedemütigt. Er legt das Buch beiseite und sagt weniger abweisend als zuvor:

„Du weißt, Lappe, daß auch Caspar Schlimmes geschah; er verlor seinen Bruder, den keiner ihm ersetzen kann. Darin täusche ich mich nicht. Doch hätte er Christoffers

Tod leichter überwunden, wenn er sich nicht mit aller Gewalt verbohrte, die Härten und Gefahren seiner Entwicklung einsam und für sich durchzustehen."

„Es ist ein starker Glaube in ihm, an dem er genesen könnte."

„Dennoch scheint er in Gefahr zu sein. Er will erzwingen, was reifen muß. Kunst läßt sich nicht zwingen. So verstrickt er sich in eine hochmütige Verschlossenheit."

Erregt tritt Schildener ans Fenster. Er weiß, was ihn von den beiden Freunden trennt. Ihm blieb nichts, als nachgestaltend ihrem eigenwilligen Reifen zuzusehen.

Die blasse Sonne tritt aus weißlichen Wolken, ein fahles Licht fällt in die Kammer und heftet blasse Streifen an die Wand.

Schildener hat kaum mit dem Stuhl gerückt, und doch muß Caspar es im Schlaf gespürt haben. Er ist aufgewacht; es dauert, bis er begreift, daß es Schildeners regloser Rükken ist, der sich am Fenster abzeichnet, und daß sich Lappes fragende Augen über ihn neigen.

„Eine gute Zuflucht, deine Kammer", sagt er, noch abwesend, richtet sich auf und greift hungrig nach Lappes spärlichen Früchten.

„Du hättest sie nicht so selten aufsuchen sollen", erwidert jener mit zaghaftem Vorwurf.

„Was verlangst du von ihm!" ruft Schildener, ohne sich umzuwenden, und fügt, indem er auf die Vereinigung der Studenten hinweist, der er mit Lappe angehört, hinzu: „Wir fratres coniuncti sind für ihn ausschweifende Gesellen, die das Leben zu heiß begehren."

„Arndt warf uns dasselbe vor", beschwichtigte Lappe die aufreizenden Worte des Freundes, „er wanderte, härtete den Leib unter Entbehrungen ab und zog endlich nach Jena. Einige von uns könnten genügsamer sein, doch ich weiß nicht, daß meine Kammer je der Weltlust offenstand, und mein Freund Henning ist allzu fest mit den Geistern im Bund."

„Arndt kann sich keiner Bindung fügen, ihn treibt ein kräftiger Geist seinen eigenen Zielen zu", sagt Caspar wie zu sich selbst. „Er ist uns allen weit voraus."

„Auch dir? Auch dir ist er weit voraus?" Aus Schildeners Frage springt der bittere Hohn.

Besorgt sieht Lappe auf Caspar und wünscht, daß Schildener mehr Mäßigung in dieser Stunde besäße. Doch Caspar hat die verschränkten Arme auf beide Knie gestützt und sagt demütig:

„Was sollte ich in eurer Gemeinschaft? Ihr wißt euer Ziel und seid aller Zweifel ledig. Du, Lappe, hast schon mit sechzehn Jahren darum gewußt, und in diesem Winter trittst du eine Lehrstelle an."

Schildener erträgt es nicht mehr, er fährt herum, seine Stimme ist laut und fremd:

„Du glaubst, in mir sei alles klar, seit ich von der Malerei ließ! Und weil ich nun zwei Jahre studiere, meinst du, ich hätte mich darein gefügt, Gelehrter zu werden, und sei zufrieden."

Caspar rührt sich nicht. Da verdrängt Lappe die drükkende Stille, die sich auftun will.

„Auch der Bruder meines Freundes, Philipp Otto Runge in Wolgast, wird auf einen Weg gedrängt, der ihm fremd ist. Er kommt in die Kaufmannslehre. Aber er ist für diesen Beruf nicht geartet. Sein Sinn ist voll künstlerischer Vorstellungen, Träume und Gedanken."

Ohne die Freunde anzusehen und mit einer erbarmungslosen Kälte im Ton schließt Caspar die Schranken zwischen sich und Schildener.

„So wirst du, Schildener, und so wird auch der Otto Runge daran zugrunde gehen, oder ihr habt die Kunst nicht in euch gefühlt. Ich sage, nie hat die Malerei in dir wahrhaft gebrannt.“

Eine kurze Dauer steht Schildener wie erstarrt. Dann zieht er einen Stuhl heran, stützt das Knie darauf, seine Augen glühen Caspar an, doch seine Stimme ist leise und beherrscht:

„Das sagst du mir? Zu mir sagst du, daß ich nicht wahrhaftig sei in meiner Liebe zur Kunst?“

Und weil Caspar nicht aufsieht und schweigt, erbleicht er. Dann aber wird es ihm bewußt, daß nach diesen Worten alles verloren sein kann, und ohne die brennenden Blicke von dem geneigten Kopf mit den ungeordneten Haaren zu lassen, wirbt er noch einmal um den Freund, scheu und mit gedämpfter Stimme:

„Du hast es nie gespürt und hast es auch nicht spüren wollen, Caspar, daß etwas Gleiches zwischen dir und mir war. Vom ersten Tag an, als du zu Quistorp kamst, wußte ich es. Ich saß vor der Statue des Apoll, ohne auch nur imstande zu sein, einige Striche zu zeichnen. Es dünkte mich ein Frevel, die edlen Linien nachzuziehen, aus denen die Gottheit auf mich herabsah. Und schien es dir nicht auch sündhaft, den Himmel in seinem Licht und seiner Herrlichkeit nachbilden zu wollen?“

„So war es“, sagt Caspar wie zu sich selbst.

„Und je mehr ich mir bewußt wurde, daß ich das Vollkommenste der Menschheit nie würde nachbilden können, je qualvoller ich dies erkannte, um so gewisser wurde mir, daß ich davon lassen mußte."

Caspar hebt den Kopf, eine unvermutete Klarheit im Blick.

„Das war das beste an dir, dieses Erkennen. Im Nachbilden kann keiner Großes erreichen. Und ... wie fern ist uns jenes Volk der Griechen, das zu Göttern in Menschengestalt betete und aufwuchs unter ständig wolkenlosem Himmel ..."

Schildener starrt den Freund fassungslos an.

„Wurde die Gottheit in Menschengestalt je vollkommener gebildet?"

Caspar springt auf, und er, um den sie beide bangen, steht vor ihnen und sieht über sie hinweg in den erwachten Morgen.

„Schildener", sagt er jetzt sanft und beherrscht, „du hörtest die mahnende Stimme in dir und versündigtest dich nicht, und das war gut. Bewahre dir deine Begeisterung für die Göttergestalten der Antike. Mir genügen sie nicht. Sieh", er zieht den Freund ans Fenster, „sieh dort den Kampf der Sonne, die mit ihrem Licht durch den wolkenüberdeckten Himmel in unsere Welt dringen will. Dieser Anblick ist mir erhabener, voller Geheimnis und göttlich. Und jeder Baum der Niederung und die Trümmer eines Gotteshauses sind für mich großartiger als griechische Bildnisse. Die geben mir nichts. Die Landschaft unter unserem Himmel aber, die muß ich malen. Jenes Gleichnis in ihr von der Geburt des Lichtes aus dem Dunkel, vom Ruf Gottes in den todbringenden Stürmen, wie es unser grauer Himmel und unsere Landschaft verkünden, diesen Widerschein möchte ich in die Kunst hineinholen."

Lappe faßt es kaum, daß der Freund spricht, der sich sonst vor ihnen verschloß. Da gewahrt er, daß sich die eben noch klaren Augen wieder verdunkeln wollen.

„Wie ich es schaue, Stunde um Stunde, Tag um Tag und in der Nacht, und doch nicht schaffen kann...“, sagt er kaum hörbar vor sich hin.

Schildener reißt das erneute Zusammenbrechen des Freundes aus der Erschütterung. Er erinnert sich, daß er etwas auszurichten hat.

„Quistorp erwartet dich, Caspar, ich soll dich zu ihm bringen.“

Doch Caspar hebt kaum den Kopf.

„Was soll ich dort. Ich habe mich mit Mühe von ihm frei gemacht. Er war mir einst viel, er war mir nach Christoffers Tod alles. Doch nun muß ein Ende sein. Wir müssen allein unsern Weg finden. Lappe, bleib wachsam und hüte dich vor dem klingenden Geschwärme deines Lehrers Kosegarten. Erhalte dir deinen schlichten Sinn.“

„Du hast mir heute ein Ziel gewiesen, das wahrste und echteste, das einer suchen kann“, sagt leise der Freund.

Schildener ist dicht vor Caspar getreten.

„Die letzte Bitte an dich; komm mit mir zu Quistorp. Ich versprach ihm, dich zu bringen. Denk an seine Menschlichkeit, wenn er dir sonst nichts mehr ist.“

Müde und voller Abwehr steht Caspar auf und geht mit ihm hinaus. Lappe bedeckt die Augen und bleibt nachdenkend über seine losen, beschriebenen Blätter gebeugt.

Vor Quistorps Haustür hält Schildener an.

„Geh du allein zu ihm. Es ist besser so.“

Später, als Caspar an diesen Tag zurückdenkt, erinnert

er sich, wie erschreckend angegriffen Schildeners Gesicht mit dem Ausdruck eines unwiderruflichen Verzichtes aussah.

Zögernd öffnet er die Tür zum Arbeitszimmer seines Lehrers. Der bräunliche Hauch, den die Nachmittagssonne, vom Herbstlaub gedämpft, im Raum verbreitet, ihr Schein auf den vertrauten Bildern hätte ihn erwärmen und lösen können. Doch bleibt er fremd und unschlüssig stehen.

Quistorp ist für Sekunden verwirrt. Er hat ihn seit Wochen nicht gesehen. Das Eigenwillige im Blick ist gehärtet, das Gesicht abgesperrt. Er pflegte doch sonst in dieses Zimmer zu treten und von ihm Besitz zu ergreifen und jede kleine Veränderung in sich aufzunehmen. Er sieht nichts, denkt Quistorp, er sieht nicht einmal den Elsheimer, er sieht mich selbst wohl kaum.

Trotz dieser lähmenden Wahrnehmung zwingt Quistorp sich von seinem Arbeitstisch hoch. Er geht auf Caspar zu, und als er ihn hereinzieht und auf das Sofa in der Nische niederdrückt, ist seiner Gelassenheit nichts von den Schrekken vergangener Tage noch die durchsorgte Nacht anzumerken. Beinah heiter fragt er den Schweigsamen, ob es denn unabänderlich gewesen sei, daß er sich in seiner inneren Not in die Einsamkeit verzogen hatte, er wisse doch, daß dieses Haus allezeit für ihn offen und bereit sei.

Und weil Caspar weiterhin schweigt, gibt er ihm zu verstehen, wie bitter es ihn angekommen sei, daß sein Schüler sich von den gemeinsamen Wanderungen den ganzen Sommer ferngehalten habe, statt dessen aber auf die Insel entflohen sei, für deren Schönheit er ihn selbst doch aufgeschlossen habe, damit sie einst seiner Kunst Wesen und Atem verleihe. Nun aber, so fährt er härter fort, weil sich

Caspars regungsloses Beharren nicht ändert, nun befürchte er, daß er sich entschlossen habe, von der Malerei zu lassen, denn seit Wochen habe er nicht mehr am Unterricht teilgenommen, und sein Skizzenbuch sei sicherlich leer geblieben.

Nach diesen Worten hebt Caspar aufgescheucht den Blick, legt den Kopf in beide Hände, daß die Handflächen sich gegen die Augenhöhlen und Brauen drücken und die Finger über die Stirn in das verwüstete Haar greifen.

Quistorp geht auf und nieder. Sein Ton ist kühl und streng, in dem er Caspar bedeutet, daß er es sich nun gefallen lassen müsse, wenn er wie ein Arzt die Verstörung seines Gemütes untersuche; bevor er nicht die Ursache gefunden habe, werde er ihn nicht von sich lassen. Dieses Recht müsse er sich als sein alter Lehrer schon herausnehmen.

Er weiß wohl, wie gefährlich eine zu frühe Frage sein kann, und so läßt er sich neben Caspar nieder und fragt behutsam:

„Ist es um Christoffer, Caspar, immer noch um Christoffer?“

Endlich ein Wort, wie von weit her:

„Um Christoffer, und es wird auch so bleiben. Aber um noch manches andere mehr.“

Wiederum eine Stille, in der die Blätter vom Wind gegen das Fenster gestoßen werden.

Quistorp sieht nach der kargen Andeutung keinen anderen Weg, als schonungslos vorzudringen. Er gräbt, um die Verkrampfung des anderen zu lockern, ein Geschehen aus der eigenen Verborgenheit hervor, damit Caspar sich daran ermutige. Wie sich selbst erzählend, berichtet er von einer frühen Liebe, die ihn in Betrübnis und Verwirrung geworfen habe, so daß er nach dem Degen gegriffen und sich das Herz habe durchbohren wollen; dies wäre geschehen, wenn nicht ein Freund es bemerkt und ihn daran gehindert hätte.

„Es war nicht recht, aber es geschieht zuweilen, daß junge Menschen in solche Wirrnis geraten und nicht herausfinden können."

Caspar antwortet kühl, daß ihm bisher diese Liebe fremd sei.

Mit leichter Befriedigung findet Quistorp seine Vermutung bestätigt, daß die Verwirrung seines Schülers anderen Quellen entspringt; er lehnt sich, um ihn nicht zu bedrängen, zurück und wartet. Aber wie eine angeschlagene Glocke noch eine Weile nachsummt, fährt Caspar zögernd fort:

„Es war nicht so, daß ich es wollte, und war nicht an ein Geschehen gebunden. Ich denke viel weiter zurück, bis in meine Kindheit hinein, als mich ein Verlangen nach der Helle hinter den Wolken ergriff und ich sie zu zeichnen versuchte und nichts daraus wurde. Nun machte ich mich nach Jahren wieder daran. Weil ich es aber wieder nicht vermochte, kam diese Finsternis, und es wurde schlimmer, weil Christoffer nicht mehr war ..."

„Da hättest du stetig weiterarbeiten sollen und nicht davor fliehen", sagt Quistorp, um ihn zum Widerspruch anzutreiben.

„Ich glaubte, die Zeit müsse gekommen sein, von der Christoffer sprach, in der ich Eigenes schaffen könnte, Lebendiges, das aus mir wachsen würde. Die Jahre brachten viele Erfahrungen und Entdeckungen im Anschauen der

Natur, und ständig drängten sich Landschaften vor mein inneres Auge. – Doch wie soll ich es beginnen, daß es so wird, wie ich es sehe? Mit dem Kopieren fremder Bilder, bei denen ich nichts empfinde? Nur das ist wahrhaftig, was ich im eigenen Innern spüre, die Gottesnähe, die mich im Sturm anruft, aus dem ewigen Abgrund, in dem mein Christoffer versank.“

Und wieder ist eine Stille im Raum, aus dem alles Licht in den erblassenden Abend hinweggeschmolzen ist. Quistorp weiß wohl, daß nur diese Stunde Rettung bringen kann, er läßt den Schüler nicht aus dem Auge, und seine Gedanken arbeiten unablässig. Nun zeigt sich ihm dieses Gesicht unverhüllt, das schon beim Knaben sein Zeichen trug und aufmerken ließ. Um die Entäußerung Caspars zu steigern und zum Letzten zu treiben, fordert er ihn durch Anklage und Vorwurf heraus.

„Und du glaubtest, ohne wirkliches Können das Göttliche einzufangen, und wolltest dich wegwerfen in deiner sündhaften Ungeduld? Warum läßt du es nicht ausreifen in dir? Du kannst doch nur durch Jahre hin ans Ziel gelangen, von dem du besessen bist . . .“

„Sündhaft? Sündhafte Ungeduld?“ fährt Caspar auf. „Sündhaft ist allein die Lüge, in die ich hier geraten bin und in der die meisten befangen bleiben. Für sie gilt die Form und immer nur die Form, und damit sie gerate, lassen sie die Seele absterben. Zuvor aber ist die Not und das innere Gesicht. Wo beide nicht sind, ist es sündhaft, sich der Kunst ergeben zu wollen. Wo sie aber sind, läßt sich keiner hemmen durch die Form, und wenn sein Gebet nur ein Stammeln bleibt.“

„Und dennoch muß die Form gewonnen werden, wenn

du ein Kunstwerk schaffen willst. Sonst wird ein aufrechter Mensch wie du in Verwirrung geführt, aus der du nur eben gerettet wurdest."

„Für mich gibt es keine Kunst, in der Gott nicht ist. Wenn ich mich noch länger an die Form verliere, wie ich es hier muß, dann wird alles in mir zugrunde gehen . . ."

Solch eine Anklage ist in diesem Raum noch nicht erhoben worden. Quistorp ist aufgestanden. Er tritt dicht vor den sonst Scheuen, und sein gütiges Auge ist müde und halb vom Lid überdeckt, daß Caspar es nicht erträgt und sich abwendet.

„Ich glaubte, dir den Weg zur rechten Zeit frei zu machen", sagt er leise, „und ich sehe, daß es fast zu spät ist. Warum kamst du nicht früher zu mir? Und warum schweigst du immer? Ich konnte nicht wissen, wie weit du bist und wie es um dich steht."

Er geht an ihm vorüber bis tief in den Raum hinein und bleibt abgewandt stehen. Caspar sieht nur seinen gebeugten Schatten. Ein Schreck vor der ungewohnten Enthüllung seines Innern befällt ihn, und wieder vergräbt er den Kopf in die Hände.

Quistorp wischt sich den Schweiß von der Stirn, geht langsam auf das Fenster zu und zieht mit schweren Händen die Vorhänge zusammen. Doch also fast zu spät. Die Angst der vergangenen Nacht und die Ahnung der letzten Wochen waren nicht umsonst. Viel hätte nicht gefehlt, und Caspar wäre zerschellt. Ein kostbares Gut hatte er gefunden und seiner nicht genug geachtet. Er war ein Stümper. Wirklich, fast zu spät.

Er sieht Caspars gekrümmte Gestalt, und seine Hand zittert, als er eine Kerze auf seinem Arbeitstisch entzündet und sie auf eine Borte neben das Sofa stellt. Sein Herz, zwar der Einsamkeit gewohnt, hat etwas Eisiges verspürt und möchte aufhören zu schlagen. Er setzt sich zu dem Kauernden nieder, seine Stimme ist ruhig:

„Du hast sicher recht, Caspar, du mußt fort, und es muß bald geschehen, hörst du, sehr bald. Und ich will dir sagen, wohin du gehen sollst, wenn du mir noch vertrauen willst."

Caspar regt sich nicht, atmet nur schwer und sagt endlich:

„Sie werden mich zu Hause nicht fortlassen, so ohne alle Sicherheit. Wir sind arm, und Vater meint ja, ich könnte nicht genug, daß es sich lohnt."

„Ich werde nicht eher von deinem Vater gehen, bis er eingewilligt hat. Aber vorher muß ich wissen, daß du deinen Weg in Geduld gehen willst und daß du den Meistern, zu denen ich dich sende, folgen wirst und dich vorerst noch übst in der dir fremden Form."

Caspar schweigt, hebt aber den Kopf, und es ist wieder etwas von dem Knaben in ihm, der gläubig folgt.

„Ich hätte dich gern nach Dresden geschickt, wo auch ich meine Lehrjahre verbrachte", fährt Quistorp fort, „ein lebendiger Geist bewegt die schöne Stadt. Doch würde man dich allzusehr mit dem Kopieren quälen, und was du suchst, würdest du nicht finden. Ganz kommst du zwar nicht drum herum, Caspar, hörst du, ganz nicht. Aber was dir zu schaffen macht, das sind doch die Tönungen des Lichtes, das sind die feinen Stufungen vom Dunkeln ins Helle, die einer Landschaft den Atem verleihen, das ist die saubere Linienführung . . ."

Caspar sieht mit einem kurzen Blick auf Quistorp.

„Nun habe ich es mir anders für dich überlegt. Du wirst nach Kopenhagen gehen, in die Werkstatt des alten Jens Juel und Abildgaards, und du wirst bei ihnen die tüchtige Schule finden, derer du bedarfst. Du wirst dich bei Professor Abildgaard im Zeichnen ausbilden. Er ist ein Meister der großen klassischen Linie, die er sich in Rom erwarb. Er ist äußerst gründlich und leitet die Gipsklasse, bei ihm wirst du die Sicherheit in der Zeichnung erlangen. Anziehender wird für dich Jens Juel sein, Professor der Malklasse an der Akademie. Er hat einen Ruf als moderner Porträtist, lebte in Rom und in der Schweiz. Seit er sich in Kopenhagen aufhält, soll er sich vom Porträtieren gelöst haben. Er soll kleine, aber höchst eindrucksvolle Gemälde seiner heimatlichen Landschaft malen und darin Hervorragendes erreichen.

Bei diesen beiden Meistern möchte ich dich wissen, Caspar. Du mußt dort aushalten, wenn dir der Gipssaal auch zuwider sein wird. Du wirst Perspektive und Geometrie und auch einige Anatomie erlernen. Es wird emsig gearbeitet auf der Akademie. Aber in jener freundlichen Stadt zwischen Nord- und Ostmeer wird sich dir eine vertraute Landschaft auftun, und du wirst gesunden und reifen."

In Caspar beginnt sich langsam ein Krampf zu lösen.

„Solcher Einfluß würde mir wohl guttun", sagt er leise.

„In diesem Gefühl geh getrost nach Haus, und bleibe voll Zuversicht."

Quistorp steht auf, doch Caspar rührt sich nicht, klammert sich an die Kante des Sofas.

„Komme ich nach Hause, so werden sie mich fragen und werden mit ihrem Mißtrauen vor mir aufwachsen. Ich ertrag ihre Nähe jetzt nicht, sie erdrückt mich."

„Du bleibst diese Nacht bei mir und auch die folgenden", entscheidet Quistorp. „Die Kammer ist frei, doch warte, bis ich sie dir habe richten lassen."

Als er hinausgegangen ist, überwältigt Caspar die Müdigkeit. Das Kerzenlicht fällt auf ein kleines Gemälde, das er bisher noch nicht gesehen zu haben meint. Doch kann er sich nicht mehr aufraffen, um es in der Nähe zu betrachten, er sinkt zurück und schläft ein.

So findet ihn Quistorp. Er hüllt den Schlafenden behutsam in eine Decke, löscht die Kerze und geht noch einmal nach dem Fenster, dessen Vorhänge er zurückzieht. Der Sturm nimmt sich von neuem auf, die Pappel neigt sich tief. Sie bildet mit ihrer schmalen, länglichen Krone einen Bogen über dem schräg stehenden Schiff des zunehmenden Mondes, der frei in einem weiten Wolkentor am Himmel steht.

AUFBRUCH

Manch ein Jahrhundert sinkt müde und abgetan in seinen Tod, keine Abendröte verkündet einen hellen Morgen. Das folgende tritt auf die Schwelle, und nur der Abglanz einer Hoffnung steht über seinem Einzug.

Ein anderes jedoch entzündet im Verscheiden die Zeichen einer neuen Zukunft am Horizont, und an seinem Abendhimmel flammen Gestirne, die im Morgenrot des kommenden verheißend brennen und über der Stunde der Geburt ihren Glanz entfachen.

So steigt das neunzehnte Jahrhundert über Deutschland herauf. Unsterbliche krönen sein Beginnen. Junge, wache Geister verkünden seinen Frühling; sie lehnen sich auf gegen überkommene Konvention, sie suchen die alten Formen in ihrer strengen Anlehnung an die Antike zu sprengen, sie wollen eine neue Kunst, ein tieferes Lebensgefühl.

Das erste Jahr ist vergangen, das zweite steht im März, wenn die Keime sich gegen die Erde stemmen und das Wasser gegen die gläserne Wand des brechenden Eises schlägt.

Um diese Zeit wandern zwei junge Männer über die pommersche Erde. Der eine kommt aus seiner Vaterstadt Wolgast und geht nach Westen, der andere strebt aus westlicher Richtung seiner Heimat zu. Die gleiche Stadt ist das Ziel ihrer Wanderung. In beiden spannt sich ein Horchen auf die Rinnsale in den Gräben und die durchbrechenden Wasser, auf das Rieseln und Klopfen und das ungeduldige Treiben ringsumher, und sie atmen tief die Reinheit und Kühle der Luft.

Ein jeder von ihnen bleibt zuweilen stehen, um das Singen und Raunen zu erfassen, das über die Ebene vom Meer herandrängt. Was in ihnen vorgeht, ist zwar verschiedener Art; es liegt nicht in der Ungleichheit ihres Wesens allein begründet, sondern auch darin, daß der eine nur am Tage und die letzte Strecke in Begleitung eines Gefährten wandert, während der andere seinen längeren und einsamen Weg auch in den Nachtstunden fortsetzt.

Der Wolgaster hat um die Mittagszeit das Dörflein Wusterhusen erreicht. Er steigt den Hügel zur Kirche hinauf und grüßt den blauen Streifen der Ostsee am Horizont.

Sein Wandern ist ein leichtes Schreiten, dann wieder ein Hinstürmen, als trügen die Gedanken ihn ungestüm mit sich fort. Am Nachmittag sieht er die Sonne hinter dem nahen Wald niedergehen, der sich bis zum Rand der Ostsee erstreckt und im weiten Umkreis das alte Schloß Ludwigsburg umgrenzt. Die Wolken sind wie Fackeln von Westen nach Osten über den Himmel geschleudert, nach dem Horizont zu durchziehen sie den Himmel in gelbgoldenen Linien. Der Wanderer biegt die schmale Gestalt zurück, gibt sich einen Augenblick den Erscheinungen des Abends hin, um dann eiliger den Weg in nördlicher Richtung zu verfolgen.

Als die Farben verblaßt sind, betritt er den Wald und damit den Besitz des schwedischen Oberstleutnants von Klinckowström, dessen Geschlecht seit drei Jahrhunderten einen ausgedehnten Besitz in Schwedisch-Pommern zu eigen hat. Als seine Vorfahren von ihrem Stammsitz, der Insel Ameland an der friesischen Küste, an diesen Küstenstrich zogen, nannten sie sich noch Klinckow; weil sie aber kluge und wagemutige Männer waren und nicht allein durch Verwegenheit im Kampf, sondern auch durch Beweglichkeit des Geistes sich ruhmreich hervortaten, wurden sie von dem Schwedenkönig Karl XI. in den Ritterstand erhoben und die schwedische Silbe „ström“ ihrem Namen zugefügt. Seither wurde ihr Wappen, das auf rotem Grund drei silberne Adlerköpfe mit goldenen Schnäbeln zeigt, auch in anderen Gebieten Deutschlands geführt. Einige leben als Offiziere im Hannoverschen, andere erwarben den Rang führender Beamten in Wien; auch die russischen Ostseeprovinzen nahmen einen Zweig dieses Geschlechtes auf.

Der Oberstleutnant Friedrich Ernst Sebastian von Klinckowström, gegenwärtig Schloßherr auf Ludwigsburg, trägt die Unabhängigkeit eines freien Mannes in Blick und Haltung. Ein Sinn für die bildenden Künste und Wissenschaften ist seiner lebensstrotzenden Naturkraft zugefügt. Daß eine umfangreiche Bibliothek und eine Gemäldegalerie die Leistungsfähigkeit seines Vermögens bedenklich übersteigen, kümmert ihn wenig. Eine absonderliche Liebhaberei gehört seinen Stockuhren, von denen je zwei in jedem Raum des Schlosses aufgestellt sind und mit dem abgetönten Klang ihrer Schläge zu jeder Stunde das alte Schloß durchhallen. Seine Gattin Ludovika steht ihm zur Seite, obgleich sie nicht ohne Sorge seinen Aufwand verfolgt. Sie hat ihm zehn Kinder geboren, zwei Söhne dienen im Danziger Regiment, von denen der eine, Adolf Friedrich, augenblicklich einen längeren Urlaub im Schloß verbringt.

Eben dieser ist es, den der junge Wanderer aus Wolgast aufsucht und der sich ihm am nächsten Morgen auf dem Weg nach Greifswald anschließt. Er trägt Uniform, die ihn sichtlich hemmt. Bedrückt sieht er dem anderen nach, der so leicht vor ihm hergeht.

„Ich kann dir nicht folgen, Runge“, ruft er gequält dem Freund zu, reißt den Kragen auf und läßt die Brust vom Seewind kühlen. „Deine Träume haben dir Flügel an die Sohlen geheftet. Mich würgt ein Panzer.“

Runge bleibt stehen und sieht ihn staunend an.

„Ich weiß selbst nicht, woher mir so leicht ist. Noch vor kurzer Zeit war Nacht um mich, nun beginnt sich der Bann zu lösen. Ich fühle mich im Einklang mit allem Werden um mich her, und Gedanken brechen aus mir wie Bäche aus dem Eis.“

„Du hast deine Fesseln gesprengt“, klagt Klinckowström.

„Ja, Lieber, ich habe mich befreit, doch weißt du nicht, was es mich gekostet hat. Die Schuld will mich an manchen Stunden erdrücken. Wie war ich beengt in den Hamburger Jahren, als ich bei meinem Bruder in der Kaufmannslehre war, ich glaubte lebend schon im Tod zu sein. Man denkt es sauber zu machen und setzt seinen Willen daran, daß die Rechnungsbücher stimmen, aber dann stehen die leblosen Zahlen da und starren dich an wie tote Fratzen, die dir nach Herz und Hirn greifen und dich zunichte machen. Die Zeit geht darüber hin, und es ist, als hättest du nichts getan und nur geschlafen. Doch“, fügt er unwillig hinzu, „nicht einmal das, denn die schönen Träume, die Erkenntnisse kommen dir im Schlaf, aber diese Arbeit, die keine rechte ist, macht uns stumpf. Ich hätte es nicht drei Jahre ausgehalten, wenn ich es nicht für meinen Bruder getan hätte. Manchmal sehnte ich mich nach dem Tod, aber weil ich die Kunst in mir wachsen fühlte, ergriff mich neuer Lebensmut. Wie könnte ein Maler sich den Tod wünschen, da er doch in allen lebendigen Wesen ist und das Leblose durch ihn lebt. Ich ertrug es um meines Bruders willen, aber als ich sah, daß ich zugrunde ging, riß ich mich los. Mein Bruder gab mir seine Zustimmung, in Kopenhagen die Malerei zu erlernen. Knapp zwei Jahre blieb ich dort."

„Und so wurdest du frei und vom Tod errettet."

„Froh ging ich davon. In jenen Tagen trug mich die Freude, daß ich etwas Schönes und Gewaltiges hervorbringen werde."

„Und heute hast du keine Zweifel mehr und keine Gewissensnot?"

„Es läßt mir keine Ruhe, die Schuld gegen meinen Bruder abzutragen, der mir so viel geopfert hat. Dafür will ich rastlos streben."

Eine Strecke wandern sie schweigend. Runge bleibt hier und da stehen, um einen kahlen Zweig an den Bäumen zu liebkosen oder einem schüchternen Sprießen am Weg nachzuspüren. Unruhig hastet Klinckowström vorwärts, bis er das Schweigen nicht mehr erträgt.

„Aber mich, siehst du, mich peinigt die Gewissensnot, ob ich ein Recht habe, mich zu befreien. Du weißt, wir sind zehn Geschwister, wir genossen eine gute Ausbildung und wuchsen im Überfluß auf. In meinem sechzehnten Lebensjahr zwängte mich der Vater in den soldatischen Dienst. Er tat es, damit ich für das Leben gefestigt werde, denn der Aufwand hat an unserem Wohlstand gezehrt, die Sorgen wachsen, und es ist nicht abzusehen, was aus unserem Gut wird. Soll ich da kommen und einen neuen Beruf fordern, und noch dazu den eines Künstlers?"

„Tust du es nicht und bleibst Soldat, was dann?“

Der andere antwortet nicht, wandert hastiger und sieht vor sich nieder.

„Ich habe Schulden gemacht“, bricht er unvermutet hervor. „Die Verführung war groß, und weil ich nicht erfüllt war von meinem Beruf, floh ich in Betäubung und flottes Leben. Bleibe ich Soldat, bin ich auf Geld von zu Hause angewiesen, und das wird vorbei sein.“

„Hüte dich, aus Sorge um die Deinen dich selbst zu verwahrlosen, wie ich es drei Jahre tat. Du wirst ihnen nicht nützen und sie und dich zugrunde richten.“

„Ich dachte früher, daß ich das Soldatsein und die Kunst verbinden könnte. Allein ich kann es nicht. Es wird Zerrissenes und Halbes. Nur eins darf mich ganz hinnehmen, und das ist die Malerei.“

„So tue den Schritt, sonst bist du verloren. Nütze die Zeit. Es fährt ein gesegneter Wind über das Land, der aufruft zum Kampf auf Leben und Tod. Komm, ich bin voller Unruhe, Caspar David Friedrich zu sehen!“

Sie haben die Bucht umwandert und sich nach Wieck übersetzen lassen. Der Wind rührt die blauschwarzen Wasser der Bucht auf, Möwen steigen hoch und schweben in den Abend hinein. Während Klinckowström düster nach dem Wald, hinter dem das heimatliche Schloß verborgen liegt, zurücksieht, blickt Runge nach dem fernen Rügen.

„Weißt du, was mit Friedrich geschah?“ fragt er den Freund. „Quistorp deutete einmal in einem Brief etwas Gefährliches an.“

„Es mag sieben Jahre her sein, als er seinem Gram zu unterliegen drohte. Seither aber soll er genesen sein und an Kraft gewonnen haben.“

„Meister Jens Juel, bei dem auch ich in Kopenhagen in der Lehre war, später, als Friedrich schon in Dresden war, hat nie ganz hinter den sonderbaren Menschen kommen können, doch sprach er mit Wärme von seinem Streben und seinem treuen Nachbilden der Natur. Dann wieder hätte ein Ungenügen mit sich selbst ihn zeitweise so überwältigt, daß es sein Schaffen hemmte. Er soll mir von Dresden berichten, wo er sich seit zwei Jahren aufhält. Bestätigt er meine Hoffnung, die ich auf diese kunstgesegnete Stadt setze, so hält mich nichts mehr zurück."

Es ist dunkel geworden, als sie durch das Mühlentor in Greifswald einbiegen. An der Langen Straße trennen sie sich, weil Klinckowström sich mit Quistorp unterreden und Runge zu den Friedrichs gehen will.

Als er an der Haustür geläutet hat, öffnet ihm ein junger Mensch, der seine Enttäuschung hinter einem liebenswürdigen Lächeln zu verbergen sucht. Er bedeutet dem Eintretenden, daß er ihn für den heimkehrenden Bruder gehalten habe, den sie jede Minute erwarteten. Und weil Runge seine Betroffenheit über Caspars Abwesenheit äußert, bittet er ihn, bei ihnen zu bleiben.

„Ich vermute, Sie sind Otto Runge aus Wolgast. Wir hörten durch Herrn Quistorp von Ihnen. Caspar sollte heute früh bei uns sein; unsere Schwester Catharina Sponholz, bei der er einige Tage blieb, als er aus Dresden kam, meldete uns aus Breesen seine Ankunft."

Auf Runges Bitte legt Christian einige Zeichnungen Caspars auf den Tisch und breitet sie liebevoll aus.

Unter den früheren Zeichnungen finden sich einige Sepiablätter, Bilder aus der heimatlichen Landschaft. Nachdenklich neigt Runge sich über sie.

„Man spürt wohl den Meister Jens Juel ... und dennoch, da lebt ein eigener Geist. Welche Zucht! Hinter dieser beherrschten Form verbirgt sich eine heiße Liebe, eine Besessenheit ... Wann bricht sie durch? Wohin wird sie ihn führen?"

„Er weiß, daß seine Stunde kommen wird. Wir fürchten nicht mehr um ihn", sagt Christian, verneigt sich mit seinem seltsamen Lächeln und geht hinaus.

Runge vertieft sich in die Blätter. Später zieht er ein Buch aus der Tasche. Es ist eine alte, teilweise zerfetzte Ausgabe des Jakob Böhme aus dem Jahr 1682. Er liest darin bis in den späten Abend.

Caspar ist noch nicht heimgekehrt, und so verabschiedet er sich von den Brüdern, weil er die Nacht bei Quistorp zu verbringen beabsichtigt.

Während sich Runge am Tag zuvor mit dem Freund in Hoffnungen, Plänen und Gebilden seiner Phantasie erging, wanderte Friedrich seinen Weg schweigend dahin. Auch er ist von hoher Gestalt, kräftiger als der Wolgaster, sein Haar ist hell und verdichtet sich an den Seiten zu einem kurzen Bart. Sein Gang ist nicht wie ein Fliegen, wohl aber ein festes Ausschreiten, das sich bisweilen in Schlendern verliert, dann aber wieder von neuer Spannung belebt wird.

Er kommt aus dem Mecklenburgischen, wo er bei seiner Schwester Catharina Sponholz im Dorf Breesen Rast hielt. Sie wollte ihn mit einem Bauern, der nach Greifswald fuhr, fahren lassen, hatte den Mann schon verständigt und die Wegzehrung für den Bruder bereitet. Der aber war schon früh, als sie noch schlief, ohne Gruß fortgegangen.

Er verweilt gern bei den Kindern, die ihm begegnen und ein Stück Weges begleiten. Er schenkt ihnen eine Semmel aus der Wandertasche oder trägt eins von ihnen eine Strekke auf dem Rücken fort. Die Kleinen haben Zutrauen zu ihm; seinen sonst grübelnden Blick durchwärmt Heiterkeit, wenn sie sich an ihn hängen. Auch für die Gesellen auf der Landstraße hat er einen freundlichen Gruß, doch es liegt keine Aufforderung zur Weggenossenschaft darin.

Bei Nacht wandert er ungehindert fort. Sein lauschender Blick ist über die weißen Felder ins Weite gerichtet. Auch ihn rührt eine Hoffnung an, die er staunend wahrnimmt. Seine Gedanken kreisen um die Gefährten. So wanderte Ernst Moritz Arndt, der als Schüler ausbrach, um sich getreu zu bleiben und nicht am Kleinen und Nichtigen unterzugehen. So wanderte Karl Lappe, sein armer Freund, wenn ihn das Heimweh nach den Ufern von Usedom packte, und so wanderte sein Lehrer Quistorp nach seiner Vaterstadt Rostock, als er nach einem Jahr seiner Ehe seine junge Frau verlor, und trug die Qual der Vereinsamung zum Grab seiner Eltern. Manch einer wird in dieser Zeit von Unruhe getrieben, denn es kündigen sich neue Geschehnisse an.

Der Mond durchhellt die Wolken, und milchweiß ist die Nacht, in der Erde und Himmel ineinander zerrinnen.

Stärker bedrängen ihn die Bilder der Heimat und die Gesichter der Landschaft, daß er hier und da stehenbleibt. Er deckt beide Hände über die Augen und steht eine Zeit regungslos, ihn überkommt eine Schwere, daß er sich auf einen feuchten Baumstamm niederläßt. Er horcht auf das Rauschen des Wassers, das sich von einem unterirdischen Graben in einen Teich ergießt. Die dünn gefrorene Eisschicht glänzt im Licht des von zerrissenen Wolken freigegebenen Mondes. Er starrt darauf hin und bleibt eine Zeit regungslos. Bald erträgt er das Schweigen nicht mehr, und so redet er vor sich hin:

„Nun bin ich heimgekommen, Christoffer, nach sieben Jahren Wanderschaft, und bin diese Strecke gegangen, damit ich dir begegne, bevor die andern um mich sind. Ich habe in all diesen Jahren die eigenen Gedanken und Gesichte zu bezwingen versucht, habe mich bemüht, der Kunst meines Meisters Jens Juel nachzuspüren, aber Neues gab er mir nicht. Bei Abildgaard war mir, als ob ich von mir selbst nur ferner hinweggerückt würde. Auch Gott war fern, und einsam blieb ich dort wie hier. So war es in Kopenhagen, und so war es in Dresden. Es war meine Sorge, daß ich mich an die Form verlieren könnte, mit der ich mich abgeben mußte, Tag um Tag. Nun aber hoffe ich, daß die Zeit da ist, nun muß es gelingen, daß ich herausbringe, was in mir ist, sonst wird es nie gelingen, und ich gerate auf einen Weg, auf dem ich umkomme."

Er steht unruhig auf, sein Haar ist feucht, Augen und Stirn glühen. Er greift in den Schnee und kühlt das Gesicht.

„Tage und Nächte habe ich vor meinen weißen Blättern gegrübelt und nichts zustande gebracht. Und dennoch war ich immer wieder voll Zuversicht. Weiß ich doch, daß ich etwas beginnen will, mit dem ich ganz allein stehen werde."

Er starrt über die Felder; die Luft des Meeres ist mit kühler Feuchte zu spüren. Sonst regt sich nichts, nicht ein Zweig am kahlen Baum der Landstraße. Er reißt sich los, wandert fort und sieht nicht mehr hinaus.

Nach Stunden überkommt ihn abermals eine Verlassenheit; er lehnt sich gegen einen Baumstamm, um die atmende Nähe eines lebenden Wesens zu fühlen, und legt die Stirn gegen die harte Rinde.

Als es dämmert, hat er das Städtchen Jarmen erreicht und sieht die Ufer der Peene wieder. Er wirft sich in einem Wirtshaus auf die Bank, trinkt heißen Kaffee, bricht nach kurzer Rast wieder auf. Er vergißt, obgleich ihn hungert, in die Brottasche zu greifen. Während er sich über den Fluß setzen läßt, greift er in das kühle Wasser, benetzt Augen und Stirn, und ein Lachen bricht aus ihm. Er schüttet dem Fährmann die letzten Münzen seines Beutelchens in die Hände. Als dieser ihn fragt, wie er ohne Barschaft seine Wanderung fortsetzen wolle, gibt er ihm zu verstehen, daß es ja nur noch eine kurze Strecke bis Greifswald sei, und rennt wie ein Junge davon, daß ihm der Fährmann verwundert nachsieht.

Christian soll schöne Schnitzereien gefertigt haben, sagte ihm Catharina. Sollte sich in dem Bruder ein Künstler regen? Phantasie war im Spiel des Knaben. Wird aber Christian, der fröhliche, auch Kraft zu unbedingter Konzentration haben, ohne die keine Kunst sein kann?

Er setzt über einen Graben und läuft querfeldein, um den Weg zu kürzen. Der Seewind lockert ihm das Haar und fährt durch den leichten Mantel, daß er den kalten Hauch am Körper fühlt. Da taucht schon der Turm von St. Nikolai aus der dunstigen Ferne auf. Noch steht das Haus am Fuß der Kirche, noch warten der Vater, die Brüder, Präfke und Tante Heiden, die guten lustigen Geister der Familie.

Schon bevor er in das Haus tritt, hält er Christian, den die Unruhe um ihn die Lange Straße auf und nieder jagte, im Arm. Die Tür der Siederei wird aufgestoßen, erhitzt von der Arbeit, tritt Heinrich auf die Diele, bricht in einen Laut aus, stürzt zurück und schlägt die Tür zu.

„Sein Stottern quält ihn, komm hinauf und sei fröhlich mit uns“, bittet Christian und will den Bruder mit sich ziehen. Caspar reißt sich los, folgt Heinrich, umklammert mit den Händen den Kopf des Zitternden.

„Ist dies dein Empfang, Bruder? Ich freue mich auf dich wie auf euch alle.“

„Nicht auf mich ... geh nur zu Christian“, bringt Heinrich mühsam hervor.

Da taucht Vater Friedrich aus dem Dampf, der um die Siedekessel lagert, schließt ihn in die Arme, und nun erst überkommt den Heimgekehrten ein Gefühl der Geborgenheit. Onkel Präfkes polternder Groll über die Verspätung bannt die letzte Trübung, und frohgemut läßt Caspar sich von Tante Heiden zu der abendlichen Tischrunde führen.

Während er dem Vater und Präfke das besorgte Herz über das drohende Wachsen der napoleonischen Macht und die Zukunft des Vaterlandes auftut, während er von den Brüdern die Ankunft Runges vernimmt, sieht er zu Christian hinüber. Befremdet gewahrt er, wie des Bruders feuriger Blick bald in Unruhe von einem zum anderen springt, bald wie abwesend vor sich hin gebannt bleibt. Wie zuweilen ein sonderbares Lächeln um den Mund spielt, wie er durch ausgelassene Zwischenrufe die Besorgnisse der Männer auf kecke und geistvolle Art unterbricht. Woher hat der Junge den weltmännischen Zug, die spöttische Überlegenheit des Witzes? Über diesen Bruder wird er wachen müssen, damit die noch ungeordnete Kraft beizeiten in eine zuchtvolle Bahn geleitet wird.

Es wird ein fröhlicher Abend. Onkel Präfke gibt wieder seine handfesten Schnurren zum besten, die Tante Heiden mit ihren drolligen Einwürfen ausschmückt. Adolf und Heinrich verlegen sich auf das Zuhören, aber der einst rauflustige Johann, der sich bald als Grobschmied in Neubrandenburg eine eigene Werkstatt schaffen wird, und Christian sind mit ihren derben Späßen so zündend, daß Caspar alle Schwere und Müdigkeit hinter sich wirft und mit Anekdoten über die Dresdener Gesellschaft nicht zurückhält.

Es ist spät geworden, als Christian den schläfrigen Bruder in seine Kammer bringt.

Caspar sitzt schon auf dem Bettrand, die Augen wollen ihm zufallen, da fragt er den Bruder, der ihm eine brennende Kerze auf den Tisch stellt:

„Warst du fleißig bei deinen Arbeiten, Christian?“

„Morgen sollst du alles sehen, Caspar. Ja, ich war recht munter bei meinen Schnitzereien und ...“

„Wie denkst du es dir? Vom Schnitzen kann man nicht leben.“

„Ich will Kunsttischler werden. Da habe ich einen guten Grund unter den Füßen und kann meine Figuren und Fratzen allenthalben anbringen.“

„Kunsttischler in unserem verschlafenen Greifswald? Du wirst im Jahr zwei Bestellungen haben, und weiter nimmt dir keiner etwas ab.“

„Das werden wir sehen, erst will ich noch lernen.“

„Es ist gut, Christian. Ich werde mit Quistorp darüber sprechen, er kann dir zu einem soliden Können verhelfen.“

Vertraut ist die erste Nacht im Vaterhaus. Das ferne Sausen des Seewindes in der Luft, das er zwei Jahre in

Dresden entbehren mußte, ruft jetzt nicht zu gefahrvoller Klippenwanderung, es ist ein friedevoller Schlafgesang.

Morgen wird er zu den Fischern nach Wieck hinausgehen, denkt er noch, dann schläft er ein.

Aber wie dieses Sausen immer einen Sturm ankündet, so fährt es nachts wild um das Haus, rüttelt an den Fensterläden und weckt den Schlafenden.

Er zündet die Kerze an. Da liegen seine Zeichnungen, flüchtig blättert er darin. Was sagte doch Christoffer, als Präfke ihm ein Malerdasein prophezeite? Es war des Bruders letztes Wort, immer ist es in ihm. ‚Farben werden sein, nur daß sie von anderer Art sein werden ... schlafe getrost, Bruder, du wirst zur rechten Stunde aufwachen ...‘ Wach bin ich, Christoffer, und die Farben brennen in mir, aber ich weiß, daß ich es noch immer nicht wagen darf ...

Er schiebt die Blätter beiseite. Da liegt neben dem Leuchter ein Buch, der Name Philipp Otto Runges steht darin, er vergaß es hier wohl. Caspar schlägt es auf, er blättert darin, er liest. Wie kommt Runge zu der Schrift des Jakob Böhme? Schwierige Spekulationen, mit denen er sich nicht abgeben will. Er blättert wieder, und dann hält er an. Da steht geschrieben:

„Die Qual der Finsternis ist das erste Principium, und die Kraft des Lichtes ist das andere Principium, und die Ausgeburt aus der Finsternis durch des Lichtes Kraft ist das dritte Principium.“

Und er liest es noch einmal. Dann ist es in ihm wie ein Gebet.

„Dies ist das Wort, das ich lebendig machen will in der Kunst“, sagt er leise vor sich hin und legt den Kopf auf die verschlungenen Hände. „Die Ausgeburt aus der Finsternis durch des Lichtes Kraft. Gott, der du mich gerufen hast, hilf mir."

Quistorp hat, nachdem er vor vier Jahren seine junge Frau verlor, das Haus in der Knopfstraße verlassen und eine kleine Wohnung in einer Seitengasse nahe der Universität bezogen. Nur flüchtig sah Caspar den vereinsamten Lehrer wieder, als er aus Kopenhagen zurückkehrte, um sich kurz darauf nach Dresden aufzumachen. Eine abweisende Kühle, ungewohnt bei dem Warmherzigen, hatte ihn bei dem kurzen Wiedersehn befremdet. Heute öffnet ihm der Getreue die Tür und zieht ihn liebevoll herein.

„Du hast dich um Tage verspätet, Caspar. Ich fürchtete schon, die Freude, dich mit Runge bekannt zu machen, bliebe mir versagt."

Aus dem Nebenzimmer tritt ein junger Mann mit einem schmalen, doch von kräftigen Backenknochen geprägten Gesicht, um das sich straff das braune Haar legt.

„Meister Jens Juel läßt Sie grüßen, Friedrich!"

Runge hält Caspars Hand mit festem Druck, und seine bezwingenden Augen suchen den stillen Blick des anderen. „Selten sprach er, doch wenn ich die Heimat erwähnte, gedachte er mit Achtung des jungen Sonderlings aus Greifswald."

Caspar antwortet nicht; er sieht über Runge hinweg nach den vertrauten Bildern an den Wänden und läßt sich neben seinem Lehrer auf dem alten Sofa nieder.

Runge lehnt sich, die Arme verschränkt, gegen den Rand des Tisches.

„Sie hatten wohl nach vier Jahren genug von Kopenhagen. Mußten auch Sie den Kampf mit den Herren Professoren ausfechten, bis sie Ihnen wenigstens einige Worte gönnten?"

„Es dauerte sehr lange. Ich war oft nahe daran, die Stadt zu verlassen."

„So hatten Sie dasselbe durchzumachen. Ewig die Perspektive nach dem verstorbenen Berliner Mathematiker Lambert, Geometrie nach Eukleides. Alle guten Gaben! Es war eine elende Qual. Und dann diese gleich hohen Tische, an denen wir zeichnen mußten. Wir Großen mußten uns bücken, während die Kleineren kaum den Rand der Tischplatte erreichten. Ein Jammer von einer Akademie. Und wie erging es Ihnen mit Jens Juel?"

„Es war beinahe noch schwerer, mit Professor Juel Kontakt zu bekommen, als mit Abildgaard. Ein Zufall half mir jedoch, sein Privatschüler zu werden. Er ist mir in wertvoller Erinnerung."

„Ich ertrug es nicht mehr. Juels Meisterschaft konnte mich nicht halten, so sehr ich ihn bewundere. Heute möchte ich von Ihnen etwas über Dresdens Künstler erfahren."

„Sie werden in Dresden umsonst nach seinesgleichen suchen. Einen großen Meister finden Sie dort nicht", erwidert Friedrich zurückhaltend.

„Meinen alten Graff wirst du ausnehmen", wirft Quistorp mit leichtem Vorwurf ein, „glückliche Zeit, als ich bei ihm kopieren durfte. Doch solche eigenwilligen Köpfe wie die euren kann weder er noch Jens Juel halten."

„Ich wurde nicht recht klug aus Meister Juel und wußte nicht, wie ich bei ihm vorwärts kommen sollte. Das brachte mich fast um den Verstand." Runge wird lebhafter. „Er verlangte von mir, daß ich nichts Eigenes malen sollte. Aber darin hatte er bei mir kein Glück. Sie wundern sich,

Friedrich, und halten mich für überheblich, doch blieb mir nichts anderes übrig. Ich habe kurz entschlossen meine Zeichnung, den Triumph des Amor, an dem ich schon in Hamburg arbeitete, auszuführen versucht und damit erreicht, daß ich in Juels Saal bei ihm arbeiten durfte."

Caspar atmet schwer und sieht vor sich nieder. In Quistorps Stirn gräbt sich eine Falte. Runge ist sehr erregt.

„Ich wollte etwas lernen, keiner nahm mich hart in die Lehre, und der Geist der Akademie war mir zu träge. Ich habe die Grundlagen der Ölmalerei erworben, doch ich fühle erst recht mein Unvermögen, und nun raten Sie mir, Friedrich, an wen ich mich in Dresden wenden soll."

Zögernd löst Friedrich sich aus seiner Zurückhaltung.

„Konnte Jens Juel Ihnen nicht helfen, was wird Ihnen ein Maler wie dieser Josef Grassi nützen? Er behext die Dresdener durch seine Farbigkeit. Die Gemälde, Porträts und Bildnisminiaturen schöner Frauen, ebnen den Weg seines Ruhmes, und Fürsten überschütten ihn mit Gnade. Ich sage Ihnen schon jetzt, daß Sie nichts mit ihm anfangen können; die es ernst nehmen, weisen ihn ab. Mir ist er zuwider, ich sehe nichts als eine eitle kalte Spielerei in seinen Bildern. Sein eisiger Stolz verletzt, und das leichte Handhaben seiner Technik wird Sie nicht darüber täuschen, daß er ein Betörer ohne Herz ist. Durch ihn ist ein großer Teil des Dresdener Publikums verdorben worden."

„Das ahnte ich und schwankte daher, ob ich nach Paris gehen sollte, wohin Napoleon die Kunstschätze Italiens entführte. Dort fände ich, was ich brauchte."

„Sind Sie von Sinnen? Was wollen Sie in Paris? Suchen Sie die Kunst der Alten, so haben Sie in Dresden genug. Wollen Sie sich auch verderben lassen?"

Runge sieht erschrocken, dann freudig in die flammenden Augen des anderen, der so jäh seine Verschlossenheit sprengte. Er atmet erleichtert auf.

„Fürchten Sie nichts . . . ich habe mich für Dresden entschieden. Wozu brauche ich Grassi, wenn ich Raffaels Madonnen schauen darf."

Friedrichs Blick hält den seinen fest.

„Sie haben dort die Mengsische Sammlung, das Kupferstichkabinett, den Antiken Saal. Ein offenmütiger Kampf bewegt die Künstlerwelt. Keiner wird geschont, und wer sich nicht klar bekennt oder wessen Gesinnung nicht fest steht, ist verloren im Strudel der Nichtskönner."

Quistorp zündet sich zufrieden seine Pfeife an.

„Sagte ich zuviel, lieber Runge? Sie brauchen nur Paris zu erwähnen, um die Schätze Dresdens rühmen zu hören."

„Aber wem kann ich mich anvertrauen? Bei wem kann ich lernen?"

„Sie haben Ferdinand Hartmann, einen tüchtigen Künstler. Mir ist er zu sehr den Klassizisten zugeneigt. Als Mensch genießt er wegen seiner vornehmen Gesinnung hohes Ansehen. Dann haben Sie dort die Landschaftsmaler Klengel und Mechau. Klengel versucht zwar mit manchem Erfolg, die Kunst aus den Fesseln der Höflingsmanier zu befreien und ihr einen freieren, schlichten Sinn zu verleihen, ist aber noch sehr der Baumschlagmanier verhaftet, und Mechau, mir zu süßlich, wird Ihnen doch wegen getreuer Beobachtung der Natur bedeutungsvoll sein."

„Aber ich verlange noch mehr, Friedrich, wonach Ihr einsiedlerischer Geist kaum strebt. Ich brauche Menschen, die mehr verstehen als ich und die mich erheben. Wie oft richteten mich die Stunden im Hause der Dichterin Friederike

Brun in Kopenhagen auf, bei der die Dichter und Künstler Dänemarks zusammenkamen. Dort begegnete ich Jens Baggesen, seine Begeisterung für Schiller steht noch in hellen Flammen, mit der er einst unserm Dichter Gesundheit und Leben rettete. Auch sein Gegner, der in Dänemark hochverehrte und geliebte Dichter Oehlenschläger, der die Stoffe seiner Dichtungen altskandinavischen Sagen entlehnt, kam dorthin, ein Mann mit warmem Herzen, eine feurige Natur. Herrliche Musik hörte ich dort . . ."

„Wenn Sie Hartmanns Zuneigung gewonnen haben, stehen Ihnen die Ateliers der Künstler offen, die schöngeistigen Salons und Teezirkel wie auch die anregenden Zusammenkünfte des Kreises um den Dichter Ludwig Tieck . . ."

„Tieck ist in Dresden?" jubelt Runge. „So genügt mir dieser eine!" Er geht erregt auf und ab, bleibt dann vor Friedrich stehen.

„Konnten Sie etwas verdienen mit Ihren Bildern?"

„Wenig. Einige Sepialandschaften bewahrten mich vor dem Hunger. Die meisten Maler leben von den Kopien, die sie nach alten Meistern fertigen und die ihnen von den Ausländern abgekauft werden. Sie verlieren dann auch das letzte Fünkchen persönlicher Eigenart, vorausgesetzt, daß sie überhaupt welche besitzen."

„Dann wäre aber dort für Klinckowström eine Möglichkeit weiterzukommen. Der Ärmste wird auf Verdienst sehen müssen. Maler werden muß er, das Soldatenleben schnürt ihm die Seele ab."

„Ich habe den Eindruck, den ich durch seine Briefe erhielt, gestern bei seinem Besuch bestätigt gefunden", stimmt Quistorp ihm zu, „ich werde mein möglichstes tun, um ihn zu befreien."

„Versuchen Sie, ihn zu festigen und den Vater zu überzeugen. Sonst richtet er sich zugrunde“, bittet Runge. Quistorp kommt ins Erzählen.

„Ich habe noch einen jungen Künstler, mein liebster Schüler nach dir, Caspar. Du sollst ihn kennenlernen, er ist der Sohn des Landpfarrers Titel aus Boltenhagen. Ich möchte ihn dir am liebsten gleich mit nach Dresden geben. Er strebt in die Welt hinaus und besitzt gute Lebensart und Gewandtheit.“

„Hat er etwas aufzuweisen?“

„Er hat als Junge Porträts gezeichnet; darin scheint mir seine Begabung zu liegen. Er saß im Kolleg, achtete wenig auf die theologischen Vorlesungen und zeichnete statt dessen die Herren Professoren ab. Schon früh hat er ein kleines Meisterstück ausgeheckt. Als der schwedische König Gustav IV. Adolf in Greifswald Sitzung hielt, schlich sich der junge Titel in den Saal, wo die Mittagstafel im Beisein hoher Herren gehalten wurde, verkroch sich hinter einem Bedienten, erwischte einen günstigen Winkel, von wo aus er den König gut sehen konnte, und zeichnete in flotten Strichen das königliche Profil. Als sich die Herren erhoben, bemerkte ihn einer, wollte ihn am Kragen fassen, und er sollte bekennen, was er getrieben hatte. Doch unser Bürschlein entwetzte, und der König hat sein Konterfei nicht zu sehen bekommen. Schade drum, vielleicht hätte es dem Jungen nützen können.“

„Ich will mich seiner annehmen, soviel ich irgend kann“, sagt Friedrich, erfreut über Quistorps sichtliche Aufhellung. „Auch ich habe eine Bitte. Mein Bruder Christian soll das Tischlerhandwerk erlernen, und es wäre ihm dienlich, wenn Sie ihn im Zeichnen und in der Perspektive unterwiesen. Er braucht eine wachsame Führung, der Eigenwillige, und eine strenge Lehre."

„Schick ihn mir, Caspar, gern will ich über ihn wachen, um sein handwerkliches Können zu festigen, wenn ihr junges Künstlervolk hinauszieht."

Runge, der wieder unruhig auf und nieder gegangen ist, zieht einen Stuhl zu Caspar heran, setzt sich neben ihn.

„Die Gefahr ist also groß in Dresden für junge unklare Künstler?"

„Die Verführung ist groß. Wer es nicht ernst nimmt, unterliegt. Wach müssen wir bleiben und klare eigene Ziele haben."

Runges Augen halten Friedrichs scharfem Blick stand.

„Ja, dem Gefühl in uns, dem wir uns hingeben möchten in Tönen, Worten und Farben, dem allein sollen wir nachgehen, wollen wir die rechte Kunst erringen. Alles, was uns erfüllt, die Liebe zu jeder Blume, zu jedem Gesträuch, zu den fernen Wolken, muß in uns lebendig sein. Und weil dies so dringlich ist, so sollte es nicht so wichtig sein, wie es gesagt wird, sondern daß es inwendig brennt und etwas da ist, um es sagen zu müssen. Wessen Sinn bereit ist, wird es begreifen."

Aus Caspars Blick bricht jetzt ungehemmte Zuneigung. Nicht die Form sei das Wesentliche, sondern das Gebet, und wenn es nur ein Stammeln wäre, hatte er vor Jahren seinem Lehrer zugerufen.

„Halte dies fest und lasse dich nicht durch die Form verführen, Runge, denn es ist an der Zeit, daß etwas gesagt wird", mahnt er mit Inbrunst. Er zieht den schmalen Band Jakob Böhme aus der Tasche. „Dieses kostbare Buch vergaßest du bei uns."

„Ich danke dir, Friedrich. Dieses Buch habe ich verschlungen und viel über seine tiefsinnige Weisheit gegrübelt. Ich fand die Lehre von der heiligen Dreiheit der Farben und erkannte im Rhythmus der Gestirne und Gezeiten die Quellen, aus denen die Kunst entspringen muß. Von Gott gingen wir aus, zu ihm müssen wir hinstreben, nur dann können wir mit unserer Kunst das Höchste erreichen."

Es bleibt still zwischen ihnen. Auch Quistorp neigt nachdenklich den Kopf .

Draußen fährt der Sturm durch die enge Gasse.

Ein Frühlingsabend hängt dunstig über der Stadt. Friedrich geht über den Wall, um Quistorp aufzusuchen, den es ihn in Ruhe zu sprechen drängt. Im Laub der jungen Bäume wacht zuweilen ein Vogelruf. Kurz bevor Friedrich in die Gasse einbiegt, kommt ihm von der anderen Seite des Walles langsam eine junge Frau entgegen. Ihr Blick ist halb gesenkt, sie gewahrt nichts um sich her. Aus einem Körbchen an ihrem Arm hängen duftende Fliederdolden. Friedrich bleibt stehen, läßt sie an sich vorübergehen; ihm ist, als tauche sie mit geschlossenen Augen traumwandelnd in die sanfte Bangigkeit des Abends unter. Sie hält vor Quistorps Haus, tastet sich langsam die kleine Treppe hoch und ist verschwunden.

War sie nicht eben in eine Unwirklichkeit hineingeschritten, als sei sie schon nicht mehr in dieser Welt? Glaubte er nicht Quistorps tote Gattin zu sehen, die zarte Henriette Linde, wie er sie in seinen wilden, zerrissenen Jahren manchmal die Straße hinaufgehen sah? Beide Erscheinungen wollen sich ihm vereinen. Warum muß er bei dieser blühenden Gestalt an Quistorps verstorbene Frau denken?

Auf dem Wall ruft ein Käuzchen, die Vögel sind still geworden. Am dunkelnden Himmel ziehen weiße Wolken, totenhaft, ohne Glanz. Du Träumer, was hängst du den Lebenden die Schatten der Toten an?

Er folgt ihr und sieht nach Quistorps Wohnung hinauf. Es vergeht eine Zeit, dann öffnet sich ein Fenster, sein Lehrer beugt sich hinaus und winkt der weiblichen Gestalt zu, die soeben sein Haus verläßt und ein wenig schneller als zuvor den Weg über den Wall zurückgeht. An ihrem Arm schlenkert das leere Körbchen.

Er fühlt sich an der Schulter gepackt. Quistorp steht vor ihm und folgt seinem Blick, mit dem er der Heimwandernden nachsieht.

„Ja, Caspar, sie ist eine schöne Frau, und Gott erhalte sie uns, ihre schwere Stunde ist nahe. „Es ist meine Nichte, Arndts junge Frau, Charlotte Marie."

Friedrich erinnert sich, Arndt vor Tagen gesehen zu haben, als er über den Vorplatz der Universität ging, gesund, kraftvoll und geschäftig.

„Ich sah dich vom Fenster aus und möchte dich eine Strecke über den Wall begleiten. Es ist leer im Haus und wurde nach Charlottes Fortgang noch einsamer."

Sie gehen schweigend unter den Bäumen hin.

„Viele sind gesegnet", sagt Quistorp, „aber viele müssen dahin oder sind verdorrt im Leben wie ein abgestorbener Ast. Es wird einem das Glück gegeben oder nicht, mit Gewalt sich das Leben erzwingen wollen ist sinnlos. Siehst du, Caspar, so halten meine Hände nichts und müssen wieder ins Leere greifen. War doch mein Leben von Kindheit an für die Einsamkeit geprägt. Ich konnte es ja nicht fassen, daß ich auf des Lebens Höhe die ersehnte Ruhe finden sollte. Inmitten der toten Bilder sollte meine zarte Henriette, eine Schönheit, erst mein Leben erfüllen. Ich tastete mich zagend in das Neue hinein, begriff kaum, daß ich kein Verlassener mehr war. Kleine Dinge begannen den Zauber zu üben: ein neues Kleid für sie, einen Schmuck zu kaufen oder ein Nähzeug auf ihre Fensterbank zu legen. Ein zweifaches Freuen und Genießen an allem. Kaum ein Jahr verrinnt, der Abgrund tut sich auf, sie stirbt, keine Hoffnung auf Kinder und Nachkommen – ein lebendig Eingesargter, bleib ich zurück inmitten der toten Bilder."

Müde sinkt er auf eine Bank. Friedrichs Lippen sind fest zusammengepreßt.

„Zuweilen möchte ich die verfluchen, die mich zurückrissen, als ich in der Jugend nach dem Degen griff. Besser ein zeitiger Tod als dieses unfruchtbare Leben."

Friedrich ist blaß geworden, er nimmt Quistorps Hände. „Das sagen Sie mir, Quistorp, mir, den Sie ans Leben banden, als er abgleiten wollte?"

Quistorp lächelt bitter. „Dich verwirrte das Übermaß der Gesichte. Willst du die Not deines Reifens mit meinem Dasein vergleichen? Bestehen wird deins, indes das meine zerrinnt. Kaum wecke ich die jungen Menschen, dann ziehen sie fort, und ich bleibe allein, habe mich ganz ausgegeben an sie, und der Widerhall schweigt."

„Sie haben das Dringendste vollbracht. Wären wir nicht in unserer Unsicherheit erstickt? Sie retteten Klinckowström und Titel, halfen Runge und mir, daß wir uns trafen, und Sie wachten über mich."

Schwer erhebt sich Quistorp. Als sei der Ruf des Schülers nicht bis in sein Innerstes gedrungen, sagt er: „Wir wollen, sobald Runge und Klinckowström auf ihrer Reise nach Dresden hier durchkommen, eine Fahrt zu Kosegarten machen. Er lud uns ein und möchte sich erfreuen an dem jungen Volk, das nach Dresden aufbricht."

Sie kommen an einem Haus nahe der Universität vorüber. Aus der Tür tritt eine Gruppe eifrig redender Männer, einer löst sich von ihnen.

„Nimm diesen Nachtvogel in deine Obhut, Schildener", ruft Quistorp ihn an, „und lasse ihn fröhlich sein!"

Er reicht Friedrich stumm die Hand, winkt Schildener zu und geht über die Straße in sein dunkles Haus.

Schildener faßt Friedrich fest am Arm, sagt mit warmem Vorwurf: „Kaum warst du einige Abende mit uns, und schon bist du uns wieder entglitten."

Friedrich antwortet nicht. Fragt dann unvermittelt: „Wie geht es Arndt?"

„Wäre er nicht hier und ein paar feurige Köpfe wie Muhrbeck, Rudolphi, Rühs, unsere Universität schliefe langsam ein", erwidert Schildener aufgeräumt. „Arndt beginnt aus dem Wust seines Wissens den Grund zu legen, auf dem seine Lehren sich aufbauen werden. Die Jugend strömt ihm zu, und seine Geschichtsvorlesungen sind überfüllt."

„So ist auch er von seiner Wanderschaft zur Ruhe gekommen?"

„Die Liebe bändigte den Rastlosen. Unseres Quistorps Nichte, Charlotte Marie, war die Erfüllung seiner Jugendliebe, und ihr Vater half dabei, daß er disputieren und Privatdozent werden konnte."

„Arndt ein Gelehrter?" Friedrich schüttelt den Kopf.

„Wenn ihm die Luft hinter den Bücherwänden zu staubig wird, wandert er nach dem heimatlichen Rügen zu seinem Onkel und dem alten General von Dycke, die auf ihren Besitzungen noch ein patriarchalisches Regiment führen und jederzeit von alten Schwänken und Witzen zum Bersten voll sind. Dort nimmt er einen frischen Zustrom lebendiger Kraft in sich auf."

„Dennoch wird Arndt eines Tages aus dieser Enge ausbrechen."

„Er hat schon auf seine Art damit begonnen, streift auf dem Festland und auf der Insel umher und macht Entdekkungen, die nicht jedem lieb sind. Die Herren Landedelleute sind von seinem Spürsinn wenig angetan. Manche Mißstände erregen seinen Zorn. Die Not der Leibeigenen reizt seinen Gerechtigkeitssinn, und das Blut des Freien in ihm empört sich gegen ihre Knechtung. Sein Bruder Fritz, Tribunaladvokat in Bergen, unterstützt ihn bei diesem Treiben, läßt die Bauern in den Prozessen über die Edelleute gewinnen, weshalb diese ihm gelegentlich durch eine Minderung seiner Einnahmen zu schaden suchen. Ich glaube, daß Arndt sich hier ein Ziel gesetzt hat."

Es ist Nacht geworden, die Wolken hängen tief. Friedrich und Schildener lehnen sich über das Geländer einer schmalen Brücke, die den Wall mit den Gärten der Stadt verbindet. Friedrich hat die Arme auf das Gitter gestützt.

„Und du, Schildener?" fragt er nach längerem Schweigen.

„Seit ich dich in Dresden verließ, wo ich noch einmal Kunst und Schönheit genoß, riß ich mich gewaltsam los und fand nun erst meine Bestimmung. Ich spürte den Anfängen des Rechtes nach, durchreiste Schwedens nördliche Provinzen, forschte in den alten Gesetzen, fand bei jenen urwüchsigen Menschen die große Einfachheit der Sitten, das Sichere ihres Denkens und Handelns. Hier wurde mir klar, daß wir auf dem unverdorbenen Sinn des Volkes, auf diesem alten Recht das Neue aufbauen müssen, wenn es wahrhaftig sein soll."

Friedrich erinnert sich, daß Quistorp ihm von dem Freunde sagte, dieser habe durch seine Vorlesungen großen Einfluß auf die Jugend gewonnen. Schildener atmet befreit auf.

„Denke ich an jene Jugendstürme, die auch mich durchrasten, so fühle ich mich jetzt wie ein Genesener und segne die Stunde, in der ich die heilsame Klärung fand."

„Und ich bin wie am Anfang; nichts ist fertig als die wenigen Sepien und Radierungen."

Betroffen wendet Schildener sich ihm zu.

„Die Sepien, Friedrich, sie sind doch dein Eigenstes. Was läßt du dich wieder von Unmut überwältigen, du, der den Weg gefunden hat, der mir verschlossen bleibt."

„Runge hat es gewagt. Er malte in Kopenhagen trotz Juels Verbot, und jener stand wie vor einem Wunder. Er hat hohe Ziele, die er mit seiner dichterischen Begabung in Worte faßt, und hingerissen lauschen nicht nur Gleichgesinnte, auch Klassizisten bewundern ihn. Meine Bilder bleiben ein Stammeln. Ich fühle mich Runge verwandt, doch was er fordert, werde ich wohl nie vermögen."

„Auch dunkel soll sein Streben sein, noch verworren und unklar und also gefährlich."

„Für die, die nichts wollen, als ausgetretene Wege gehen, und die Gefahren fürchten zu neuem Aufbruch."

Schildener legt die Hand auf Friedrichs Schulter.

„Heiliges Ungenügen, das dich Rastlosen treibt. Du

weißt nicht, daß deine Sepien inmitten so vieler Halbheiten schon in sich vollendet sind. Ich sah solche Bilder nie. Caspar, du bist kühner, als du ahnst, und du hast einen gesunden Geist. Und nun komm in den Kreis der Freunde, damit du in Dresden nicht vergißt, daß auch hier wache Geister das neue Werden verfolgen", sagt Schildener und zieht ihn mit sich.

Das vom Südwest leicht beunruhigte Wasser des Jasmunder Boddens wiegt eine Greifswalder Schaluppe in der Richtung auf Breege zu. Frühlingshelle liegt über dem Wasser, über den Ufern mit ihren Wäldern, Buchten und schmalen Landzungen. Über den Bug gelehnt oder auf Säcken und Frachtgut in der Sonne ausgestreckt, wechselt Runge Späße mit den Fischern und ist der beweglichste Gast auf dieser Fahrt.

Friedrich erhebt sich kaum von Quistorps Seite, um die vertraute und immer wieder neue Landschaft in sich aufzunehmen oder mit ein paar Strichen im Skizzenbuch festzuhalten. Sein Lehrer, der in den Morgenstunden still vor sich hin brütete, hebt zuweilen den Kopf und sieht hinaus.

Im Schweigen, das beide wie im Einverständnis gefangenhält, kreisen ihre Gedanken um das Gleiche, wenn auch auf ungleiche Art. Als sie sich Breege nähern, bricht Friedrich die Stille, und es ist, als sei schon ein Gespräch voraufgegangen, als er fragt, wie denn das Unfaßliche geschah.

„Sie gab einem Knaben das Leben und starb daran", sagt Quistorp und schließt die Augen vor der blendenden Sonne. Friedrich sieht Arndts junge Gattin, die sein Lehrer gestern zu Grabe geleitete, die Straße hinaufwandern, als ginge sie einen Weg, der jäh aufhört.

Sie gehen in Breege an Land; Friedrich und Quistorp können sich nicht mehr dem frohen Übermut der jungen Männer entziehen. Titel und Klinckowström fassen ihren alten Lehrer beherzt unter die Arme, und alle gehen den Weg zur Höhe hinan.

In Altenkirchen tritt Kosegarten aus der Tür seiner Pfarre, sieht die Landstraße, die nach Breege führt, hinunter und gewahrt den kleinen Tross. Er ruft Lappe, den jungen Hauslehrer seiner Kinder, der sogleich zur Stelle ist und kaum an sich halten kann, die Freunde zu begrüßen.

„Geh ihnen entgegen und heiße sie willkommen“, ruft Kosegarten ihm lächelnd zu und sieht ihm nach, als er davonstürmt. Welch ein gesegneter Tag, welch eine milde Luft, wie ist das Herz erregt, wie spannt sich der Geist der Jugend entgegen. Heute ist er von Bittgängern und Ratsuchenden verschont geblieben, er hat Zeit, sich auf seine Gäste zu freuen, die ihm der Greifswalder Freund ankündigte.

Bald sind sie herangekommen, voran der Wolgaster, im Hintergrund Friedrich mit Lappe im Gespräch.

„Freund, du fliegst den Berg hinauf, als würdest du von einem Gespann feuriger Rappen gezogen!“ ruft er Quistorp entgegen.

„Ohne sie hättest du mich heute schwerlich auf deiner Höhe empfangen!“ Quistorp umarmt den Freund. „Erkennst du deinen Wolgaster Zögling wieder?“

Runge streckt dem Dichter die Hand entgegen: „Die Freunde und mein Bruder Jakob lassen Sie grüßen, und die Winkel der Wolgaster Burg seufzen nach Leben durch neue Lieder, verehrter Sänger.“

Kosegarten betrachtet den kräftigen Jüngling.

„Welche Freude für mich, dich einst so zarten Knaben gesund und blühend vor mir zu sehen."

„Und zugleich voller Übermut", fällt Runge ein, „daß ich es kaum erwarten kann, die geruhsamen Bürger Dresdens in einem Wirbel tanzen zu lassen."

„Wobei diese jungen Gesellen dir helfen sollen", erwidert Kosegarten und blickt wohlgefällig auf die beiden jungen Männer.

„Wir sind mit Freuden bereit, doch werden wir nichts zustande bringen, wenn uns Friedrich nicht in strenge Zucht nimmt", gesteht Klinckowström.

Caspar ist mit Lappe herangekommen und hat die letzten Worte gehört. Er hebt abwehrend die Hand.

„Nur bewahren kann ich euch vor dem Grassischen Unsinn und euch das viele Kopieren in den Galerien verleiden." Er begrüßt Kosegarten und übergibt ihm eine Mappe.

„Auf Herrn Quistorps Wunsch bringe ich Ihnen einige Sepiazeichnungen", sagt er bescheiden.

„Landschaften aus Ossians Gefilden, von denen ich hörte."

Kosegarten legt den Arm um Quistorp und zieht ihn ins Haus.

„Freund, du hast mir vielfaches Leben in mein abseitiges Haus gebracht. Gesegnet sei euer Eintritt."

Eine stille Frau mit zwei Kindern tritt ihnen entgegen und begrüßt sie freundlich. Runge verneigt sich tief.

„Der hohen Gattin unseres Sängers lege ich untertänigst einen Scherenschnitt zu Füßen!"

Frau Kosegarten breitet ein feines, mit phantastischen

Blumenmustern durchwirktes Gewebe aus Papier vor sich aus und hält es gegen den Himmel. Sie schweigt vor Staunen, dann lächelt sie.

„Wir werden den Frühling mitten im kalten Wittower Winter in unserem Haus haben. Wie freue ich mich, und wie danke ich Ihnen!“

Es wird eine fröhliche Mahlzeit im Garten unter den alten Bäumen. Friedrich wechselt mit Runge ab, die Tischrunde mit Anekdoten und Erinnerungen aus ihrer Kopenhagener Zeit zu unterhalten. Kosegarten fügt manchen Schwank von seinen Wittowern hinzu, und noch nie sind in der einsamen Pfarre soviel Geist und Munterkeit beisammen gewesen.

„Es muß beglückend sein“, sagt Quistorp später nach einem Gang durch den Garten, „von dieser einsamen Höhe seine Lieder in die Welt zu senden und den Widerhall von dort hier oben zu empfangen. Die Besten unserer Zeit sind darunter, von denen Briefe in dieses entlegene Dorf gelangen. Wärest du nicht, man würde dort draußen nichts von dieser Schönheit wissen, nun aber horchen sie auf, und sogar Goethe ist unter ihnen.“

„Recht hast du, Freund, der Briefwechsel mit Goethe erhebt mich. Und doch, meine lieben jungen Freunde, beglückender sind für mich die Gottesdienste, die ich dort unten in der Schlucht bei Arkona im kleinen Dorf Vitt halte. In jedem Jahr kommen im späten September und Oktober zur Zeit der Heringsfänge viele Fischer nach dem Dorf Vitt. Sie haben keine Zeit, nach Altenkirchen heraufzukommen, und so halten wir dort unter freiem Himmel den Gottesdienst ab. Es kommen auch Andächtige aus allen Teilen des Landes, ja sogar des Auslandes zu diesen Uferfeiern. Nun mußten wir, wenn das Wetter Regen und Sturm brachte, bislang in einem Fischerhäuschen zusammengepfercht sitzen. Und so kam mir der Gedanke, eine Kapelle erbauen zu lassen. Ich habe vom König die Zusage erhalten, auch Spenden sind mir für den kleinen Bau zugesichert. Die Aussicht macht mich froh, denn an dem Fischervolk hängt mein Herz. Es ist für mich immer ein glücklicher Tag, wenn ich dort hinuntergehe und die Fischer, ihre Frauen und ihre Kinder um mich habe. Ich kenne sie alle, und sie kennen mich, sie sitzen am Strand oder bei starkem Wind oben hinter den Dünen. Ich gehe auch im Sommer und an manchen Wintertagen zu ihnen hinunter."

Alle haben ihm mit steigender Aufmerksamkeit zugehört, besonders Runge; die Rede scheint eigene Gedanken in ihm zu erwecken.

Nachdem die Jugend über die Felder gewandert ist und Quistorp dem Freund von dem neuen Schlag, der sein Haus traf, berichtet, sind sie am Abend, als die Pfarrerin mit den Kindern schlafen gegangen, in Kosegartens Zimmer versammelt. Die Fenster stehen offen, ein milder Wind läßt die Flammen der Kerzen erzittern. Das Rauschen des Meeres tönt von der Tromper Wiek herauf.

Kosegarten beugt sich mit Quistorp über Friedrichs Sepiablätter, Zeichnungen dänischer Landschaften und heimatlicher Motive. Runge lehnt am Fenster, hinter ihm stehen schweigend Titel und Klinckowström und sehen mit ihm in den Abend hinaus, abseits hält Friedrich Zwiesprache mit Lappe.

Kosegarten erhebt sich, geht einige Male auf und nieder und unterbricht das Gespräch der gedämpften Stimmen.

„Einzigartig sind Ihre Sepiablätter, Friedrich. Sie erscheinen mir unter drei Aspekten, so möchte ich es nennen. Die jungen Freunde sprachen schon von Ihrer Zucht, dies mag der erste sein, dann aber ist es Liebe, tiefe Liebe zu unserer Landschaft, und nicht nur zu ihr, zu der geringsten Pflanze, zu jeglichem stummen und lebenden Geschöpf Gottes. Und Anbetung. Diese Hingabe an die Schöpfung ist Anbetung des Göttlichen."

Friedrich hat sein verschlossenes Gesicht. Ihm ist nicht anzumerken, ob Kosegartens Worte ihn aufgehellt haben. Endlich sagt er etwas.

„In Dresden habe ich mich bei dem Professor Jakob Seydelmann in der Sepiamalerei gründlich weitergebildet. Man sagt von ihm, daß er diese Kunst entdeckt habe. Auch seine Frau Apollonia hat es auf diesem Gebiet zu einer erstaunlichen Fertigkeit gebracht, eine etwas seltsame Dame, die er aus Italien mitbrachte, wo er berühmte Gemälde kopierte. Bei diesem Ehepaar habe ich manche anregende Stunde verbracht. Ich habe mich unter Verzicht auf die Farbe nur in Sepia geübt, von der wahren Malerei bin ich trotz aller Versuche noch weit entfernt."

Runge wendet sich ihm zu.

„Wir alle, Friedrich, können auf unseren Bildern vorläufig nicht sichtbar machen, was uns im Innern bewegt. Daß du noch nicht die Farbe übst, ist gut, nur so kannst du dein Ziel erreichen." Er sieht zu Kosegarten hinüber. „Ich dachte eben darüber nach, was Sie von Ihren Gottesdiensten im Anblick des Meeres sagten. Verwandt dünkt es mich dem, was wir in der Kunst erreichen wollen. Sehe ich den Himmel über mir mit tausendfältigen Sternen, höre ich die Woge sich brechen in der Stille des Abends, so jauchzt die

Seele auf in der Erkenntnis Gottes. Kein Raum ist so vollkommen, wo sie anbeten kann, wie die Unermeßlichkeit seiner Schöpfung. So will auch der Künstler das Unendliche in seinen Bildern erfassen. Ein Dichter hat verkündet, was ich nur unvollkommen ausdrücken kann. Seit Jahren leben in mir die Worte Ludwig Tiecks, die er in seinem Buch von ‚Sternbalds Wanderungen' verkündet."

Kosegarten hebt verstört den Blick, als der Name Tieck fällt, doch wird er durch Runge, an dessen Lippen jetzt alle hängen, von seinem Gedanken abgelenkt.

„So wendet sich Tieck an die Künstler: ‚Ich will verzichten auf die bunten Geschehnisse auf den Bildern, auf die Handlung und Komposition, wenn ihr mir die Heimat aufschließen könntet, wo die Ahnungen der Kindheit wohnen ...' Habt ihr je solch ein Wort gehört? Und nun die Zusammenfassung aller Künste zu einem hohen Ziel: ‚Wenn ihr doch diese wunderliche Musik, die der Himmel heute dichtet, in eure Malerei hineinlocken könntet! Aber euch fehlen die Farben ...' "

Runge hält, von inneren Bildern überwältigt, an.

Da bricht Friedrich unbeherrscht und leidenschaftlich aus:

„Ja, so ist es! Uns fehlen die Farben! Nichts können wir ausrichten ohne sie!"

„Du hast es eben aus berufenem Mund gehört, Friedrich, die Liebe ist in dir. So fasse dich in Geduld." Er sieht über die in Dämmerung gehüllten Felder und Wälder.

„Gesegnete Landschaft, was achten sie deiner nicht? Sie klammern sich an die Vergangenheit, an fremde Völker und deren Religion und Kunst. Sie fliehen ihr Eigenstes und sehen nicht in sich, wo sie doch alles finden könnten, wie es die Griechen fanden zu ihrer Zeit und Michelangelo und Raffael wiederum in ihrem Zeitalter. Immer hat sich die Kunst gewandelt und wurde neu geboren ... wir aber sollen das Alte wiedergebären?“ Er wendet sich zu den Freunden. „Nie kommt etwas wieder, was einmal gewesen ist. Eine neue Kunst steigt herauf, wir tragen sie in uns, und jeder, der die Liebe in sich hat, wird sie verstehen. Ihr hörtet des Dichters Wort von den Ahnungen der Kindheit. Ja, wie Kinder müssen wir werden, die neu beginnen, unbeschwert von Vergangenem.“

Die Stille dauert eine geraume Zeit, und nur der ferne Wellenschlag tönt herein. Beinahe scheu ist die Stimme des sonst so selbstsicheren Kosegarten, als er anhebt:

„Tiecks Worte sind wunderbar, großartiger ist, was du ersehnst und verkündest, Runge. Wer erfüllt ist wie du, der kann nur unbeirrt seinen Ahnungen nachgehen. Doch wir Älteren haben dabei unsere eigenen Gedanken. Während deines Aufenthaltes in Kopenhagen sahest du die ersten Werke des Bertel Thorwaldsen, die er von Rom nach seiner Vaterstadt schickte und die er nur im Anschauen der antiken Götter- und Heroenbilder schaffen konnte. In Rom erwachte sein Verständnis für die Kunst der Alten. Auch von Berlin kam uns Kunde. In der Dorotheenstädtischen Kirche steht das Grabmal des im Knabenalter verstorbenen Grafen von der Mark. Gottfried Schadow hat es geschaffen, es ist in seiner Formgebung der Antike entlehnt und soll von erschütternder Wirkung sein. Auch seine Quadriga auf dem neu errichteten Brandenburger Tor ist ein Werk, das den Ruhm der Alten erneuert. Das Tor zum Altertum aber stieß schon vor einigen Jahrzehnten Johann Winckelmann auf. Er war wohl der erste, der antike

Kunstschöpfungen in das rechte Licht stellte und ihre Erhabenheit und Harmonie pries. Er war von dem Atem griechischer Kunst durchdrungen. Und wende dich nach Weimar. Goethes ‚Iphigenie' ist eine Dichtung klassischen Bildungserbes, selbst in ‚Hermann und Dorothea' schwingen griechische Formen. Unser großer Schiller übersiedelte vor einigen Jahren nach Weimar, der Stadt, von der aus antikes Denken sich über unser ganzes Vaterland ausbreitete. – Lieber Otto, ich staune über die Kühnheit, mit der du dich gegen die Klassik erhebst. Was du in dir fühlst und schaust, ist wahr und echt. Aber auch die Erkenntnisse unserer Großen können wir nicht verachten, sie haben uns Erhabenes geschenkt. Es regt sich die bange Frage in mir: werden die Menschen, von dem Ideal der Klassik erfüllt, werden sie euch verstehen? Sind ihre Sinne fähig, die Stimmen einer Jugend zu vernehmen, die sein will wie die Kinder, die neu beginnen?"

Weder in Friedrichs noch Runges Zügen zeigt sich die leiseste Spur einer Unsicherheit, wohl aber tritt auf Runges Gesicht der Ausdruck ernsten Verzichtes.

„Erwecken können wir sie nur für die Landschaft und heiß uns mühen ... erleben werden wir die Vollendung nicht. Freunde, ich habe mich gesehnt von Jugend auf, etwas in Worten und Zeichen zu sagen, was in mir lebt. Ich fühlte, daß es Menschen gab, die mir verwandt waren. Aber sie waren so voll Gelehrsamkeit, daß sie ihre ursprüngliche Natur verbargen und sich schämten, ihren kindlichen Sinn zu zeigen. Darum sind meine besten Freunde unter denen, die nicht mehr leben; da ist reines Verstehen, und keine Wand trennt uns."

Während sie alle versunken sind, Quistorp und Friedrich nachdenkend, Klinckowström bald hingerissen, dann wieder besorgt auf Runge sieht, Lappe den Blick nach den aufglimmenden Sternen wendet, entnimmt Kosegarten seinem Schreibtisch einen Brief, beginnt tastend, jedes Wort wägend:

„Wenn die Abgeschiedenen mitten unter uns weilen, wie du es sagst, Runge, so halte ich die rechte Stunde für gekommen, in der ich euch, meine Freunde, eine Nachricht unterbreiten möchte. Ich zögerte bisher, den freudigen Überschwang dieses Tages zu dämpfen. Nun mag es geschehen."

Er reicht Runge den Brief.

„Eben jener Dichter des ‚Sternbald' sandte mir dieses Schreiben, das aus einem gebrochenen Herzen kommt. Sein Freund, ein Begnadeter unter den Dichtern, der fromme Novalis, ist nicht mehr. Er ging heim in die Nacht, die er so inbrünstig umwarb."

Ein jähes Erschrecken bemächtigt sich der Männer. Als Runge den Brief gelesen, gibt er ihn an Friedrich weiter.

„Es war ein Hoffen in uns diesen ganzen Frühling hindurch; wir glaubten an ein Erwachen in der Welt, und nun . . . der gesegnete Künder dahin!"

Minuten des Schweigens vergehen.

„Es liegt schon eine Weile zurück", unterbricht Kosegarten die eingetretene Stille, „kurz nach Frühlingsanfang erlag er einem Brustleiden."

Runge und Friedrich sehen einander an. Es muß um jene Zeit gewesen sein, als sie in die Heimat zurückkehrten und sich bei Quistorp begegneten.

„Was in dieser Abendstunde gesprochen wurde", hebt Kosegarten wieder an, „war seinem Geist so verwandt, als habe er sich zu uns gewandt und unsern Sinn gestärkt. In ihm war die Gewißheit, daß alles nur unter einer göttlichen Ordnung geschieht, und er glaubte an den Sieg des Guten. Er besaß schon im Leben die höchste Freiheit, da er alles, was ihm geschah, als eine weise Fügung erkannte, ihm zum Heil gegeben."

Er geht an das Spinett, rückt die Leuchter zurecht.

„Ein geistliches Lied des Novalis fällt mir ein, das laßt uns singen zu seinem Gedächtnis und uns zum Trost."

Er setzt sich, spielt eine alte vertraute Melodie, singt sodann das Lied vor, beginnt von neuem, und alle wiederholen die Verse von Novalis:

„Wenn ich ihn nur habe,
Wenn er mein nur ist,
Wenn mein Herz bis hin zum Grabe
Seine Treue nie vergißt:
Weiß ich nichts vom Leide,
Fühle nichts als Andacht, Lieb' und Freude.
Wo ich ihn nur habe,
Ist mein Vaterland,
Und es fällt mir jede Gabe
Wie ein Erbteil in die Hand:
Längst vermißte Brüder
Find ich nun in seinen Jüngern wieder."

Gelöst im Schmerz, lehnt sich Quistorp zurück, Runge legt den Arm um Friedrichs Schulter, faßt Klinckowströms Hand.

„Wir wollen uns aneinander schließen und innig uns lieben, meine Freunde, dann ist Gott lebendig in uns, und wir sind bereitet für die neue Kunst."

Sie bleiben im Gespräch vertieft, und die kurze Spanne einer Frühlingsnacht ist hinweggerückt, ohne daß sie es gewahren.

Als es im Osten dämmert, ruft Runge die Freunde auf, ihm nach Arkona zu folgen, um den Morgen zu grüßen. Die Jungen schließen sich ihm an, nur Lappe sucht seine Kammer auf.

Quistorp tritt mit Kosegarten ans Fenster und sieht ihnen nach, die auf der Landstraße dahinwandern.

„Wie unsere Ahnung sich erfüllt, Freund“, sagt Kosegarten. „Hier oben auf unserem abgeschiedenen Eiland treibt eine Frucht, und in Dresden werden sie bald einen kräftigen Nordwind spüren. In diesen beiden, Friedrich und Runge, ist wahrlich ein Glaube, der Berge versetzt. Gesegnet sei diese Stunde, in der unsere Jugend aufbricht, bereit, die Welt zu erschüttern und zu gewinnen.“

Die nach Arkona wandern, sehen im aufglühenden Himmel den erblaßten Mondkahn nach den dunklen Ufern ziehen. Runge bricht als erster das Schweigen.

„Seht, Freunde, noch eben war die Nacht über uns, und schon gewahren wir das verheißende Licht. Noch sind wir nur voll Ahnung und Hoffen, bald aber wird es sich erfüllen. Ist es nicht so mit dem Tod unseres Freundes Novalis? Ist es nicht ein Hinweis auf ein kommendes Leben? Und ist nicht alles Sinnbild in den Erscheinungen der Natur, verwoben mit unserem eigenen Sein?“

Sie haben die Höhe erklommen, Wolken ziehen vom östlichen Himmel nach Westen zu, wo die Höhen der Insel Hiddensee sich aus dem Wasser heben. Verhaltener Jubel bricht aus Runge.

„Sind wir nicht ohne Wissen vor diesem Geschehen und

doch voll tiefer Weisheit wie die Kinder, die aus Gottes Hand auf die Erde kommen? Seht um euch: es rinnt das Licht, es glüht die Farbe, es regt sich das Göttliche rings, löst sich in Landschaft. Ich fühle es, Freunde, ein neues Werden hebt an, das ist nicht gebunden an Form und Vorbild, es kommt unmittelbar aus Gottes ewiger Schöpfung."

Klinckowström hat ihm zwar hingerissen, doch mit einem Schatten von Zweifeln zugehört.

„Lehnst du die Alten wirklich ab, Otto? Und die, die von ihnen ihre Weisung empfingen und nachgestaltend Großes vollbrachten?"

„Ich leugne die Alten nicht, ich brenne darauf, in Dresden die Madonna Raffaels zu sehen und die Kinder Correggios. Ich achte das Werk unseres Schleswigers Carstens hoch, seinen reinen Willen, seine makellose Hingabe an die Alten. Aber unsere Sendung ist eine andere. Wir wollen unsern Geist versenken in Baum und Blume und sie beseelen mit unserer Ahnung von Gott. Denn sieh, es kann erst die Landschaft entstehen, wenn der Mensch seine Seele in jegliches Ding hineinlegt."

Nachdenklich hat Friedrich jedes seiner Worte in sich aufgenommen. Dabei hat er sich in eine Blume vertieft, er pflückt sie ab und birgt sie in seiner Rocktasche.

„In allem, was du verkündest, Runge, begreife ich dich wohl, so unvermögend ich vor deinen Forderungen auch sein mag. Doch sehe ich die Erhabenheit der Landschaft oder das Wunder einer Blume, so stehe ich, der Mensch, davor, frage überwältigt nach dem Sinn alles Seins, wäre verloren, wenn mich die Gesetze Gottes nicht hielten, die sich in der Natur offenbaren. Erst dann wird der Mensch seiner selbst bewußt. Wir können nur demütig die Schöpfung nachzubilden versuchen und den Geist, der aus ihren Erscheinungen redet. Getreu bis ins Letzte." Und leise zu Runge geneigt: „Doch bewahre dir deinen reinen kindlichen Sinn und folge der Stimme deines Innern, sie ist das Göttliche in uns und führt uns nicht irre."

So streben die beiden Künstler wohl einander zu und müssen sich dennoch trennen, eigenem Ruf gehorsam.

Im Osten zuckt es auf, die Sonne schneidet den ersten Strahl durch die blaue Flut. Runge geht einige Schritte bis an den Rand des Abhangs. Und jetzt ist seine Stimme voll erschütternden Ernstes.

„Wir erleben die schöne Zeit dieser neuen Kunst wohl nicht mehr, aber wir wollen unser Leben daransetzen, sie wirklich und in Wahrheit hervorzurufen."

Als Friedrich die schmale Gestalt des Freundes sich gegen den Himmel abheben sieht, durchbebt ihn ein starker Schreck. Mahnt ihn nicht sein Anblick an den Sonnenflug des Ikarus?

Er reißt sich los, schüttelt den dunklen Gedanken ab, begibt sich eine Strecke von den anderen hinweg und sieht über die Tromper Wiek nach der Stubnitz hinüber. Er blickt weiter über die sanften und wechselvollen Höhen, die Buchten mit ihren blauen Gewässern, die Felder und Wälder der Insel und nach den strichig feinen Landzungen mit den Punkten von Baumkronen, die sich durch das Wasser schlingen und Land mit Land verbinden. Eine Ruhe ist in ihm wie kaum zuvor. Er hat die Gewalten bezwungen, die ihn vor sieben Jahren an Klippen und Felsen dieser Insel umtrieben. Heute kann er es wagen, mit dem Sepiastift die Linien dieser Insel nachzuzeichnen. Mit Verzicht auf die Farben wird er dennoch in Sepia das Leuchten des Sommers über weiße Klippen und Strand, über dem blauen Meer einfangen, und diese Sepiablätter werden Studien für die Landschaft sein, wie sie in seinem Innern lebt und wie sie ihm eines Tages in Farbe gelingen wird. Die Gewißheit ist mit einer Freude in ihm, wie sie es noch nie so kraftvoll war.

Er wird diesen Sommer und wohl auch den Herbst in der Heimat bleiben, bevor er wieder nach Dresden aufbricht. Und während er dies beschließt, befällt ihn ein Verlangen, auch den kristallklaren Winter mit dem neu erworbenen Können an diesem Küstenstrich bei den Brüdern im Vaterhaus zu verbringen und zu arbeiten, rastlos zu arbeiten.

Er lehnt sich gegen den zerspellten Stamm einer Buche, seine Augen sind nach innen gewandt.

„Du hast mir, Gott, ein Tor nach dem anderen aufgetan, bei jeglichem Mal, da ich hindurchschritt, kam ich dir näher. Es ist wohl dies, neben der Liebe, die Christoffer mich lehrte, daß wir der Ewigkeit allein nahe kommen, je öfter wir ihren Hauch verspüren, und die Qual uns anfällt und des Todes Gruß. Laß mich in Demut deine Fügung erfahren. Ich folge dir nach Schritt um Schritt, und einmal wird meine Zeit gekommen sein, denn immer wieder erfüllt sich der Morgen im Licht, steigt die Hoffnung aus der Finsternis und der Glaube aus des Zweifels Not."

An einem Spätsommertag ist Caspar wieder auf einer Greifswalder Schaluppe unterwegs, aber diesmal fährt sie geradewegs über den Bodden auf Rügen zu, der Ferne entgegen, nach der einst der Knabe seine fragenden Blicke hinausschickte.

Friedrich sieht nach Norden, die Höhen der Insel steigen

aus dem Frühnebel. Er ist allein mit einem jungen Fischer an Bord. Sie haben noch nicht miteinander gesprochen, aber nun singt der Fischer ein trotziges, eintöniges Lied, da muß einer gut hinhören, wenn er die Worte verstehen will.

„Haal mi den Saalhund,
den Saalhund to Lann!
He hett uns' Fisch upfräten,
he hätt uns' Nett kort räten,
he hätt uns' Schaden daan,
wi willen em dood slaan!
Haal mi den Saalhund,
den Saalhund to Lann!"

„Was für ein düsteres Lied singst du an diesem schönen Sommermorgen? Ich hörte es noch nie."

Den Fischer stört die Frage nicht, er brummt die Melodie noch einmal vor sich hin, doch das wilde Ende muß er wieder singen. Dann sagt er:

„Es ist in der Zeit, wenn der Seehund kommt, Oktober bis Januar. Dann läßt er uns keine Ruhe, dann singen wir so . . ."

Sie haben scharfen Gegenwind, der Fischer muß kreuzen, und nun wirft er das Segel herum.

„Damals war es ein wüstes Jahr. Bis Januar hatten wir den Seehund, dann kam der Zannotwind, von Nordwesten her, der uns den Zander bringt, wir freuten uns. Aber es blieb nicht dabei, er sprang nach Nordwesten um. Das Wasser kam zurück, das vorher der Wind in die Finnische Bucht geblasen hatte; es kam in die Buchten, brach durch die Dünen, der Regen hörte nicht auf, die Erde sackte ab, die Buhnen, die sie gebaut hatten, waren zerstört. Wir haben den ganzen Winter über nur Hering gegessen, den haben wir hier ja genug. Damit füttern wir die Schweine und damit düngen wir den Acker. Aber in dem Winter haben wir ihn allein aufgegessen, alle Tage Flickhering, den kennst du ja, den eingepökelten und den andern, der im Rauch aufgepickt ist. Uns ist von all dem Hering trocken in der Kehle geworden, da kam der Durst ... Wir sahen aus, als hätten wir in Island gehungert, dort haben sie noch weniger als wir ..."

„Nach Island will ich hinauf. Das wollte ich schon als Junge."

„Fahr doch zu. Es finden sich schon Fischer, die dich mitnehmen."

„Muß noch warten. Aber auf Jütland bin ich gewesen. Da habe ich etwas Grausiges erlebt. Es war Sturm, ich wanderte die Ostküste vom Limfjord aus südwärts. Die hohen, einsamen Dünen legten sich um das Land wie ein Wüstengürtel, gewaltig war der Anblick. Nun aber fuhr der Sturm in solche Düne hinein. Der Sand wurde zur Höhe geblasen, er war so dicht, daß es eine totenhafte Dämmerung gab, es war wie bei einer Sonnenfinsternis, und im Sturmesbrausen war dieses helle Sausen des Sandes zu hören, es war wie ein Weltuntergang. Ich fühlte, wie mir Gesicht und Hände zerstochen wurden."

Der Fischer wendet sich ihm zu, er muß sich ganz herumdrehen. Nun sieht er ihn mit großen runden Augen an.

„Die Dünen! Da quälen sich die Menschen schon Jahre mit herum. In Rostock soll ein Professor sein und ein Magister, die versuchen, mit Seedorn die Dünen zu erhalten, sie pflanzen ihn in den Sand. Wenn es nur glückt. Es war schon so weit, daß die Warnowmündung durch Sand verweht wurde. Und bei solchem Sturm helfen auch die Bohlenwände nicht."

Der Fischer hat die letzten Worte laut in den Wind geschrien, er muß wieder kreuzen und das Segel herumwerfen. Aber nach einer Weile dreht er sich wieder um.

„So, du warst also auf Jütland? Dann warst du auch auf Seeland. Und in Kopenhagen. Schöne Mädchen gibt's da. Was hast du da getrieben?"

„Die Mädchen sind schön, aber viel habe ich nicht nach ihnen hingeguckt. Ich habe gezeichnet. Heute will ich die Insel zeichnen, oben bei Mönchgut, das Südperd und den Jasmunder Bodden. Die Spätsommertage sind klar und weitsichtig, ich will sie nutzen."

Was will der junge Mann auf der Insel wohl zeichnen, denkt der Fischer. Er kommt ihm bekannt vor, er muß ihn früher schon gesehen haben. Ob es wohl derselbe ist, den vor Jahren bei Sturm die Fischer von den Felsen auf der Stubnitz geholt haben?

„Du bist doch aus Greifswald, mein ich."

„Ja. Und jetzt war ich in Dresden."

„Du bist aber viel herumgekommen. Was hast du in Dresden gemacht? Auch gezeichnet?"

„Gezeichnet habe ich und bin viel gewandert. Einmal kam ich in eine wüste Gegend, der Uttewalder Grund heißt sie. Da habe ich auch etwas Schauriges erlebt . . ."

Aber nun kann Friedrich kaum noch sprechen, und der Fischer kann nicht mehr zuhören. Der Wind nimmt sich auf, das Boot liegt schräg, und der Fischer muß scharf aufpassen und kreuzen, bis sie in Neuendorf nahe dem Schloß Putbus an Land gehen können.

„Bist du in drei Tagen wieder hier? Dann will ich nach Greifswald zurück“, sagt Friedrich.

„Das kann gut sein. Das Wetter bleibt beständig.“

Friedrich geht die Anhöhe hinauf. Die einsame kleine Insel Vilm muß er meiden, so sehr die Urwelt dort lockt, aber wenn er sich daran erst verliert, schafft er nichts. Diese Tage müssen genutzt werden. Er zeichnet die Küste von oben und die kleine Insel.

Am Nachmittag geht er höher hinauf. Von dort sieht er über Mönchgut auf den Bodden hinaus bis hinüber nach dem Festland mit Wusterhusen und Kröslin. Und er zeichnet.

Nachts schläft er bei Fischern in ihrer Hütte.

Eine Schaffensfreude hat ihn gepackt, er kann den Sonnenaufgang kaum erwarten.

In der Frühe macht er sich auf und zeichnet die Kirche von Vilmnitz und die Umgebung. Sicher und dennoch zart ist sein Strich, überaus klar entsteht ein Hügel mit kleinem Gebüsch, in der Ferne wird ein Landstrich sichtbar mit winzig angedeuteten Bäumen.

Abends wandert er weiter und schläft die Nacht in Föhren. Er steigt auf das Hohe Ufer und zeichnet den Blick nach der Ostküste von Mönchgut und auf das Südperd. Am nächsten Tag zieht es ihn nach dem Jasmunder Bodden, wo er das Land mit einer Windmühle festhält.

Hin und her treibt es den Rastlosen, quer über die Insel nach der einsamen Stubnitz. Er klettert die Klippen hinauf, wo sie am schwersten zu erklimmen sind; die geliebten Stätten, von denen noch kaum ein Mensch etwas weiß.

In das große Format seines Skizzenbuches zeichnet er den Felsen von Stubbenkammer, zu Füßen das Gewirr ansteigenden Buschwerks, am Ufer großes Gestein, dazwischen der hohe, steile Fels. Wie leuchten die Farben, blau und weiß, aber er muß sich bezwingen. Er eilt noch einmal hinauf nach Arkona, wo ihm die Eingebung kam, die große Insel in Sepia zu zeichnen. Dann wieder nimmt er auf der Stubnitz die Wissower Klinken; ein leidenschaftliches Gekräusel von Bäumen drängt den Felsen hinauf, im blanken, ruhigen Meer ragt mächtiges Gestein. Ruhe und Bewegung ... Ruhe und Bewegung bleiben die Melodie auf seinen Bildern für alle Zeit.

Nach drei Tagen ist er in Lauterbach, läßt sich vom Fischer heimfahren. Der staunt, als er die Blätter mit den Zeichnungen sieht.

„Nur Skizzen sind es, die Ausführung braucht viel Zeit, die mache ich zu Hause."

„Du hast ja die ganze Insel ins Buch hineingehext!" meint der Fischer. Caspar muß lachen.

Als sie dem Ufer von Wieck nahe kommen, ist es Abend, und Frieden ruht über dem ruhigen Wasser. So wollte er heimkehren, hatte er sich früher gewünscht, von einer unbekannten Ferne oder gar von Island her. Auch der Fischer fühlt wohl etwas Ähnliches; er singt nicht mehr sein wildes Lied vom Saalhund und schweigt während der Fahrt.

Es wird Winter. Caspar führt seine Skizzen in Sepia aus. Im Vaterhaus sind Stille und Schutz und die Nähe der Brüder. Und die Arbeit gedeiht. Seine Hand ist sicherer beim Zeichnen geworden. Selbst auf diesen kleinen Landschaften dehnen sich Himmel und Meer, leuchten Wasser und Land, auch ohne die Farben.

An klaren Wintertagen geht er hinaus an die Bucht und

sieht den Aalstechern zu. Sie stehen mit ihren runden Hüten auf großen Steinen im Wasser und stoßen die vier Meter langen Stangen in Löcher, die sie ins Eis geschlagen haben. Unten an der Stange sitzt das Stecheisen, es biegt sich kreisförmig auseinander, schließt sich beinah; in dem Kreis sitzt eine Spitze, mit der sie die Aale stechen. Durch zwei nach außen gekrümmte Verlängerungen wird die Beute, wie in eine Falle, in den offenen Ring gedrängt, um dann von der scharf geschliffenen Spitze aufgestochen zu werden.

Dann wieder ist Friedrich bei dem alten Witt oder bei anderen Fischern in der Hütte, wenn sie ihre Netze flikken, und läßt sich von ihnen erzählen, was draußen auf See geschieht.

Eine gute Ernte an Sepiaarbeiten hat er gewonnen. Er nimmt Abschied von den Lieben. Jahre kann es dauern, bis er sie wiedersieht. Voller Ungeduld und doch mit schwerem Herzen bricht er nach Dresden auf, wo die Freunde ihn erwarten.

VERSUCHUNG

Die schöne anmutige Stadt ruht noch im Frieden, wenn auch rings um die Grenzen des Landes schon die seit Austerlitz entzündeten Wetter ziehen. Seit jener Unglücksschlacht ist Unruhe in die Beschaulichkeit gekommen. Wenn sich die vornehme Welt in den öffentlichen Gärten, in den Galerien, nachmittags und abends bei den geselligen Zirkeln trifft, mischen sich erregte Vermutungen in ihre Gespräche. Doch breitet sich noch ungehindert eine geistreiche, mit den Wissenschaften und schönen Künsten vertraute Geselligkeit aus, und die friedliebenden Untertanen Sachsens verspüren wenig Lust, sich bittere Pillen in ihre ästhetischen Tees zu schütten.

Um so lebendiger regt es sich bei den einander bekämpfenden Künstlern. Die Stimmen der weimarisch gesinnten Klassizisten erheben sich vernehmlicher gegen eine junge Künstlerschar, als die politischen Meinungen sich für oder gegen den anrückenden Korsen verbreiten.

In einem Raum der Dresdener Kunstakademie stauen sich die Besucher vor einem Sepiablatt, auf dem ein hochragender Bergesgipfel mit dem Kreuz des Heilandes sichtbar ist.

Beunruhigend ist dieses Bild, bei dem es sogar dem allwissenden Hofrat Böttiger anfangs die Sprache verschlägt. Der behende, liebenswürdige Mann, dessen Gesicht Zufriedenheit strahlt, wenn er seine willige Hörerschaft durch die Ausstellung führt, stets sanfte Hilfsbereitschaft lächelt, wenn ein Wissensdurstiger sich an ihn wendet, betrachtet nachdenklich die fein ausgeführte Zeichnung der Gewächse und Bäume, die liebevolle Behandlung der nahe gerückten Natur. Bislang vergnügten sich Schäferinnen auf grünen Matten oder lagerten mythologische Gestalten auf Moosteppichen. Aus dieser Landschaft aber ragt streng das Kreuz. Böttigers Hörer, gewohnt, durch seine Gelehrsamkeit aufs genaueste unterrichtet zu werden, drängen sich neugierig um ihren bewährten Führer, um ebenso angelegentlich in seinen Zügen nach seinem Urteil zu forschen als nach dem Bild zu schauen.

„Höchst kunstvoll ausgeführt, höchst seltsam, ein wirklich erhabener Gedanke", sagt mit gedämpftem Ton der Alleswissende. Als er aber den Kunstkritiker, Kammerherrn von Ramdohr, eintreten sieht, schweigt er verlegen und sieht mit verbindlichem Lächeln auf den Ankommenden, den er mit höflicher Verneigung begrüßt.

„Eine neue Errungenschaft, Verehrtester, von diesem seltsamen Pommern", sagt er in friedlichstem Ton, und es ist schwer festzustellen, ob sein Lächeln Anerkennung oder Ablehnung bedeutet.

Kammerherr Basilius von Ramdohr, vor dem die Gruppe scheu auseinanderweicht, bemerkt nach flüchtiger Betrachtung des Bildes laut und mit ergiebigem Wortschwall, daß sich Friedrich, dessen vortreffliche Sepialandschaften anzuerkennen seien, hier eine Abschweifung ins Barbarisch-Nebulöse erlaubt habe, von dem die Luft neuerdings bis ins Unerträgliche geschwängert sei. Man möchte hoffen, daß dieser fraglos begabte Künstler nicht vom Weg der gesetzmäßigen Schönheit abgleite und in die Landschaft dies abscheulich symbolische Zeug hineinphantasiere, das jeden Kunstfreund entsetzen und jeden frommen

Christen empören müsse. Darauf schreitet er in dem Bewußtsein, daß seine Meinung in den Abendzirkeln wie ein Lauffeuer verbreitet werden wird, in den anstoßenden Saal; Hofrat Böttiger schlüpft eilig hinterdrein und läßt sein lernbeflissenes Gefolge im Stich.

„Dieser Pommer ist doch der ‚Schwede' mit dem Kosakenbart, den man im geselligen Dresden immer vergeblich sucht", bemerkt eine Dame, die man bei jeder Veranstaltung zu treffen pflegt. „Das Unerhörte an ihm ist, daß man ihm nirgends begegnet."

„Wenn Sie ihn sehen wollen, müssen Sie vor Sonnenaufgang vor den Toren der Stadt oder in den Wäldern der Dresdener Heide umherstreifen", bemüht sich ihr Begleiter zu erläutern. „Er liebt, so sagt man, die Zeit zwischen Hell und Dunkel."

„Noch heftiger ist er auf Mondschein versessen. Aber sehen Sie sich vor, er trägt gewöhnlich einen gefährlichen Knüppel bei sich. Kinder können ihn für Rübezahl halten", führt ein junger Mann weiter aus, der eben aus dem Nebenraum tritt, sich von ungefähr in die Gruppe mischt und ein unbehagliches Lächeln zeigt.

„Kinder sollen Glück bei ihm haben, was für seine Gutherzigkeit und Ungefährlichkeit spricht. Nur wenn Frauen ihm nachrennen, soll er ungemütlich werden."

„Solche Männer sind immer verdächtig", platzt ein Frauenzimmer los, die als Kopistin, von denen die Galerien wimmeln, mühelos zu erkennen ist.

„Betrachten Sie sein Bild. Gefällt es Ihnen, ist seine Person unwesentlich." Der junge Mann ist ernst geworden.

„Im Gegenteil, wenn mir ein Künstler nicht behagt, sind mir seine Bilder von vornherein zuwider."

„Sein Bild ist abscheulich! Eine Gotteslästerung. Mitten in die weltliche Atmosphäre ein Kreuz zu setzen. Welch ein Durcheinander sakraler und irdischer Bereiche!"

Der junge Mann wird bei diesem Urteil eines Beschauers blaß und preßt die Lippen zusammen; er muß an sich halten, um nicht loszubrechen.

„Sie haben recht", ereifert sich eine Kunstbegeisterte aus Böttigers Gefolge. „Wenn ich eine Landschaft sehe, will ich an Reiseerlebnisse, an glücklich verbrachte Stunden erinnert sein. Ich will, wenn ich selbst nicht reisen kann, von meinem Sofaplatz aus das Bild betrachten und mich in die Gegend hineinträumen."

„Stimmt, meine Verehrteste, das ist auch die Meinung jeder maßgebenden Persönlichkeit auf künstlerischem Gebiet", pflichtet ihr ein wohlbeleibter Bürger mit standfester Überzeugung bei.

Ferdinand Hartmann, der angesehene und bewunderte Maler, betritt, von einer jungen Dame begleitet, den Saal. Sogleich wird der Redeschwall zu neugierigem Tuscheln.

Wer mag seine Begleiterin sein, eine bisher kaum wahrgenommene Erscheinung in diesen Räumen? Sein achtbarer Lebenswandel verbietet jegliche anzügliche Vermutung. Ohne Zweifel ist sie eine Dame der Gesellschaft, würdig in ihrer Haltung wie er. Sie trägt das antike Gewand, unter der Brust gegürtet, auf modische Art fußfrei. Warum nur diese dunkle Farbe an einem hellen Frühlingstag? Warum keine Spitze, keine Volants, kein modisches Hütchen, kein noch so bescheidener Schmuck? Sie ist jung, aber warum dieser grüblerische Ausdruck auf dem schönen, gebräunten Gesicht? Und warum dieses Unnahbare? Warum die gesenkten Augenlider?

Hartmann führt die junge Dame geschickt durch die neugierigen Gruppen zu Friedrichs Bild.

„Hier sehen Sie, Komtesse, die erwähnte und umstrittene Sepiazeichnung, die unverstellt den Geist dieses Künstlers offenbart. Sie ist bisher die gelungenste, aber auch eigentümlichste seiner Arbeiten."

Sie schweigt.

Unverwandt hält sie die Augen auf das Bild gerichtet. Über ihrem gewinkelten Arm hängt ein kleiner Pompadour, die Hände umschließen einander. Ihre regungslose, in sich gesammelte Hingabe läßt die Besucher von ihr Abstand wahren und weiter die Stimmen dämpfen. Sie überhört eine Frage Hartmanns, so daß dieser sich mit leichter Verbeugung zurückzieht, um sich mit Böttiger, der eben vorübergeht, zu bereden.

Als er nach geraumer Zeit wieder an sie herantritt, bittet sie um seinen Arm, und ohne auch nur einmal die Blikke zu heben, verläßt sie mit ihm die Akademie.

An manchem Morgen, wenn eben die Säle der Ausstellung geöffnet sind, zuweilen auch am späten Nachmittag kurz vor der Schließung, erscheint sie in dem Saal, wo Friedrichs Bild hängt. Sie geht, ohne einem der zahlreichen Gemälde auch nur eine flüchtige Beachtung zu schenken, darauf zu, steht in andächtiger Betrachtung und verläßt in der gleichen verschlossenen Haltung den Raum. Sie ist ohne Begleitung und erwidert den Gruß des eilfertigen Böttiger, der häufig anwesend ist und der sich ihr zu nähern sucht, kühl und sieht über ihn hinweg.

An einem Spätnachmittag fällt dem Herrn Kunstkritiker ihr ungewohnt rascher und entschlossener Gang auf, mit dem sie die Ausstellung verläßt. Bei allem gewitzten

Spürsinn wird ihm jedoch nicht bewußt, daß sie heute nicht wie sonst ihren Weg nach ihrer Stadtwohnung nimmt, sondern die entgegengesetzte Richtung nach der Elbe zu einschlägt.

Von der Beunruhigung um das „Kreuz im Gebirge", von dem Für und Wider, von der anmaßenden Kritik weiß Friedrich wohl, der in den letzten Wochen des Vorfrühlings mit zerquältem Herzen, doch nie erlahmender Beherrschung das Bild in Sepia ausführte. Ferdinand Hartmann und sein Freund, der Bildhauer Christian Gottlieb Kühn, gaben ihm treulich Bericht.

Er hätte dieses Bild nicht den Blicken des Publikums preisgeben sollen, das vorwitzig ein Urteil über ein Kunstwerk fällt, bevor es nur den Versuch macht, sich darin zu vertiefen. Auch nicht diesen gewandten Kritikern, die unter der Brille ihrer kalten Gesetze übereifrig krankhafte Mystik mit frommem Gottesglauben verwechseln.

Verstört geht er in seiner schmalen Malstube auf und ab, wenige Schritte von kahler Wand zu kahler Wand. Nicht allein die lieblose Kritik beunruhigt ihn. Runge schrieb ihm aus Hamburg von dem Erlahmen seiner Schaffenskraft. Napoleons Schatten umdüstert sie beide; das zerrissene Vaterland, Leichtsinn und Gleichgültigkeit der Gesellschaft, das Darben der Armen, die ganze aus den Fugen geratene Ordnung lähmen ihren einst kühnen Schwung.

Ein sanfter Frühlingswind weht herein und zieht ihn nach dem Fenster. Er sieht über die anmutigen Hügel von Loschwitz, an denen die kleinen Häuser verstreut liegen, nach dem glasklaren Himmel, der einen hellen Abend verheißt und einen noch helleren Morgen.

Es war so viel freundlicher geworden, seit er hier herausgezogen war und nicht mehr im fünften Stockwerk eines Stadthauses die enge Stube mit Klinckowström zu teilen brauchte. Runge hatte durch seinen Bruder Daniel zwei seiner Landschaften in Hamburg verkaufen lassen; so ging es dann wieder eine Strecke weiter.

Doch nun ist Runge in Hamburg, hat Frau und Kinder und fühlt mit neunundzwanzig Jahren seine Kräfte versagen. Klinckowström entgleitet ihm mehr und mehr, seit er sich in übersteigerter Frömmigkeit den Nachbildnern italienischer Madonnen anschloß, die im Vorjahr Dresden aufsuchten. Er ist abgeglitten und mit ihm viele andere, die sich dem Katholizismus in die schützenden Arme warfen. Vom sicheren Hafen aus nehmen sie sich die Kunst der Großen aus der Vergangenheit zum Vorbild und meinen, wenn sie die Gesetze treulich wahrten, hätten sie wieder eine Tradition neu errichtet. Ein Irrtum, dem sie verfallen sind. Mit ihnen könnte er nie Gemeinschaft pflegen.

Auch Titel hat sich nach Rom gewandt und sich selbst zerstört, denn er wird nie sein Eigenstes wiederfinden.

Ist dies nun das Ende von jenem hoffnungsvollen Aufbruch, der sie alle vier auf Kosegartens Höhe einte?

Die drei Freunde aus der Heimat sind ihm verloren. Und wenn ihm auch in Dresden mancher Künstler zugetan ist, so bleibt er doch allein und wird einsamer mit jedem Tag. Was an ihm zehrt, werden sie nie begreifen. Nur Freund Kühn kann er das Herz auftun.

Wieder dieser warme lockende Wind ... Er wendet sich ab vom Fenster, sinkt müde auf den Stuhl vor der Staffelei. Seit Tagen hat er an der Elblandschaft keinen Strich getan, nichts will ihm gelingen, weil es ihn nicht von innen her treibt. Zu weich ist diese Luft, er braucht den herben Wind der Küste, Sturm, Felsen und Meer. Vier Jahre hat er die starken Kräfte der Heimat nicht gespürt.

Und heute läßt ihn auch wohl Freund Kühn im Stich. Er wird seines Trübsinns überdrüssig sein.

Friedrich ist so versunken, er hört nicht, wie draußen jemand leise anklopft.

Die Tür geht auf. Er hebt den Kopf. Ein Zugwind fährt durch den Raum und weht ihm den Zipfel eines Schleiers entgegen.

Eisiger Schreck lähmt ihn. In der Tür seiner dürftigen Stube steht Komtesse Theresia von Brühl.

Wie sie stumm und regungslos vor ihm steht, würdevoll und doch den Kopf ein wenig vorgeneigt wie in Hingabe an etwas Unvermeidbares, einen ernsten grüblerischen Zug in dem jungen Gesicht, so hatte er sie in der Ausstellung vor seinem Bild gesehen. Hartmann, der gerade vorüberging, nannte ihm ihren Namen.

Er kann noch nicht recht fassen, was geschehen ist. Er hört ihre Stimme, dunkel, leise erregt.

„Verzeihen Sie, Herr Friedrich, diesen unvermuteten Einbruch."

Und weil er sich nicht rührt, sie immer nur wortlos ansieht, sagt sie wieder etwas, und er vernimmt deutlich eine verhaltene Angst.

„Habe ich Sie erzürnt, weil ich hier eindrang?"

Er springt auf. Seine Brauen ziehen sich zusammen, seine Augen starren erschreckend düster auf die junge Frau. Er hört ihre Stimme zum drittenmal, aber es ist, als hätte sie einen Sprung.

„So werde ich wieder gehen, Herr Friedrich."

Da reißt er sich zusammen, ergreift den einzigen vorhandenen Stuhl, auf dem er an der Staffelei gesessen, stellt ihn neben die Tür und bietet ihn unbeholfen der Besucherin an. Er selbst weicht bis ans Fenster zurück und bleibt, mit dem Rücken gegen die Fensterbank gelehnt, stehen.

Sie rührt sich nicht. Verletzt sie sein Wesen? Oder ist sein blasses und mageres Gesicht zu verstört und so anders, als sie ihn sich vorgestellt hat?

„Was führt Sie zu mir, Komtesse?“

Sie setzt sich nieder; die aufrechte Haltung bleibt gewahrt, die Hände liegen im Schoß gefaltet. Freimütig sieht sie ihn an.

„Es ist schon Jahre her, seit ich Sie sprechen möchte, Herr Friedrich. Auch will ich Sie etwas fragen. Doch Sie bleiben gesellschaftlichem Umgang fern. Und so kam ich zu Ihnen.“

„Nichts ist mir mehr zuwider als die Langweile, die einen unter Menschen anfällt, Komtesse“, sagt er rauh. Sein Gesicht ist steinern, er hat die Arme über der Brust verschränkt.

„Sie haben ein Recht, unsere Dresdener Gesellschaft auf diese Weise abzutun. Nur Sie haben es“, erwidert sie und streift mit Anmut ihren Schleier von ihrem braunen Haar.

Er will es nicht bemerken und sieht nach der kahlen Wand hinüber. Er will auch nicht gehört haben, was sie gesagt hat, und so spricht er weiter, stur und unfreundlich.

„Man pflegt in gewissen Kreisen allzu viele Worte zu machen und redet ein Kunstwerk tot, bevor der Geist Muße gewann, sich darin zu vertiefen. Es ist auch meistens kein Geist vorhanden. Man vergißt, daß ein Kunstwerk schweigend und in Hingabe betrachtet werden muß.“

Theresia von Brühl lächelt. Weil er sie nicht ansieht, wird sie zaghaft, aber ihr Vorwurf ist heiter und sogar ein wenig herausfordernd.

„Sie sollten so nicht über alle Besucher unserer Galerien sprechen, Herr Friedrich."

Er lacht kurz auf.

„Meine Gegner sind mir nicht unbekannt. Sie bestätigen, was ich sage."

Und nun warm und aufrichtig:

„Sie haben Freunde, Herr Friedrich. Goethe ist unter ihnen. Wir hörten, daß er voll Anerkennung von Ihren Sepialandschaften gesprochen hat. Und unser verehrter Ludwig Tieck ist begeistert von den kühnen, phantasiereichen Künstlern, die aus dem fernen, kulturlosen Norden nach Dresden gekommen sind, wie er sagte. Nur Sie bleiben ihm rätselhaft . . . wie uns allen . . ."

Ein gefährlicher Blick trifft sie.

„Kulturlos nennt er meine Heimat? Sie ist ein starkes und schönes Stück Erde am Rand des Meeres!"

Sie erschrickt vor seiner ausbrechenden Leidenschaft, sie kann nichts weiter sagen.

„Verzeihen Sie, Herr Friedrich, bitte, verzeihen Sie! Nichts kränkt uns mehr, als wenn unsere Heimat geschmäht wird. Doch das wollte der gute Tieck gewiß nicht."

Nun ist Stille zwischen ihnen, eine Stille, die er meiden wollte. Aber er hat sich gefaßt.

„Vergessen Sie, daß ich aus Kreisen komme, denen Sie nicht freundlich gesinnt sein können. Ich sah Ihre Landschaften von Rügen. Mir kamen reine und hohe Gedanken. Liegt es an dem Land dort oben, fragte ich mich, an der meisterhaft sicheren Zeichnung, an dem andächtigen Künstler, der sie schuf?"

Und weil er nicht antwortet, doch eine stumme Frage in seinem Gesicht steht, fährt sie fort:

„Jene weit geschwungenen und leicht gewellten Flächen von Rügen sind mir so vertraut, sie erinnern mich an die heitere und liebliche Unruhe in meiner böhmischen Heimat. Nur Ihre Felsen dort oben, Ihre mächtigen Klippen ..."

Er sieht sie einmal kurz und forschend an. Nun erst fällt ihm die bräunliche Frische ihres Gesichtes auf, um das sich ungelockt und schlicht das Haar legt.

„Böhmen ist Ihre Heimat?"

„Böhmen wurde meine Heimat nach dem frühen Tod meines Vaters. Im Süden, im Böhmer Wald, wo sich die Fichten düster um die einsamen Seen erheben. Wir Kinder durchstreiften die wilden Schluchten, wir kletterten auf die schroffen Felsblöcke, wir wanderten dem reißenden Lauf der Wottawa nach bis dorthin, wo sie sich in die Moldau ergießt. Später lebten wir auf unserm kleinen Gut im böhmischen Mittelgebirge. Und dort war die Landschaft, die mich der auf Ihren Bildern verwandt dünkt, die hohe Weite des Himmels, Bewegung der sich wellenden Höhen, liebliche Ruhe der Seen und grünen Ebene."

Welch ein kindliches Aufleuchten in ihren Augen ...

„Auf meinen Sepiazeichnungen finden Sie nur karge Andeutungen, Komtesse", unterbricht er sie. „Bei diesen Studien, denen die Farbe fehlt, können Sie nur wenig von der Schönheit dieser Landschaft ahnen, nicht das tiefe Grün des Landes, das Weiß der Kreideklippen, das dunkle Meeresblau, den lichten Himmel ..."

„Sprechen Sie weiter, bitte, sprechen Sie von Ihrer schönen Insel dort oben."

„Ich kann nicht wie mein Landsmann Otto Runge dichterisch meine Worte fügen. Ich bin nur Maler und bin es doch nicht. Was Sie von der hohen Weite sagen, ist wahr, der Sinn tut ab, was klein, eng, nichtig und wesenslos ist."

Er bricht jäh ab, und weil er ihren Blick andächtig auf sich gerichtet sieht, wird er verwirrt.

„Doch Sie wollten mich etwas fragen, Komtesse. Was führt Sie zu mir?"

Sie zögert. Als sie endlich spricht, geschieht es sehr langsam, dann wieder eilig, von innen her getrieben.

„Ich sah Ihr ‚Kreuz im Gebirge'. Ich mußte es immer wieder ansehen, um es mir zu eigen zu machen und damit es mir nicht zerstört würde von diesen Kritikern, die den Geist nicht begreifen, der alte Formen sprengen will. Noch ahnen die, die Sie richten, nicht, warum sie es tun, sie wissen ja nichts von dem Riß, der unser armes Land spaltet und den Sie in Ihrem Kunstwerk zusammenfügen. Ich ließ diese engherzigen Kunstrichter meine Mißachtung fühlen. Man machte es mir nicht leicht, weil ich Katholikin bin, man schonte mich nicht und machte mir Vorhaltungen. Aber nicht nur Bekenner meiner Kirche, auch Protestanten lehnten Ihr Bild schroff ab. Es ist bisher nur eine kleine Schar von Christen beider Konfessionen, denen die Reinheit und Größe Ihres Gedankens aufging."

Friedrich bedeckt die Augen mit der Hand, als er erfährt, wie eine Frau aus einer ihm wesensfremden und beinah verhaßten Welt kühn für ihn einsteht. Ihm ist es, als kämpfe sie mit inneren Widerständen, sich weiter auszusprechen. Und von diesem stillen Kampf gerührt, sucht er einen Ausweg. Doch er, der jedem leidenden Geschöpf helfen will, steht unfähig und verschlossen.

„Wenn es Sie erleichtern kann, so fahren Sie fort", sagt er ohne Milde.

„Mir gab dieses Bild einen ungeahnten Frieden. Hier schweigen die Konfessionen. Wir kehren zurück zu der Stunde, in der Christus für uns alle am Kreuz starb. Weithin sichtbar für alle, die ihn jenseits der Missetaten, die in seinem Namen von Menschen verübt wurden, suchen, kehrt er uns wieder. Die Kirchen sind ihm zu eng geworden, denn er ist ja für alle gekommen, für alle gestorben. Auch für die, die in sich zerrissen sind, für die Suchenden, die Kämpfenden, die sich nicht binden können an menschliche Formel, die ihn unmittelbar wollen, seine Liebe, seine Gnade, sein Vergeben, nicht getrennt durch Kirchenmauer und Priester . . ."

Sie hält jäh inne, senkt den Kopf und schweigt.

Nun kann er sie ohne Scheu ansehen. An dieser jungen Frau ist nichts von jenen Schwärmerinnen, die ihm bisweilen nachlaufen. Weil er alle Geselligkeit meidet, dringen sie nicht bis zu ihm. Diesen Weg aber hat noch keine gewagt. Wo die Fesseln gesellschaftlicher Zurückhaltung mit solcher Kühnheit gesprengt werden, muß ein unbeirrbares Vertrauen sich den Weg gebahnt haben. Doch warum kam sie zu ihm?

Nicht ohne Härte sagt er:

„Sie haben viel gewagt, Komtesse. Fürchteten Sie nicht, gesehen zu werden, als Sie zu mir kamen? Und daß Sie hart angegriffen werden von Ihren Priestern, wenn Sie zu diesem Bild stehen, das nichts mit den Dogmen der Kirche gemein hat?"

„Hier brauche ich nichts zu fürchten. Bis zu diesem schlichten Raum reichen nicht das Mißverstehen der Welt und ihre häßlichen Deutungen. Was man mir antun wird, schreckt mich nicht. Hier finde ich Frieden."

Er lacht bitter auf.

„Frieden finden Sie hier nicht! In dieser armseligen Kammer sind Kampf und Unterliegen. Wenn ich durch mein Bild in Ihnen und wenigen Gleichgesinnten Empfindungen des Friedens erwecken durfte, so half Ihr eigener guter und reiner Sinn. Alles ist Bruchstück ohne die Farbe ..."

„Und warum malen Sie dieses Bild nicht? Die Farben sind in Ihnen, warum malen Sie nicht?"

„An diesem Bild will ich nicht die Farbe versuchen. Seit Jahren bedrängen mich Hartmann, Kühn und andere zu malen, aber ich versage es mir. Mich entsetzt der Gedanke, daß ich die Farbtöne, wie sie in meiner Vorstellung leben, nicht werde treffen können."

Verstört sieht sie sich um, ihr Blick streift das schmale Lager. Sonst ist nichts in diesem Raum außer dem einen Stuhl und der Staffelei: eine Mönchszelle. Vor dieser Armut, diesem inneren Kampf versagen ihr die Worte.

Er bemerkt ihre Unsicherheit. War er zu offen? Erträgt sie die Wahrheit doch nicht? Nun hat sie wohl begriffen, daß er nicht der große Künstler ist. Er muß sie vollends von ihrem Wahn lösen. Schroffer als er will, weist er sie zurecht.

„Sie sind im Irrtum, wenn Sie zu mir kamen, Komtesse. Brauchen Sie einen Beistand für Ihren Frieden, so suchen Sie einen Geistlichen auf, aber nicht einen Künstler, dem selber noch sein Unvermögen zu schaffen macht."

Fühlt er nicht, wie er sie verletzt? Sie hat die Augen geschlossen, und nun ist eine schwere, drückende Stille zwischen ihnen. Als er endlich ihre Stimme hört, ist es wieder, als habe sie einen Sprung.

„Man sagt, Sie seien gut und sanft zu Kindern. Warum sind Sie hart zu denen, die an Ihre Kunst glauben?“

Sie forscht in seinen Zügen, als suche sie darin das liebevolle Herz, das sich hinter seinen Worten verbirgt.

Er erblaßt unter ihrem Blick und wendet sich ab.

„Ich klage nicht die Priester unserer Kirche an und keinen protestantischen Pfarrer. Aber es kann geschehen, daß uns die Kirche zur Gottesferne wird, daß wir vernehmlicher draußen in der Schöpfung Gottes Stimme hören. Zerrissen ist unsere Zeit, nicht nur die drohenden Gefahren für unser Vaterland liegen über uns, der einmütige Glaube vereint nicht mehr die Heiligen.“

Sie atmet schwer, er muß es hören.

„Ist ein Künstler, der in dieser Wirrnis das Kreuz aufrichtet in der wirkenden Natur, nicht ein Künder Gottes?“

Er antwortet nicht; er sieht nach den dämmernden Höhen hinter den Häusern von Loschwitz hinüber. Aber er hat den horchenden Blick, und so müßte er spüren, wie ihre Rede mühsamer wird.

„Als ich nach Dresden kam, hörte ich von den jungen Künstlern, die bei Ludwig Tieck zusammenkamen. Unsere Freunde brachten mich zu ihm. Ich sah Ihren Landsmann Philipp Otto Runge, der nach Novalis' Tod Tiecks Freund geworden war. Ich hörte ihn seine kühnen Gedanken über die neue Kunst entwickeln, wurde gepackt von diesem Glauben, dieser Liebe und Phantasie und von der begnadeten inneren Verpflichtung, die ihn bindet. Wir alle hingen an seinen Lippen. Wie klagte dann Tieck: Freund, wenn in dieser Stunde Novalis, wenn Wackenroder zugegen wären, die durch dich ihre Träume erfüllt sehen würden! Und unser Klassizist Ferdinand Hartmann rief aus: ‚Ich kann es nicht lassen, einen solchen Teufelskerl zu schätzen!' Er wurde durch Runge zu neuem Schaffen begeistert. Und wie haben wir um Runges Leben gebangt, als er krank wurde, weil er seine Pauline nicht zur Frau haben sollte, wie hat es uns erschüttert, als er in dieser schwersten Zeit sein herrliches Werk vollbrachte, die Tageszeiten. Und dennoch ... in jenen tiefsinnigen verschlungenen Gedanken konnte ich nicht den Frieden finden, den ich in meinen Zweifeln suchte ... Ich sah Ihre Landschaften, dann Ihr Kreuz im Gebirge. Hier ist kein phantastisches Deuten und Bilden, kein übersteigertes Fordern und Träumen. Hier ist schlichte Wahrheit ... heilsame Kraft. Da fügte sich in mir der Riß zusammen ..."

Sie erhebt sich schwer. Würde er sich umwenden, gewahrte er, wie angegriffen sie aussieht. Aber er regt sich nicht. Und so verläßt sie sich wieder auf ihren Glauben und sagt leise, und zwischen jedem Satz hört er ihren mühsamen Atem:

„Bevor ich von Ihnen gehe, habe ich die Bitte, die ja der Sinn meines Kommens war. Erfüllen Sie sie mir und geben Sie mir Antwort. Wie kam Ihnen dieses Bild in den Sinn? War es eine Eingebung? War es eine Aussage in den Wirren unserer Zeit? Sagen Sie es mir, damit ich es mit mir fortnehme, wenn ich von Ihnen gehe."

Er wendet sich ihr langsam zu, und sie erschrickt über sein Gesicht, daß sie nach der Lehne des Stuhles faßt.

Als bedürfe auch er eines Haltes, legt er den Arm um seine Staffelei. Seine Rede ist erregt.

„Ich brauche Ihnen nicht viel zu sagen, Komtesse. Alles war so, wie Sie es erlebten. Der Druck, der uns alle seit Austerlitz zermalmen will, die Knechtschaft unseres Volkes, die innere Zerspaltung, das Rasen der Völker gegeneinander, alles, was uns Leiden bringt, hat mich zu Gott gewiesen. Die Welt wird in Haß und Zwietracht vergehen, wenn sie der Liebe vergißt, die für uns in ihm offenbar wurde. Und so wuchs dieses Bild in mir. Auf einem Felsen steht aufgerichtet das Kreuz, unerschütterlich fest wie unser Glaube an Jesum Christum. Und dieses Kreuz steht nicht in der Kirche, es ist aufgerichtet auf einem Felsen, weithin sichtbar . . . wie Sie sagten . . . für alle."

Sie legt das Gesicht in ihre Hände, und es ist nun lange still. So sind Ruhe und Sicherheit in ihr, als sie wieder zu sprechen beginnt.

„Unseliger Wahn, der frommen Gottesglauben für krankhaft hält, wo er doch die tiefinnerste Gesundheit ist. Darum stehen Sie allein unter den jungen Künstlern und einsam unter den Menschen schlechthin. Wohin gehören Sie, so fragte ich mich oft. Sie haben die klare, präzise Zeichnung, die den Weimarer Klassizisten gefiel, und doch gehören Sie nicht zu ihnen. Sie sind mit Runge und seinen Gedanken verbunden, und dennoch gehen Sie Ihren eigenen Weg. Runge sagte einmal, er glaube, daß in Ihnen die Möglichkeit läge, in der Landschaftsmalerei zu vollenden, was er in seinen Genien aussagen muß, er hätte es an Ihren frühen Studien von Rügen gemerkt. In Ihren Landschaften sei schon die Aussage von dem Unendlichen. Wohin gehören Sie? Auch nicht zu den frommen Malern, die nach

Rom gingen, Sie sagten es selbst, nein, zu ihnen gehören Sie nicht, Sie brechen ja neu durch. Ich sehe Sie ganz allein, auf einsamer Höhe, wohin den Menschen nur die große Kunst ruft."

„Beschämen Sie mich nicht, der Künstler ist nur ein schwaches Werkzeug Gottes."

Sie tritt nahe zu ihm heran, sie reicht ihm ihre beiden Hände, in die er getrost die seinen legt. Ein Gesicht, aus dem alle Bedrängnis gewichen ist, sieht zu ihm auf.

„Ihr Kunstwerk anzuschauen ist ein Gebet. Wenn wir den Künstler ehren, der es uns gab, danken wir Gott."

Später, als es schon dunkelt und er begreift, daß sie gegangen ist, hat sie Loschwitz längst verlassen.

Die Sonne ist eben aufgegangen. Ein junger Mann mit einem Ränzel auf dem Rücken kommt den noch menschenleeren Weg in Loschwitz herauf. Vor Friedrichs Haus hält er an, klopft mit dem Knotenstock gegen das angelehnte Fenster. Und weil sich nichts rührt:

„He, Friedrich, wach auf, dies wird ein Tag, wie dir keiner mehr aufgehen wird. Komm, es ist Zeit, schlüpf in die Hosen, Ränzel und Skizzenbuch nicht vergessen, Freund . . ."

Es bleibt still, unheimlich still. Er stößt das Fenster auf. Das Lager ist unberührt. Auf der Staffelei steht noch die angefangene Sepiazeichnung von der Elblandschaft, kein Strich ist getan, seit er sie zuletzt sah; es ist acht Tage her.

Den Mann packt ein Schreck, daß sein frisches Gesicht fahl wird.

Hat es Friedrich doch erwischt? Liegt er krank in einem

Dorf? Oder sollte ihm gar auf der Wanderung etwas zugestoßen sein? Elend genug war er. Wo kann er sein? Die Frau Wirtin hat alles verriegelt und schläft noch.

Er stößt den Stock gegen die Erde.

„Verdammt, wenn der Caspar wieder seine unruhigen Stunden hat, geht er oft nach der Dresdener Heide . . ."

Der Mann wendet sich und marschiert im schnellen Schritt in nordwestliche Richtung.

Eine Stunde irrt er im Wald umher. Dann findet er den Gesuchten auf einem noch feuchten Rasenstück, gegen einen Baum gelehnt.

„Bist du von Sinnen, Caspar?"

Der schweigende Blick, das blasse Gesicht sagen ihm genug. Er fragt nicht, er zieht ihn hoch.

„Komm, wenn du noch kannst. Es wird ein schöner Tag."

Er holt einen Wecken aus dem Ränzel.

„Nimm und iß. Dann machen wir einen tüchtigen Marsch nach Radeberg, wo es ein handfestes Frühstück gibt, Freund. Ich habe die Holzplastik verkauft, wir können uns nach langer Zeit wieder einmal ein gutes Leben gönnen."

Endlich trifft ihn ein treuherziger Blick.

„Vergib, du Guter, ich konnte nicht anders . . . mußte hinaus."

Sie machen sich auf den Weg.

„Was läßt du dich von diesen lausigen Zeiten umwerfen, Caspar. Du bist doch ein gutes Stück vorgestoßen. Du hast die Ruine von Eldena, die zu malen dich schon seit Kindesbeinen umtreibt, in Sepia sehr schön ausgeführt. Du hast von den Weimaranern, bedenke, von diesen verbohrten Klassizisten, den zweiten Preis mit sechzig Dukaten erhalten, und, o Wunder, der Geheime Rat von Goethe hat ihn dir zugesprochen. Warum muß dich immer erst einer stoßen? Wäre Hartmann dir nicht auf den Fersen gewesen, so hättest du nicht bei den Preisaufgaben mitgemacht. Du mußt nun voran, darfst dich nicht von den blutigen Händeln in der Welt, von all der Wirrnis im deutschen Vaterland beirren lassen."

Darauf kommt keine Antwort, aber der Freund geht doch forscher seinen Weg, und damit ist Christian Gottlieb Kühn erst einmal zufrieden. Aber er muß ihn noch einmal anreden, er soll sein Herz erleichtern, er braucht es zuweilen.

„Macht dir der Brief deines Landsmanns Runge noch zu schaffen?"

Kühn weiß, daß er auch hierauf zunächst keine Antwort bekommt, vielleicht überhaupt keine, und ergibt sich darein. Nach einer guten Wegstrecke hört er zu seinem Staunen:

„Runge nahm einen steilen Aufstieg. Im Werben um seine Pauline wurde er zu ungeahnten künstlerischen Offenbarungen erweckt. Als dann die Vereinigung kam und Unruhe brachte, klagte er, daß er nicht arbeiten könne. Sein letzter Brief war nicht allein wegen der materiellen Not seines Bruders Daniel gequält."

Diese für Friedrich lange Rede kommt Freund Kühn sonderbar vor. Sie schweigen beide. Endlich hält Kühn es nicht mehr aus. Der Freund geht durch diesen gesegneten Morgen wie ein Blinder. Er gibt ihm mit dem Knotenstock einen leichten Stoß in die Rippen.

„Sieh dich um, Caspar. Heute hast du Farben für deine Elblandschaft, der duftige Himmel, die hellen Buchen davor und die Höhen dort drüben."

Friedrich bleibt stehen, sieht sich um, sieht hinauf, horcht auf die Vogelstimmen. In seinen Augen erwacht etwas, das Kühn noch nie darin sah.

Nach einer kurzen Wegstrecke muß sich Caspar gegen einen Baum lehnen.

„Du hast Hunger, Freund, daß du schwach davon wirst. Ohne Ränzel bist du weggelaufen. Da sieh, der Kirchturm von Radeberg, wir sind bald am Ziel."

Ob Caspar die ganze Nacht hier draußen war? Zu fragen wagt er nicht.

Als sie in einem Gasthof Hunger und Durst gestillt haben und Kühn seine Späße mit dem Wirt und der Frau Wirtin macht und alle umher so lustig sind, kommt Caspar zu sich.

Er will malen und nicht mehr zurückdenken, diesen Himmel will er malen, diese zitternde, heitere Helligkeit ...

Kühn ist davon sehr angetan und sogleich wieder marschbereit.

„Dann spute dich, Caspar. Es ist noch vor Tag, die vornehmen Dresdener haben sich den Schlaf noch nicht aus den Augen gerieben. Wir gehen nicht durch die Heide, wir wandern über die Höhen zurück, da hast du die Weite um dich, unbegrenzt, ohne Wald. Ich sehe heute abend bei dir herein, ob du etwas geschafft hast."

In südöstliche Richtung geht es auf Loschwitz zu. Sie sind nicht mehr weit ab, haben durch das Hügelgelände einen Weg erreicht und können über die Elbe nach den jenseitigen Höhen sehen. Der Fluß glänzt im Morgenlicht zu ihnen herauf.

Gar nicht weit von ihnen, eine kurze Strecke nur voraus, steht eine Frau abgewandt und sieht ins Elbtal hinunter ... hoch und schlank, ohne Haube und Schleier.

Friedrich wagt keinen Schritt, er atmet kaum.

Freund Kühn braucht nur einmal nach ihm hinzusehen, und schon geht ihm die Lösung über des Freundes ungewohntes Wesen und seine Worte überraschend schnell auf. Es bedarf nur eines Satzes über den Graben, ein paar Schritte durch dichtes Buschwerk, und er findet einen abseitigen Jägersteig, der ihn unsichtbar macht. Freund Friedrich wird vergessen haben, daß er eben noch an seiner Seite ging.

Sie muß wohl etwas gehört haben in der Morgenstille, in der nur die Vogelstimmen jauchzen, ein anderes Geräusch, vielleicht war es ein aufgeschrecktes Reh.

Sie wendet sich, sieht sich um. Und schon ist sie bei ihm.

Welch eine Freude, welch eine jubelnde Stimme:

„Friedrich, Caspar David Friedrich ..." Sie streckt ihm ihre Hände hin.

Er faßt sie, neigt seine Stirn gegen sie.

Sie aber läßt ihn nicht los, forscht in seinen Zügen, denn das Elend darin kann ihr hinter seiner Freude nicht verborgen bleiben.

Und nun zaghaft und scheu:

„Sind Sie krank? Wer hat Sie verwundet?"

„Niemand ... gewiß nicht ..."

„Sie haben kein Skizzenbuch bei sich? Und doch sind Sie hier draußen? Wir wollen eine Strecke zusammen wandern."

Das Licht breitet sich mehr und mehr aus, sie gehen in den aufsteigenden Tag. Sie fühlt seine Hilflosigkeit und rettet sie beide mit ihrem heiteren Sinn.

„Man sagt, daß Sie nur um die frühe und späte Dämmerung hinausgehen. Ich glaubte nicht, Sie zu treffen.“

„Ich war schon vor Sonnenaufgang unterwegs“, sagt er und verschweigt, daß es noch Nacht war.

„Die Morgenfrühe, in der alles sichtbar ist und man jeden Baum, jeden Strauch weithin wahrnehmen kann, liebe ich, sie verbirgt uns nichts. Dichter wie Tieck und seinesgleichen ziehen in ihren Werken die Dunkelheit vor, die irre, wirre Waldnatur, in der die Menschen sich verstrikken und untergehen. In ihrer Dichtung ist alles schön, aber lieben kann ich es nicht.“ Dann fragt sie unvermittelt:

„Ist es wahr, daß Ihr Freund Runge einen Bruder in Hamburg hat, der ihn mit seiner Familie bei sich aufnahm?“

„Ohne seinen Bruder Daniel könnte er mit den Seinen nicht leben. Der Bruder hat seine künstlerische Existenz gerettet.“

„Paulines Vater ist wohlhabend.“

„Er gab seine Einwilligung nur, weil Daniel für den Unterhalt bürgte. Und doch konnte mein Freund einer schweren Krise nicht entgehen.“

„Glauben Sie, daß er bereute?“

Nach einigem Schweigen, das sie eine gute Wegstrecke weiter führt:

„Liebe können wir nie bereuen . . . sie ist Schicksal, wie alles Mächtige, wie die Natur . . . wir gehen zugrunde oder werden errettet.“

„So kann auch Erfüllung Elend bringen . . . kann die Kunst zerstören?“

Er hört den rauhen Klang ihrer Stimme. Auch seine Sprache ist hart.

„Wenn die Kunst weltlichen Belangen unterworfen ist, so kann einem nichts geschehen, die Welt läßt einen nicht untergehen, wenn man ihr dient. Wem aber die Malerei heilig ist – und das sollte sie sein – dem kann die Liebe die Kunst zerstören."

Er bleibt stehen, sieht sie mit seinen durchdringenden und zweifelnden Blicken an.

„Ich hatte einen Bruder, er heißt Christoffer. Er hat mich vor dem Ertrinken gerettet und gab dafür sein Leben hin, er war noch sehr jung. Er sagte zu mir: ‚Sei getrost, du wirst zur rechten Stunde aufwachen.' Bisher habe ich die Farbe nicht gewagt. Die Stunde war noch nicht da. Zwanzig Jahre ist es her. Sie kann noch kommen, oder alles ist verloren. Wer sich an mich bindet, muß mit mir zugrunde gehen, wenn . . ."

Sie hält seinen Blick aus.

„Das Dunkel kann gesegneter sein als ein ganzes Leben ohne Gefahr. Warum zugrunde gehen? Ich glaube an die Worte Ihres Bruders. Ja, Friedrich, ich glaube es."

Und immer noch dieser Blick voller Besessenheit, eine andere Frau ertrüge ihn nicht.

„Kunst will Opfer. Es ist uralt."

Sie reißt sich los, sieht hinaus in den klaren Morgen.

„Der Glaube führt nie ins Verderben."

Sie fühlt, daß sein zweifelnder Blick sich löst. Und sie hört, was kaum zu vernehmen ist, weil er es zu sich selbst sagt:

„Seit der Stunde, in der ich Christoffer verlor, war mir kein Mensch mehr lieb."

Da wendet sie sich und erschrickt, so hat sich sein Blick gewandelt.

Sie weiß, daß sie ihn jetzt allein lassen muß. Und wieder reicht sie ihm beide Hände.

Er sieht ihr nach. Sie geht leicht dahin, den Abhang läuft sie hinunter und ist gleich darauf hinter den hohen Hecken verschwunden.

Tage und Nächte gehen hin, der Frühling bleibt klar und beständig, Wärme erfüllt die Luft.

An der Staffelei ist jetzt nicht das Leben. Es ist draußen im Elbtal, auf den Höhen, im Wald der Dresdener Heide. Der Freund darf nicht bei ihm sein, damit er auf die Lebensmächte horchen kann, die zur Höhe führen oder zum Abgrund.

Aber mit dem Abgrund hat er nichts zu schaffen. Er hat dem Ruf gehorcht. Er hat den Auftrag heilig gehalten. Der Weg zur Höhe ist nicht verstellt.

Es kommt die Dämmerung, es kommt die Nacht. Auch dann muß er hinaus. Oft weiß er nicht, wohin er geht.

Einmal ruft ihn der Morgen dahin, wo sie neben ihm auf der Anhöhe stand. Er meint, sie müsse kommen, es könnte nicht anders sein. Und neue Zuversicht ist in ihm. Aber sie bleibt fort.

Es dünkt ihn, als sähe er einen Mann in der Ferne dahinwandern mit einem Knotenstock, das Ränzel aufgeschnallt. Er vergißt es wieder.

An einem Abend, es dämmert schon, steht sie auf der Anhöhe und wartet auf ihn. Sie sieht ihn kommen und eilt ihm entgegen.

„Vergib mir, mein Freund, ich glaubte, du würdest mir ein Zeichen geben, aber nichts geschah. Ich hörte nur, daß du sehr elend seist. Zu dir zu kommen wagte ich nicht. Vergib, wenn ich dich elend machte ... ich will dich nicht zerstören."

„Du zerstörst mich nicht, aber die Welt wird uns zerstören."

Sie legt ihren Arm um seinen Hals und klammert ihre Hände in seinem Nacken ineinander. Sie halten einander umschlungen, denn sie wissen beide, daß ihnen nur diese einzige Gemeinsamkeit gewährt ist. Und alle Worte gehen unter in diesem kurzen Augenblick.

Es dunkelt um sie her. Und nun ist ein Gesicht über ihr, daß sie erbebt, und wenn er sie nicht halten würde, sänke sie hin.

„Nie wird ein Mensch mir nahe sein nach dieser Stunde."

Sie hört es wohl. Und sie sieht zu ihm auf.

Friedrich wendet sich ab. So hing Christoffers letzter Blick an mir, als er in die Tiefe sank, durchfährt es ihn.

Dann löst sie langsam ihre Arme von ihm. Ihr Gesicht ist fern und seltsam durchhellt.

Sie weicht vor ihm zurück ins Dunkel, er kann sie kaum noch gewahren.

Als er eines Abends in Greifswald auftaucht, glauben sie, er sei einer Krankheit verfallen. Nur Christian bewahrt die Ruhe.

„Ich kenne dieses Gesicht. Ein paar Tage, und er ist wieder gesund. Wer weiß, was ihm angetan wurde."

Er liegt in schwerem Fieber, das schon während der Wanderung und zeitweiliger Fahrt im Postwagen über ihn herfiel. Hin und wieder fährt er schreckhaft auf, als verfolgten ihn Gesichte.

Adolf wacht an seinem Bett. Ihn dünkt, als ob der Name Theresia in den Phantasien des Bruders wiederkehrt. In seiner verschlossenen Art behält er es für sich, wenn er auch zu ahnen beginnt.

Tante Heiden pflegt den erschreckend abgefallenen Körper und sorgt für nahrhafte Getränke, die sie ihm mit ihren herzhaften Schnurren einzuträufeln versucht. Auch sie kennt ihn seit der Kindheit, in den dunkelsten Zeiten konnte er daran gesunden. Und sie ist zufrieden, wenn ein flüchtiges Lächeln um seinen Mund fährt.

Christian hält nachts Wache. Er kann recht munter von der künstlerischen Fertigkeit, die er im Holzschnitt erworben, erzählen. Seine Zukunftsträume von weiten Weltreisen und lustigen Geschichten von Greisfwalder Mädchen lindern die wachen Nächte.

Einmal fragt Caspar:

„Könntest du auf dies alles verzichten, Christian, um deiner Kunst willen?"

Der Bruder sieht ihn verwundert an.

„Warum sollte ich das? Mir blüht doch alles entgegen, Liebe und Ferne, daß ich sie hinnehme und bewundere. Warum sollte ich darauf verzichten?"

Doch Christians heiteres Plaudern kann dem Kranken nicht helfen. Der alte Vater Friedrich sieht es voll Gram. Behutsam versucht er, die aufgerührten Wirbel zu stillen.

„Was kann dich so erschüttern, mein Sohn. Deine Kunst ist dir gegeben, an der du von Kindheit gehangen hast. Zermartere dein Gehirn nicht, sei still und voll Zuversicht."

In mancher Nacht sitzt Präfke an Caspars Bett. Er fragt nicht viel, er erzählt nur. Anfangs ist es für den Kranken ein fernes Geräusch, aber Präfke beginnt immer wieder von neuem, bis er aufhorcht. Was er dann hört vom Weltgeschehen, verdrängt nach und nach die Zuckungen des Herzens und läßt Zorn und Unmut in ihm erwachen.

Aber Präfke läßt die brennendsten Geschehnisse bald wieder beiseite, wenn sie den Kranken erregen. Er schüttet nur das Herz des bekümmerten Pommern vor ihm aus und berichtet von Gustav IV. Adolf aus dem Haus Holstein Gottorp, der seinen Thronsessel in Stockholm seinen deutschen Provinzen zuliebe im Stich gelassen und sich im stillen Greifswald einquartiert hat, um dort seine Pläne zu brüten. Schließlich ist er ja auch unser Landesherr."

Grienend zieht Präfke sein rundlich-fettes Gesicht in Falten, daß sich kleine Wülste um die rötlich flammende Nase lagern.

„Seine Stockholmer nehmen ihm seine deutsche Passion übel, und um ihm ein liebevolles Zeichen zu geben, daß er sich ihrer erinnere, haben sie etwas Lustiges an seine Schloßtür zu Stockholm geschrieben: ‚Hier sind Zimmer zu vermieten', lesen die bekümmerten Landeskinder und hoffen auf baldige Rückkehr ihres Königs. Aber die ihn kennen, wissen, daß just da, wo ein jeder sich dreingibt, es den hohen Herrn kribbelt, mit seinem harten Schädel die Mauer einzurennen. Nun hat er sich ein besonders hartes Nüßlein zu knacken ausgesucht. Sein Haß gegen den französischen Emporkömmling sitzt gar fest, seit dieser den emigrierten Herzog von Enghien widerrechtlich auf deutschem Boden verhaften und ihn vor seinen kaiserlichen Augen ins Jenseits befördern ließ. Diese ruchlose Tat muß vergolten werden, und sollte Schweden darüber in die Brüche gehen. Und während man sich in Deutschland fürchtete, nistete sich bei ihm die Rachsucht um so tiefer ein. Je mehr Preußen warnte und drohte, da es sich und Norddeutschland die Ruhe bewahren wollte, desto aufsässiger und hitziger wurde der Schwedenkönig. Er verband sich mit England, Rußland und Österreich und schaffte im Herbst ein nettes Sümmchen Russen und Engländer in unsere stillen Gewässer, daß es hier nur so von buntem Volk wimmelte. Spazierte sodann mit zehntausend Mann über die mecklenburgische Grenze, wollte sich in Hannover mit den Engländern vereinen. Da auch Preußen der Koalition beitrat, Rußland und Österreich ihre Heere in Mähren zusammenschlossen, sollte mit vereinten Kräften an den Rhein gezogen werden."

Präfkes runder Kopf glüht, seine Äuglein glimmen.

„Die Sache hätte flutschen können, verdammt noch mal, daß uns allen das Herz im Leibe gelacht hätte. Aber leider erfolgte die Explosion von der verkehrten Seite, und bei Austerlitz gingen Gustavs Siegesträume in die Binsen."

Caspar stöhnt im Fieber, aber aus Präfkes Brust kollert ein kleines, grimmiges Gelächter.

„Alles ließ nun die Nase hängen und wurde zahm. Nur unseren Gustav störte das nicht weiter; er setzte ein Häuflein von dreihundert Reitern im Lauenburgischen fest, um noch ein Stückchen Land zu retten. Doch Preußen paßte das weniger in seinen Kram, es forderte energisch Abzug, und da Gustav sich nicht rührte, wurden die unliebsamen Gäste durch ein kleines Scharmützel just im April hinausexpediert. Die Schweden empfahlen sich eiligst nach Pommern. Gustav konnte es nicht unterlassen, bei Tribsees große Reden zu schwingen, daß sie zwar nicht viel vollbracht, sich aber doch recht tapfer gezeigt hätten."

Präfke kichert boshaft in sich hinein, und Caspar hält den Atem an.

„Nun sitzt er hier in Greifswald, und Gott weiß, was er uns noch einbrocken wird. Dabei hatte er noch das Glück, daß unsere Offiziere, für die das Vaterland keine Verwendung hatte, sich ihm zur Verfügung stellten. Aber auch damit war unser Gustav nicht zufrieden und ordnete die Errichtung einer Landwehr mit jährlichen Übungen an. Als er Widerstand fand und die schwedische Regierung sich auf die alte ständische Verfassung berief, fackelte er nicht lange, löste die Landesregierung auf, erklärte die landständische Verfassung für abgeschafft und durch die schwedische von zweiundsiebzig ersetzt."

Der rundliche kleine Kerl springt auf und läuft erregt auf seinen kurzen Beinen die knappe Strecke vom Bett bis zur Tür hin und her.

„Durch diesen Staatsstreich unseres forschen Gustav, der immer das tut, worauf keiner verfällt, gab es hier ein spaßiges Durcheinander, alles sollte aufs Schwedische gebracht werden. Schwedische Gesetze, einen schwedischen Katechismus und ebensolche Kirchenverfassung sollten wir haben. Was er jedoch nur erreichte, war die Abschaffung der Patrimonialgerichte und, Gott sei es gelobt, der Leibeigenschaft."

Das ist Arndts Tat, durchfährt es Friedrich. Und als müsse er sich aus seiner Krankheit Schritt um Schritt losringen und bedürfe einer anfeuernden Kraft, ruft er: „Arndt!"

Doch nur der Name, nicht die würgende Sehnsucht Caspars dringt bis an Präfkes Ohr, der sogleich wieder in eine frohgemute Bahn schnellt.

„Ja, der Arndt! Der ist ein unbequemer und unbeliebter Mann geworden. Als er seine Geschichte der Leibeigenschaft in Pommern und Rügen losließ, gab es kein sanftes Spektakel; sie war so echt aus dem Herzen geschrieben, nur einer konnte dahinterstecken, der sich überall umsah. Aber wie rückte man ihm zu Leibe! Einen Bauernaufhetzer und Leuteverderber nannten sie ihn."

Friedrich richtet sich hoch. In der Heimat steht einer auf, handelt, er aber liegt krank, gebunden, hat nichts geschafft.

„Und Arndt? Was tat er noch?"

„Er soll im Winter ein prächtiges Buch geschrieben haben. Seit Austerlitz ist ein gewaltiger Zorn in ihm, und Bonaparte und seine deutschen Anhänger werden schmählich darin behandelt."

„Wo ist er?"

„Ja, mein Junge, jetzt liegt er wie du auf der Nase, wie es bei allzu hitzigen Leuten zu gehen pflegt. Hat sich mit einem schwedischen Offizier geschossen, der wohl etwas empfindlich über das heißgeliebte Land spottete. Nun muß er stramm im Bett liegen, weil man ihm die Kugel herausoperieren mußte."

Das ist Arndt, das ist die harte Zeit.

„Ich will aufstehen", ruft Friedrich und versucht, das Bett zu verlassen, aber ein Schwindel faßt den Geschwächten und wirft ihn zurück.

Präfke sieht erschrocken, was er mit seinem Geschwätz angerichtet hat, und neigt sich über den Kranken.

„Nein, mein Junge, der Arndt wird noch ein paar Tage kuschen müssen, da wirst auch du es noch aushalten."

An einem schönen Sonnentag besuchen ihn Quistorp und Schildener. Seine Augen sind wach und klar. Quistorp ist gealtert, doch gütig wie einst.

„Du hast lange auf dich warten lassen, Caspar. Wir haben viel Gutes über dich gehört, Runge hat es an Kosegarten berichtet, und aus Wittow kam die Kunde zu uns. Doch seit Austerlitz wurde es unheimlich still, und wir ahnten, was dich bedrückt."

„Der Nordwind hat dir im lieblichen Dresden gefehlt, Caspar", fährt Schildener ihm weniger sanft ins Wort. „Du darfst dich nicht zu lange von unserer rauhen Küste scheiden. Laß Dresden eine gesegnete Stätte der Kunst sein, sie ist es heute für die bildende Kunst wie keine andere in Deutschland. Deine Arbeit aber lebt doch allein von unserem Küstenland hier oben. Du hast es beteuert, und deine Bilder sagen es uns. Wir erwarten die Ruine von Eldena in Öl gemalt zu sehen."

„Und denke an das Hünengrab bei Gützkow", erinnert ihn Quistorp frohgemut. „Bei deinem letzten Aufenthalt hast du es mit überschwenglicher Freude skizziert. Ich ließ dich dort unten werken und lag zufrieden oben auf dem Deckstein des Hünengrabes und rauchte mein Pfeifchen."

Schildener gerät in Feuer.

„Wir haben deren so viele, ich lasse keine Ruhe, bis man diesen gewaltigen Gräbern, unersetzlichen Denkmälern der Vorzeit, nachspürt und sie uns erhalten bleiben. Auf, Caspar, Ruine, Hünengrab, Fels und Meer warten auf dich!"

Caspars Augen, eben noch wach und voller Freude, verdunkeln sich.

„Wer hat in dieser Zeit noch Mut, die Malerei zu betreiben? Wenn der Korse anrückt, wird unsere Heimat ein einziges mächtiges Hünengrab sein."

„Das wird sie nicht. Es sieht düster aus, aber es wird uns nicht umwerfen. Wir wollen desto mutiger unserer Arbeit nachgehen. Denke an Arndt! Ich arbeite an der Übersetzung des nordischen Gesetzbuches Gutalagh, damit werde ich nur langsam vorankommen, aber es ist eine lohnende Arbeit. Caspar, Freund, wirf hinter dich, was dich zerstören will. Wir kennen dich, du verlierst dich bis an eine gefährliche Grenze, wenn dich ein Gram packt, aber dann folgen solchen Zeiten die fruchtbarsten."

Und wieder nach einigen Tagen fährt ein Landwagen mit zwei starken, schönen Pferden an dem Hause zu Füßen des Nikolaiturms vor. Bruder Johann, der Grobschmied aus Neubrandenburg, tritt herein, und die Bohlen biegen sich unter seinem Tritt.

„Mach dich bereit, Bruder. Skizzenbuch ins Ränzel gesteckt. Ich nehme dich gleich mit mir. Meine Wilhelmine kocht dir die kräftigsten Suppen, dazu Gänsebrust und duftende Mettwurst, damit du wieder Mark in die Knochen kriegst. Und dann sollst du etwas zu sehen bekommen, da vergißt du das sanfte Dresdener Hügelgelände. Etwas ganz Eigenes für dich, Bruder."

Caspar zögert nicht.

Der Wind ist noch scharf, die Luft ist hart, aber sie läßt nach kurzer Fahrt das Blut wieder schneller kreisen. Und während sie den Landweg nach Süden zu fahren und Caspar über die Felder sieht, auf denen sich die Saatkrähen niederlassen, fragt er den Bruder, was er ihm denn zeigen wolle.

„Warte ab. Vielleicht bilde ich mir das auch nur ein. Aber

ich denke, wenn einer so wie du in Bäume vernarrt ist, dann müßtest du diese sehen; so etwas gibt es nicht noch einmal auf der Welt, kann sein auf einem anderen Erdteil. Ein Herr, der dort in der Gegend wohnt, sagte mir, er habe solche Bäume nur hier in Mecklenburg gesehen, obgleich er viel gereist sei."

Johann ist noch wortkarger als Caspar, und so wird bis Neubrandenburg nicht mehr gesprochen.

Der einst wilde Bursche hat eine solide Schmiede; er schafft gute Arbeit, viele Wagen kommen durch die kleine Stadt, und die Pferde müssen beschlagen werden.

Wilhelmine empfängt Caspar mit kräftigem Handschlag, vier Kinder hängen sich an ihn, das warme, gesunde Leben im Haus des Bruders wirkt Wunder von Stunde zu Stunde.

Am nächsten Morgen bricht er auf. Johann fährt ihn eine Strecke, dann steigt er aus und geht allein die Landstraße weiter, wie der Bruder ihn wies.

Schon von weitem sieht er gehügeltes Land, weite Felder und Schafweiden über die Hügel hin. Dazwischen heben sich kleine Gehölze auf hohen Kuppen. Zwischen den Hügeln leuchten Seen oder Teiche, an deren Ufern mächtige Steine liegen. Auch hier werden Hünengräber verborgen sein, die Freund Schildener bergen muß.

Weiter wandert er, ihm ist, als wäre er im Land der Urzeit. Und nun gewahrt er überall verstreut mächtige Bäume, die sich vereinzelt aus dem Gelände heben, Eichen zumeist und Ulmen. Viele Jahrhunderte müssen sie alt sein. Wie Wesen der Vorzeit sehen sie auf ihn herab. Eine Eiche streckt ihre Äste weit von sich; dieser Baum konnte so gewaltig werden, weil kein Wald um ihn ist; weil er sich allein durch die Jahrhunderte gegen Sturm und Wetter behaupten mußte, konnte er eine mächtige eigenwillige Gestalt erreichen. Gesegnetes Mecklenburg, nur in deiner Unberührtheit konnten diese Bäume wachsen und sich formen.

Friedrich setzt sich auf einen der Steine. Raben fallen aus den mächtigen Kronen und fliegen über die im Grau liegende Urlandschaft hin. Er hat seinen Baum gefunden, der zu ihm redet von dem Segen der Einsamkeit, von der Gnade des Verzichtes. Er denkt an das letzte Jahr, in dem er sein Loschwitzer Quartier bewohnte. Arbeitsame Stunden hatten seinen Alltag erfüllt, und bei aller Kargheit äußeren Lebens hatte er es in sich wachsen und reifen gefühlt.

Er preßt die Lippen zusammen, daß sie schmerzen, zieht mit hartem Griff sein Skizzenbuch hervor. Das ist sein Baum dort, die Krone ist abgebrochen, aber hoch hinauf windet sich ein kahler Ast und reckt sich aufwärts.

Drei Eichen skizziert er in diesen Tagen. Darunter das Urwesen, vom derben Ast bis ins feinste Gezweig. Diese Einsamen aus dem Innern des Landes gehören zu seinen Eichen an der Küste, den vom Sturm zerborstenen und der Krone beraubten Gefährten.

Dann kehrt er nach Greifswald zurück.

Der Sommer geht ohne Schaffen dahin. Nur einmal zeichnet er die Ruine von Eldena; es ist ein farbiges Aquarell, ernüchtert sieht er das Bild, als wäre es nicht sein eigenes Werk.

In den Spätsommertagen spannt sich wieder sein Wille. Um diese Zeit klären sich die Farben am Himmel und an der Küste. Noch einmal will er die Insel durchwandern, bevor auch diese Erde von den Kanonen des Feindes aufgewühlt wird.

Vor seinem Aufbruch erreicht ihn Nachricht von Runge, der mit Frau und Sohn im Wolgaster Elternhaus eingekehrt ist. Auch ihn verlangt es, nach Jahren in der Fremde, die teuren Stätten wiederzusehen. So beschließen die Freunde eine gemeinsame Wanderung; das Inselchen Hiddensee bleibt ihr Ziel. Runge wird vorerst Kosegarten, der einen Auftrag für ihn hat, in Altenkirchen besuchen, dann werden sie einander in Schaprode treffen und sich von Fährhof aus mit einem Boot nach Hiddensee übersetzen lassen.

Als die beiden Freunde sich in dem kleinen Dorf an der Westküste Rügens begegnen, sehen sie sich prüfend an. Die kräftige Luft hat sie erfrischt, dennoch gewahrt jeder am anderen die Spuren eben überwundener Krankheit. Runge ist dennoch freudig bewegt.

„Wir wissen nicht, was uns die nächsten Monate bringen werden. Das schöne Eiland dort drüben sahen wir am Morgen unseres Aufbruchs in der Ferne liegen, so wollen wir uns heute den Wunsch erfüllen, der damals nur Verheißung war, damit nicht alles im Unerreichbaren zerrinnt."

Der Fischer legt mit seinem Boot an, um sie nach Hiddensee überzusetzen. Die Freunde steigen ein und lassen sich auf der hinteren Ducht nieder. Runge hat viel zu berichten:

„Zur rechten Stunde rettet mich Kosegarten. Er wird die kleine Kapelle, um die er seit fünf Jahren kämpft, bauen dürfen, und ich soll ein Altarbild malen. Nun dachte ich, weil sie eigens für die Fischer sein soll, an das Wandeln des Petrus auf dem Meer, und ich habe das Bild schon in Wolgast entworfen. Es reizt mich, das unheimliche Staunen der Fischer und das Grausen des aufgewühlten Meeres zu treffen, und wie dann das göttliche Licht in der Erscheinung Christi, der den Petrus an sich zieht, hereinbricht. Nach einer tatenlosen Zeit beginnt es sich wieder in mir zu regen. Nun kann ich auch den langgehegten Wunsch erfüllen, das Bild meiner Eltern in Lebensgröße zu malen. Sonst aber sieht es trübe aus, Freund. Ich muß versuchen, meine Familie durchzubringen. Daniel will in Wolgast eine eigene Handlung eröffnen, er konnte sich in Hamburg nicht mehr halten. Mein Bruder Jakob, der mir nächst Daniel der liebste ist und der eine große Pachtung in Mecklenburg bewirtschaftet, will mich und die Meinen unterstützen, doch will ich mich lieber selber regen. Und du, Friedrich, hast dich nicht in Dresden halten können? Als ich damals fortzog, schien es bescheiden aufwärts zu gehen."

Friedrich wendet sich nach den näher rückenden Ufern der flachen Insel, die ersten strohgedeckten Fischerhütten werden sichtbar.

„Ich war sehr elend und wollte nach Hause. Auch war Unruhe in mir um die Meinen."

Ein kurzer forschender Blick auf den Freund bestätigt Runge seinen ersten Eindruck.

„Du solltest dich nicht durch die kriegerischen Ereignisse beirren lassen. Es ist schwer genug, den Glauben an die Zukunft zu behalten, doch wir müssen aufrecht bleiben, und Gott möge uns beistehen, daß wir das Ende erleben. Unmöglich ist es, daß die Franzosen weiter siegen, weil jede gerechte Stimme sich dagegen erheben muß."

„Viele schwankende Naturen lassen sich den Kopf verwirren von dem Korsen. Solange wir keine einmütige Haltung gegen ihn haben, ist nichts zu gewinnen."

„Darin gebe ich dir recht. Und dennoch kann ich Goethe nicht zürnen, der in ihm das große Genie bewundert. Er ist mir näher gekommen als ich ahnte. Als ich vor Jahren den Weg von Dresden nach Hamburg über Weimar nahm, war ich voller Trotz gegen ihn, wir alle waren es ja, Tieck und sein Kreis, die gegen seine klassizistische Kunstauffassung gerichtet waren. Ich war so sicher in mir, daß ich ihn nicht fürchtete, und dieser Glaube hat mir geholfen. Müde und verstaubt kam ich nach der langen Fußwanderung in Weimar an und logierte mich im Gasthof ‚Zum Elephanten' ein. Am nächsten Abend traf ich Goethe bei dem Regierungsrat Voigt, seinem Amtsfreund. Er war sehr freundlich, ich fühlte, daß wir Gefallen aneinander fanden. Unbefangen sprach ich von meiner Auffassung über die Kunst, über meine ‚Tageszeiten', von dem inneren Zusammenhang der Natur mit der Religion. Er versuchte es einige Male, mich durch derbe Rede und durch sein starkes Ansehen aus dem Zusammenhang zu bringen, ich ließ mich nicht irre machen. Ich habe ihn wieder gerade angesehen und das, was ich meinte, ihm so unverhohlen gesagt, daß er wohl merkte, wie sehr es mein Ernst war. Er ließ den Wagen draußen warten, der ihn abholen sollte, er wollte das Gespräch nicht abbrechen. Er ist ein starker und hartnäckiger Mann, ich stand wie ein Kind vor ihm, das ohne Waffen ist, und doch fürchtete ich mich nicht; das ist der Glaube in uns, der uns stark macht auch gegen die Mächtigen im Geist.

Sieh her, Friedrich, welch eine Freude für mich! Ich

hatte Goethe von meinen Farbenstudien während der letzten Jahre geschrieben, er hatte ein großes Interesse daran, im Juli schrieb ich ihm aus Wolgast einen langen Brief, in dem ich meine Gedanken, meine Entdeckungen über die Farben niederlegte, auch von dem psychischen Sinn der Farben war die Rede. Ich wartete lange auf Antwort – er war in Karlsbad – und erhielt erst jetzt seinen Brief. Nun höre: ‚Nicht wenig Freude war mir's, zu sehen, daß Ihre Ansichten über die Farben völlig mit den meinigen übereintreffen. Mehrere Stellen Ihres Aufsatzes werden Sie beinahe wörtlich in meiner Abhandlung finden, zu andern den Kommentar, und von mehreren wünsche ich mit Ihrer Erlaubnis Gebrauch zu machen, weil ich dasjenige, wovon ich mit Ihnen überzeugt bin, nicht besser auszudrücken wüßte. Ich werde mit mehr Lust und Mut die Redaktion meiner Arbeit fortsetzen, weil ich in Ihnen nunmehr einen Künstler kenne, der auf seinem eigenen Wege in die Tiefe dieser herrlichen Erscheinungen eingedrungen ist . . . Lassen Sie von Zeit zu Zeit von sich hören, bis die Herausgabe meines Werkes uns zu weiteren wechselseitigen Äußerungen aufruft . . .' Du kannst dir denken, Friedrich, wie dieser Brief mir neuen Mut gab. Von diesem Mann in meinem Forschen anerkannt zu werden bedeutet mir mehr, als viele Bilder zu malen. Ich hatte ihm im Frühling die Radierungen der ‚Tageszeiten' geschickt, die von dem Verleger Perthes gedruckt wurden und jetzt im Handel sind. Sein Wunsch, ich möge sie in Öl ausführen, kam meinem Verlangen entgegen, und so kamen wir wieder in ein Briefgespräch über die Farben. Er gibt zu, daß er meine Bilder nicht versteht, aber sich gern darin vertieft. Ja, Friedrich, man muß fest seinen eigenen Standpunkt gegen ihn behaupten können, dann kann es fruchtbar sein, mit diesem ungewöhnlichen Geist sich zu bereden. Auch du hast seine Aufmerksamkeit erregt, wie mir Hartmann schrieb, es bedeutet viel, weil er uns nicht gewogen ist, die wir neue Wege suchen, und er die Kunst der Antike als Vorbild fordert. Auch du solltest einmal zu ihm gehen."

Friedrich wehrt ab, neigt sich über den Rand des Bootes, schöpft Wasser und kühlt das Gesicht. Anfangs behutsam, doch dann mit Härte, sagt er:

„Schildener und Quistorp und auch ich fürchten, daß du dich durch deine Farbenstudien von den Ausführungen in der Malerei aufhalten läßt, daß deine Studien dein künstlerisches Schaffen hemmen. Wenn ich noch nicht die Farbe wage, so geschieht das aus ganz nüchternen Gründen, ich habe die Reife noch nicht gewonnen. Du aber bist mir weit voraus."

„Ihr würdet mich verstehen, wenn Ihr wüßtet, welch herrliche Entdeckungen ich gemacht habe. Für mich bedeuten diese Farbenstudien mehr als technische Vorstudien für meine ‚Tageszeiten', die ich im Großen farbig vollenden will. Ich glaube, dem göttlichen Wesen näherzukommen, die drei Grundfarben rot, blau und gelb sind für mich ein Gleichnis der Dreieinigkeit. Es ist schlimm, wohin sich manche Künstler verlieren, doch bin ich für unsere Kunst nicht bange, wenn das Himmelreich mein ist. Wie Goethe glaube ich nicht, daß die Farben gebrochene Lichtstrahlen sind, ich sage, daß das Licht die Farbe nur erzeugt, und das glaubt auch Goethe, wenn er von den Taten und Leiden des Lichtes spricht. Ich möchte einmal die Farben in einer Kugel darstellen, und ich habe mich von den Werken bedeutender Wissenschaftler belehren lassen, weil meine Bildung allzu mangelhaft war. Der Nordpol ist weiß, der Südpol schwarz, am Äquator leuchten die Farben am meisten, verlieren sich nach Norden ins Weiße, nach Süden ins Schwarze. Durch Mischungen verlieren sie sich in Grau. Ich weiß, daß ich vom ernsten Spiel der Spekulationen nicht lassen kann. Es dünkt mich oft, daß es besser ist, ein Werk durchzudenken und neue Ansichten zu begründen, als eine Reihe von Bildern zu machen, von denen es schon allzu viele gibt. Freien ist gut, nicht freien ist besser. Ich wollte, es wäre nicht nötig, daß ich die Kunst treibe, denn wir sollen über sie hinaus, und man wird sie in der Ewigkeit nicht kennen."

Wieder ist es Friedrich, als hebe sich der Freund in den Äther hinauf, um selbst in das Geheimnis einzugehen, während er ihn zurückläßt im Erdgebundenen.

Sie gehen in dem kleinen Fischerdorf Vitte auf Hiddensee an Land. Ringsum glänzt das Wasser wie eine Bahn des Lichtes, das gegen die dumpfe Schwere des Festlandes mit seinen Bedrängnissen abgrenzt.

Als am Abend die Türme von Stralsund ausgelöscht sind und das Land im Dämmern verschwindet, überkommt Friedrich eine Ruhe wie kaum zuvor. Hingeschwunden ist alle Not; nur ein fernes Leuchtfeuer bleibt, ein zuweilen aufglimmender Funke, der gemahnt, aber nicht mehr quält. Ruhe verleiht die Nacht in der Hütte, wenn das Gleiten eines Fischerkahnes mit seinem leisen Plätschern in den Schlaf wiegt.

Stunden des gereiften Schauens erleben die Freunde beim Durchstreifen der Insel. Wenn der Westwind graues Gewölk bringt, liegt das Wasser weiß zwischen den dunkelgrünen Streifen der Insel und dem vorspringenden Bessin. Wenn jedoch die Wolken am Abend aufflammen, rötet es sich tief. Kühe durchschwimmen die Furt, winzige Punkte in der weiten glänzenden Fläche. Bald wird alles übergossen von einem rotlila Hauch, in dem sich farbige Streifen absetzen, Schichten von Rotbraun und Gelb, und der grüne Bessin sich gegen die smaragdene Küste von Rügen abhebt.

An klaren Abenden steigt die goldrote Scheibe des Mondes über Altenkirchen hoch. Die Wanderer sehen, während sie am Ostrand der Insel den Weg nach Vitte zurücklegen, seine warme Sattigkeit in kühle Bleiche übergehen.

Am letzten Tag ihres Aufenthaltes stehen sie beide auf dem Dornbusch, sehen nach der Höhe von Arkona hinüber, von der sie vor Jahren aufbrachen. Der Wind kommt von Nordosten, das Meer, durch die hohen Ufer der Insel geschützt, liegt starr in einem schwarzen Blau. Da werden jäh die Wolken aufgerissen, ein Silberblau verdrängt die brütende Schwere, und während sie beide im Schatten stehen, glänzt drüben die Insel in der durchbrechenden Sonne auf. Freundliche Helle liegt dort, indes hier oben ein kühler Wind weht.

„Ist es nicht wie eine Versuchung?“ fragt Runge. „Zu unseren Füßen liegt die Welt mit ihren Lockungen, friedliche Hütten auf grüner Insel. Hier oben aber ist Gefahr, wir sind den Stürmen ausgeliefert. So waren die Jahre, die uns von jenem Morgen auf Arkona trennen. Da lockten innere und äußere Möglichkeiten. Aber auf hoher Öde ringt der Einsame und durchleidet Angst und Verzicht.“

Friedrich gedenkt der letzten Wochen und schweigt. Doch Runge sieht nach Westen, von Schwermut überschattet.

„Mir rauscht das Jahr mit seinen vielen Abwechslungen blühend, erzeugend, gebärend, vernichtend wie die Tageszeiten beständig durch den Sinn. Wir aber stehen mit der jetzigen Weltzeit im Herbst, auf den die Vernichtung folgt." Er wendet sich Friedrich zu. „Selig, wer aus der Vernichtung erstehen wird", sagt er leise.

In der Pirnaischen Vorstadt, dem Stadtteil der armen Bevölkerung Dresdens, verläßt Friedrich sein Quartier. Freund Kühn hat es ihm besorgt, und ihm war dieser abgelegene Ort am Elbufer für Sammlung und Arbeit recht.

Wenn ihm nur dieser Nachmittag bei den fremden Leuten erspart bliebe, zu dem Hartmann ihn überredet hat. Ein aus Petersburg nach Dresden berufener Maler, Gerhard von Kügelgen, und sein Hausbewohner, Doktor Schubert, wünschen ihn kennenzulernen. Halbwegs hatte er eine Zusage gemacht, doch Hartmann kennt ihn und weiß, wie er dergleichen mürrische Einwilligungen zu halten pflegt. Er hatte nicht aufgehört zu bohren, daß es für sein weiteres Wirken in dieser Stadt bedeutsam sei, vortreffliche Menschen wie diese beiden Familien zu Freunden zu haben, und hatte mit der Bemerkung, daß er dort weder Kunstkritiker noch langweilige Schwätzerinnen antreffen würde, ihm jeden Grund zur Weigerung abgeschnitten.

Unterwegs läuft ihm Hartmann über den Weg.

„Sie machen den Eindruck, als ob Sie sich zu einem Leichenbegängnis aufgemacht haben, lieber Friedrich. Dennoch werden Sie mir diesen Tag danken. Wenn Kügelgen auch in Petersburg als Hofmaler wirkte und er Ihnen als Künstler kaum etwas bedeuten kann, so sind er und seine Frau doch liebenswerte und aufrichtig, zuverlässige Menschen. Und Doktor Schubert ist ein Mann für Sie! Eine der seltsamsten Naturen, die mir begegnet sind."

Vor dem Seetor an der „Halben Gasse", einer einreihigen Straße mit herbstlichen Gärten, liegt das Haus, das die Familien des nach Dresden an die Akademie berufenen Gerhard von Kügelgen und des Arztes Doktor Gotthilf Heinrich Schubert bewohnen. Hartmann und Friedrich steigen die Treppe hinauf; ein munterer Knabe mit blondem, gescheiteltem Haar und lebhaften Augen springt ihnen entgegen. Er sieht Friedrich an, stutzt einen Augenblick, hängt sich ungestüm an seinen Arm und zieht ihn mit allen Kräften die Stufen unter lautem Gejohle hinauf.

„Der älteste Junge unserer lieben Gastgeber", erläutert Hartmann. „Du sprengst die Gesellschaft, Wilhelm, man wird bei deinem Geschrei glauben, du habest nun wirklich eines jener Ungeheuer erlegt, die du uns bisher so erfindungsreich aufgebunden hast."

Wilhelm besteigt ein Steckenpferd und versucht, mit einem langen Pappschwert den finster-fröhlich dreinschauenden Friedrich zu durchbohren.

„Du hast einen prächtigen Bart und bist wie ein richtiger Kosak, so einer, wie ich ihn in Petersburg einmal sah", jubelt der Knabe.

Friedrich fährt durch sein dichtes Haar, läßt es in wüstem Gelock über die Stirn fallen und reizt des Knaben Kampflust. Mit einer komischen Gebärde greift er bei den wiederholten Schwertstößen nach seinem Herzen, sinkt zusammen und liegt der Länge nach wie mausetot auf dem Fußboden ausgestreckt.

Die Hausfrau erscheint, eilt zu Hilfe, und Friedrich wird von anmutigen Händen aus seiner Lage befreit.

„Welch ein Empfang, Herr Friedrich!“ ruft sie entsetzt und lacht zugleich fröhlich auf. „Dieser kleine aufdringliche Kerl hat unsere Begrüßungsrede verdorben.“

Friedrich springt auf, streicht sein Haar zurück.

„Mir war dieser Empfang gerade recht“, beruhigt er treuherzig die Hausfrau.

„In solcher Ergebenheit hat noch kein Gast unsere Wohnung betreten, daß er sich auf die Erde geworfen hätte“, ruft Frau Kügelgen ihrem Mann zu, der dem Gast entgegeneilt.

„Wir waren so erfreut über Ihren Besuch, Herr Friedrich; nun empfängt man Sie mit Schwertstößen, anstatt Ehrensalven abzufeuern.“

Der kleine Wilhelm wird ungeduldig, stürzt sich von neuem auf sein zugängliches Opfer und zieht es in einen Winkel, in dem seine Kostbarkeiten an kleinen Wachsfiguren, Pappinstrumenten und allerlei Spielzeug aufgehäuft sind. Der Vater wendet allen Scharfsinn an, um den aufgeregten Knaben zu beruhigen, da steckt ein hochgewachsener Mann den Kopf zur Tür herein.

„Hören Sie, Schubert“, ruft Kügelgen ihm zu, „Herr Friedrich hat Sie bei diesem Wildfang ausgestochen. Bisher waren Sie gut genug, Geschichten zu erfinden, heute hat Wilhelm Sie im Stich gelassen, wozu ich Sie beglückwünsche.“

„Entführen Sie Ihren Rivalen eiligst ins Wohnzimmer und nehmen Sie sich seiner an, bis ich den Tee bringe“, bittet Frau Kügelgen und zieht eine gelöste Locke ihres blonden Haares hinter das Band, das ihren Kopf umschlingt.

„Seit ich einige Ihrer Bilder sah, wundert es mich nicht,

daß Sie einem geselligen Kreis schwer zugänglich sind, verehrter Herr Friedrich“, sagt Schubert mit verhaltener Bewunderung und bietet ihm den Stuhl zwischen sich und seiner Frau Henriette am gedeckten Teetisch an. „Ihre Zwiesprache mit Himmel, Meer und nördlichem Land, Ihre sparsamen Formen und Linien in der Weite Ihrer Landschaften lassen uns erwarten, daß Ihnen alles Unwesentliche nichtig ist und Sie der Einsamkeit bedürfen. Mich erschütterte die Offenbarung Ihres Wesens, Ihrer Kunst schlechthin; sie geschah so unvermittelt, wie ich es sonst bei einem Künstler nie erlebte. Freilich war auch das Bild eins der seltsamsten, das ich je sah. Es war der ‚Winter‘, das letzte aus dem Zyklus Ihrer ‚Jahreszeiten‘. Auch Sie haben sich wie Ihr Landsmann Runge mit dem großen inneren Zusammenhang des Universums in der Landschaft beschäftigt und ihn zum Ausdruck gebracht.“

„Ich habe versucht, die Bindung der Jahres- und Tageszeiten mit dem Leben des Menschen darzustellen, wie Runge es in seinen unvergleichlichen ‚Tageszeiten‘ tat. Doch sind meine Sepiablätter nicht mit den tiefsinnigen Aussagen Runges zu vergleichen. Es liegt drei Jahre zurück, als sie entstanden.“

„Anfangs sind Sie allerdings noch in zeitgemäßer Darstellung befangen. Doch mit dem letzten der vier Bilder sind Sie ein Eigener. Liebe Freunde, darf ich sagen, wie diese Bilder auf mich wirkten?“

Friedrich neigt sich ihm erwartungsvoll entgegen, und der Gastgeber stimmt freudig zu, während Frau Kügelgen den Tee in die silbernen Tassen gießt.

Mit kindlicher Freude malt Schubert die Bilder in seiner poetischen Sprache nach und schildert, wie auf dem ersten die Kinder an einer Quelle an einem Frühlingstag spielen, die Arme nach der Sonne ausbreiten und ihre Ferne nicht begreifen. Im Sommer wird der Quell zum Fluß, die Liebenden träumen von einer Hütte auf einem Hügel, das Streben in die Ferne ist vergessen, sie ruhen zum ersten und vielleicht zum letzten Mal aus im glücklichen Sichselbstgenügen. Im Herbst wird der Fluß zum Strom, die Leidenschaften sind erwacht, das Gemüt erkennt, was es begehrt. Ein Sinnbild des Unvergänglichen, blickt das Alpengebirge mit schneeverhüllten Gipfeln herüber.

Schubert sieht bedeutungsvoll auf Friedrich.

„Und nun kommt die große Wende. Der Künstler findet sich selbst. Er löst sich von Einflüssen der Zeit und geht schroff den eigenen Weg. Es ist Winter geworden. Der Strom mündet ins Meer, das sich weit erstreckt. Zwei einsame Wanderer sind nach beschwerlichem Lebensweg am Ziel, am nahen Friedhof, angelangt. Eine Ruine, deren Erhabenheit sich weit von den idyllischen Ruinen auf unseren Landschaften entfernt, erhebt sich im hohen gotischen Bogen. Vor dieser Ruine sitzen die Wanderer auf dem umherliegenden Gestein, im Sinnen versunken. Durch die Trümmer einer alten hohen Vergangenheit blickt der Mond mit vollem Licht herein. Der Himmel öffnet sich über dem Meer und zeigt sich noch einmal in seinem klaren Blau wie in der frühesten Kindheit. Da ahnt man jenseits des Meeres die Küste eines fernen Landes. Ist es nicht, als ob die beiden Wanderer die Verwandlung, die sich jenseits des Tores vollzieht, begleiten? Auch in der Natur kündet sich das Vergehen an in dem kahlen geknickten Baum, in einem zerbrochenen Baumstamm. Ein anderer reckt die unheimlich kahlen Äste hinauf. Ja, das ist wahrlich groß."

Das schmale kluge Gesicht, die warme Aufgeschlossenheit des Doktor Schubert, seine verständnisvolle Deutung bezwingen Friedrich unmittelbarer, als es bei seiner Zurückhaltung Menschen gegenüber sonst geschieht.

„Wie kamen Sie darauf, eine gotische Ruine in die Landschaft zu stellen, in die man sonst nur Schloßruinen malt? Ich sah sie bei Ihnen zum ersten Mal", sagt Schubert nicht ohne Vorsicht, dessen wache Augen die schmerzlichen Schatten auf Friedrichs Gesicht wohl bemerken.

„Die Ruine von Eldena gehört zu der Landschaft, die mich von Kindheit an umgab", antwortet Friedrich bedachtsam. „Wie unsere norddeutsche Landschaft ergriffen mich auch ihre Bauten der Vergangenheit, diese mächtigen Mauern, die aus der Ebene ragen. Sie sehen auf dem Bild von Nordosten her auf die hohe Westwand, doch habe ich diese Wand durchbrochen, so daß man wie durch ein Tor hindurchsehen kann."

Friedrich schweigt jäh, und es entgeht wieder dem forschenden Blick des jungen Arztes nicht, daß in diesem einzigartigen Bild frühe Erschütterungen des Künstlers verborgen liegen müssen.

„Sie rühren an mir verwandte Seiten", sagt er leise, „wenn wir uns häufiger sprächen, würden Sie Gedanken bei mir finden, die den Ihren ähnlich sind. Ich bemühe mich, in meiner Arbeit das Fruchtbare der Verwesung, die Erneuerung durch sie in der Natur aufzudecken."

„Führen Sie uns in das Reich Ihrer Gedanken, Doktor", bittet Kügelgen, „auch wir möchten den Sinn Ihrer nur angedeuteten Vorstellungen begreifen lernen. Auch wollten Sie uns von Ihrem Leben erzählen, wir alle wollen wissen, welch ein Mann mit uns nach Dresden gekommen ist."

„Meine lieben Freunde, ein Lebensbericht kann Ihnen wenig sagen. Doch mögen Sie erfahren, auf welch eine wunderbare Weise ich zu Menschen kam, die zu den Besten unserer Zeit gehören, und ich war doch nur ein armer und unwissender junger Bursche. Seltsam begann meine Wanderschaft, seltsam war meine Errettung vom sicheren Tod, am seltsamsten die Begegnung mit meinem Schulfreund Emil Herder, die meine Entwicklung zu ungeahnter Weite führte. Ich hatte mich als Schüler von Greiz nach Weimar aufgemacht, unwiderstehlich zog es mich dahin. Es war ein eiskalter Altjahrsabend, frohgemut, voll überschwenglicher Phantasien trottete ich meines Weges. Nicht weit von meinem Ziel überwältigte mich die Müdigkeit, ich wollte nur ein wenig auf einer Steinbank ausruhen. Doch der weite Marsch hatte mich erschöpft, ich sank in tiefen Schlaf und wäre erfroren, wenn nicht zwei Handwerksburschen des Weges dahergekommen wären, die mich wachrüttelten und mich mit groben, aber herzhaften Worten anfuhren, daß ich mich gefälligst munter halten solle, bis ich in Weimar angelangt sei. Das tat ich auch und pries dankbaren Herzens meine glückliche Rettung.

In Weimar lernte ich bald Herders Sohn Emil kennen, durch ihn kam mir die Geisteswelt seines großen Vaters nahe. Es war mir wirklich, als hätte ich an jenem Winterabend den Tod gefunden und sei nun zu einem neuen Leben erwacht, so erschütterten und beflügelten mich die neuen Erkenntnisse. Als ich in der Schule eine schriftliche Prüfung ablegen mußte, versuchte ich, durch Herder angeregt, nachzuweisen, wie das Weltgesetz sich im Organismus des Menschen widerspiegelt. Diese Arbeit gefiel dem Generalsuperintendenten, er und seine Frau waren mir herzlich zugetan. Sie standen mir bei, als mein Vater mich für die Theologie bestimmte und ich nach manchen Mühen von ihm die Erlaubnis zum Studium der Medizin errang. Der Leib des Menschen, dessen wunderbare Gesetzmäßigkeit ich beim Sezieren erkannte, andererseits das noch unerforschte Gebiet des Seelenlebens zogen mich mächtig an. Doch fand ich an der Leipziger Universität nicht, was ich suchte. Und nun geschah wieder etwas Wunderbares. Mein Freund, der Ihnen gewiß bekannte Dichter Karl Wetzel, den ich hier in Dresden wiedersah, regte mich an, nach Jena zu gehen, wir zogen gemeinsam dorthin. Wieder begann eine Wende in meinem Leben. Ich hörte Schellings Vorlesungen und stürzte mich in die Naturwissenschaften. Das einheitliche Gesetz in der Natur zu erforschen war mein Ziel. Ich muß mich jetzt auf diese kurze Formel beschränken. Mitten in diesem Streben lernte ich meine Henriette kennen, nach unserer Heirat wurde ich Arzt in Freiberg und konnte dort an der Bergakademie unter dem genialen Geologen Gottlob Werner weitere Studien treiben. Er war der dritte bedeutende Mann, der mich auf ungeahnte Weise förderte. Durch ihn kam ich zur Geologie, und nun erst gingen mir wahrhaft die Augen auf über die Allmacht der Natur. Welch ein erhabenes Studium. Wie wurde meine Begeisterung gesteigert durch die nackten schwarzen Felsen im Freiberger Muldental, wie ergriff mich diese arme einfältige Natur mit ihren Granitblöcken in tiefer Wildnis, den hohen waldigen Bergen und den Wolken drüber hin und den Krähen. Dort war meine Welt."

Er wendet sich jäh zu Friedrich, der wie alle seiner Rede andächtig zuhört.

„Kommen Sie in unsere Gebirge, lieber Herr Friedrich, und weiter hinauf ins Böhmische, Sie werden Wunder erleben und wir dereinst noch größere auf Ihren Bildern."

Wieder ist es nur Schubert, der ein flüchtiges Erblassen bei Friedrich bemerkt.

„Ich wollte längst jene Gegenden aufsuchen, mich hinderte die Unruhe des Krieges, die nicht einmal stete Arbeit aufkommen läßt."

„Wenn die kriegerischen Ereignisse nicht alles zerstören, will ich den Herbst zum Sammeln von Mineralien nutzen und weiter ins Gebirge hinaus. Die anmutige Landschaft um Dresden liegt mir so wenig wie Ihnen. Ich bin an schroffe Felsen und Schluchten gewöhnt wie Sie an Kreideklippen und Meeresstürme."

Henriette Schubert neigt sich gegen Friedrich.

„Wandern Sie zu zweien, dann brauche ich mich in dieser wilden Zeit nicht um meinen Mann zu sorgen."

Von bezwingender Innerlichkeit dünkt Friedrich diese Frau; sie ist äußerlich schlichter als die anmutige Frau des Malers Kügelgen, doch geistig regsam wie sie.

„Ein Wandergefährte wie Ihr Mann wäre mir schon recht", sagt er gelöster.

„Sie wollten über Ihre schriftstellerischen Arbeiten sprechen und uns mit Ihren Gedanken vertraut machen, lieber Herr Schubert", bittet Kügelgen dringlich, wobei seine Frau ihn in einer bewegten Weise unterstützt, als erwarte sie von dem klugen Gast die Lösung eines sie bedrückenden Anliegens.

„In Freiberg schrieb ich meine ‚Ahndungen einer allgemeinen Geschichte des Lebens'. Alles strebt danach, sich dem Gegensatz zu vermählen und so zur Vollendung zu gelangen, der ganze Lebensprozeß ist eine mächtige Wandlung zu höherem Leben. Ich forsche den Erscheinungen nach, in denen das Eingreifen eines zukünftigen Lebens in das jetzige minder vollkommene zu spüren ist, und wie der im Innern unseres Wesens schlummernde Keim eines neuen Lebens sich deutlich zeigt. Ferner bewegt mich das nahe Beisammensein von Lust und Schmerz in ihren höchsten Steigerungen. Das Leben geht aus dem Tod hervor, und seine Elemente ruhen auf scheinbarer Vernichtung, seine Glut verzehrt die starre Besonderheit und hebt endlich das Dasein des einzelnen auf, indem es dieses mit dem Ganzen vermählt. Dieser Vermählung gehen alle Dinge mit innigem Verlangen entgegen. Darum steht in den glühendsten Augenblicken des Lebens der Tod am nächsten, und das irdische Dasein vergeht mehr und mehr, je lebendiger sich die höheren Kräfte regen. In den wechselvollen Erscheinungen der Natur wie auch in den Darstellungen der Alten finden wir mit dem Tod das Symbol des blühenden Lebens vereint. Wie wir den Tod als Übergang zu neuem Leben betrachten, so wird jeder in die Tiefe lebende Mensch aus qualvollem Verzicht ein neues Leben gewonnen haben, während manche Erfüllung schon den Keim des Erlöschens in sich trug . . ."

Ein Schweigen folgt. Und wieder entgeht es Schubert nicht, daß Friedrich am tiefsten von seinen Worten getroffen wurde, wenn auch sein verschlossenes Gesicht keine Spur von Erregung zeigt. Mit verhaltener Sorge hängt Frau Kügelgens Auge an ihrem Mann, dessen sonst unruhiges Wesen jetzt in Betrachtung gesammelt ist. Erst als sich jeder aus seinen eigenen Gedanken löst und dieses und jenes Wort gewechselt wird, erhebt sie sich und stellt zu dem silbernen Teegeschirr eine Kristallkaraffe mit Wein und Gläsern auf den Tisch. Wohlgepflegt wie in einem begüterten Haushalt ist das Gerät des Malers Kügelgen. Die Herbstsonne, die hinter die Bäume auf der jenseitigen Straßenseite niedergeht, spiegelt sich auf dem Geschirr in glänzenden Lichtern.

Frau Kügelgen hat die Gläser eingeschenkt, die Gäste haben einander zugetrunken, doch eine leichtere Stimmung will nicht aufkommen. Schubert fängt einen großen fragenden Blick der Hausfrau auf.

„Haben meine Worte Sie angeregt, möchten Sie etwas fragen, verehrte Frau Kügelgen?"

Doch bevor sie antworten kann, hebt ihr Mann sein Glas Friedrich entgegen, heißt ihn willkommen und bittet ihn, ein häufiger Gast in diesem Haus an der Halben Gasse zu sein.

„Aber nicht wieder auf allen vieren in den Klammern eines abenteuerlustigen Helden", bemerkt Schubert lächelnd, und Hartmann fügt hinzu: „Ich hätte mir Vorwürfe zu machen, daß ich Sie diesem kleinen Unhold auslieferte, aber der Anblick war so erquickend, daß ich Kügelgen nicht darum schmälern wollte, der Anregung zu einem Bild ‚David erschlägt den Goliath' gewinnen konnte."

„Sie bringen mich auf einen Gedanken, der mich schon vorhin überfiel. Friedrich, Ihr Kopf bietet ein vorbildliches Modell. Darf ich auf eine Sitzung hoffen?"

Jetzt lacht Friedrich unbeschwert.

„Runge meinte einmal, daß ich in manchen Stunden einem Irren ähnlich wäre. Sollten Sie daher einen geistgetrübten König Saul brauchen, so stehe ich zur Verfügung."

„Vortrefflich! Dafür müssen Sie mir erlauben, daß ich mich erkenntlich zeige und Sie in einige wohlhabende Kreise Dresdens einführe, in denen ich bekannt bin. Ein Künstler Ihres Ranges darf nicht brotlos sein."

Hartmann winkt ab.

„Das habe ich längst vergebens versucht, lieber Kügelgen."

Friedrich drängt eine scharfe Antwort zurück, um seinen Mund zuckt der Schalk.

„Ich bin zu ungeschickt, um mich in ein rechtes Licht zu setzen, und würde in jener erlauchten Gesellschaft wohl nur Unbehagen auslösen. Im übrigen habe ich mich ganz auf mein bescheidenes Leben eingerichtet und fühle mich nicht unglücklich dabei, ich entbehre nichts. Auch müßte eine Gesellschaft, die mich in meiner Malstube beehren wollte, sich mit einem Sitzplatz auf dem Fußboden zufriedengeben."

Über diese Aussicht bricht die gesamte Tischrunde in ein so einmütig frohes Lachen aus, als wären sie nicht zum ersten Mal mit dem sonst unzugänglichen und wortkargen Maler aus Norddeutschland beisammen.

Nur Frau Kügelgens Lachen klingt gedämpft, und sie sieht bange fragend auf Schubert, daß dieser sie wieder anspricht, ob sie etwas auf dem Herzen habe.

„Ich mußte bei allem, was Sie über unsere Ahnung von einem höheren Dasein sagten, an meinen Mann denken. Wenn ich Sie recht verstand, so sind wie hier auf Erden, um Klarheit in unser Inneres zu bringen, damit wir für ein künftiges und höheres Dasein vorbereitet sind. Gerhard quält die Spaltung der Konfessionen." Sie sieht ihren Mann bittend an: „Sprich darüber mit dem Herrn Doktor

Schubert, Gerhard, er wird dir Antwort auf deinen Zwiespalt geben."

Kügelgen ist ernst geworden, eine leichte Röte steigt in sein Gesicht.

„Lilla macht sich meinetwegen Gedanken, und so muß ich denn sprechen. Ich gestehe ehrlich, daß ich mich nicht mehr zu dem gottesdienstlichen Brauch – Sie wissen es, lieber Schubert, wir sind Katholiken – bekennen kann. Ich wünsche mir oft den Übertritt zu Ihrer Konfession, allein auch dazu kann ich mich nicht entschließen, wohl weil ich durch Tradition und Sitte noch gebunden bin und ich weiß, daß ich dort ebensowenig den Frieden finden werde. Was bleibt, ist ein ungelöster und oft quälender Zustand."

„Mein lieber Kügelgen, Sie nehmen die Spaltung unserer Religion viel zu schwer", erwidert Schubert mit einer sorglosen Heiterkeit, die bei seiner Jugend ungewöhnlich ist. „Sie sind Christ und gehören zu uns. Es genügt durchaus, wenn Sie sich innerlich zu uns bekennen. Ein mir befreundeter Pfarrer in Leipzig würde Sie nie nach Ihrer Konfession fragen, wenn Sie von ihm das Abendmahl begehrten. Ja, ich bin sicher, die wahren Christen aller Konfessionen werden sich vereinigen, äußere gewaltige Ereignisse werden sie dazu zwingen. Bleiben Sie getrost, lieber Freund, das Herz ist allein das Entscheidende."

Frau Lillas besorgte Züge hellen sich auf.

„Wie beruhigend, lieber Schubert. Du siehst, Gerhard, daß du dich sinnlos quälst."

„Das sollten Sie nicht, Kügelgen. Wenn ich an einem katholischen Ort wohnen müßte, würde ich mich dem Kultus der Bevölkerung anpassen, ohne daß mein Glauben Schaden nähme. Die Formen und Formeln, von Menschen erdacht, sind nur Wegbereiter zu Gott und seinem heiligen Wort.“

In schweigender Zustimmung neigt Kügelgen den Kopf. Wieder erhebt sich Lillas Stimme.

„Wenn unsere liebe Theresia von Brühl heute unter uns wäre, wie wohl täte es ihr. Auch sie litt unter dem Riß der Konfessionen. Ich werde ihr schreiben, was Sie uns in schlichter Klarheit einprägten; es wird uns unvergeßlich bleiben.“

Dann, wie von einem Gedanken überrascht, sieht sie zu Friedrich hinüber, der bei ihrer Anrede zusammenschrickt.

„Die Komtesse von Brühl ist eine Verehrerin Ihrer Kunst, Herr Friedrich. Sie setzte sich mit Entschiedenheit für Ihre Sepiazeichnung ‚Das Kreuz im Gebirge‘ ein; sie sagte, daß vor diesem Bild alle Trennungen der Konfessionen aufgehoben würden.“

„Was ist aus dem Fräulein von Brühl geworden?“ fragt Hartmann lebhaft. „Sie erkrankte im Frühling, es ging um Leben und Tod. Wir hörten nicht wieder von ihr.“

„Komtesse von Brühl hat sich nach dem kleinen Gut ihrer Mutter im böhmischen Mittelgebirge zurückgezogen. Sie brauche, wie sie mir beim Abschied sagte, die Abgeschiedenheit der Natur, um sich selbst zu finden. Wir bezogen diese Andeutungen auf ihren inneren Konflikt mit der Kirche. Befreundete Familien glauben, daß sie mit einer Bewerbung des Grafen Thun von Tetschen zusammenhängen. Wir werden ihre tapfere Haltung, ihren lebhaften Geist vermissen.“

„Ist Ihnen nicht wohl, Herr Friedrich?“ fragt Frau Henriette Schubert mit gedämpfter Stimme neben ihm. „Sie haben in meinem Mann einen guten Arzt an Ihrer Seite.

Heinrich, gehe mit Herrn Friedrich ein wenig in den Garten hinaus."

„Danke, Frau Schubert, es hat nichts auf sich, nur eine geringe Nachwirkung meiner Krankheit", sagt Friedrich in seinem sprödesten Ton. Mit einem kurzen Blick aus dem Fenster, hinter dem schon die Dämmerung über den Gärten liegt: „Es ist ohnehin Zeit aufzubrechen."

„So darf ich Sie eine Strecke begleiten", bittet Schubert, dem auch das gequälte Aussehen Friedrichs auffällt. „Ich muß jeden Tag mein Stück Weges gelaufen sein, um mich im Gleichgewicht zu halten."

Friedrich nimmt sein Anerbieten an. Wie von weither hört er noch die Stimmen des Ehepaares Kügelgen, das ihn bald wiederzukommen bittet. Da stürmt der muntere kleine Bursche herein und zaust ihn am Bart.

„Wir werden noch gute Freunde werden, Wilhelm, du kannst mir wieder dein großes Schwert ins Herz bohren", sagt er mit einem grimmigen Lachen, drückt aber doch den Knaben an sich.

Die beiden Männer atmen auf, als ihnen die kräftige Herbstluft mit dem Duft durchsonnter Früchte entgegenschlägt.

„Oft sind es nur geringe Gründe, die ein leichtes Übelbefinden verursachen und deren wir uns nicht einmal bewußt werden. Uns kann im frohen Beisammensein der Schatten einer längst überstandenen Gemütstrübung überfallen, und wir wissen nicht einmal, wo er seinen Ursprung hat. Bei allem, was Hartmann mir von Ihrer Kunst sagte und was ich selbst auf Ihren Bildern sah, glaube ich zu erkennen, daß in Ihnen – vielleicht nach einem unvergeßlichen Jugenderlebnis – sich eine Schwermut birgt, die dem deutschen Nordländer eigen ist, aber auch der Wille, die Dunkelheit zu überwinden, aus der Gesundheit Ihres Gemütes heraus. Sie unterliegen nicht der Wirrnis der Gefühle, wie heute so manche Dichter, bei denen es Mode geworden ist, in Schwermut zu versinken. Sie stoßen vor zu Trost und Verheißung."

Friedrich antwortet nicht. Er nimmt nur die klare, von einer milden Stimme getragene Rede in sich auf und fühlt sich freier.

„Ich habe das größte Zutrauen zu Ihrer Gesundheit, zu der Kraft in Ihnen, mit der Sie die gefährdete Wanderung im Zwischenreich, denn dahin deutet Ihre Kunst bei aller Helligkeit, die sich auch in Ihren Rügenlandschaften zeigt – bewältigen werden. Ihre Kunst, so glaube ich, fordert mehr als bei anderen hochbegabten Künstlern den ganzen Menschen, und wie ich es heute nachmittag andeuten durfte, aus freiwilligem Verzicht erwuchs noch immer das höhere Leben. Wenn ich darf, komme ich einmal zu Ihnen und prüfe, ob ich in meiner Vorstellung von Ihren Arbeiten auf dem rechten Weg bin."

Friedrich dankt und bittet um seinen Besuch. Dann trennen sich die beiden Männer.

In seiner Stube holt Caspar aus einem Gelaß ein Bild von kleinem Format hervor, es stand dort mit einigen anderen Ölbildern von gleicher Größe, erste verschwiegene Versuche in der Ölmalerei, darunter zwei Fischer am abendlichen Meer bei einem Feuer und ein einsames Boot auf der glatten See. Dieses hier zeigt auf erhöhter Klippe am Meer ein aufgerichtetes Kreuz, ihm zu Füßen liegt ein Anker; Kreuz und Anker, Symbole der Liebe und Hoffnung, des Glaubens, der Geborgenheit. Nur in Umrissen ist das kleine Bild angedeutet, auch die Farben scheinen noch nicht ihre endgültige Fassung zu haben. Er sieht es längere Zeit an und stellt es behutsam auf seinen Platz zurück.

Dann spannt er eine Leinwand im größeren Ausmaß. Dabei redet er vor sich hin in abgerissenen Sätzen, so wie er es tat vor Jahren, wenn er in Sturm und Wetter auf steiler Klippe stand.

KAMPF

Um die Mitte des Oktober liegt die Luft ungewöhnlich klar über Dresden. In den Gärten halten die Bäume ihre hochgereckten Zweige, ihre reifen Früchte ins wärmende Licht, bevor der Sturm, der jede Stunde über sie hereinbrechen kann, ihre herbstliche Farbigkeit vernichtet.

Auch in den Straßen herrscht gespannte Stille des Horchens auf ein herannahendes Unwetter. Auf dem Altmarkt drängen sich Menschen, ballen sich Gruppen, gedämpft gibt einer dem anderen die Nachricht weiter, die sie aus ihren Häusern jagte. Wohl ist die Kunde von Prinz Louis Ferdinands Tod bei Saalfeld nicht mehr als ein Wetterleuchten, aber weitaus schlimmere Gerüchte kamen in der Frühe auf und breiteten sich aus.

Ein paar Bürger, die am Ausgang der Johannisstraße ihre Köpfe zusammensteckten, fahren auseinander und verstummen. Ein hochgewachsener Mann, den grauen Reisemantel um die Schultern gehängt, kommt eilends die Straße herauf. Sie weisen mit leichtem Kopfneigen gegen ihn, hängen ihre angstvollen Blicke an ihn, als müsse dieser wunderliche „Schwede“ mit dem hellen Backenbart, der so gut zu den Kindern ist, eine Antwort auf ihre Vermutungen wissen. Doch heute sieht er sie nicht, sein Gesicht ist abgeschlossen und voll quälender Spannung.

Eben biegt er mit weit ausholenden Schritten um die Ecke, da rennt von der Seestraße her ein Junge über den Markt, schiebt sich durch das Gedränge und schreit, daß alle ihn hören müssen:

„Herr Friedrich, warten Sie doch, Herr Friedrich!“ Er stürmt dem Mann nach und faßt ihn am Mantel.

Mit einem Ruck und einem finsteren Blick bleibt Friedrich stehen; seine Augen hellen sich auf.

„Wilhelm, wo kommst du her, mein Junge?“

„Wir wollten Sie abholen, Herr Friedrich, draußen vor der Stadt können wir etwas hören ... Vater wollte gestern Krähen schießen und hatte die Windbüchse mitgenommen, aber wohin Vater auch sah, es kam nicht eine Krähe. Auf einmal stand er still und horchte in die Luft hinaus. Er warf sich auf den Boden und legte sein Ohr auf die Erde. Er winkte mir, ich solle es auch tun. Da habe ich wirklich ein unheimliches Beben und leises Donnern gehört.“

Kügelgen hat seinen kleinen Sohn eingeholt, verstört begegnet er Friedrichs forschendem Blick.

„Kommen Sie mit uns hinaus, lieber Freund. Hartmann hörte durch seine Beziehungen zu Offizieren der Hohenloheschen Armee, daß eine große Schlacht im Gange sein soll.“

Wortlos schließt Friedrich sich ihm an, sie nehmen Richtung nach der westlichen Vorstadt. Wilhelm trottet im Laufschritt hinter den beiden Männern her, bis es ihm glückt, sich an Friedrichs Arm zu hängen.

Der drückt des Knaben Hand an sich.

„Ich habe zwei Tage meine Arbeit nicht verlassen und habe die Umwelt vergessen“, grollt er wie schuldbewußt und verschweigt, daß seine Arbeit im Widerspruch zu der Wirklichkeit stand, die dieser Morgen ihnen zuträgt.

Die Männer haben mit dem Knaben das Feld vor der Stadt erreicht. Auch hier sind Menschen versammelt. Friedrich hält an, horcht. Er ist blaß vor Erregung. Sie brauchen nicht das Ohr auf die Erde zu legen, deutlich ist ein ferner Geschützdonner zu vernehmen.

Ein alter Mann tritt zu ihnen.

„Im Siebenjährigen Krieg während der Schlacht bei Prag donnerte es genauso, und doch war sie etliche Meilen weit von hier. Die Schlacht mag sich entfernter abspielen als wir glauben."

„Möchten Sie recht haben, Vater", sagt Kügelgen. Er deutet nach Westen. „Mich dünkt, das Geräusch weist nach der Saale."

Einer der Bürger ist anderer Meinung.

„Die Feinde sind nicht weitab, es kann nicht mehr lange dauern, bis wir sie vor den Toren der Stadt haben."

Wilhelm trommelt mit den kleinen Fäusten gegen Friedrichs Arm.

„Wir wollen schießen lernen, Herr Friedrich, dann können wir den Feind vertreiben."

Kügelgen faßt seinen Jungen an den Schultern.

„Mutter ist in Sorge um uns. Kommen Sie mit, Friedrich, wir erwarten Hartmann mit neuer Nachricht."

Die Faust in der Manteltasche gegen einen unsichtbaren Feind geballt, folgt Friedrich stumm dem Freund nach dem Seetor und dem Haus in der Halben Gasse.

In der Tür tritt ihnen Hartmann blaß und übernächtigt entgegen.

„Sie kommen zur rechten Stunde, Friedrich. Eben brachte ein befreundeter Offizier mir Aufklärung über unsere Vermutung. Große Schlachten wüten bei Jena und Auerstedt. Die preußische Armee soll zerschlagen sein."

Friedrich ist grau im Gesicht. Abwesend folgt er den Freunden ins obere Stockwerk.

Als sie das Atelier betreten, taumelt er leicht zurück und schließt die Augen. Die Morgensonne liegt hell im Raum, und die Vielfalt der Gegenstände, die ihn schon bei seinem ersten Besuch befremdeten, schrecken ihn heute, das Blitzen und Schimmern der Waffensammlung, die blendend weißen Gipse, die Modelle aus Ton und Wachs, die glatten Porträts.

„Ich kann es nicht fassen, Hartmann", sagt er tonlos, „die Armee soll zerschlagen sein? Ist es wahr?"

„Ein Offizier hörte von einem reitenden Boten den Ausgang der unglücklichen Schlacht und brachte mir dann die Nachricht. Es ist nur allzu wahr."

Wie geistesabwesend starrt Friedrich auf das vor ihm stehende unvollendete Gemälde; er sieht es nicht, er sieht das zerschlagene Heer, von dem Korsen gejagt, über die norddeutsche Erde hetzen. Sein Gesicht ist alt und verfallen.

Kügelgen, der neben ihm steht, faßt ernüchtert das eigene Kunstwerk ins Auge, eines jener liebenswürdigen Porträts, die ihm Ruhm und Beliebtheit einbringen. Vor wenigen Tagen hat er mit Freude und Eifer daran gemalt, jetzt packt ihn Widerwille.

„Wer sich in diesen Tagen an Modischem und Oberflächlichem in seiner Kunst genügen läßt, vergeht sich an ihr. Für uns ist die Stunde gekommen, in der wir etwas auszusagen haben auf der Leinwand, oder wir sind verdammt, nie wieder den Pinsel in die Hand zu nehmen."

„Es ist wahrlich an der Zeit." Hartmann legt die Hand auf Friedrichs Schulter und schüttelt ihn leicht. „Auf, Sie treues Herz, schaffen Sie uns ein Bild, an dem sich die Niedergeschlagenen aufrichten."

Friedrich erhebt sich schwer; keiner der Freunde weiß, daß er es längst begonnen hat.

Lautlos tritt Frau Kügelgen durch den geteilten Vorhang, zarter und bleicher als je, ihre Augen wenden sich betrübt auf Friedrich, sie umschließt seine große Hand mt ihren beiden Händen. Friedrichs Züge hellen sich ein wenig auf. Er reicht den Freunden schweigend die Hand und verläßt eilig das Atelier.

In den nächsten Wochen bleibt er unsichtbar. In seinem Atelier eingeschlossen, das nur der treue Christian Gottlieb Kühn zu flüchtigem Gruß betritt, arbeitet er unablässig. Zuweilen darf ein hochaufgeschossener, etwa fünfzehnjähriger Knabe, der Sohn des Appellationsrats Körner, ihm bei der Arbeit zusehen.

„Wenn ich nur wüßte, was da in den Lüften schaukelt", sagt er gespannt.

„Geduld, Theodor, du wirst es eines Tages erkennen."

Der Postbote bringt einen Brief. Friedrich läßt seine Arbeit und reißt ihn ungeduldig auf. Nachdem er ihn flüchtig gelesen, steckt er ihn mit einem grollenden Laut zerknittert in die Rocktasche. Eine Zeit geht hin, bis er wieder nach dem Pinsel greift. Bedrängnisse aller Art reden vernehmlich aus den wenigen Zeilen der Lieben.

„Man muß tatenlos hier aushalten", entfährt es ihm mit einem bitteren Lachen.

Der junge Theodor hat ihm teilnehmend zugesehen.

„Vater ist seit Jena arg zusammengebrochen. Im vergangenen Jahr war er nach dem Tod seines Freundes Friedrich Schiller in trüber Verfassung, heute sagt er: Welch ein Segen, daß Schiller starb und dieses Unglück nicht mehr erlebte. Herr Doktor Schubert ist auch sehr bedrückt. Er ist ein großartiger Mann, ich kann viel von ihm über den Bergbau lernen. Er redet so hinreißend darüber, daß ich gleich die Schule lassen und auf die Bergakademie gehen möchte, um zu studieren. Er wollte längst zu Ihnen kommen, Herr Friedrich. Ihn werden Sie doch nicht abweisen?"

„Schubert mag jede Stunde zu mir kommen, Theodor, so wie auch du es darfst."

An einem Morgen hört Friedrich wieder das vertraute Klopfen des jungen Körner an der Tür seines Ateliers. Mißmutig wirft er den Mantel über die armselige Hausjacke. Gedämpftes Sprechen mehrerer Stimmen ist vernehmbar. Er hat sich nicht getäuscht, Schubert, Theodor und ein fremder junger Soldat stehen vor seiner Tür.

Mit seinem bezwingenden Lächeln tritt Theodor vor ihn hin.

„Ich bin der Missetäter, Herr Friedrich, ich bin bereit, dafür zu büßen, wenn ich außer Herrn Doktor Schubert noch jemanden mitbringe. Erlauben Sie, daß ich die Bank hole."

Mit einem schalkhaften Blick nach dem einzigen Stuhl vor der Staffelei verschwindet er, ohne eine Antwort abzuwarten, durch eine schmale Tür nach dem Gelaß, in dem mit Leinwand bespannte Rahmen und einige Bilder aufgestapelt sind.

„Mein lieber, verehrter Friedrich", beginnt Schubert, „Sie hatten mir erlaubt, Sie aufzusuchen, die schlimmen Ereignisse hinderten mich. Verzeihen Sie, daß ich unangemeldet komme und einen jungen Freund mitgebracht habe, Leutnant Rühle von Lilienstern. Er wollte zu Ihnen, und ich hatte nicht den Mut, ihn abzuweisen. Er ist begeistert für die Malerei und Schüler unseres Freundes Kügelgen. Seit er Ihre Landschaften und andere Sepien sah, ließ er uns keine Ruhe und wollte zu Ihnen."

„Kommen Sie herein", sagt Friedrich und zieht die beiden ins Atelier.

Die Männer stutzen. Dies ist wahrlich eine andere Welt als die blitzende und unruhige des Malers Kügelgen. Die Kahlheit des Raumes, der nur von einem Fenster, das zur Hälfte durch einen innen zu öffnenden Fensterladen verdunkelt wird, mäßig erhellt ist, deutet auf Strenge und Nüchternheit seines Bewohners. Neben der Staffelei sind auf schmaler Borte die notwendigsten Malutensilien untergebracht. Ein einziger Stuhl, ein alter Tisch, ein hartes Lager mit einer Wolldecke bilden die kärgliche Einrichtung, und die Leere der Wand wird nur durch eine Reißschiene unterbrochen.

„Sie haben sich eine Ihnen angemessene Umgebung gewählt", sagt Schubert endlich, „dieser Raum atmet den Geist Ihrer Bilder."

Theodor hat die Bank herbeigeholt, und Friedrich fordert die Männer auf niederzusitzen. Schubert lächelt.

„Nach Ihren Andeutungen bei Kügelgens waren wir darauf gefaßt, stehen oder auf dem Boden hocken zu müssen. Nun dürfen wir behaglich sitzen. Doch eben dies steht im Widerspruch zu Ihren Bildern, verehrter Freund. Theodor machte uns einige Andeutungen von einem Luftschiffer und einem Meeresbild. Das machte uns unruhig. Wir wissen, daß diese Bilder noch nicht vollendet sind, und dennoch . . ."

Mit einem vertrauenden Blick auf Schubert und den

jungen Gast, dessen straffe Haltung und waches Auge ihm auffallen, nimmt Friedrich ein Bild von der Staffelei, holt ein größeres aus dem Gelaß.

„Gegen meine Gewohnheit, halbfertige Arbeiten nicht zu zeigen, sollen Sie doch sehen, was mich seit unserem ersten Beisammensein beschäftigt. Ich begann diese Sepia an jenem Abend, als wir uns trennten. Ein altes Hünengrab, deren es viele dort oben in meiner Heimat gibt, Riesensteingräber der Vorzeit. Mich haben diese mächtigen Blökke, die Zeugen einer großen Vergangenheit, schon früh gefesselt. Die Eichen sind der Niederschlag von Baumstudien, die ich im Sommer an der Küste und weiter hinein im Land zeichnete."

Die beiden Männer schweigen.

Auf erhöhter Düne ragen uralte Eichen in den umdunkelten Himmel. Sie stehen um einen mächtigen Stein, das aufgerührte Meer wogt im Hintergrund.

„Es ist, als höre man den Meeresgesang von der ewigen Unruhe des Kampfes und der steinernen Ruhe des Todes", beginnt Schubert. „Noch atmet Leben in diesen Baumriesen ohne Kronen, die wenigen unteren Äste des einen tragen noch dichtes Laub, bis ins höchste Gezweig hinauf lebt spärliches Blattwerk. Den anderen hat der Sturm an einer Stelle kahlgeschlagen. Verstreut liegen Findlinge, armseliges Gesträuch muß den Sturm über sich hinbrausen lassen."

Er atmet beklommen.

„Oder ist es ein Totengesang auf die Helden, die da ruhen? Weiter toben die Kämpfe, doch beharrlich recken sich die mächtigen Bäume gegen den düsteren Himmel, ausharrende Wächter, die allen Niederbrüchen trotzen."

In der Stille, die seinen Worten folgt, spürt Schubert, wie erregt der junge Soldat an seiner Seite ist.

„Versprach ich zuviel, lieber Rühle? Sie kommen aus dem zerschlagenen Heer, Sie standen im Grauen ..."

„Dies ist ein Bild, gegen das alle anderen, die ich sah, verblassen, eine Aussage unserer verzweifelten Lage und mehr als das ... der Glaube an die Aufrichtung lebt noch", sagt der Leutnant gedämpft.

„Lassen Sie diesen jungen Krieger sein Herz aufschließen, Friedrich, er wird Ihnen manches berichten, das Sie bewegen wird."

„Wo haben Sie das Unglück unserer Niederlage durchgestanden, Leutnant Rühle?" fragt Friedrich gespannt.

„Ich war in dem zurückflutenden Hohenloheschen Korps, erlebte den Fall der Stadt Prenzlau und erwirkte, erschüttert von der Haltung der demoralisierten Truppen, meinen Abschied."

Die anfangs feurig blickenden Augen nehmen eine kühle Strenge an, und der Zorn steigt in das jugendliche Gesicht. Friedrichs Zurückhaltung ist mit einem Schlag dahin.

„Sie waren bei Prenzlaus Fall? Wie sieht es in meiner Heimat aus? Die Briefe der Meinen lassen mich Schlimmes vermuten."

„Es herrscht überall heillose Verwirrung", antwortet Rühle. „Nach Prenzlau folgten Pasewalk und Stettin. Ungeheuerliches spielte sich in Wolgast ab, wo die Bagage unseres Korps nach der Insel Usedom übergesetzt werden sollte. Es waren nur wenig Fähren vorhanden. Kaum war mit dem Übersetzen begonnen, als die Kunde von der Kapitulation eintraf. Die Schweden, um die Franzosen nicht zu reizen, verweigerten Hilfeleistung, und die erschöpften preußischen Soldaten mußten allein die übermenschliche Kraftanstrengung auf sich nehmen. Über tausend Wagen, dreitausend Menschen und sechstausend Pferde waren in der Stadt und auf dem Wolgaster Feld zusammengehäuft. Sie drängten sich in der Vorstadt und auf dem Schloßplatz. Die hungrigen Soldaten fanden kein Brot, waren auf das äußerste gereizt, weil ihnen die erbitterten Offiziere beim Fall von Anklam zugerufen hatten, der Teufel möge sie mit ihrer Bagage holen, da die Regimenter bereits verloren seien. So trieb die Wut sie zu Handgreiflichkeiten gegen die Offiziere, die wiederum ihren Zorn an den Kommandeuren ausließen. Die ausgemergelten Pferde fraßen den Schmutz der Straße, die herrlichsten Reitpferde wurden verschleudert. Als die Franzosen einrückten, brandete Verwüstung in der Stadt. Etliche Familien verließen in diesem Wirrwarr den Ort und flohen zu Schiff nach Schweden."

Der junge Offizier schweigt, sieht düster vor sich hin. Friedrich durchmißt den kleinen Raum mit wenigen Schritten, bleibt vor Rühle stehen.

„Sagen Sie mir alles, was Sie von Wolgast wissen. Was wurde aus den zurückgebliebenen Bürgern?"

„Sie halfen nach Möglichkeit den preußischen Soldaten beim Übersetzen. Sie duldeten Hunger und Entbehrung, hielten sich aber tapfer, und mit großer Zähigkeit versuchten sie, die Ordnung in der Stadt wieder herzustellen. Ich verstehe Ihre Erregung, Herr Friedrich, das in der Nähe liegende Greifswald ist Ihre Vaterstadt."

„Aus Wolgast erhielt ich vor Tagen einen in fliegender Eile hingeschriebenen Brief von meinem Freund und

Landsmann Philipp Otto Runge. Er selber war unter jenen tapferen Bürgern, die den Soldaten halfen. Er schrieb es mir. Er hat mit den Seinen Verluste und Aufregungen erduldet, und die Sorge um seinen Bruder, der Landwirt in Mecklenburg ist, wuchs mit jedem aufkommenden Gerücht. Er fürchtete, daß die Truppen Murats, die hinter dem nach Lübeck ziehenden Blücher hersetzten, bald ihr Ziel erreichen würden. Bange Tage vergingen, bis er erfuhr, daß der Bruder sich mit der Familie in Neubrandenburg aufhielt, wo er vor Überfall und Mord gesichert war. Das beruhigte auch mich etwas, denn ich habe einen Bruder dort, es scheint in der Stadt nicht allzu wild herzugehen. Dennoch ..."

Friedrich sieht in die gespannten Blicke der beiden Männer. Das verhaltene Brennen in den Augen des jungen Theodor, der hinter seinem Stuhl steht, aber bemerkt er nicht. Warm wendet er sich an den jungen Offizier.

„Leutnant Rühle, warum kamen Sie nach Dresden, und was haben Sie vor? Wollen Sie sich in der Malerei ausbilden?"

„Ich bin ein Schüler Scharnhorsts. Der General ist ein scharfer Denker, ein edler Charakter, ein praktisches Genie mit großem theoretischem Wissen, anspruchslos und einfach. Er wird durch stille und nüchterne Arbeit sein Ziel erreichen. Immer wieder mahnte er uns, die alten Formen müssen zerstört werden, die Bande der Vorurteile verschwinden, die Wiedergeburt eingeleitet, ihr freies Wachstum darf nicht gehemmt werden.

Ich hatte eine bevorzugte Stellung auf der Offiziersakademie unter ihm. So wurde ich durch seine Vermittlung Erzieher beim Prinzen Bernhard von Sachsen-Weimar, der hier in Garnison steht. In dieser gesegneten Stadt brach meine Liebe zur Kunst wieder durch. Ich wollte mich weiterbilden und kam zu Professor Kügelgen. Sein in Rom geschultes Können, seine erfahrene und vielseitig interessierte Persönlichkeit zogen mich an, und ich wurde sein Schüler. Doch seit ich Ihre Sepiamalereien, Ihre Landschaften sah, ließ es mir keine Ruhe, ich wollte zu Ihnen. Dieser Wunsch wurde unterstützt, als ich durch Theodors Vater, Herrn Appellationsrat Körner, von Ihrer Gesinnung erfuhr. Es zog mich zu einem Mann, der neben seiner großen Kunst den Glauben an die Kraft unseres Volkes bewahrt. Dieser Glaube muß neu gewonnen werden, wenn sich das Volk besinnen soll."

Schubert schüttelt traurig den Kopf.

„Wie soll er das, nachdem die Macht in Händen des Tyrannen liegt? Wird dieses geknechtete Land nicht immer tiefer seiner Ohnmacht verfallen?"

Der junge Theodor Körner, der bisher den Reden der Männer schweigsam zuhörte, tritt vor das Bild, das Friedrich im Anfang ihres Besuchs von der Staffelei nahm und das jetzt an der Wand lehnt.

„Ihr Luftschiffer hat sich ja in einen Adler gewandelt, Herr Friedrich", unterbricht er die bedrückte Stimmung. „Als ich das letzte Mal bei Ihnen war, konnte ich nicht recht dahinterkommen, was dort in den Lüften herumschaukelt."

„Ich habe dir ja gesagt, daß du noch dahinterkommen wirst, Theodor." Friedrich stellt das Bild auf die Staffelei und lacht bitter vor sich hin. „Der Knabe läßt mir keine Ruhe, ich weiß nicht, ob Sie etwas damit anzufangen wissen."

Schubert sieht auf die aus dem Nebel tauchenden Berggipfel.

„Um eine Landschaft geht es hier nicht. Vom Land ist nicht viel sichtbar, ich möchte es eher eine Luftschaft nennen, die um so mehr zu bewundern ist, weil Sie jene unzugänglichen Gefilde kaum studiert haben können."

Rühle betrachtet aufmerksam den Adler, der sich durch zerrissene Wolken mühsam der Sonne entgegenarbeitet.

„Ein guter Sturm muß dort oben herrschen, wie an dem jagenden Gewölk und an dem zerzausten Gefieder sichtbar ist. Ein Sturm, der die hochstämmigen Eichen wanken macht und ein armes Land verwüsten kann. Aber dieser hier zwingt die schlimmen Gewalten."

Schubert atmet wie von einem Druck befreit. Beherrscht, doch voll tiefer Ergriffenheit, das abgemagerte Gesicht von Glut übergossen, bricht Rühle feurig aus:

„Sie sind der rechte Mann in dieser Zeit. Nehmen Sie mich als Ihren Schüler an, verehrter Herr Friedrich. Nicht um Ihre große Kunst allein geht es mir, ich könnte Ihnen dann nahe sein."

Friedrich stimmt zu.

Die Augen des jungen Körner, die nicht von dem Bild lassen, blicken in froher Bereitschaft.

In dem zermürbten, vom Feind umdrohten Pommern zieht ein Freischärler seinen Trupp zusammen. Ihm strömen sie zu, ihm glauben sie, weil er die neue, von der französischen Revolutionsarmee eingeführte Taktik anwendet. An seinem Wagemut entzündet sich die Jugend, die noch nicht alles für verloren hält.

Schrecken bedeuten diese Verwegenen für den Feind, der

seine Verbindungen durch sie gestört und Unsicherheit in sein Vorrücken gebracht sieht. Überall tauchen sie auf, teilweise nur mit Piken und Knüppeln bewaffnet, an den Füßen sohlenlose Stiefel oder an Schnüren befestigte Pantoffeln.

Ein eigenes Gesetz der Ehre gilt bei den Schillschen. Dem Wohl der Nation gehört ihr Leben, und dies Bewußtsein stärkt sie bei den täglichen Gefechten mit dem Feind. Ihre freiwilligen Opfertaten werfen ihren ersten zündenden Schein über das von Schrecken gelähmte Land.

Die Franzosen überschreiten mit verstärkten Truppen bei Anklam und Loitz die vereiste Peene, sie wollen Stralsund besetzen. Bis in das friedliche Wittow verbreitet sich die Unruhe über die anrückenden französischen Abteilungen. Von Altenkirchen blickt Kosegarten abends bekümmert nach Süden, wo die Lagerfeuer aufflammen, und überlegt, ob der Frost anhalten und der Feind Stralsund von der Seeseite angreifen oder gar auf die Insel übersetzen wird. Vorsorglich trägt er die heiligen Geräte in ein verstecktes Kirchengewölbe.

Doch die Kälte nimmt ab, die Wasserstraße bleibt frei, und die Franzosen räumen das Feld.

Napoleon hat inzwischen die Truppen verringert und den General Mortier zur Belagerung Kolbergs abgerufen, weil ihm die Gegner ungefährlich erscheinen. Diese irrige Annahme benutzen die Schweden und befreien in drei Tagen Schwedisch-Pommern von seinen Unterdrückern.

Schill ist durch Vorwürfe und Strafen, die ihm von Berlin für sein eigenmächtiges Vorgehen angedroht werden, verärgert. Er sucht im März Hilfe bei den Schweden, und neue Hoffnungen knüpfen sich an den Entschluß gemeinsamen Vorgehens. Doch da schickt Napoleon seinen General aufs neue, und dieser wirft die Schweden in Kürze zurück. Schill rafft sich auf, begibt sich geradewegs nach Stockholm zum König, der mit den Preußen verhandelt, englische Hilfe erhofft und in neuen Siegesträumen schwelgt. Große Scharen von Freiwilligen stoßen auf die in Stralsund unter Blüchers Oberkommando geflüchteten preußischen Truppen, und die Schillschen und Schweden erwarten die Hilfe der Engländer. Als diese endlich im Juli auf Mönchgut landen, steht ein kleines Heer zum Losschlagen bereit. Ehe aber noch der gemeinsame Streich vollführt werden kann, ist der Tilsiter Friede geschlossen, der jeden weiteren Kampf gegen die Franzosen verbietet. Den Ungeduldigen bleibt nichts, als grollend abzuwarten.

Der schwedische König, der auf dem Festland nicht mit englischer Hilfe rechnen kann, steht allein. Umsonst ist jetzt sein Angebot auf Waffenstillstand. Die Schweden werden von französischen Divisionen auf Stralsund zurückgedrängt; Marschall Brune verlangt die Auslieferung der Stadt. Lähmender Schrecken verbreitet sich unter den Stralsundern, die mit den Herzen weder den Deutschen noch den Schweden angehören, nicht wissen, für wen sie kämpfen sollen, und von einem Sonderling wie König Gustav wenig zu erhoffen wagen. Dieser wählt in der heiklen Lage wieder einen seinem absonderlichen Wesen entsprechenden Umweg. Ergebung läßt seine königliche Ehre nicht zu; so liefert er die Stadt dem Feind aus, indem er ihr freistellt, zu kapitulieren. Er selbst zieht sich nach Rügen zurück und harrt mit den ermüdeten Truppen kurze Zeit auf der Insel aus; als jedoch Räumung verlangt wird, tritt er im September den Rückzug nach Schweden an. Das wehrlose Stralsund steht ohne Schutz, dem Feinde ausgeliefert, mit einer verarmten Bevölkerung am Rand der Vernichtung.

Um diese Zeit wird ein junger Offizier, Sohn des preußischen Generals von Pfuel, von seinem Freund, dem Major Rühle von Lilienstern, nach Dresden gerufen, um dort eine Stelle als Lehrer für Kriegswissenschaft bei dem Prinzen Bernhard von Sachsen-Weimar anzunehmen.

Pfuel hatte als Adjutant des Grafen von Schmettau die Schlacht bei Auerstedt mitgemacht, war mit dem fliehenden Heer nach Stettin gezogen und Zeuge der Verwirrung und Zuchtlosigkeit bei der Übergabe der Festungen gewesen. Von dem angriffs- und widerstandsfähigen Geist des Blücherschen Korps aus seiner bedrückten Gemütsverfassung gerissen, schloß er sich diesem an. Blücher, der den einzig freien Weg durch Mecklenburg nach Rostock benutzen wollte, wurde durch Bernadotte und durch den Zustand der von Entbehrungen geschwächten Truppen an seinem Plan gehindert. Er wandte sich nach Lübeck, wo er Erholung und Schutz für seine Truppen erhoffte, mußte aber schon am folgenden Tage nach der Erstürmung der Stadt durch die Marschälle Soult und Murat weichen und das in einer Nacht von den Franzosen verwüstete Lübeck verlassen. Mit dem Rest zog er sich nach Ratekau zurück. Hier wurde er von dem fünffach überlegenen Feind gestellt und mußte, da er weder Brot noch Munition besaß, die Übergabe unterzeichnen. Seine Husaren entkamen in kleinen Trupps nach Königsberg.

Unter ihnen befand sich der junge Pfuel; er traf in Königsberg mit seinem Freund Heinrich von Kleist zusammen, verließ im Januar mit ihm die Stadt und wanderte zu

Fuß nach Stettin, um Anschluß an ein Freikorps in der Mark zu erreichen. Hier trennte er sich wieder von dem Freund und besuchte eine ihm bekannte Familie in Nennhausen. Kleist ging nach Berlin, wurde dort als Spion verdächtigt und als Gefangener nach Frankreich gebracht. Von dieser Nachricht aufgebracht, wandte sich Pfuel wieder nach Königsberg und schloß sich einer für Vorpommern bestimmten Expedition an. Als der Friede in Tilsit auch ihm jede Tätigkeit abschnitt, erreichte ihn zur rechten Stunde Rühles Ruf nach Dresden.

Dort treten die beiden Freunde bald mit Adam Müller, der den Prinzen in Staatswissenschaft unterrichtet, in Verbindung. Der junge Müller ist ein kluger Kopf mit einem umfassenden Geist und faszinierender Beredsamkeit. Im Grunde von weicher Schüchternheit, sucht er diese nach außen hinter einem übertriebenen Stolz zu verbergen, so daß viele ihn für hochfahrend und eitel halten. Aber die Vorzüge seiner liebenswürdigen Umgangsformen und seine konservative, ja reaktionäre Staatslehre haben ihm den Zutritt in die vornehmen Kreise Dresdens erleichtert.

In seiner beweglichen Art, mit der er sich den verschiedensten Menschen anzupassen weiß, hat Müller sich mit Künstlern und Gelehrten in gleichem Maße angefreundet wie mit den Vertretern der Aristokratie und weiß sich auch das Vertrauen der in Armut lebenden Dichter und Maler zu verschaffen.

Bereits im vorigen Winter hat er im Hause des Rittmeisters von Carlowitz, eines der Förderer der Wissenschaften und schönen Künste, Vorlesungen über deutsche Wissenschaft und Literatur gehalten, die in ihrer schillernden Form ihre Wirkung auf die Gesellschaft nicht verfehlten.

Pfuel sieht seinen Freund Rühle bereits von dem Einfluß, den Müller auf nicht ganz ausgereifte Köpfe zu gewinnen pflegt, stark beeindruckt. Was jedoch Pfuel sogleich für Müller Sympathie gewinnen läßt, ist die Tatsache, daß er von dem Manuskript des „Amphitryon", eines Werkes ihres gemeinsamen Freundes Kleist, so begeistert ist, daß er sich mit Erfolg um dessen Herausgabe bemüht.

Wenige Monate darauf wird Kleist aus seiner französischen Gefangenschaft entlassen. Als er in Dresden eintrifft, wird ihm durch die Freunde Pfuel und Rühle der Zutritt in die Dresdener Gesellschaft eröffnet, die ihm trotz seines scheuen Wesens bereitwillig Aufnahme gewährt, weil das Verständnis für sein dichterisches Genie bereits durch Adam Müller geweckt und gefördert wurde. Seine wirtschaftliche Lage ist nicht die beste, er sieht sich mit Rühle, der sich die hemmende Stellung eines Prinzenerziehers vom Hals schaffen will, um Zeit für seine künstlerischen Arbeiten zu gewinnen, nach Broterwerb um. Daher sind sie Müllers Plan, eine Kunstzeitschrift in Dresden zu gründen, geneigt; Kleist wirft sich mit Feuer auf die neue Aufgabe, deren Ausführung Rühle mit praktischem Geschick und Pfuel mit einem Geldzuschuß unterstützen. Sie kommen mit Müller überein, für ihre Zeitschrift „Phoebus" die Mitarbeit angesehener Gelehrter, Dichter und Künstler wie Hartmann und Kügelgen zu gewinnen. Freudig erklären sich die Maler zur Lieferung von Beiträgen mit ihren Bildern bereit, wie auch Schubert und sein Freund, der Dichter Karl Wetzel, ihre Mitarbeit zusichern.

Im darauffolgenden Winter hat sich durch Müllers Vorträge über die Idee des Staates und Böttigers Einführungen in die antike Kunst das Interesse für derartige allgemeinverständliche Belehrungen gesteigert, so daß Müller es für ratsam hält, das Gebiet der Vorlesungen durch Vorträge über Natur- und Seelenkunde zu erweitern und hierfür den angesehenen Arzt Doktor Gotthilf Heinrich Schubert zu gewinnen.

Mit Spannung erwarten die Dresdener die in Aussicht gestellten Vorträge, sonderlich die unter dem vielversprechenden Titel angekündigten Vorlesungen von der „Nachtseite der Naturwissenschaft" des Doktor Schubert erregen die für das Ungewöhnliche und Sonderbare aufgeschlossenen Gemüter.

An einem Abend öffnet sich wieder im Licht ungezählter Kerzen der Gesellschaftssaal im Haus des Rittmeisters von Carlowitz. Der Rittmeister empfängt die Gäste mit der ihm eigenen Zurückhaltung, die seine Gattin durch ihre natürliche Munterkeit ausgleicht.

Als der ursprüngliche Anreger dieser Zusammenkünfte bewillkommnet auch Adam Müller die Gäste, indem er sich geschmeidig von einer Gruppe zur anderen bewegt und bald in diesem, bald in jenem Winkel auftaucht. Mit sichtlicher Zuvorkommenheit begrüßt er die Dichterin Elisa von der Recke, eine bewegliche Dame etwa Mitte der Fünfziger, die mit Federbarett, einem kleinen, sehr energisch verkniffenen Mund und einer lauten Stimme an einen grimmigen Feldherrn erinnern würde, wenn nicht ihre Gutherzigkeit die äußeren Härten milderte.

„Ihnen gebührt unser aufrichtigster Dank, Frau von der Recke, daß sich heute abend in diesen Räumen eine zahlreiche Gesellschaft versammelt. Hätten Sie nicht die Unterschriften für unsere Vorlesungen mit vorbildlicher

Energie gesammelt, so brauchte zwar unser armer Schubert in dieser Minute weniger zu zittern, aber die Armut würde weiter in den Winkeln seines kleinen Haushaltes hocken."

„Ist er etwa aufgeregt?" fragt die Dichterin mit einem humorvollen Knurren ihres Basses, daß Müller insgeheim den armen Schubert bedauert, der, wenn er es hörte, vollends vor Lampenfieber umkommen würde.

„Wir sind gewohnt, Sie und Böttiger mit der Sicherheit souveräner Koryphäen der Wissenschaft auf dem Rednerpult zu bewundern. Wehe Ihnen, wenn Sie uns einen in Angst und Nöten schwitzenden Helden auftischen."

„Verehrteste, Sie werden in Schuberts und meinem Auftreten die Verkörperung des von mir gelehrten Ausgleichs der Gegensätze in Erscheinung treten sehen", weicht Müller geschickt aus. „Wie reizvoll wird sich bei einem Verkünder der geheimnisvollen Nachtseiten eine gewisse schüchterne Befangenheit ausnehmen, die bekanntlich auf Frauen nie ihre Wirkung verfehlt. Wer erregt beispielsweise mehr die Neugier des weiblichen Geschlechtes als der scheue, nie sichtbare Landschaftsmaler Caspar David Friedrich?"

„Das ist auch so ein Heiliger", grollt die Recke. „Zu solch einem Kerl gehört ein handfestes Frauenzimmer. Eine prächtige, vornehme Erscheinung, der Friedrich, wenn er nicht diesen greulichen Bart trüge."

„Was unsern Schubert betrifft, so hat er eine liebliche Gattin daheim, die die ‚Heldentat' ihres Mannes heute abend mit zärtlicher Sorge begleitet."

„In der Tat, lieber Müller, Sie machen mich unruhig wegen der Unsicherheit des guten Schubert."

„Sie brauchen nichts zu fürchten, Gnädigste. Er tröstet sich vorerst in der Hoffnung, daß der Komet, der im Augenblick die Gemüter erregt, seinen gefürchteten Zusammenstoß mit der Erde noch vor Beginn der Vorlesung ausführen könnte.“

Die Recke lacht derb und klopft belustigt mit ihrem Fächer kurz auf Müllers Arm.

„Köstlich, lieber Müller! Man kann aber nicht wissen, mit welchen Mächten solche Natur- und Seelenkundigen im Bunde sind. Wer weiß, ob er nicht in seiner Angst den Kometen beschwört, sich unserer Erde zu nahen und ihn samt der bösartigen Zuhörerschaft in den Schrecken des Weltunterganges zu begraben. Ich halte einen baldigen Anfang für angebracht, um ihn nicht dieser Versuchung auszusetzen.“

Sie blickt nach der Haupttür des Saales und läßt ihre Augen über das Gewirr der Gäste funkeln.

„Wenn nur unser Landadel sich nicht immer verspäten wollte! Da müssen erst die Kücken versorgt und die vielen Kinder unter die Decken gesteckt werden. Zwar gibt es nichts Anmutigeres, als unsere elegante Gräfin Zichy in ihrer Abendrobe über die Pfützen des Hühnerhofes hüpfen zu sehen, um das geliebte Federvieh noch eilig mit Futter zu versorgen. Aber mit der Pünktlichkeit hapert es zuweilen, denn bei den gewissenhaften Landfrauen, mein lieber Müller, ist jedes Hühnerei wichtiger als die ganze Wissenschaft.“

„Um so höher werden wir die Teilnahme an unseren Vorlesungen zu schätzen wissen, Gnädigste.“ Müller verneigt sich tief. „Ich werde die Herrschaften ein wenig vertrösten.“

Er flattert an einer Gruppe eifrig redender Damen vorüber, ruft ihnen zu, sie sollten sich mit Mut und Geistesstärke für die Fahrt in die Nachtbezirke der Seele wappnen, und eilt der Tür zu, durch die soeben Frau Sophie von Haza in Kleists Begleitung eintritt. Bei dem Anblick Müllers verbeugt der Dichter sich steif vor der Haza und verschwindet im Gedränge. In die Duftwolke ihres Parfüms gehüllt, streckt sie Müller die Hand hin. Sie lächelt, während Müller diese küßt, dem Grafen Loeben zu, der in gemacht melancholischer Pose gegen den Türpfosten eines Seitenganges lehnt.

„Wie weit ist unsere Sache gediehen?“ fragt Müller mit gedämpfter, aber erregter Stimme.

„Durch Kleists Hilfe geht sie vorwärts. Er war meinetwegen auf Reisen; bald werde ich nach Dittersbach müssen, weil es nicht gut angeht, daß ich während der Scheidung bei Haza bleibe.“

Ihre energisch gesprochenen Worte werden von einem bestrickenden Lächeln begleitet, während sie sich an Müllers Seite in den Saal wiegt.

Müller ist blaß, und seine Augen brennen.

„Warum verschwand Kleist so plötzlich?“

„Er war sehr aufgeregt. Du weißt, er hat seine Marotten, die sein Talent und seine Reizbarkeit hervorrufen. Heute wollte er mich gar bestimmen, die Scheidung von Haza zu unterlassen.“

Müller fährt zusammen.

„Kleist wollte das?“ fragt er hitzig.

„Still doch, rege du dich nicht auch noch auf. Ich weiß nicht, was ihn dazu veranlaßt hat. Als ich auf meinem Standpunkt verharrte, tat er alles, um mir mit Aufopferung zu helfen.“ Mit einem zärtlichen Lächeln die kleinen, blitzenden Zähne zeigend, flüstert sie: „In einigen Monaten ist alles vorüber.“

Er preßt ihre Hand, sein Atem geht gehetzt.

„Dieser Zustand, als dein Liebhaber neben dir herzugehen, ist mir zu verächtlich, als daß ich ihn noch lange ertrage, Sophie.“

„So eile nur, dem Grafen Zichy für sein anerkennendes Schreiben über deine Vorlesungen zu danken. Er steht dort neben dem redseligen Böttiger, der wieder einem Wissensdurstigen seine Weisheit verzapft.“

Mit leichtem Winken löst sie sich von Müller und schwebt auf den Grafen Loeben zu, der sich mit schwärmerischem Blick über ihre Hand neigt.

Kleist hat einige Minuten scheu zwischen der hereinflutenden Menge gestanden; seine Blicke sind unruhig. Fraglos hat er Müller viel zu danken, aber er möchte ihn jetzt nicht sehen. Er gewahrt seinen Freund Pfuel, der soeben mit der Familie Körner an der Seite der jungen Emma, der Tochter des Appellationsrates, und dessen Mündel Juliane Kunze eintritt. Seine verkrampfte Haltung lockert sich. Als das Ehepaar Körner sich zur Begrüßung an die Gastgeber wendet, nähert er sich den drei jungen Leuten und bleibt an Julianes Seite.

„Ich kann die zierlichen, kleinen Hände nicht vergessen, die mich neulich beim österreichischen Gesandten mit Lorbeer krönten.“

Das hübsche Mädchen, von seiner Leidenschaft verwirrt, sieht furchtsam zu Kleist auf und umklammert fest Emmas Arm.

Die Freundin ist im Gespräch mit Pfuel vertieft und beachtet sie nicht. Sie hält die klugen Augen zu ihm gewandt, dessen schönes, regelmäßiges Gesicht und kräftige Gestalt manche der wissensdurstigen Hörerinnen an diesem Abend beunruhigen.

„Ich freue mich, daß Sie auf meinen Bruder starken Einfluß haben, Pfuel; ich weiß ihn gern in Ihrer Nähe, durch Sie wird seine napoleonfeindliche Gesinnung gestärkt. Zu Hause müssen wir uns Zwang auferlegen, wenn auch jeder unsere Überzeugung kennt. Wir pflegen große Geselligkeit, sind durch Vaters Stellung exponiert und wissen nie, ob sich unter unseren Gästen ein Späher der Franzosen verbirgt."

„Der lebhafte, begabte Knabe macht mir viel Freude", entgegnet Pfuel warm. „Ich glaube, daß ich Schuberts Einfluß auf dem Gebiet des Bergbaues mit meinem Schwimm- und Fechtunterricht, den ich ihm erteile, ganz gut ergänze. Wenn ich nicht irre, hat Theodor ihn heute abend hierher begleitet, um den Furchtsamen mit seinen fröhlichen Reden zu zerstreuen."

Emma lacht leise auf und zieht den Arm aus dem Julianes. Sie wird mit Pfuel durch neue Ankömmlinge von Kleist und ihrer Pflegeschwester getrennt.

„Ein weiser Mann, dieser Doktor Schubert, und dabei von rührender Bescheidenheit. Das Gegenstück zu Ihrem Freund Kleist, der für einen Dichter viel zu selbstsicher ist, worin ihn Müller noch unterstützt."

Pfuel wird ernst.

„Sie urteilen vorschnell, Emma. Er verlangt zuviel von sich und muß sich oft künstlich in eine Sicherheit hineinsteigern, um gegen die nörgelnde und verständnislose Welt gewappnet zu sein. Ich glaube, Sie haben sich von Ihrer

Tante, Fräulein Stock, und ihrem Kreis, der reichlich altjüngferliche Begriffe hat, zu sehr beeinflussen lassen."

„Die Ansichten dieses Kreises sind mir nicht maßgebend, lieber Pfuel." Emma wirft lachend den blonden Haarschopf zurück. „Oder haben Sie noch nicht bemerkt, daß ich meinen eigenen Kopf habe?"

Pfuel sieht Emma herausfordernd an.

„Vor allem habe ich bemerkt, daß Sie gern tanzen, und glaube, daß Ihnen diese Beschäftigung lieber wäre, als einen gelehrten Vortrag anzuhören."

Emma errötet und funkelt auf; doch bevor sie etwas erwidern kann, fühlt sie sich fest am Arm gefaßt. Fräulein Stock steht vor ihr.

„Achte auf Juliane, daß sie nicht immer mit diesem Kleist zusammensteckt!" flüstert sie erregt. „Ich sah sie eben durch jene Tür mit ihm verschwinden. Es ist ihrem Ruf nicht zuträglich, wenn sie mit dem Dichter der ‚Penthesilea' allein gesehen wird."

Fräulein Stock rauscht energisch davon, um sich dem Hofrat Winkler, dem Herausgeber der „Abendzeitung", gegenüber in ihrer spitzen Weise darüber auszulassen, daß Kleist lieber sittlichere Motive wählen sollte, als er sie jüngsthin mit der ‚Marquise von O.' bewiesen, die sie nicht ohne Erröten habe lesen können.

Kleist hat Juliane durch eine offene Tür in einen kleinen Nebenraum, in dem sich die Gäste nach den Vorlesungen zu unterhalten pflegen, geführt und redet heftig auf das junge Mädchen ein.

„Juliane, das echte Gefühl verbirgt sich, um sich nicht von den kleinen, dürftigen Seelen der anderen in seinem hochgeschwungenen Flug hemmen zu lassen."

Juliane glüht und hebt mit schüchternem Vorwurf den Blick zu dem leidenschaftlich fordernden Kleist.

„Eine Verlobung hinter dem Rücken meines Vormundes?“ Ihre Stimme ist tonlos vor Angst.

Kleist biegt sie zurück, umspannt ihre Hüften.

„Restlos verschwiegen und hingegeben will ich die Frau“, flüstert er erregt. Juliane stemmt die kleinen Hände gegen seine Brust und versucht vergeblich, sich zu befreien.

„Ich kann es nicht, Kleist“, stöhnt sie, schreit leise auf, als sie Emma eintreten sieht, und fliegt, von Kleist freigegeben, auf die Freundin zu.

„Sie sind leichtsinnig, Kleist“, droht Emma und entführt die zitternde Juliane.

Kleist preßt die Lippen zusammen.

Im Hintergrund des Saales sind das Ehepaar Kügelgen und Hartmann mit Schuberts Freunden, dem Philosophen Krause und dem Dichter Karl Wetzel im Gespräch beisammen. Krause ist ein ungewöhnlicher Mensch, der seine eigene Lehre, die sich die geistige und leibliche Vollendung des Menschen als Ziel setzt, an sich selbst auszubilden sucht, er wird hierbei von seiner vielseitigen Begabung und seiner harmonischen Persönlichkeit unterstützt. Wetzel, als Kritiker und Dichter, Mitarbeiter am „Phoebus“, besingt in seinen Versen inniges Gottverbundensein und häuslichen Frieden.

Lilla von Kügelgens Gesicht hebt sich heute noch durchsichtiger aus der weißen Halsrüsche. Sie sieht erwartungsvoll nach dem aufgebauten Rednerpult am anderen Ende des Saales.

„Ich leide Höllenpein um den armen Schubert“, flüstert sie Hartmann zu. „Diese helle Beleuchtung und die vielen

Menschen werden ihm vollends die Ruhe nehmen. Seine Frau wagte nicht mitzukommen, sie ist auf das Schlimmste gefaßt."

„Wenn er erst im Fahrwasser seiner Gedanken dahinsegelt, wird die ganze Gesellschaft im Nebeldunst vor ihm zerronnen sein. Er wird weder die himmelnden Blicke der schönen Gräfinnen gewahren noch die mißgelaunten Physiognomien der Aufgeklärten, von denen ich einen Vertreter, den Kammerherrn von Ramdohr, soeben zu begrüßen das zweifelhafte Vergnügen hatte. Gegen dessen selbstgefällige Koketterie ist Böttigers Lehrbedürfnis zahm zu nennen. Er schnitt eine Grimasse, weil er heute abend einen Vorstoß in das Gebiet der Träume und Visionen wittert."

„Aber die Neugierde hat ihn doch geplagt herzukommen, und immerhin ist er ein maßgebender Mann für große Kreise", sagt Kügelgen und läßt die scharfblickenden Augen im Saal umherwandern. „Auch Tieck steht drüben im eifrigen Gespräch mit seinem Freund, dem Philosophen Ferdinand Solger, der von Berlin auf einige Tage herübergekommen ist."

Tieck hält die glühenden Blicke bald im dunklen Ernst auf sein Gegenüber gerichtet, bald läßt er sie über die Gesellschaft hinweg sprühen, und es ist ihm anzumerken, daß ihm eine spottende Bemerkung über die Lippen hüpft.

„Tieck hat Müller in einer Erzählung glossiert und sich auf diese Weise für dessen Angriff, er sei der Anführer zielloser Schwärmer und Stürmer, gerächt", bemerkt Kügelgen belustigt.

Wetzel streckt den runden, blonden Kopf mit den ein wenig vorquellenden Augen vor.

„Müller tat ihm unrecht. Tiecks Dichtungen haben sich in den letzten Jahren geklärt, die große Wirrnis der Jugend scheint überwunden zu sein, woran nicht zum wenigsten sein scharfdenkender Freund Solger Anteil hat. Doch, verehrter Herr Kügelgen, haben Sie diese Glossifizierung etwa gelesen?"

Kügelgen lacht ihn in seiner liebenswürdigen Art an.

„Sie spielen auf meine Abneigung gegen die Beschäftigung des Lesens an, lieber Wetzel. Seien Sie beruhigt, ich habe auch diesmal meine Freunde das Lesen für mich besorgen und mich von ihnen unterrichten lassen."

„Er stellt unbarmherzig jeden dazu an, der sich zu seinen Freunden zählt", ergänzt Frau Lilla lächelnd.

„Am liebsten wohl seine leuchtende Laterne", wirft Wetzel ein.

„Wetzel, wann werden Sie endlich Ihre beliebte Namenentstellung aufgeben? Ich bin mit meinem Namen Helene, genannt Lilla, vollauf zufrieden und brauche keinen anderen. Wenn Sie mich wegen meiner Durchsichtigkeit Laterne nennen, mache ich Sie darauf aufmerksam, daß Laternen oft sehr trübe und funzelig sind, nie brennen, wenn man sie gerade braucht, nach Öl riechen und manchmal ganz unvermutet ausgehen."

Kügelgen schiebt den Arm unter den seiner Frau.

„Sie haben wieder Krieg mit meiner Frau angefangen, Wetzel. Zur Strafe entführe ich sie Ihnen zu ihrem alten Freund, unserm Bibliothekar Dasdorf, der ihr einige gute Bücher versprochen hat."

Wetzel sieht melancholisch der schönen, zarten Frau nach, die bald in ein angeregtes Gespräch mit einem freundlichen älteren Mann vertieft ist.

Kügelgen wird von einem zierlichen jungen Mädchen angesprochen. Therese aus dem Winkel trägt einen weißen Spenzer und einen schwarzen Rock, um ihre Locken ist ein dunkles Samtband geschlungen.

„Wo haben Sie gesteckt, Thereschen? Ich habe meine eifrige Schülerin einige Tage nicht gesehen?"

„Es gab wieder gute Arbeit, verehrter Meister. Einige Kopien von mir wandern nach Rußland, und ein Harfenkonzert, das im Haus des Großfürsten Putjatin stattfinden soll, gilt es vorzubereiten. Außerdem habe ich meinen Unterricht in Sprachen und Deklamation zu erteilen, und meine Pensionärinnen sollen auch nicht zu kurz kommen."

„Bewundernswerte Therese, Ihre zweiunddreißig Talente machen Ihnen zu schaffen. Da muß Ihr fürstlicher Freund wohl vergebens auf Briefe warten", fügt Kügelgen mit leiser Anzüglichkeit hinzu. „Was macht der mir feindlich Gesinnte? Haben Sie meinetwegen schon wieder einen Papierkrieg heraufbeschworen?"

Therese legt nachdenklich das schmale Köpfchen zur Seite.

„Ich fürchte sogar, daß es noch zu einem Konflikt mit dem Herzog Leopold kommen wird, bevor er sein stilles Gotha verläßt, um mich endlich einmal persönlich kennenzulernen. Trotzdem ich immer wieder meine Wertschätzung Ihrer künstlerischen und menschlichen Vorzüge betone, läßt er nicht nach, Sie in einer geistreich witzelnden Art herabzusetzen. Ich lasse mir meine Freunde nicht beschimpfen, so daß unser Briefwechsel oft bedrohlich kriegerische Formen annimmt."

„Sie machen mich neugierig. Was hatte denn der fürstliche Freund wieder an mir auszusetzen?"

„Letzthin war er wütend, weil Sie Grassi angegriffen haben, und ärgerte sich über Ihr Lob, das Sie Friedrich zuteil werden lassen, dessen Landschaften er mehr als sinnreiche denn als sinnliche ‚Schandlaften' bezeichnet. Er nennt Sie einen aufgeblasenen Gecken und redet von meines ‚kugelrunden' Abgottes Wunderbildern."

Therese blüht lieblich im Zorn, kann aber doch nicht umhin, mit Kügelgen in ein Gelächter einzustimmen.

„Letztere Bezeichnung geht auf meine Charakterisierung, die ich ihm über Sie gab, zurück. Ich hielte Sie für das, schrieb ich ihm, was Ihr Name ausspreche, für ein gemütlich und fest in sich geschlossenes Ganzes, das frei von schroffen Ecken und exzentrischen Auswüchsen still und rastlos auf der weiten Bahn einem höheren Ideal entgegenrolle."

Kügelgen sieht herzlich in Theresens sanfte Augen.

„Das haben Sie freilich schön gemacht; aber sollte nicht doch ein Fünkchen Eifersucht hinter den Angriffen Ihres hohen Freundes glimmen? Seien Sie nicht leichtsinnig, Thereschen; wegen ein paar künstlerischer Werturteile verscherzt man keine Fürstenfreundschaft. Und gegen unseren Caspar David Friedrich ist er auch eingenommen?"

„Bedingt. Er schätzt seine Sepien sehr hoch, behauptet aber, man könne manche seiner Bilder von allen Seiten betrachten, ohne dahinterzukommen, worum es gehe, und er habe neulich einen Mond für einen Flecken gehalten und abwischen wollen. Ich habe ihm meine Meinung über Friedrichs eigenartige Kunst geschrieben, worauf er so unverschämt wurde, mir Friedrich, der mein Haus noch nie betrat, als Protegé anzudichten."

„Das ist kühn! Was mich betrifft, so kann ich mich über

diese fürstliche Ungunst trösten, da ich ehrenvolle Aufträge aus Weimar erhielt, wo ich unsere Geistesfürsten Goethe, Herder, Wieland und einige andere porträtieren soll."

Therese aus dem Winkel begrüßt in ihrer gewinnenden Weise Frau Kügelgen, die ihrem Mann bedeutet, daß es an der Zeit sei, einen Platz in der Nähe des Rednerpultes zu wählen, um dem armen Schubert durch aufmunterndes Zunicken über die erste Beklemmung hinwegzuhelfen.

„Sieh dort, Theresia von Brühl mit dem Grafen Thun; sie haben sich verlobt und halten sich einige Tage in Dresden auf", sagt Lilla, als sie sich zwischen ihrem Mann und Hartmann niedersetzt.

Mit den letzten Gästen ist Theresia an der Seite ihres Verlobten in den Saal getreten. Ihre aufrechte und schlichte Erscheinung weckt Kleist, der sich mit Rühle in den Hintergrund des Saales gesetzt hat, aus seinem verkrampften Schweigen.

„Wer ist diese Frau?" fragt er Rühle hastig. „Es scheint, daß sie sich noch nicht von dem französischen Parvenü und seinen glatten Offizieren den Kopf verdrehen ließ, wie die meisten ihrer koketten Geschlechtsgenossinnen."

Nachdem Rühle ihn aufgeklärt, sagt er scharf:

„Wären in dieser Zeit alle Frauen Deutschlands von gleicher Art, sähe es anders bei uns aus, und die Franzosen hätten keine Veranlassung, über unsere Frauen verächtlich zu reden."

„Nicht so laut, mein Lieber, du vergißt immer, daß wir überall von Spähern umgeben sind!" flüstert Rühle energisch.

„Tod und Teufel! Darf man denn nirgends mehr reden,

wie einem ums Herz ist? Bei Körners muß man den Mund aus lauter Rücksicht auf die friedliche Geselligkeit halten, obgleich man genau weiß, welche Gesinnung dieses Haus beherrscht, und . . ."

„Geh zu Caspar David Friedrich", unterbricht ihn Rühle; „da kommt er eben wieder im letzten Augenblick. Hinter den Wänden seines kahlen Ateliers kann die Politik ungezügelt lärmen."

Kleist faßt das blasse magere Gesicht Friedrichs, der sich still zu Wetzel und Krause gesellt, ins Auge.

„Auf diesen Mann bin ich längst gespannt; aus seinen Sepiazeichnungen redet eine mir verwandte Sprache."

Das Stimmengewirr schweigt. Schubert ist mit fliegendem Atem auf das Rednerpult gestiegen; seine ersten Sätze sind abgehackt vor Aufregung und nicht ganz verständlich, weil die Vielfalt des Stoffes Gefahr läuft, in einem Knoten verschlungen zu werden. Es dauert aber nur wenige Minuten, bis er mit sachkundiger Ruhe die Fäden des feinen Gewebes wieder löst und jeder dem klugen Redner in seinen Nachtbereich der Seele folgt. Schubert legt Zeugnis ab von jenen Äußerungen des Seelenlebens im Zustand einer Gebundenheit des leiblichen Lebens, die der animalische Magnetismus hervorruft; auch jene Äußerungen, die sich im Traum oder bei Vorahnungen kundtun, behandelt sein Vortrag und wie unser Geist vom Leib ablösbar ist und für sich bestehen kann.

Er verbindet seine Ausführungen mit poetischen Einfällen. Wie ein morsches Stück Holz auch am Tage leuchtet, aber dem Auge erst bei Nacht sichtbar wird, deutet er, so ist es mit der Seele des Menschen, die, gesättigt mit allem, was die Sichtbarkeit Angenehmes und Schönes hat, für die

Geisteswelt nicht empfänglich ist, solange der Lärm des Tages sie stört.

Wenn schon durch die Hypnose, folgert er weiter, eine Übereinstimmung zweier Menschen hervorgerufen werden kann, wobei der eine an allen Bewegungen des anderen so teilnimmt, als ob sie seine eigenen wären, wenn das Mitgefühl, das zwischen dem Hypnotiseur und den Somnambulen besteht, noch in räumlicher Entfernung wirksam ist, so ist es von hier aus nur noch ein Schritt zu dem Mitwissen eines Entfernten um das Schicksal, vornehmlich um den Tod einer geliebten, nahe verwandten Person.

Schubert führt Beispiele aus seiner Familie an, der dieses Ahnungsvermögen in hohem Maße eigen war, und berichtet, wie seine Großmutter, eine Spitzenklöpplerin aus dem Erzgebirge, durch einen Traum veranlaßt wurde, ihren Sohn Theologie studieren zu lassen, und wie sie ihren Traum trotz schwerer Hindernisse verwirklichte.

In dieses Gebiet gehöre ferner die Vereinigung, die zwei Menschen bereits vor ihrer äußeren Verbindung eingingen. Auch hier weise reiche Erfahrung nach, wie zwei fernstehende, einander noch unbekannte Menschen gleiche Berührungspunkte hätten und lange vereint seien, bevor das Schicksal sie zueinanderführe.

Nach Schuberts letzten Worten irren Theresia von Brühls Gedanken ab. Eine Ahnung, als müsse Friedrich zugegen sein, beunruhigt sie seit Beginn des Vortrags.

Schräg vor ihr hören Lilla von Kügelgen und ihr Mann andächtig auf Schuberts Rede. Ihnen zur Seite gewahrt sie das ergraute Haar der Gräfin von Dohna, die gemeinsam mit ihrem Mann durch schlichtes Leben und tätige Menschenliebe Verehrung genießt. Tiefer gräbt sich die kleine grüblerische Falte in Theresias Stirn. Für die glücklichen Kügelgens und die Dohnas mögen die Worte des klugen Arztes Bestätigung sein. Für ihre Begegnung mit Friedrich gelten andere Gesetze; sie waren füreinander bestimmt und mußten sich dennoch trennen. Wann wird er endlich die eigene Ausdrucksform finden und die Farbe wagen? Noch ist er an seine Sepiazeichnungen gebunden, die sie heute mit dem Grafen in den Ausstellungsräumen sah. Oder wachsen in seinem Atelier verborgene Entwürfe? Sie brauchte nur Hartmann oder Kügelgen zu fragen, doch dann würde sie erneut Unruhe heraufbeschwören.

Graf Thun neigt sich ein wenig vor, sie wendet sich ihm zu, sein fragender Blick ist besorgt. Sie senkt den Kopf und schweigt. Kaum spürbar löst sich in ihr der bedrohliche Zwiespalt ihres Gefühls. Achtung vor Thun, Vertrauen in seine Gesinnung, machen sie getrost. Doch diese Stadt und ihre geistbewegte Geselligkeit muß sie künftig meiden. Die Folgen ihrer schweren Krankheit sind noch nicht überwunden. Ihre böhmische Heimat, in die sie zurückkehrt, das Mittelgebirge in seiner Heiterkeit, der nicht ferne Böhmerwald, die reißenden Flüsse des Landes, das sie liebt, die ganze wilde Schönheit Böhmens werden sie aufrichten und ihr helfen zu bestehen.

Im Hintergrund des Saales folgt Friedrich dem Vortrag des Freundes. Auch in ihm erwachen die kaum vernarbten Schmerzen wieder, doch alles einmal unerbittlich Vollzogene läßt bei ihm keine Zweifel aufkommen. Mit äußerster Anspannung sieht er auf Schubert. Wie anders als Adam Müller, der selbstgefällig die Schätze seines Wissens ausbreitet, daß der Zuhörer die eigene Unzulänglichkeit spüren muß, ist dieser Mann mit den kindlich zufriedenen

Zügen, der in die Verborgenheit seiner Erkenntnisse führt, als sei die Weisheit ein abseits liegender Garten, in den jeder gelangen kann. Die Einfalt begleitet seine oft krausen und verschlungenen Pfade des Forschens.

Der Redner beschließt den Abend mit einer strengen Vermahnung, jene Nachtseiten, die er zu erhellen im Begriff sei, nicht mit den lächerlichen Geheimsitzungen der Geisterbeschwörer zu vermengen wie auch den Magnetismus, der segensreiche und verheerende Wirkungen hervorbringen könne, nicht anders zu betreiben, als der Mensch es vor sich verantworten könne.

Schubert ist schnell von nahen Freunden umringt.

„Lieber Krause, laufen Sie eiligst zu Frau Henriette und melden Sie ihr den glücklichen Ausgang, damit die Ärmste aus ihrer Angst befreit wird!" ruft Frau Kügelgen dem noch nachdenklich dastehenden Philosophenfreund zu und beeilt sich, Schubert dankbar die Hand zu drücken.

Kleist ist aufgesprungen, sieht über das Menschengewoge auf Schubert. Fiebernd erregt sind seine Worte:

„Ich fühle mich wie aufgerissen von diesem Vortrag, Rühle. Hier wurde ein Bereich beschworen, in dem mein ‚Käthchen von Heilbronn' traumwandelt. Mich verlangt, mehr von diesen Nachtbezirken in mich aufzunehmen."

„Bitte Schubert um ein Privatissimum, er wird es dir freudig gewähren."

Rücksichtslos drängt sich Kleist durch die disputierenden Gruppen an den Philosophen heran, der sich bereitwillig von ihm aus dem Saal führen läßt.

Friedrich ist schon dem Ausgang nahe, als Adam Müller ihn aufhält. Er verneigt sich steif. Ihm ist dieser Glitzernde, der sich überall, vorzugsweise in den Salons, zu

Hause fühlt, nicht angenehm. Er weiß jedem etwas Bezwingendes zu sagen, und so verfehlen auch jetzt seine verständnisvollen Worte über einige Landschaften nicht ganz ihre Wirkung. Doch unvermutet bekommen Friedrichs Augen einen abwesenden Ausdruck. Er hat Theresia gesehen.

Ein kurzer Dank gegen Müller, dann geht er schnell hinaus. Ein feuchter kühler Abend schlägt ihm entgegen. Er wendet sich durch die dunklen Straßen der Elbe zu. Der kräftig hinfließende Strom ist Gefährte seiner Phantasie in dieser Stunde ungeahnter Erschütterung.

Im Sommer wanderte er mit Freund Kühn die Elbe aufwärts, und das Gebirge erschloß sich ihm; die Morgennebel über den Bergen, das Mittagslicht auf den saftig grünen Matten, der Abend um die Felsenhöhen verglühend, die seltsamen Urformen des Gesteins gewannen ihre Macht über ihn. Er wird die ihm noch unbekannten Erscheinungen und Geheimnisse des Gebirges ergründen. Er wird eins mit ihm sein, wie mit Meer, Klippe und Strand.

Bis tief in die Nacht geht er unter den Weiden am Elbufer auf und nieder. Die Kuppel der Frauenkirche wölbt ihren mächtigen Schatten über die niedrigen Häuser, und hinter den fernen Hügeln taucht der Mond aus dem Nebeldunst. Der Fluß verliert sich im Dämmern, durch das sich schattenhaft zum anderen Ufer die dunkle Linie der Augustusbrücke schwingt.

An einem Tag im Spätsommer des Jahres 1808 begegnet Kleist seinem Freund Rühle, der wenige Häuser von ihm entfernt in der Pirnaischen Vorstadt wohnt.

„Es geht bergab, Rühle, der ‚Phoebus‘ hält nicht aus. Seit

mein ‚Zerbrochener Krug‘ durchgefallen ist, wofür der Weimarer Geheimrat mit einer verfehlten Aufführung sorgte, spüre ich das Abgleiten aller Hoffnungen. Mein ‚Käthchen von Heilbronn‘ wartet darauf, uraufgeführt zu werden, wann das stattfindet, weiß niemand. Wozu noch Stücke schreiben? Wozu, frage ich dich? In Berlin spielt man nur französische Komödien, in Kassel statt des deutschen nur noch französisches Theater. Wie lange wird hier überhaupt noch deutsch gesprochen?“

Rühle faßt ihn kräftig am Arm.

„Komm mit zu Friedrich, dort kannst du dich austoben – oder möchtest du noch einmal hinter französischen Gittern sitzen?“

Friedrich hat unruhige Tage hinter sich. Ein Brief von Bruder Heinrich griff ihm ans Herz. Heinrich war zur Kur in Wiesbaden, hatte gehofft, Christian, der sich gleichfalls auf Reisen befindet, dort zu treffen, aber der Bruder kam nicht. Wo er sei, wisse niemand. Er deutete an, daß Christian in letzter Zeit verstört gewesen sei.

Da traf gestern abend ein Brief von ihm ein; er wollte ihn freudig aufreißen, sah aber an der Aufschrift, daß er aus Lyon in Frankreich kam. Bitterkeit packte ihn, daß er den Brief beiseite warf. Erst heute morgen entschloß er sich, ihn zu öffnen. Gottlob geht es Christian gut; was aber hat er in Frankreich zu suchen, jetzt, wo das Vaterland von französischen Soldaten besetzt ist, wo Stralsund und das gesegnete Rügen von ihnen überflutet werden? Ist mit Christian etwas vorgegangen, daß er seine eigenen, verderblichen Wege geht? Könnte er den Jungen nehmen und ihn schütteln! Aber Christian ist bald dreißig Jahre alt und will dem eigenen ungebärdigen Geist folgen. Hungrig war er immer nach fremden Eindrücken gewesen, immer rebellisch im ehrbaren Hausstand, spottlustig, wenn die anderen besorgt waren. Er hat ihn dabei immer zärtlich geliebt. Warum tut er ihm dies an? Er kennt ihn doch und weiß, wie er zu den Franzosen steht. Auch ergrimmt ihn, daß der Junge so freudig von allem erzählt, was Frankreich Kostbares bietet, und daß er über Paris fahren wolle, wo Napoleon die Schätze Italiens aufspeichere. Könnte nicht auch ohne diese Reise ein tüchtiger Kunsttischler aus ihm werden? Solch einen Brief will er nicht noch einmal haben. Und so ist er in aufgebrachter Stimmung, als Kleist und Rühle bei ihm eintreten.

„Ich bringe einen Dichter, der seinem Zorn Luft machen muß", ruft Rühle ihm entgegen. „Holen Sie gleich die Holzbank, Friedrich, ich wette, daß auch Pfuel noch erscheint. Es liegt zuviel Spannung in der Luft."

„Hier können wir nach gewohntem Brauch die Herzen von der Wut befreien!" Kleist wirft sich erschöpft auf die Bank. „Ihre glatten Wände, Friedrich, wären rissig, wenn jeder unserer Flüche auf Napoleon sich in ihnen eingrübe."

„Und die gedachten Flüche und die tausendfach erstickten Verwünschungen, Kleist, und die unterdrückten Rufe nach Freiheit!" Friedrich löst den aufgestauten Grimm in einem Lachen, das gefährlich klingt; die Freunde kommen just zur rechten Stunde.

„Und den Haß, den ich auf den sächsischen Kurfürsten habe, der sich den Königstitel durch Verrat erkauft hat!" Kleist ist aufgesprungen und rennt hin und her. „Der wurde in meinem ‚Kohlhaas' gekühlt; habe ich doch den sächsischen Kurfürsten darin mit rechter Wollust peinigen lassen."

„Der König sei nicht der Schlimmste, behaupten manche ehrlich Deutschgesinnte", wirft Rühle ein. „Er warb nicht aus Machtgelüsten um Bonapartes Gunst, sondern dachte nur daran, seinem Land den Frieden zu erhalten."

Kleist fährt auf:

„Das ist es ja, was ich ihm verarge. Besser, daß ein Land Wunden trägt als daß es in Knechtschaft siecht. Das wollte ich ihnen zeigen, wollte es ihnen in Hirn und Ohren schreien und suchte ein Beispiel, an dem sie es erkennen sollten. In der Väter Vorzeit, im Lande der Cherusker, habe ich es gefunden. So wie heute war da ein unterdrücktes Volk, das von den Römern beherrscht wurde. So wie heute war das unterdrückte Volk uneins in sich; so wie heute die Rheinbundfürsten sich an den Feind verkaufen, um die eigene Macht zu stärken, wurde es von falschen Führern, die eigene Ziele verfolgten und nicht die des Volkes, hin und her gezerrt. Und so wie es heute kommen muß und kommen wird, stand das Volk auf, und einer war da, dem eins mehr galt als des Landes schändlicher Friede: die Freiheit vom Joch der Unterdrückung." Er reißt ein Manuskript aus der Tasche. „Hört, wie ich es ihnen einbrenne, damit sie erkennen, daß es die Freiheit ist, um die es geht."

Kleist liest Bruchstücke aus seiner „Hermannsschlacht". Als er an die Stelle kommt:

„Die ganze Brut, die in den Leib Germaniens
sich eingefilzt wie ein Insektenschwarm ...",

springt Friedrich auf, umklammert eisenfest des Dichters Arme.

„Das muß ans Licht, Kleist! Verflucht, wenn das nicht jeder Deutsche hört!"

„Hier wagt es keiner aufzuführen. Auf Wien allein setze ich noch Hoffnung." Er wirft wütend das Manuskript auf den Tisch.

„Es ist großartig, Kleist!" begeistert sich Rühle. „Ich habe ja deine ‚Hermannsschlacht' gelesen, sie ist nicht wie andere Werke von dir mit subjektiven Leidenschaften gestaltet, hier wird der Held von der objektiven nationalen Situation getragen: Germanien wird von der Fremdherrschaft befreit. Dazu sind wir aufgerufen. Aber, Kleist, du übersteigerst dich dennoch zu sehr in dieser Dichtung, du bist zu schroff ..."

„Zu schroff, jawohl! Gibt es das noch, wenn täglich Unschuldige, die sich den Haß gegen den Feind bewahrt haben, in den Kerker müssen? Gibt es da noch ein ‚zu schroff', frage ich euch, wenn deutsche Dichter, die dem Würger ihres Landes nicht Verehrung winseln, vor Hunger verrekken müssen? Wenn der Buchhändler Palm erschossen wurde, weil er das napoleonische Willkürregiment und die verräterischen deutschen Fürsten in seiner Flugschrift anprangerte? Wenn Bilder wie dieser Adler hier in diesen armseligen Wänden verblassen müssen, statt daß einem jeden bei der geheimen Sprache dieses Bildes das Herz erstarke?" Er faßt Rühle am Rockkragen. „Rühle, dummer Kerl, ich weiß ja, wie du denkst, aber dein Herz kann sich nicht losreißen von manchen Leuten, die dich groß dünken und die den Korsen bewundern."

Rühle springt auf.

„Kleist, du sprachst eben offenbar von Goethe, griffst ihn an. Aber es ist doch wohl so, daß er in Napoleon das organisatorische Genie und den Vollstrecker der Ideen der französischen Revolution sieht. Deutlich erkennt auch er, daß

1 *Herakles*

2 *Der Greifswalder Marktplatz*

3 *Alte Buche auf Rügen mit rastendem Wanderer*

4 *Bildnis des Vaters Adolf Gottlieb Friedrich*

5 *Hünengrab im Herbst*

6 *Winterlandschaft*

7 *Mittag*

8 *Mondschein am Strand (mit den zwei Fischern)*

9 *Mondschein am Strand (mit dem Anker)*

10 *Seestück bei Mondschein*

11 *Die Klosterruine Eldena im Riesengebirge*

12 *Harzlandschaft mit felsigem Weg und Tanne*

13 *Landschaft bei Loschwitz*

14 *Das Kreuz im Gebirge*

15 *Das Kreuz im Gebirge (Tetschener Altar)*

16 *Frau am Fenster*

Freiheit und Einheit der Nation erst durch die Zerreißung unserer inneren Ketten möglich sein können. Er steht mit seiner Meinung nicht allein, sie wird von vielen Zeitgenossen geteilt."

„Gott hat eine Geißel gesandt, an der unser uneiniges Volk genesen und einig werden soll; dieser Glaube hält mich", beschwichtigt Friedrich.

„Aber wie sollen den Verführten, die sich von seinen Siegen haben trunken machen lassen, die Augen aufgerissen werden?" Kleists laute Stimme dröhnt ungehemmt gegen die engen Wände:

„Es muß ihnen immer wieder gesagt werden! Ich füge zuweilen meine Gedanken in solche Sätze, die ein Kind verstehen kann und die man es lehren soll. Einen Katechismus will ich es nennen, ein Buch des Vaterlandes soll es sein, jedem Deutschen ins Gedächtnis geschrieben wie Luthers Katechismus. Hört her, so denke ich es mir: Der Vater fragt den Sohn, wofür er Napoleon, den Kaiser der Franzosen, halte. Und der Sohn antwortet darauf: Für einen verabscheuungswürdigen Menschen; für den Anfang alles Bösen und das Ende alles Guten; für einen Sünder, den anzuklagen die Sprache der Menschen nicht hinreicht und den Engeln einst am Jüngsten Tag der Odem vergehen wird. Und wie er ihn sich vorstelle, fragt der Vater, und der Sohn antwortet: Als einen der Hölle entstiegenen Vatermördergeist, der herumschleicht in dem Tempel der Natur und an allen Säulen rüttelt, auf welchen er gebaut ist."

Sporen klirren die Treppe herauf. Pfuel tritt mit Schubert ein.

„Dachte ich mir doch, daß Ihr den Korsenhaß in diesen

Mauern kocht. Wenn hier die Späher hereinröchen, würden sie Napoleon einen hübschen Spuk erzählen, und seine Kerker hätten guten Fraß."

„Guten Abend, Friedrich." Schubert drückt Friedrichs Hand. „Sie sehen prächtig zornig aus, daß Kügelgen Sie als Cheruskerfürst malen möchte, wenn er Sie sähe. Ich wette, Sie haben wieder in einem Bild Ihren Groll ausgetobt wie Kleist in Versen."

„Gewiß tat ich es, wenn auch die Sprache dunkel sein muß, damit der Feind sie nicht versteht; doch wer wach ist, begreift sie. Runge sandte mir geheimnisvolle Zeichen." Er holt ein Kartenspiel aus einer der aufgestapelten Mappen. Sie drängen sich um ihn. „Hier, erkennt ihr den Treffbuben?"

„Schill!" ruft Pfuel. „Bei Gott, das ist Schill! Bravo, Runge, dein Herz ist treu!"

„Und was haben Sie für geheime Zeichen auf die Leinwand gebannt? Zeigen Sie her, Friedrich", drängt Schubert.

Friedrich wendet ein bisher verkehrt an der Wand stehendes Bild um. Es ist eine Sepiazeichnung, eine Winterlandschaft. Auf verschneitem Tannenweg geht ein Mann auf einen dunklen Wald zu. Wer genau hinsieht, erkennt, daß es ein französischer Chasseur ist.

„Und . . .?" fragt Kleist.

„Sehen Sie da auf dem Stein einen Vogel, der dem Mann sein Totenlied krächzt?"

„Ein Rabe . . . dem französischen Chasseur . . ."

„Himmel und Hölle, möge Ihre Prophezeiung wahr werden! Ein echter Friedrich, dieser Rabe im Tannenwald. Um wieviel wahrer als Kügelgens heiliger Michael, der dasselbe ausdrücken soll. Hier spricht die Natur selbst zu uns. Und wahrlich, diesem Chasseur scheint der Wald mit den herrlichen Tannen sich feindlich aufzutun, als ahnte er, daß dort das Grauen seiner wartet. Aber wer wird solch ein Bild kaufen? Es wird wie meine ‚Hermannsschlacht' in den Winkeln modern, ein wacher Geist wird heute erstickt."

Um Friedrichs Mund lugt der Schalk durch das Gestrüpp seines Bartes.

„Seien Sie nicht so sicher, Kleist, ein Einsiedler hat auch seine Kundschaft. Eine zuverlässige sogar, die sich mit pünktlicher Sicherheit einstellt. Mich sollte wundern, wenn sie mich heute abend im Stich läßt."

„Ist es auch kein Gebilde aus Schuberts Nachtbereich, das nur Eingeweihten sichtbar wird?" fragt Rühle skeptisch.

„Der Schüler Adam Müllers hält es für nötig, der Wissenschaft von den Nachtzeiten eins auszuwischen", stellt Schubert mit Betrübnis fest. „Es tut mir leid, daß meine und Müllers Vorlesungen, die friedlich nebeneinander herlaufen sollten, sich voneinander entfernten und der Ausgleich der Gegensätze in eine recht scharfe Betonung der Gegensätze geriet. Ich bedaure, daß unsere Freundschaft in die Brüche ging, denn sein Aufsatz im „Phoebus" über Landschaftsmalerei hat mich wahrlich für ihn eingenommen."

„Er spricht aus, was Friedrich meistert", pflichtet Rühle ihm bei.

„Ich überwand meine Abneigung gegen ihn, als ich den Aufsatz las", gibt Friedrich zu. „Doch wie konnte es bei einem friedliebenden Mann wie Ihnen, Schubert, zu einem Bruch mit Müller kommen?"

„Oh, wäre ich nie diesem Mann gefolgt; mein ganzes Unglück kam von den Vorlesungen“, seufzt Schubert, „wenn auch noch andere Gründe hinzukamen. Seit dem Beginn dieses für mich unseligen Jahres 1808, das mich zu der großen Welt in die Schule schickte, habe ich gelernt, daß ich nicht dorthin gehöre, und habe Gefahren kennengelernt, die ich nicht ahnte. Mein Unglück kam aus dem Einfall, den vornehmen Leuten Vorlesungen zu halten. Ich tat es, um uns aus der bedrängten Lage zu helfen. Der Anfang gelang gut. Doch da wachte die Eitelkeit in mir auf, wie ich es mir nie zugetraut hätte. Bald bei diesem Rittmeister, bald bei jenem Domherrn zu Tisch, bei jenem Grafen zum Tee, bei jenem Major oder Gesandten zum Frühstück, trieb mich der Teufel in der ganzen Stadt, vom Morgen bis zum Abend herum. Doch der Beifall ging, je mehr ich mich um die Gesellschaft bemühte und dabei meinem Wesen Gewalt antat, in Tadel und Mißbehagen über. Die guten Freunde blieben treu, aber es erwachten Gegner – wohl aus Eifersucht – unter denen, die mit mir Vorlesungen hielten und die sich durch Geschicklichkeit den Beifall des vornehmen Haufens gesichert hatten. Alle Lust zum Arbeiten ging mir aus. Ich war bekümmert, niedergedrückt, ohne Kraft, mich über alles hinwegzusetzen. Im Sommer übernahm ich in Bärwalde die Armenpraxis, lebte mit der Natur, mit meiner Familie. Ich wurde geheilt. Nun werde ich den dritten Band meiner ‚Ahndungen einer allgemeinen Geschichte des Lebens‘ schreiben, neue Begeisterung erfüllt mich für diese Arbeit. Gott möge jeden bewahren, sich so zu verlieren, wie ich es tat.

Und das ist das Geheimnis Ihrer eigenartigen Kunst, verehrter Friedrich, die sich schon in ihrem ersten erschütternden Ausmaß zeigt. Es liegt in Ihrer kraftvollen und unbeirrbaren Lebenshaltung. Durch keine noch so schmeichelhaften Beteuerungen lassen Sie sich beeinflussen und werden Sie es je tun. Sie stehen heute einsam, es kann sein, daß Sie es immer bleiben werden, inmitten einer wirbelnden, effekthaschenden und eitlen Umwelt. In dieser Einsamkeit konzentriert sich Ihr Wille allein auf Ihr Werk. Sie werden durchbrechen, ich zweifle nicht daran. In Weimar achtet man Sie mehr und mehr. Ich kam in Karlsbad, wo ich mich einige Wochen aufhalten mußte, oft mit Goethe zusammen. Wir sprachen von Ihnen, er erkennt Ihre Eigenart an, er sah Ihre Sepiablätter, die in Weimar ausgestellt sind. Und noch etwas, das Sie bewegen wird. Goethe sprach von dem berühmten französischen Bildhauer David d'Angers, der in Weimar war. Er soll sehr lange vor Ihren ‚Jahreszeiten', besonders vor dem ‚Winter', und vor Ihrem ‚Hünengrab am Meer' gestanden haben. Voller Begeisterung sei er in die Worte ausgebrochen: ‚Es ist bewundernswert!' und habe dann etwa Folgendes gesagt: ‚Das ist eine große und gewaltige Poesie ... Friedrich hat eine tragische Seele, er hat in vollkommener Weise erkannt, daß man sich der Landschaft bedienen kann, um die großen Krisen der Natur darzustellen.' Ich habe mir diese Worte eingeprägt, weil sie Ihre Eigenart so vollendet aussprechen. Ein Franzose erkennt, woran die Deutschen unberührt vorübergehen. Es ist nicht das erste Mal, daß ein Künstler vom Ausland früher beachtet wird als von uns."

Ein leises Pochen an der Tür läßt die Männer aufhorchen.

„Holla, Friedrich, Ihre Kundschaft aus dem Nachtbereich

der Träume meldet sich; dem Klopfen nach muß es ein zartes Geistlein sein", flüstert Schubert.

„Mag schon sein", Friedrich lächelt. „Komm nur herein, Luischen!"

Die Tür wird zaghaft geöffnet, und auf der Schwelle steht ein kleines Mädchen, das beim Anblick der Männer einen danebengeratenen, schiefen Knicks macht und die Augen hilfeflehend auf Friedrich richtet. Dieser ist sogleich recht vergnügt.

„Komm her zu mir, Luischen, du hast gewiß wieder einen Wunsch auf dem Herzen."

Das Kind traut sich nicht herein, sieht mißtrauisch auf Kleist, der ein so böses Gesicht macht, daß man sich fürchten muß. Friedrich steht lachend auf, holt das verängstigte Geschöpf herein und setzt es auf seine Knie. Es verkriecht sich sogleich in seinen weiten grauen Mantel, den er beim Malen zu tragen pflegt.

„Nun, Luischen, sag mir doch, was du haben möchtest."

Die Kleine sieht verlangend nach den Mappen.

„Ich möchte gern wieder ein Bildchen haben, Onkel Caspar", hört man das leise Stimmchen sagen.

„Ei, seht, die Kleine steckt das ganze Dresdener Publikum in die Tasche." Pfuel setzt sich in die Hocke neben das Kind. „Du weißt, was schön ist, mein kleines Fräulein."

Caspar hat eine Skizze herausgesucht und gibt sie der Kleinen.

„Friedrich verschenkt seine Skizzen, als wären sie Kuchen und Zuckerwerk. Da hast du wohl bald eine schöne Sammlung beisammen?"

Schubert streichelt dem Kind über das Haar.

„Was machst du denn mit den Bildchen?"

Luischen ist munterer geworden und macht ein spitzbübisches Gesicht, als fände sie diese Frage über eine Sache, die doch sehr einfach ist, dumm.

„Ich schau sie mir an und spiele damit“, sagt sie zufrieden, „manchmal wickele ich auch wohl ein anderes Spielzeug hinein.“

Einen Augenblick hat Friedrich sie mit großen, verwunderten Augen angesehen, dann lacht er los. Die Kleine tanzt auf seinen Knien, so wird sein Körper vom Lachen geschüttelt.

„Kindermund tut Weisheit kund! Du hast recht, Luischen, da sind die Skizzen wenigstens zu etwas nütze auf der Welt.“

Friedrich tanzt mit ihr in der Stube umher, und alle stimmen in seine Fröhlichkeit ein. Um so heftiger tun sie es, als es ihnen ins Herz schneidet, wie des Freundes Kunst sich hinter den kahlen Wänden seines Ateliers verzehren muß.

Es ist Abend geworden, die Freunde wollen aufbrechen.

„Diese Stunde hat mir wohlgetan“, bekennt Pfuel warm und ehrlich. „Die Not der Nation hat uns zusammengeführt. Daß sie gewendet werden muß, ist uns allen klar. Was aber am Ende all der Umwälzungen stehen wird, das wissen wir nicht.“

„Du erinnerst mich an ein Wort von Tieck aus seinem ‚Sternbald‘“, unterbricht ihn Rühle. „‚Wer sich der Kunst ergibt, muß das, was er als Mensch ist oder sein könnte, aufopfern.‘ Das kann doch nur bedeuten, daß sich der Künstler von einer Umwelt, die heute noch von Privilegien strotzt, lösen muß, daß er sich aus seiner Einsamkeit heraus zum Volk bekennen muß. Ich verabscheue die deutschen Künstler, die sich von ihrem Vaterland abwandten und nach Rom gingen und sich mönchisch von der Welt abschließen. Sie kapitulierten vor ihrer Verpflichtung als Künstler in einer Zeit, in der jeder im Vaterland gebraucht wird."

„Ich stimme Rühle zu", sagt Friedrich mit entschiedenem Ernst. „Heute ist die Kunst noch abhängig von den Reichen, die armseligen Geistes sind. Sie bestellen ihre Kopien oder wollen ihre Reiseerlebnisse an die Wand hängen. Sie verderben den Künstler, und die Kunst wird erniedrigt und entwürdigt. Wer nicht mitmacht, bleibt allein und entbehrt. In diese Vereinsamung wird jeder gedrängt, der es ehrlich meint und seinem Ziel getreu bleibt."

Als die Freunde gegangen sind, schreibt Friedrich an den geliebtesten der Brüder, an Christian, nach der Stadt Lyon in Frankreich.

„Lieber guter Bruder!

Vorgestern abend erhielt ich Deinen Brief, und als ich Lyon auf der Aufschrift las und Deine Hand erkannte, grollte es mir im Herzen. Du fühlst selbst, daß es nicht recht ist, daß Du als Deutscher in Frankreich bist, und das tröstet mich noch einigermaßen, denn sonst würde ich ganz an Dir zweifeln. Indes grollt es mich so sehr, lieber guter Junge, daß ich Dich bitten muß, solange Du in Frankreich bist, nicht mehr an mich zu schreiben. Sobald Du aber wieder Frankreichs Grenze überschritten und in einem anderen Lande bist, bitte ich Dich dringend, laß mich wissen, wo Du bist und wie es Dir geht. Gott erhalte Dich gesund, und kehre bald wieder aus Frankreich zurück. Dein Bruder Caspar."

An einem Herbstmorgen bringt ein reitender Bote einen Brief von dem Grafen von Thun aus der kleinen böhmischen Stadt Tetschen.

Kühn, der nur eben hereinsieht, um Friedrich zu einer Wanderung abzuholen, gewahrt die ihm allzu vertrauten Anzeichen schwer beherrschter Erregung bei dem Freund, während dieser den Brief liest.

Der Graf schreibt, daß er bei einem Aufenthalt in Dresden gemeinsam mit seiner Braut, dem Fräulein von Brühl, die Sepiazeichnung „Das Kreuz im Gebirge" auf der Ausstellung in der Akademie gesehen habe. Von diesem höchst eigenartigen Bild habe er einen starken Eindruck empfangen, der durch die deutenden Worte seiner Braut, durch ihren Hinweis auf die ungewöhnlich kühne und eigenwillige Tat des Künstlers ihn nachhaltig beschäftigt habe. Auch das von einem ausharrenden und unbeugsamen Geist zeugende „Hünengrab am Meer" habe sich ihnen unvergeßlich eingeprägt.

In ihren Gesprächen über diese Sepiazeichnungen habe seine Braut bedauert, daß der Künstler seine Motive nicht in Öl ausführe. Sonderlich von dem Kreuz habe sie sich eine besondere Wirkung versprochen. So seien sie darin übereingekommen, an den Künstler mit dem Ansinnen heranzutreten, diese Zeichnung als Altarbild für die Hauskapelle des Schlosses Tetschen, ihres künftigen gemeinsamen Wohnsitzes, in Öl zu malen.

Friedrich erfaßt noch die wenigen Worte, mit denen der Graf ihn bittet, das Bild bis Weihnachten, dem Tag der Vermählung, auszuführen, und daß er, sobald er eine zustimmende Antwort erhalten, einen Boten beauftragen werde, der mit ihm die notwendigen Erfordernisse besprechen würde. Dann reicht er Kühn schweigend den Brief hinüber.

Von der freimütigen Anerkennung des Grafen zwar bezwungen, setzt sich dennoch bei ihm ein Widerstand durch, daß nur die Gegenwart des Freundes ihn hindert, sogleich in einem Schreiben den Auftrag des Grafen zurückzuweisen.

„Noch nie habe ich einen Auftrag angenommen, nur das kann etwas Echtes werden, was aus dem eigenen Innern kommt."

„Lege eine Fußwanderung ins Elbtal und einen tiefen Nachtschlaf zwischen diesen Brief und deine Entscheidung, Caspar", rät Kühn, „es ist nicht gut, in der Heftigkeit schwerwiegende Entschlüsse zu fassen. Laß diesen Brief liegen und laß uns wandern, du wirst ihn morgen früh anders lesen."

Und so folgt Friedrich ihm hinaus ins Freie. Den Tag über wird nicht von dem Auftrag gesprochen, die Freunde tauschen wie gewohnt ihre Naturbeobachtungen aus und bringen in ihren Ränzeln einige Skizzen heim.

Früher als gedacht, kehrt Friedrich in sein Atelier zurück. Er geht in das Gelaß, in dem angefangene Bilder und Studien aufgestapelt sind. Darunter steht ein kleines Ölbild, das er bislang niemandem gezeigt hat. Er stellt es auf die Staffelei, setzt sich davor und sieht es lange an: Eine Frau geht auf schmalem Weg durch das anmutig gewellte Land, sie wendet dem Beschauer den Rücken zu, ihre Arme sind seitlich leicht gehoben, als grüße sie den reinen Morgenhimmel, die aufgehende Sonne, die sich noch hinter den fernen Höhen birgt, aber schon ihre Strahlen aussendet. Frei und sicher in sich ruhend, geht sie dem steigenden Licht entgegen, im Einklang mit dem Walten der Natur ist sie des inneren Friedens gewiß, und mit dankbarer Gebärde nimmt sie die göttliche Verheißung in sich auf.

In einer glücklichen Stunde hatte er es gewagt, dieses Bild zu malen, bald nachdem er Theresia in Schuberts Vorlesung wiedergesehen hatte.

So ähnlich sieht er bald auch das Bild vor sich, das ein Altarbild werden soll. Die Breite der alten Sepiazeichnung muß zur Höhe gewandelt werden, nur Kreuz, Felsengipfel, Tannen und Himmel dürfen sichtbar sein, so wird die Form für ein Altargemälde gewahrt und die stärkste Konzentration gewonnen.

Die dunklen Herbstmonate werden von dieser Arbeit erhellt, die Freude am Gelingen stärkt seinen Glauben. Manch ein in den letzten Jahren unvollendet gebliebenes Ölbild reift und wird zu gleicher Zeit vollendet. Freund Kühn führt nach seinem Entwurf den Rahmen aus. Auf dem Sockel neigen sich eine Ähre und der Zweig des Weinstocks zueinander, Symbole von Brot und Wein, im flachen Bogen blicken Engelsköpfe herab. So wird erreicht, daß das Bild sich nicht zu sehr vom Raum abhebt, sondern eins mit ihm wird, wie es eine Kapelle erfordert. Gegen Weihnachten sind Bild und Rahmen zur Absendung bereit.

Die Freunde Schubert, Hartmann und Kügelgen mit seiner Frau kommen ins Atelier, um die Arbeit noch einmal zu sehen.

„Es ist bekanntgeworden, daß Sie dieses Bild malen, Friedrich, und Ihre Bewunderer haben den Wunsch ausgesprochen, daß Sie es zur allgemeinen Besichtigung ausstellen möchten“, sagt Kügelgen, nachdem sie es lange schweigend betrachtet.

„Lieber Friedrich, ich spreche für die Frauen", unterstützt ihn Frau Lilla. „Bekannte aus allen Kreisen der Dresdener Gesellschaft und befreundete Malerinnen haben mich inständig gebeten, Sie diesem Vorschlag geneigt zu machen."

Friedrichs Gesicht umdüstert sich. Aber Hartmann will es nicht merken.

„Sind Sie es nicht Ihren Freunden schuldig, Ihr erstes großes Gemälde öffentlich zu zeigen? Sie haben einen neuen Weg beschritten, der bedeutende Hoffnungen erweckt. Ihren Freunden, aber auch Ihren Widersachern, die sich schon über Ihr Sepiablatt erregten, sollten Sie dieses Bild nicht vorenthalten, es kann Ihnen nicht zum Schaden gereichen."

„Ich malte es eigens für eine Kapelle; in einem anderen Raum wird es nicht die gewünschte Wirkung hervorbringen", sagt Friedrich ungehalten.

„Und dennoch sollten Sie es tun", beschwört ihn Kügelgen. „Dieses Werk darf nicht ungesehen in die Einsamkeit eines böhmischen Schlosses verbannt werden."

Friedrich bleibt hart.

Da löst sich Schubert aus seiner Zurückhaltung, in der er bisher wortlos mit äußerster Anspannung das Gemälde betrachtete.

„Wenn es Sie noch so schwer ankommt, lieber Friedrich, Sie dürfen dieses Bild nicht den Menschen dieser Stadt vorenthalten. Sie entsinnen sich, was ich Ihnen neulich über meine Eitelkeit sagte und wie sehr ich von der Gesellschaft ernüchtert wurde. Hier geht es um Dringenderes. Ihr Bild wirkt in dieser zwar dem Religiösen geneigten, aber durch Mystizismus und durch christenfeindliche Einstellung zerrissenen Zeit wie eine Mahnung. Sie heiligen die Landschaft, die bisher nicht mehr war als Umrahmung seichter Begebenheiten. Sie dürfen Ihr Werk nicht zurückhalten."

Nach dieser warmen und dringlichen Rede ist Friedrich bezwungen.

Wieder steht ihm Freund Kühn zur Seite. Sie überlegen, wie die Umgebung des Bildes herzurichten sei, um das Dämmern einer Kapelle zu erwirken. Sie werden den Tisch, auf dem das Gemälde stehen wird, und die Wände mit schwarzem Tuch umspannen. Die Fenster werden abgedunkelt. Zwei hohe Kerzen werden auf jeder Seite des Altarbildes stehen.

In den letzten Tagen vor Weihnachten pilgert das kunstbegeisterte Publikum, pilgern Gelehrte, Künstler und Kritiker nach der Pirnaischen Vorstadt hinaus. Wohl haben Kügelgen und Hartmann Lärm geschlagen, Rühle hat seinen Zögling, den jungen Erbprinzen von Sachsen-Weimar, und einige hohe Beamte und Offiziere mitgebracht. Aber auch in die Salons ist die Kunde von dem neuen Gemälde des seltsamen Friedrich gedrungen. So geschieht es, daß die Dresdener wie zu einer größeren Kunstausstellung unterwegs sind.

Intensiver noch als vor Jahren die Sepiazeichnung bewegt das Gemälde die Beschauer. Das farbenglühende Abendgewölk, das leuchtende Grün der Tannen heben sich eindringlich aus dem Dämmern des Raumes. Keine geistreichelnden Reden, weder überschwengliche Ausrufe noch nörgelnde oder gar kritisierende Bemerkungen werden hörbar, einmütiges Schweigen herrscht in dem kleinen Raum.

Die Neuartigkeit einer bisher in der Malerei noch nie dagewesenen revolutionären Auffassung bewegt nicht nur die Kunstkritiker und die geistig und künstlerisch interessierten Persönlichkeiten der Stadt, auch den einfachen Bürger. Nahe rückt vielen die Erlösungstat des Gekreuzigten, sie erhebt aus den Wirrsalen der Zeit, dem Grauen des Krieges, der Schmach der Unterdrückung.

Friedrich ahnt nicht, daß er in diesen Tagen zu einer geachteten, aber auch vielumstrittenen Persönlichkeit geworden ist. Er hat sich mit Freund Kühn, nachdem das Gemälde abgeliefert worden ist, in ein stilles Gebirgsdorf zurückgezogen. Aus der Heimat empfing er trübe Nachricht. Schwester Catharina in Breesen starb an einer durch die französische Besatzung eingeschleppten Krankheit. Der Vater kränkelt, und düstere Ahnungen beklemmen den Sohn, der allein in der Fremde steht und sich um so enger an die Brüder schließen möchte. Heimweh nach den Lieben, die er drei Jahre nicht sah, packt ihn mit ungewohnter Heftigkeit. Christian hält sich noch immer in Frankreich auf, und Sorge um den liebsten Bruder verdunkelt den Einsamen.

Er geht tief in den verschneiten Wald, ein kalter Hauch, vertraut von Kindheit her, weht ihn an. Wie erträgt es der Mensch, ohne in Finsternis zu versinken, wenn nacheinander geliebte Menschen sich von ihm aus der warmen Gemeinschaft lösen? Antwort und Bestätigung seiner eigenen Glaubenswelt geben ihm Gedanken seines Freundes Schubert: Wer die Natur liebt, kann nicht schaudern vor dem, was sie uns am Ende unseres Daseins gönnt. Die Erde nimmt uns auf wie der Leib der Mutter. Das Leben ist vergangen; wir sind in einen Zustand geraten, der ohne Gefühl dem des Ungeborenen im Mutterleib gleich ist. Die Erde verzehrt schnell, was nicht mehr war, und der Keim eines neuen Daseins, frei selbst von den letzten Banden, die ihn an den Planeten fesselten, von nichts Irdischem mehr gehemmt, wird von einer höheren Verklärung aufgenommen.

Er wandert fort auf dem weichen, frisch gefallenen Schnee, der Wald öffnet sich, die nahen Niederungen liegen in bläulichen Schatten. Er sieht nach Süden, wo alles Licht schon im Dunst erloschen ist. Dort, die Elbe stromaufwärts, liegt die kleine böhmische Stadt Tetschen. Er war im Sommer stromaufwärts gewandert und hatte das Schloß auf hohem Felsen liegen gesehen, von einem mächtigen Park mit hohen alten Bäumen umgeben. Man sagte ihm, es sollten dort Gewächshäuser seltene Pflanzen bewahren. Weitab vom Dresdener Leben hat nun also Theresia eine neue Heimat gefunden. Von dort oben wird sie weit in ihr geliebtes Böhmen hinaussehen können, über das tiefe Grün der Landschaft und das glänzende Wasser der Flüsse.

Es hatte ihn weiter über Aussig hinaus nach dem böhmischen Mittelgebirge getrieben, von dem sie einst gesagt hatte, daß es seiner Heimat in der Bewegtheit und Ruhe, in Heiterkeit und Erhabenheit verwandt sei, und er hatte gefunden, daß sie recht hatte. Der Tag, als er den höchsten Berg, den Milleschauer, vor sich aufragen sah, hatte ihn unauflöslich mit dem Gebirge verbunden, wie er es von Kindheit an mit dem Meer ist.

Der Einsame wendet sich und geht in den Wald zurück. Schnell breitet sich die Dunkelheit um ihn aus. Zuweilen bleibt er stehen, sieht nach den flammenden Lichtern auf, die jetzt auch über dem Vaterhaus brennen, über dem Meer und den weiten Feldern der Heimat.

Die Elbe ist vereist; Schollen treiben krachend gegen die Brückenpfeiler. Im winterlichen Dunst steht trübe der Mond über der Stadt. Hartmann, Kügelgen und Rühle achten nicht darauf. Ihr Weg führt geradewegs zu Friedrich.

Sie stürmen die Treppe hinauf. Friedrich sieht befremdet von seiner Arbeit auf, die Freunde sprühen vor Erregung. Hartmann wirft ein Journal auf den Tisch.

„Wehe, wenn die Aktenschnüffler sich zu Propheten der Schönheit aufwerfen und einen Ausflug in die Kritik unternehmen! Sie tragen Staubwolken und Moder in ihren Gehirnen und verpesten die reine Luft!"

„Ramdohr hat gewagt, Sie zu schmähen, Friedrich", bricht Kügelgen los und hält ihm die aufgeschlagene Zeitschrift „Für die elegante Welt" hin. „Wie ich sehe, ahnen Sie noch nichts. Dachte ich doch, daß dieses lärmende Geschrei eines unterdrückten Literaten, der sich einmal Luft machen mußte, nicht in Ihre fromme Klause gelangt."

Friedrich begreift nicht gleich, nimmt zögernd die Zeitschrift, liest den Titel: „Über ein zum Altarblatte bestimmtes Landschaftsgemälde von Herrn Friedrich in Dresden und über Landschaftsmalerei, Allegorie und Mystizismus überhaupt". Von dem Kammerherrn F. W. B. von Ramdohr.

„Eine Kritik?" fragt er kurz.

Rühle, der erregt auf und nieder rennt, tritt vor ihn hin.

„Dieses Wort ist zu schade für den Geifer des armseligen Tropfes", erwidert er bissig.

Es geschah, was Friedrich befürchtete; auch dieses Heiligste wurde in den Wirbel der Gemeinheit gezerrt. Verbot ihm seine innere Stimme nicht, es preiszugeben? Warum war er ihr nicht gefolgt?

„Ich sah es kommen."

„Meine Frau ist untröstlich und hält sich für schuldig an der unseligen Sache. Doch war sie es ja nicht allein, die Sie zur Ausstellung bestimmt hat", sagt Kügelgen traurig.

„Gut, daß der Blitz in die Gewitterschwüle der unausgetragenen Meinungen kracht und wir endlich dreinschlagen können", entgegnet Hartmann für Friedrich, der sich über die Zeitschrift neigt. „Lesen Sie getrost, Friedrich, dieser Ton kann Ihnen nichts anhaben. Sie sehen, wir sind zur Stelle."

Friedrich liest den Anfang:

„Wäre das Bild des Herrn Friedrich ein Werk, das dem Beispiel großer Meister getreu gut oder schlecht sei, ich würde schweigen. Das Gewöhnliche gerät von selbst zu Fall. Dies Bild aber weicht von der gewöhnlichen Bahn ab, es eröffnet eine bisher unbekannt gebliebene Ansicht der Landschaftsmalerei, zeigt einen phantasiereichen, begabten Künstler, macht Effekt auf den großen Haufen."

„So sucht er Sie einzuwickeln, um den nötigen Dunst zu verbreiten, der das Publikum einschläfern und ihm geneigt machen soll", wirft Kügelgen ein.

Friedrich liest weiter: „Da ich aber sehe, daß die Tendenz dem guten Geschmack gefährlich werden, dem Wesen der Landschaftsmalerei ihre Vorzüge rauben kann und sich in ihm der Geist kundtut, der das schauderhafte Vorgesicht der schnell heraneilenden Barbarei ist, dann wäre es eine Kleinmütigkeit zu schweigen, von einem Mann, der den kurzen Rest seiner Tage der Ausbreitung des Guten und Schönen geweiht hat."

Verständnislos hebt Friedrich den Blick.

Hartmann lacht auf:

„Das triumphierende Gelächter der Banausen soll ihm in den Ohren gellen, wenn er sich in die Abgründe der gemordeten Kultur stürzt."

„Möge er knapp bemessen sein, der Rest der Tage des Herrn von Ramdohr, und der unfehlbare Künder des Guten und Schönen dem Schlaf der Versteinerung vollends verfallen sein, daß sein zartes Gemüt vor den Schrecken des Unterganges verschont bleibt!" bricht Rühle wütend los.

„Nicht gegen Friedrich allein richtet sich seine Kritik, sondern gegen Begriffe, die sich jetzt in Kunst und Wissenschaft einschleichen, heißt es in der Schmähschrift weiter", unterbricht Kügelgen, der dem Lesenden über die Schulter sieht.

„Da hören Sie es, Friedrich, Sie müssen den Groll ausbaden, der diesem Schönheitsapostel schon geraume Zeit im Hirn juckt und der sich zweifelsohne nicht nur gegen das Phoebusgespann, sondern auch gegen Tieck, Runge, gegen uns alle richtet."

„Hört weiter: ‚Voll bescheidener Ansicht meines Berufes' ..."

„Bisher war wenig davon zu spüren!" unterbricht Rühle.

„..., wende ich mich an Friedrich, von dem ich nur dieses Altarblatt kenne, und von dessen Wesen und Schicksal ich mit Achtung habe reden hören ...'"

„Bravo! Die Blamage ist gut!" Kügelgen lacht vergnügt auf. „Nach *einem* Bild will der Kerl die Tendenz eines Künstlers werten. Ist das eines im Dienste der schönen

Künste sich verzehrenden Kritikers angemessen, Herr von Ramdohr?"

„Und hier erst: ‚Da Herr Friedrich fraglos die Macht des Geheimnisses besitzt, das den Künstler ausmacht, muß er doppelt über sich wachen, sonst wird das Geheimnis zur gefährlichen Scharlatanerie. Schon manches hat in der Gegenwart Eindruck auf die große Menge gemacht, das leider spätere Zeiten verdammen mußten'!"

Rühle schlägt mit dem Säbel auf den kleinen Tisch, auf dem die Flaschen mit Terpentin stehen, daß sie klirren, und preßt einen Fluch in sich hinein.

Friedrich regt sich nicht. Er ist fahl im Gesicht geworden und legt die Zeitschrift beiseite.

„Seht, wie Herr von Ramdohr sich aus der Affäre zieht", sagt Rühle. „Um die Allegorie, die sich nach seiner Meinung in dem Bild verberge, zu erklären, läßt er Friedrich selbst das Gemälde deuten; um sich gegen die Möglichkeit eines Mißgriffes zu decken, verschanzt er sich hinter der Beschuldigung, Friedrich hätte sich deutlicher ausdrücken und nicht nur auf das Verständnis und Zartgefühl einiger Auserwählter rechnen müssen."

„Jawohl, ihm genügte das vollauf", braust Hartmann wütend los. „Friedrich bedurfte nur des Zartgefühls einer der gebildetsten Frauen, die das Bild gewünscht, und nicht des Urteils seniler und verkalkter Gehirne."

Friedrich zuckt zusammen. In die Falten seines Gesichts bohrt sich ein gramvoller Zug. Schweigend liest er weiter, daß er selbst eine Gegend in der Morgendämmerung durchwandert, das Kreuz auf dem Berge gesehen habe und der Gedanke an den Gekreuzigten als den Mittler zwischen Himmel und Erde in ihm aufgetaucht sei. Wie er das Bedürfnis gefühlt habe, jene Gedächtnisfeier zu begehen, die, selbst ein Geheimnis, das Symbol eines anderen wird, der Menschwerdung und der Leiden des Sohnes Gottes.

Er springt auf. Wie wagt dieser Freche, sich in seine stille Welt zu drängen und sie nach seinem Sinn zu deuten!

Kügelgen sucht die eingetretene Spannung zu retten, sein Ton ist ungezwungen fröhlich.

„Lieber Friedrich, sehen Sie denn nicht, daß er sich dem Gelächter aussetzt, wenn er auf Ihrem Bild den Abend für den Morgen hält?"

„Lesen Sie weiter, Hartmann", bittet Friedrich kurz.

Hartmann liest ihm das Ramdohrsche Sündenregister vor, in dem dieser Friedrich vorwirft, er habe der Luftperspektive nicht geachtet, gegen die Gesetze der Optik schwer gefrevelt, habe auf die Erde, die platt und ohne Rundung sei, solche Finsternis gebannt, daß die Wirkung des Lichtes verfehlt sei. Er habe weiterhin allen von großen Meistern bisher erfüllten und aufgestellten Forderungen bewußt zuwider gehandelt und den Beschauer über die Tageszeit völlig im unklaren gelassen, daß es ratsam sei, unter das Blatt zu schreiben: Hier ist Morgen.

„Ein starkes Stück, bei Gott!" platzt Rühle los. „Er läßt nichts an dem Bild und stempelt es zum Machwerk eines Dilettanten."

„Man muß die Dummheit seiner Augen entschuldigen, da er in seinen früheren Schriften schon manchen Beweis davon geliefert hat", sagt Hartmann endlich mit kühler Ruhe. „Wir werden den hämischen Kauz ins Labyrinth seiner eigenen Widersprüche schicken."

Kügelgen ist zu Friedrich getreten. Seine gütigen Augen sehen den Freund besorgt an, der hilflos dreinsieht.

„Das darf Sie nicht kränken, Friedrich. Es kann Sie nicht kränken, was dieser Jammerheld winselt."

„Warten Sie, Friedrich, jetzt kommt das Wichtigste", sagt Hartmann spöttisch. „Halten Sie Ihren Groll zurück und alarmieren Sie Ihren guten Humor, über den Sie auch sonst verfügen. Sie müssen noch einige Faseleien des Schwätzers über sich ergehen lassen, der da behauptet, Sie hätten sich mit einem Modell von Ton und Wachs beholfen. Statt der Bäume, die nicht zu transportieren wären, hätten Sie Tannen- und Föhrenspitzen und statt der Felsen von Granit einzelne Granitkiesel ins Moos eingedrückt. Hinter diese Kulisse sollen Sie ein künstliches Licht gestellt und das Ganze fleißig porträtiert haben. Jedes Radieschen, jede Nadel an den Tannen seien ausgedrückt, aber Tannen und Felsen seien nicht daraus geworden, höchstens Exemplare zu einem Herbarium oder zu einem mineralogischen Kabinett, so daß man Wielands bekannten Vers parodieren könne: ‚Man sieht den Wald vor lauter Reisern nicht'. Das mit dem Wachs ist eine fixe Idee bei ihm, derer er sich des öfteren bedient; mit seinem Wachs sucht er jedem etwas anzukleben!"

„Kreatur!" stöhnt Friedrich auf; jeder Muskel seines Gesichtes ist gespannt, als wolle er die Haut zersprengen.

„Friedrich, quälen Sie sich nicht mit dem Gestammel. Hören Sie nur noch den unerhörten Schlußsatz: ‚In der Tat, es ist eine wahre Anmaßung, wenn die Landschaftsmalerei sich in die Kirche schleichen und auf die Altäre kriechen will.'"

„Mit dem Schleichen hat er's raus, dieser windige Abgesandte aus dem Lager der Klassizisten, dem Andacht nichts als pathologische Rührung ist und dem die Kunst zur Belustigung wohlerzogener Philister dient." Rühle blitzt vor Kampfeslust.

„Dabei redet er von der Anmaßung, wo er selbst davon bis zum Bersten voll ist", bemerkt Hartmann. „Kleist muß her! Hole ihn, Rühle! Ich werde im ‚Phoebus' eine gründliche Erwiderung loslassen." Rühle eilt hinaus.

Während Hartmann sein Taschenbuch hervorzieht und sich Notizen macht, sieht Friedrich stumm vor sich nieder.

„Im übrigen hat dieser Artikel viel Aufruhr in der Stadt gemacht", sagt Kügelgen ablenkend. „Ramdohrs Absicht hat sich in das Gegenteil gekehrt. Eben begegneten mir die schöne Louise Seidler und Therese aus dem Winkel; beide waren zornig und erregt und lassen Ihnen aufs neue ihre Wertschätzung versichern."

„Unser Thereschen aus dem Winkel sollte Ihnen nicht gleichgültig sein, Friedrich. Sie hat mit ihrem fürstlichen Freund, dem Herzog von Gotha, schon manchen Strauß unsertwegen ausgefochten. Letzthin soll der Fürst auf Sie einige empfindliche Andeutungen gemacht haben, weil Thereschen Sie warm verteidigte."

„Ich kenne sie nicht", weist Friedrich ab und ist mit seinen Gedanken weit fort.

„Lieber Kügelgen, mit Friedrich über Frauen zu reden, noch dazu, wenn es Malerinnen sind, ist verlorene Mühe, das müssen Sie nachgerade begriffen haben", bemerkt Hartmann, flüchtig von seiner Schreiberei aufsehend.

Rühle tritt mit Kleist und Pfuel ein.

„Hier brennt's, wie ich an euren aufgescheuchten Gesichtern sehe", ruft Kleist und hockt sich, da Bank und Stuhl nicht reichen, auf die Tischkante. „Friedrich geschmäht?" Sein Blick funkelt Empörung.

„Angegriffen in pöbelhaftem Ton von einem, der Zartheit als erstes Gesetz in der Kritik verlangt", stachelt Kügelgen ihn auf.

„Hört noch das Anerbieten, das Ramdohr uns macht: ‚Wackerer Friedrich! Und ihr Männer alle von Genie und Talent, die der Modeton eine Zeitlang von dem wahren Weg abführte, kehrt auf den zurück, den euch die Erfahrung als erprobt gezeigt hat!'"

„Er möchte uns wie eine Herde Schafe in den Stall seiner moderstinkenden Weisheit sperren, aus dem uns freilich noch ganz andere Dünste entgegenwittern", unterbricht Kleist.

„Dies einem Mann zu bieten, dessen Streben nach Wahrheit und Natur längst anerkannt und geachtet wird!" ruft Kügelgen ihm aufgebracht zu. „Es treibt einem die Schamröte ins Gesicht, daß so etwas überhaupt möglich ist. Ich erwidere in der gleichen Zeitschrift und widerlege ihn durch seine Behauptungen. Der Herausgeber ist mir bekannt und wird mir diese Gelegenheit nicht abschlagen, unsere Meinung zum Ausdruck zu bringen."

„Ich brenne darauf, ihm so gründlich die Wahrheit zu sagen, daß ihm ein für allemal der Atem verschlägt", schließt sich ihm Hartmann an. „Kleist, geben Sie mir einige Seiten Raum in Ihrem ‚Phoebus', aber nicht zu wenig."

„Im nächsten Monat erscheinen zwei Hefte zusammengeschlossen, vielleicht sind es sogar die letzten Blätter." Kleist lacht verzweifelt auf. „Doch einmal noch flamme er auf, eh er in Nacht sinkt, der ‚Phoebus'!"

„Ich werde bei meiner Philippika in der ‚Eleganten Welt' auf Ihren Artikel im ‚Phoebus' hinweisen, Hartmann."

„Während ich in meinem Buch, das bald erscheinen wird, Gelegenheit finde, den Streit zu schildern und für Friedrich Stellung zu nehmen“, wirft Rühle ein.

„Hört den eifrigen Schüler und Anbeter Adam Müllers! Vergessen ist in der Hitze jeglicher Ausgleich der Gegensätze. Rühle, Sie nehmen heute scharf Partei.“

„Recht so, Freunde!“ Kleist schlägt mit der Faust auf das Heft. „Die ganze Meute jage das Gewürm, daß ihm die Gedanken im Hirn zerbrechen wie dürre Knochen! Es ist zertreten, wenn Friedrichs Name und sein Werk leben. Laßt sein mutiges Herz gewähren! Aus der Verwesung Reiche locket er gern Blumen und Schönheit hervor!“

„So ist es recht, Kleist, schüre unsere Glut mit deinem Lied!“ Pfuels edler Kopf brennt, seine Augen glühen. „Ein Herz wie dieses darf nicht ungerächt bleiben!“

„Die Feuer unseres Geistes sollen lodern, daß die letzten Schläfer erwachen. Diesen Gänsekiel und das ihm gesellte Gelichter zu stürzen sei uns Vorfreude für die noch besseren Freuden unserer politischen Befreiung.“

Friedrich erwacht wie aus dunkler Betäubung.

„Wird es endlich soweit sein?“

„Nicht lange kann es mehr dauern. In Österreich wird schon das Schwert gezückt. Spaniens Beispiel schürt den Mut der Unterdrückten, und jener Angsttraum von Bonapartes Unüberwindlichkeit, der Europas Völker lähmt, beginnt zu weichen. Mit ganzem Gewicht müssen wir uns auf Österreichs Seite stellen, von dort allein kann noch Rettung kommen. Meine ‚Hermannsschlacht‘ ist vollendet. Ich schicke sie morgen zur Aufführung nach Wien, gleichgültig sind mir die Bedingungen, ich schenke diesen Gesang den Deutschen.“

„Hört, Freunde", bittet Pfuel noch einmal, „eben las er mir neue Kampflieder vor. Ihr hörtet sie noch nicht; laßt ihn lesen."

„Lies, Kleist, dies ist der rechte Augenblick!"

In dunklen Rhythmen klingt es auf. Die heisere Stimme Kleists zwingt die Freunde in gebanntes Lauschen. Friedrich sieht auf. Kaum faßt der kleine Raum die Schar der Freunde. Die vortrefflichsten Männer, die feurigsten Herzen und schärfsten Geister sind bereit, ihre Waffen für ihn einzusetzen.

Mehrere Wochen zieht sich der Kunststreit hin. Im Februar erscheint das Doppelheft des „Phoebus" mit Hartmanns geschmeidiger, von Witz und Schärfe blitzender Erwiderung. Ihm sekundiert Kügelgen mit einem Aufsatz, der dem Hartmanns zwar an Form und Gründlichkeit unterlegen ist, da ihm die „Elegante Welt", um Ramdohr nicht zu kränken, alle Spitzen abgeknickt hat, der aber doch in scharfer Weise für Friedrich und zugleich für die den Launen des Kritikers ausgesetzten Künstler Partei nimmt.

Das einmütige Zeugnis der hervorragendsten Künstler hat das bereits für Friedrich erwärmte Gefühl im Publikum gesteigert, Schwankende auf seine Seite gezogen und Gegner unsicher werden lassen. Ramdohr, der mit seinen literarischen Arbeiten schon manchen Mißerfolg hat einstecken müssen, hält es für ratsam, sich in ein Stillschweigen zurückzuziehen und den Rest seiner Tage lieber einer Arbeit über den Advokatenstand zu weihen.

Friedrich verläßt in dieser Zeit nur selten sein Atelier, unablässig in die Übung der Ölmalerei vertieft, die er jetzt für Gemälde größeren Formates wagt.

An einem Abend tritt Schubert ein. Er habe Ramdohrs Artikel und die Entgegnungen gelesen und komme, ihm zu sagen, daß er wohl mit ihm gelitten habe, aber nun um so fester an seine Sendung glaube. Zugleich wolle er Abschied nehmen; es sei ihm nach aufregenden Wochen geglückt, durch seinen Lehrer Schelling eine Stellung am Realinstitut in Nürnberg zu erhalten, und er sei fortan mit seiner Familie aus ärgster Not gerettet.

Friedrich zieht ihn neben sich auf die Bank.

„Lassen Sie uns noch beisammen bleiben, Freund. Ich verliere Sie ungern, unsere Gedanken griffen oft ineinander, auch werde ich Kleist vermissen, der sich in Aufbruchstimmung befindet. Sie werden so bald nicht wieder in unsere Stadt einkehren. Sie sollen sehen, was ich sonst vor der Vollendung keinem Auge preisgebe. Nach der Erfahrung mit dem Tetschener Altar wird es mir schwer genug fallen, künftige Arbeiten auszustellen."

„Das sollte es nicht, Friedrich. Dieser Kunststreit hat Sie ins Blickfeld der Dresdener gerückt, Sie werden bewundert, und Sie werden angefochten. Um so besser, die Wogen können gar nicht hoch genug um Sie her gehen. Was Ihnen Schmerzen brachte und was Sie kränken wird, die Dummheit des Basilius von Ramdohr, Sie in einem Atem mit krankhaften Schwärmern unserer Tage zu nennen, gerade das hat zur Klärung Ihrer Kunst verholfen und Ihre Eigenart aufgedeckt. Nichts ist verworren, Ihr Kreuz ragt auf dem Felsen, und kein Weihrauch, kein mythologischer Dunst verhüllt den aufragenden Balken, den herben Grund, auf dem er errichtet ist. Was Kügelgen schrieb von Ihrer Liebe zu jedem kargen Gesträuch bis zur seltsamsten Baumgestalt, ist längst bekannt. Die Geschmacklosigkeit mit der Kulisse aus Ton hat dem Alleswisser nur geschadet."

„Er ist mir in tiefster Seele verächtlich, denn er hat sich als ein herzloser Mensch, als Lügner und Verleumder erwiesen. Dieser Behauptung von der Kulisse ist nur ein niedriger Mensch fähig. Ich sollte sein Gefasel aus meinem Gedächtnis ausstreichen, dennoch kann ich es nicht verwinden; Ekel ist in mir."

„So wollen wir uns aus den Niederungen hinwegbegeben und uns in Ihre Kunst vertiefen. Kein Großer ist von Gemeinheiten verschont geblieben."

Beide Männer sind vor die Staffelei getreten.

Schubert scheint die Nähe des Künstlers vergessen zu haben, so wird er von dem Gemälde gefesselt. Es währt lange, bis er die ersten Worte findet.

„Welche Qual ... welche Verlassenheit ... Wie großartig in der Komposition. Da ragt das mächtige Gemäuer, Ihre Ruine, Verfall menschlicher Glaubensgemeinschaft. Zur Linken ein lebendiges Wesen, der kronenlose Eichbaum, auf den spärlichen Ästen liegt Schnee, und im Hintergrund noch einmal dieses gekrümmte Aufwärtsverlangen kahler Bäume, schmerzgeprüfter Wesen. Wie sind Sie so ganz eins mit Ihren Bäumen; als seien Sie es selbst, so sehen sie einen an. Ihr Herzschlag klopft im Saft des Baumes, Ihre fiebernden Nerven sind das zarte Geäst. Dann wieder glaubt man in dem einsamen Alten, der den Weg zum Kirchhof sucht, Ihre eigene Vereinsamung zu erkennen. Die schneeträchtige Wolkenwand, die über allem lastet, verheißt keinen Trost. Und dennoch ... was dort vergeht, muß sich erneuern."

„Gewiß erneuert es sich. Der Winterschnee ist der Inbegriff höchster Reinheit, worunter die Natur sich zu einem neuen Leben vorbereitet. Im Vergehen ist nur dieses Mal eines mächtigen, doch unwiederbringlich vergangenen Zeitalters. Wir tragen es unter Schmerzen zu Grabe, doch der Winter, die Zeit heimlicher Verwandlung, schafft neue klare Begriffe, gegründet auf unseren Glauben, wie das Kruzifix im Gemäuer zeigt. Mutig wollen wir diesem Verfall ins Auge sehen, die innere Kraft – wie die Natur uns lehrt – soll uns nicht verlassen, auf Kommendes zu vertrauen."

Schubert hört ihm in stiller Begeisterung zu.

„Dies Bild ist wahrhaft groß und vollendet. Eine eindringliche Aussage, die nur die Mutigen begreifen und überstehen. Und diese gewaltige Ruine von Eldena. Sie ist das Erlebnis Ihrer Kindheit, deuteten Sie einmal an."

„Im Gegensatz zur Natur, die sich nach göttlichem Gesetz immer wieder erneuert, ist Menschenwerk der Vernichtung ausgeliefert. Als Knabe hielt ich mich oft bei diesem alten Gemäuer auf, in dem verwilderten Buschwerk, das es umgibt. Einmal wollte ich sie im Winter in der Dämmerung sehen, ihre Erscheinung im Schnee, das Eis des Flusses brach unter mir, mein Bruder Christoffer wollte mich retten und ertrank. Ich blieb am Leben."

Lange schweigt Schubert, den Kopf in beide Hände gestützt, bis er zu reden beginnt:

„Das sind die großen Zeichen, die wir empfangen, an denen wir zugrunde gehen oder die unserm Leben, sei es in der Kunst oder sonst in unserm Wirken, uns unsere Besonderheit aufdrücken. Und so haben auch Sie Ihr Zeichen, verehrter Freund."

Friedrich antwortet nicht. Er stellt ein Bild, das weitaus

größer in seinem Umfang ist, als bisher die Freunde sahen, auf die Staffelei.

„Es ist noch weit von seiner Vollendung entfernt, doch Sie sollen es sehen. Das durchbrochene Portal, das Sie jetzt auf der Westwand des Chores sehen und durch das die Mönche schreiten, ist das Tor des Todes. Hinter dem Tor im Nebeldunst vollzieht sich das Eingehen in die Natur, die Verwandlung, der Wald steht wartend unter dem Winterhimmel."

„Wieder diese alten Riesen mit kahlen, gewundenen Ästen und mächtigen Stämmen. Wie sie da stehen in ihrer Urgestalt. Mich dünkt dieses Bild schon vollendet, doch Sie sagten, es sei davon noch weit entfernt?"

„Ich entwickele meine Bilder aus der Zeichnung meiner Sepiablätter und verzichte auf Kartons und Farbentwürfe. Ich zeichne flüchtig mit Kreide oder Bleistift, behalte die klare Linienführung, vervollständige mit der Rohrfeder oder mit Tusche, beginne mit der Untermalung, die dünn überlasiert wird, so daß die Durchzeichnung sichtbar bleibt. Daher bietet sich das Bild in jeder Stufe wie fertig dar."

„Sowohl in der Form wie in der Stimmung. Die Farben, die angedeutet sind, lassen Ungewöhnliches ahnen. Sie sind dort angelangt, wo Sie in ansteigender Linie weiterschaffen. Gesegnet sei Ihr Werk."

Die Gemälde haben in Schubert eine Erschütterung ausgelöst, und da in diesem Raum wohl viel im Zorn gewettert, aber noch mehr geschwiegen wurde, so kann er sich ungehemmt seinen Gedanken hingeben. Es ist dunkel geworden, Friedrich entzündet eine Kerze. Da kommen Schubert langsam die Worte.

„Unser Wissen wie unsere Gesinnung haben sich in jene vereiste Region verloren, wo auch das letzte Gefühl und die letzte Liebe sterben. Unaufhaltsam fließt der Strom und verschlingt jene göttliche Ahnung, die uns im Anfang mitgegeben wurde."

Friedrich macht eine Geste der Zustimmung.

„In unserer Zeit haben tote Formen das Lebendige und Heilige aus der Natur vertrieben."

Schubert hebt den Blick nach dem klaren Winterhimmel.

„Noch brauchen wir nicht zu verzweifeln, noch redet die Liebe Gottes die erste, ursprüngliche Sprache mit uns, wenn wir ihr nur einen reinen Sinn zuwenden. Und so bleibt die Hoffnung, daß, wenn der Geist unseres Geschlechtes das Äußerste jener Verlassenheit erreicht, die ewige Liebe, die ihm am fernsten zu stehen schien, ihm am nächsten sein wird, wie der dunklen Nacht der Morgen."

Als Schubert gegangen ist, öffnet Friedrich das Fenster. Die Kühle der Nacht umfängt ihn.

„Barmherziger Vater, laß uns nie vergessen, daß wir endlich in unserm Wissen, unendlich in unserer Fortdauer sind. Laß uns immer eingedenk sein, daß all unser Tun nur Stückwerk ist und daß deine Wege ergründen zu wollen nicht Weisheit, sondern Vermessenheit ist. Du gabst uns Klugheit und Vernunft, irdische Dinge zu erforschen und zu begreifen, doch himmlische Dinge zu erkennen, gabst du uns ein Herz und legtest in uns hohe Ahnungen. Selig ist, wer dieser Stimme gehorcht, fest und unerschütterlich glaubt, daß diese ewig nicht trügt."

Die politische Spannung, die in Friedrichs Atelier die Getreuen zusammenrief, findet endlich im Anfang des

April durch den österreichischen Aufbruch die entscheidende Lösung. Kleist, in ständig sich steigernder Erregung, jubelt dem Erzherzog Karl zu, der seine Landeskinder für den Schutz der Freiheit zu den Fahnen ruft.

Mitte April brechen die Freunde auf. Pfuel, vom Major Graf von Nostitz berufen, wird Anführer der fränkischen Legion, die in Bayreuth für Österreichs Hilfe von Freiwilligen gebildet wird. Kleist rüstet sich, um mit der österreichischen Gesandtschaft nach Wien zu gehen.

Unruhe und Sorge um die Heimat jagen Friedrich nordwärts.

ERHÖHUNG

Die Siegesfeuer lohen zu früh in den Herzen der Vaterlandsfreunde. Napoleon zerschlägt ihren Aufbruch, und sie stürzen vom Flug ihrer Träume in den Abgrund tieferer Knechtschaft.

Die norddeutschen Patrioten haben an das verwegene Vorgehen Schills die Hoffnung auf eine endgültige Befreiungstat geknüpft. Doch der Tod des Tapferen bei der Verteidigung Stralsunds und die Gefangennahme seiner Getreuen lassen auch die Mutigsten verzagen, weil ihrer aller Unterdrückung sich nur furchtbarer auswirkt.

So muß auch Friedrich bittere Enttäuschungen hinnehmen. Auf ausgedehnten Wanderungen an der Steilküste Rügens, sonderlich an stürmischen Tagen, tun sich ihm die Verlassenheit, die ungeheure Weite des Todes auf, und sein strenges und forschendes Schauen bestätigt ihm die Einsamkeit des Menschen seiner Zeit.

Nach einer Rast im Vaterhaus, die nur durch Präfkes drolliges Gehabe und durch des Vaters Zuversicht, der den Sohn nach dem erfolgreichen Ausgang des Kunststreites gerettet sieht, ein wenig erheitert wird, reißt er sich entschlossen los und kehrt nach Dresden zurück.

In der Hauptstadt des sächsischen Napoleonfreundes, aus deren Toren die Schwarze Legion des Braunschweigers im Abzug begriffen ist und den französischen Truppen weichen muß, setzt er sich ohne Umschweife an die Arbeit. In einem größeren Ausmaß, als er es bisher unternommen, spannt er die Leinwand und stellt sie der Breite nach auf die Staffelei. Er malt das Meer, wie es mit hohen Wogen seine einförmige Melodie rauscht. Kalt sind die Farbtöne, die er wählt; über dem grünlich schwarzblauen Wasser hebt sich der bläulichweiße Himmel. Kalt ist der weißgraue Strand am Ufer, an dem inmitten dieser Öde ein Mensch abgewandt in sich hineingrübelt und bis in die Region letzter Verlassenheit vorstößt.

Das Bild hat keine Grenze, das Meer scheint über beide Bildseiten hinauszufließen. Der Eindruck einer erhabenen Trostlosigkeit überwältigt den Beschauer.

Frau Lilla Kügelgen, die den Freund eines Morgens in seinem Atelier aufsucht, steht wie erstarrt, bis sie endlich beklommen hervorbringt:

„Wenn man dieses Bild ansieht, möchte man sich aus Verzweiflung ins Meer stürzen. Der Himmel ist so unheimlich gleichgültig ruhig, kein Sturm, keine Sonne, kein Mond, kein Gewitter, ja, ein Gewitter wäre mir ein Trost und Genuß, dann sähe man doch irgendwo Leben und Bewegung. Auf der weiten Meeresfläche sieht man kein Boot, kein Schiff, nicht einmal ein Seeungeheuer, und in dem Sand keinen grünen Halm. Nur einige Möwen flattern umher und machen die Einsamkeit noch einsamer und grausiger ..."

Darauf ein langes Schweigen, bis sie ihn mit großen entsetzten Augen ansieht. Friedrich lächelt, und Frau Kügelgen erschrickt, sie kennt dieses Lächeln erbarmungsloser Ironie.

„Was Sie da sagen, liebe Frau Kügelgen, ist das höchste Lob. Es wurde die Empfindung in Ihnen hervorgerufen, die ich in mir hatte und auf die Leinwand brachte."

Ihr Entsetzen weicht einer ehrlichen Trauer.

„Warum geben Sie sich dieser Qual hin, warum lassen Sie den Beschauer so leiden?"

„Weil auch die letzte Verlassenheit im Schaffen eines Künstlers nicht übergangen werden kann, wenn er ein ehrlicher und furchtloser Mensch ist. Wir leben in einer Zeit, in der die großen Gemeinschaften sich lösen. Sie erleben an Ihrem Mann, wie ihm die Bindung zu seiner katholischen Kirche verlorengeht. Auch als Protestant würde er einsam bleiben. Keine Göttergestalten, keine Heiligen hüten mehr das Leben; eine Welt ist untergegangen, wie sie auch auf meinem Kreuzesbild untergegangen ist, da Gott der Vater wandelte auf Erden und zu den Menschen redete. Der Mensch ist erwacht und weiß, daß er arm und verlassen ist, wie der Sohn Gottes es auf dieser Erde war. Aber in seiner Armut und Verlassenheit reift er zu einem neuen Menschen. Er geht nicht an seiner Erkenntnis zugrunde, sondern rettet sich zu seiner ihm eigenen Glaubenshaltung und zu tätigem Leben. Doch, liebe Freundin, für Ihr Gemüt ist dieses Bild zu nackt, zu hart. Zu Ihrem Trost sage ich Ihnen, daß ich auch andere Ölbilder male: auf ihnen werden Sie Schiffe auf dem Meer sehen, Sonne und Mond werden scheinen."

Friedrich will die Holzbank hereinholen, aber Frau Kügelgen hat es eilig. Ihr Mann sei verreist und habe angefragt, ob sich der Freund etwa noch in der Heimat aufhalte. Nun sie ihn vor sich sehe, möchte sie ihn um einen Besuch in ihrem neuen Wohnhaus, dem „Gottessegen", bitten; dort gehe es lebhaft zu, weil eine junge Schülerin ihres Mannes, Karoline Bardua, bei ihnen wohne und auch die schöne Malerin Louise Seidler ein häufiger, lieber Gast sei.

Friedrich schüttelt den Kopf.

„Eine Rauferei mit Ihrem Wilhelm würde mich locken, aber vorerst läßt mich die Arbeit nicht los. Grüßen Sie Ihren Mann, und sagen Sie ihm, Sie hätten sich bei mir fürchten müssen; er wird Ihnen eine Madonna malen, und Sie werden wieder Ihren Frieden finden, mit dem Sie uns alle wie ein Engel des Himmels erquicken."

Frau Kügelgen geht gedankenvoll nach der Neustädter Allee, der freundlichen, hellen Straße, und bedenkt in ihrem fraulichen Gemüt, wie doch Friedrichs Kunst so abgrundweit entfernt ist von der ihres Gerhard. Die zarte Frau fröstelt. Eine Grabeskälte, die sie bei dem Freund überfiel, kann der heitere Sommertag nur langsam durchwärmen. Er verliert sich, so will es sie dünken, zu weit in die eisig düsteren Bezirke des Lebens. Sie will einmal den jungen Mecklenburger, den fröhlichen Georg Kersting, der vor einiger Zeit nach Dresden zog, zu dem Einsamen schikken, mag sein, daß der alte Frohsinn erwacht, wenn die beiden Norddeutschen beisammen sind.

Die feine, sorgliche Frau setzt sich an ihren Schreibtisch, um ihrem Mann die aufgetragenen Grüße Friedrichs und was sie soeben gesehen und bedacht hat, mitzuteilen.

Nach der düsteren Zwiesprache mit dem Nichts drängt es Friedrich, die Landschaft der Küste im heiteren Frieden zu malen.

Als er dann das Bild mit den sich senkenden Wiesenflächen vor dem blauen Sommermeer und einem inmitten von Feldern ruhenden Gehöft vor sich auf der Leinwand sieht, läßt er einen Schäfer, dessen Herde im Gefälle der Abhänge weidet, sinnend nach dem kleinen weißen Haus hinuntersehen. Nachdem er in das Wasser die punkthaft winzigen Segelschiffe gesetzt und mit graublauem leichtem Gewölk den Himmel verschleiert hat, scheint ihm die geliebte Landschaft allen bedrohlichen Gewalten ausgeliefert. Da gedenkt er des Zeichens, das Gott den Menschen gegeben, als er ihnen versprach, sie nicht noch einmal vertilgen zu wollen: „Und wenn es kommt, daß ich Wolken über die Erde führe, so soll man meinen Bogen sehen in den Wolken, alsdann will ich gedenken an meinen Bund zwischen mir und euch und allen lebendigen Seelen." Und er spannt einen Regenbogen über den Himmel aus, in dessen Umarmung Land und Meer ruhen.

Neben diesem Bild gelingt ihm ein kleines liebenswertes Gemälde. Auf einem großen Findling am Meeresufer liegt, auf den Arm gestützt, eine Frau und sieht hinaus. Schräg vom Westwind getrieben, fahren Segler an ihr vorüber. Das Leben erscheint im ruhigen Fluß einer ruhigen Welt; die Farben sind hell und ermutigen zu Freude und Frohsinn. Die Segler scheinen nicht dem Alltag zu dienen, sie fahren, unbekümmert um die am Strand aufgestellten Netze, die an Pflichten mahnen könnten, einem Festtag entgegen.

Im November ruft Adolf den Bruder nach Greifswald. Es gehe mit dem Vater zu Ende; wenn er die Mittel zur Reise nicht aufbringen könne, werde er sie ihm verschaffen. Friedrich, der einige Bilder verkauft hat, fährt mit dem nächsten Postwagen heim.

Die vertrauten Herbststürme jagen vom Westen her regenträchtige Wolken über die kleine Stadt und pfeifen in der schmalen Turmgasse um das Haus der Friedrichs. So war es in der Kindheit, so drangen sie in des Knaben Schlaf und machten ihn unruhig nach dem Meer und dem felsigen Küstenland. Auch die Krähen und Dohlen sind wieder da, fliegen schwarz über die Wiesen und hocken im nebelnden Morgen auf den Dächern.

Friedrich horcht auf die Atemzüge des Vaters und das Geheul des Sturmes. Dieses Jahr hat mit dem dunklen Auftakt der begrabenen Freiheitshoffnungen begonnen, nun führt es ihn tiefer in den grauenden Nebel hinein.

Noch hat das Dunkel keine Macht über ihn, noch steht das Vaterhaus, in dem der Seifensieder Gottlieb Adolf Friedrich schläft. Wenn es auch der letzte Schlaf ist, so liegt er doch da mit dem eingefallenen Gesicht, einem noch nicht erloschenen grüblerischen Zug darin, und die Hand ist warm.

Christian lebt noch immer in der Fremde; Heinrich hat geheiratet und ein eigenes Geschäft am Marktplatz eröffnet. Adolf arbeitet angespannt in der väterlichen Siederei, Caspar wird den Vater allein an das Tor des Todes begleiten müssen.

Er sieht auf nach dem Bild, das über dem Bett hängt und in der Dämmerung der einzigen Kerze ein dunkles viereckiges Loch in die Wand zeichnet. Da hängt es nun, armselig wie es ist, und doch ist es ein langes Leben hindurch des Vaters Trost und Freude gewesen und ist ihm so teuer, daß er es über seinem Sterbebett wünscht. Caspar denkt, wie er einst als Knabe das Bild verabscheut und Christoffer ihn deswegen verwiesen hat, und es will ihn dünken, daß alle Kunst, um die man sich müht, in Nichts zerrinnt vor dem letzten, dürftigen Glück eines alten Mannes und wie dieses schlichte Bild einen höheren Sinn erfüllt als jene in den Galerien vor den Augen der Fremden, an die viel Mühe gewandt ist und die doch nicht begriffen werden.

Und während er nach dem Bild aufsieht, überkommt ihn ein heftiges Verlangen nach den sich wellenden Ketten der Berge mit ihren einsamen Hochmooren, nach einer Kammwanderung im Gebirge mit dem Blick über die Tiefe hinweg nach der bläulichen Ferne.

Der Vater schlägt die Augen auf. Wie gut, daß Caspar heimgekommen ist, denn Christian kehrte noch immer nicht zurück. Er tastet mit der Hand nach der des Sohnes.

„Wo ist Christian? Ob er wohl in die Irre geht, unser Christian? Was meinst du, Caspar?"

Dieser schüttelt den Kopf.

„Er muß sich den krausen, eigenwilligen Schädel einrennen und wird bald zurückkehren. Ich kenne sein liebevolles Herz."

„Aber ich sehe ihn nicht mehr, unseren Jüngsten, und ich habe ihn zärtlich geliebt. Warum ist er heute nicht bei mir?"

Caspar preßt die Lippen zusammen. Der Bruder muß rätselhaften Trieben folgen, wenn es ihn so mächtig an das fremde Land bindet.

„Ich wollte ihm nicht mehr zürnen, wenn er jetzt an meinem Bett stände mit seinen hellen, glücklichen Augen", redet der Vater mühsam fort, „und wenn er heimkehrt, Caspar, wache über ihn, daß er nicht zweifelt und im Glauben bleibt wie seine Väter."

Der alte Friedrich hebt die Hand und will nach der Bibel fassen. Schwer fällt sie zurück.

„Lies mir aus des Johannes Offenbarung, mein Sohn, das Kapitel vom künftigen Leben. Das ist ein trostreiches Wort und tut wohl in dieser Zeit, in der Haß und Habgier und Gottesleugnung mächtig sind im deutschen Land."

Friedrich liest: „Und ich sah einen neuen Himmel und eine neue Erde; denn der erste Himmel und die erste Erde vergingen, und das Meer ist nicht mehr. Und ich, Johannes, sah die heilige Stadt, das neue Jerusalem, von Gott aus dem Himmel herabfahren, bereitet als eine geschmückte Braut ihrem Mann. Und ich hörte eine große Stimme von dem Stuhl, die sprach: Siehe da, die Hütte Gottes bei den Menschen! Und er wird bei ihnen wohnen, und sie werden sein Volk sein, und er selbst, Gott mit ihnen, wird ihr Gott sein; und Gott wird abwischen alle Tränen von ihren Augen, und der Tod wird nicht mehr sein, noch Leid, noch Geschrei, noch Schmerz wird mehr sein; denn das Erste ist vergangen ..."

Als er geendet, hört er, wie von weit her noch einmal leise des Vaters Stimme zu ihm dringt.

„Ich hatte geglaubt, meine Söhne würden bessere Zeiten erleben. Aber Gott hat den Friedrichs seine Gnade zuteil werden lassen und sie in Anfechtung und Trübsal gebracht, daß sie gedeihen für sein Wort. Dies ist wahrlich mein Glaube, in dem ich ruhig von hinnen gehe."

Der Vater ahnt es wohl nicht, daß sein Sohn, der in der Todesstunde bei ihm wacht, sein Leben daransetzt, in Armut und Verzicht und Einsamkeit von dem neuen Himmel und der neuen Erde zu künden.

Friedrich folgt dem ungleichen Takt der immer spärlicher werdenden Atemzüge bis in die letzte lautlose Stille. Er hält noch das aufgeschlagene Buch in den Händen, und während sein Blick darüber gesenkt ist, sieht er im Geist aus den kalten Nebeln der Nacht, die über dem Gebirge ruhen, auf morgendlich erglühtem Felsgipfel das ragende Kreuz.

Nach wenigen Minuten ziehen sich wieder dichte Nebel um ihn zusammen. Nichts ist mehr da, das im Leben Obdach und Schutz gewährt. Es ist so, wie er es als Knabe zuweilen erfahren hat. An manchem Tag war die große Insel sichtbar mit ihren blauen Höhen, eine Stätte, nach der die Träume zogen, aber auch ein fester Punkt, an dem das Auge ausruhte von seinen Wanderungen über Himmel und Meer. Dann aber hatten durch Drehen des Windes die Nebel das sichere Ufer hinweggelöscht, und das Auge verlor sich im Ineinanderwogen von Himmel und Flut. Der Knabe hat es auf der großen Insel und auf der kleinen Greifswalder Oie erlebt. Da war rings alles eingesponnen vom Nebel, in dem der Mensch umherirrte. Seltsam groß waren die vorübergehenden menschlichen Schatten gewesen. Das silberne Wasser stand starr, und die Schiffe ruhten schwarz darin wie nächtliche Träume. Auf den Außenwänden der kleinen Fischerboote hockten regungslos wie dunkle Punkte die Möwen. Ein Baum oder ein Strauch tauchte auf, ein Schemen, der nicht zu enträtseln war und erst allmählich Form gewann. So sind dem Menschen als Trost und Anker inmitten der Öde diese kärglichen Haltepunkte gegeben, an denen der Blick mit Inbrunst hängt. Und mit den Jahren hat Caspar den Nebel mehr und mehr geliebt, denn er birgt das Geheimnis der Verwandlung.

Am Abend, bevor Friedrich Greifswald verlassen will, sieht er in der kleinen Gasse, die vom Haus nach dem Ryck hinunter führt, einen Mann auf sich zukommen, dessen fester, geschwinder Schritt und funkelnder Blick merkwürdig zu dem langen Bart und dem verwunderlich großen Hut in Widerspruch stehen. Der Fremde stutzt, als er seiner ansichtig wird, und streckt ihm die Hand hin.

„An Ihnen kann ich nicht vorbeigehen, Friedrich, in dieser Stunde den Druck einer treuen Hand zu fühlen tut wohl."

Friedrich ergreift die Hand. Das ist, bei Gott, Arndts Stimme.

„Woher kommen Sie in diesem Aufzug, Arndt?"

„In Schweden hielt es mich nicht länger. Nun wird es Zeit, sich für Deutschland zu regen, wenn auch die ersten Funken des Erwachens verstoben sind. Unerkannt muß ich bleiben und nach kurzer Rast wieder fort. Sind auch keine Franzosen hier, so spionieren ihre Helfershelfer nach einem verdächtigen Feind Bonapartes. Daher der merkwürdige Mummenschanz, in dem Sie mich sehen."

Auf Friedrichs Frage, was er vorhabe, berichtet er ihm, daß er nach Berlin zu einem Greifswalder Freund, dem Buchhändler Reimer, gehe und nur noch einmal vorher seinen Bruder, der dicht bei Barth wohne, begrüßen wolle. Im Oktober sei er durch mancherlei Fährnisse, Kampf mit ungünstigen Winden und Verirrungen im Peenebruch endlich auf den Trantower Hof gekommen, wo er sein Söhnlein zwar gesund, seinen Vater aber nicht mehr vorgefunden habe, weil dieser der schlimmen Zeit erlegen sei.

„Auch der meine zerrieb sich an den Unruhen des Krieges."

Arndt faßt seine Hand.

„Wir dürfen nicht ruhen, bis jener, der diese Leiden schuf, vernichtet ist. Es war ein mißglückter Aufbruch, der von Süden losbrach, aber daß er gewagt wurde, bedeutet viel und läßt uns auf eine neue Erhebung hoffen."

Nach einem kräftigen Händedruck eilt er in die Novembernacht hinaus.

Friedrich geht an den Ryck hinunter. Er atmet tief den Geruch des Wassers. Arndt ist wieder im Land, gottlob, Arndt ist zurück.

Die heimatliche Umwelt mit ihrem reinen, kräftigen Wind übt wie seit je ihre heilsame Wirkung auf ihn aus. Da sind die geliebten Wesen, die gleich den Menschen, den Fischern, Bauern und Hirten, seine Innenwelt beleben, mit denen er eins geworden ist: Es ist der Baum, vom Sturm zerfetzt, in Not gebeugt, dann wieder aufgerichtet, zur Höhe strebt. Es ist der Fels, der allem Vergehen zum Trotz sich behauptet und Jahrtausende überdauert. Es sind die Mauern aus alter Zeit, die vom Vergehen allen Menschenwerkes zeugen, und es ist das Schiff, das zur mühevollen Tagesarbeit ausfährt, das mit hochstrebendem Mast, ein lebendiges Wesen zwischen Himmel und Meer, heimkehrt im Frieden des Abends. Es ist der Anker, der am Ufer liegt und Schutz und Hoffnung verheißt. Von diesen Wesen nimmt er Studien in Fülle mit, als er die Heimat verläßt.

Wieder ist es der Greifswalder Hafen mit seinen tätigen Menschen, der als ein Hafen schlechthin erscheint. Auf einer Werft hämmern die Männer, man glaubt die Schläge zu hören, am Steg kniet eine Frau und spült ihre Wäsche im Ryck. Ein Matrose sucht Kühlung im Wasser nach schwerem Tageswerk. Dennoch breitet sich Müdewerden und Ruheverlangen aus. Der Blick ist gegen den Abendhimmel gerichtet, und wie die vielen leeren Maste der heimgekehrten Schiffe vor der Glut in ihrer Gesetzmäßigkeit aufwärts streben, wie schattenhaft der alte Fangelturm über seine natürliche Höhe ansteigt, macht das Geheimnisvolle des Bildes aus. Abendfrieden liegt auch über dem Bild „Ostseehafen“. Zwei mächtige Schonerbriggs kehren heim, in der Takelage der einen klettert ein Matrose, um das Tauwerk des Schiffes in Ordnung zu bringen. Zwischen beiden Briggs fährt ein Boot hinaus zum nächtlichen Fang. Die in großartiger Genauigkeit gezeichneten Schiffe, die meisterhafte Beherrschung der Technik, verwoben mit Phantasie, erheben diese Bilder zu Kunstwerken von hoher Eigenart.

Friedrich steht auf der Höhe des Mannesalters. Spät, doch unbeirrbar hat er die inneren und äußeren Hemmungen bezwungen und die Reife gewonnen. Seine beiden Gemälde „Der Mönch am Meer“ und „Die Abtei im Eichenwald“, die Schubert erschütterten, übergibt er nach kurzer Ausstellungszeit in Dresden der Berliner Kunstakademie und tritt hiermit vor die anspruchsvollste und entscheidendste Kritik.

Im Sommer überkommt ihn Unruhe. Auf seiner Staffelei steht die böhmische Landschaft. Er wagt es, die Gegend, die ihn bezauberte, zu malen. Hier hat er noch nicht die Sicherheit und Freiheit wie auf den Heimatbildern. Aber die Ferne mit den Höhen gelang ihm, über die Sommerlandschaft spannt sich ein Himmel, der ihn ermutigt und den Glauben stärkt, daß auch dies Gebirge, um das er in ungezählten Studien wirbt, im Schaffen seiner Kunst beschlossen sein wird.

Nach mächtigeren Gebirgsformen verlangt sein Gestaltungswille. In dem Aufwärtsstreben der Berge birgt sich für ihn die gleiche Naturgewalt wie im hohen Wogen des

Meeres, wenn es die steile Klippe umbraust. Nach dem weltfernen Kammgelände, den öden Flachmooren, nach den geschwungenen Bergwellen des Riesengebirges zieht es ihn. Theodor Körner, der jetzt auf der Bergakademie in Freiberg studiert, war dort und schickte ihm ein Gedicht, das seinem Verlangen Auftrieb gab. Aber auch in Dresden findet er ungeahnten Widerhall. In den letzten Monaten besucht ihn oft ein Maler aus Mecklenburg, der muntere, wanderlustige Georg Kersting. Er ist ein zierlicher Mann mit lustigen dunklen Augen und keckem Schnurrbärtchen, voll von drolligen Einfällen und Scherzen. So recht ein Gegenstück zu Friedrich, studierte wie er bei Jens Juel an der Kopenhagener Akademie, ist einig mit ihm in der Liebe zum Vaterland, genügsam und aufgeschlossen, so daß die beiden Norddeutschen manchen Tag zeichnend die sächsische Landschaft durchwandern. Schon hat es der kleine handfeste Kerl verstanden, sich durch saubere Porträts, auf Holztäfelchen gemalt, bekannt zu machen, wobei er wie Friedrich die zarte, zeichnerische Linie der dänischen Schule verfolgt.

Zu jedem noch so strapaziösen Unternehmen bereit, tritt er eines Morgens in Friedrichs Atelier, als dieser gerade wieder in Gedanken nach den schlesischen Bergen wandert. Sie sind sich bald einig. In beider Taschen klimpern ein paar blanke Taler, die Wanderung soll zu Fuß unternommen werden, die Taler müssen reichen.

„Und das ist nur recht, Friedrich. Was ich vom Riesengebirge höre, so gibt es da keine Verlockung, die Taler springen zu lassen. An Bequemlichkeit, wie man sie in der Schweiz und im sächsischen Gebirge findet, ist nicht zu denken, nur solche Burschen wie wir beide gehören in das rauhe Bergland. Für Anstrengung und Entbehrung wird uns Rübezahl mit den schönsten Motiven und den Geheimnissen seines Gebirges belohnen. Auf ein weiches Nachtlager wollen wir uns nicht freuen, Stroh und, wenn du Glück hast, eine Decke, bekommst du in den Hirtenbauden, doch es ist Sommer, Freund, das soll uns nicht beschweren. Fleisch gibt es gar nicht, dafür wird dir in der Baude Milch und Käse verabreicht, und wenn wir von einem Unwetter tüchtig durchnäßt sind, wird man uns auch einen Schluck aus der Branntweinflasche gönnen. Nur eine Forelle könnte dir vielleicht einmal lustig im Magen springen."

„Mit dir wage ich es, Georg, bei dir kann ich abseits meiner Wege ziehen, ohne daß du es krumm nimmst, denn du weißt, ich muß allein sein, wenn ich mit meinen Bäumen und Felsen ganz eins werden soll."

„Das sollst du, ich werde inzwischen ein liebliches Idyll ausfindig machen oder gar ein hübsches Mädchen. Deine Hirten laß ich dir, Freund, deine Wolken und all dein Wurzelwerk . . ."

Der anbrechende Sommer sitzt ihnen beiden in den Gliedern, und so warten sie nicht. In einer Morgenfrühe machen sie sich von Dresden auf. Vor lauter Übermut muß der kleine Kersting erst noch einmal den Bleistift zücken. Es ist gar zu lustig anzusehen, wie der lange Friedrich sich auf die Fußwanderung begibt.

„Jetzt will ich dir zeigen, daß ich auch eine Rückenfigur mit seelischem Ausdruck zeichnen kann, Freund, geh du nur eine Strecke voraus."

Und eh Friedrich es sich versieht, hat Kersting ihn von hinten gezeichnet; der ohnehin Große ragt durch die Ballonmütze noch höher hinauf, ein wenig ist der Kopf mit dem Ansatz des Backenbartes geneigt, er geht in Hemdsärmeln, am geschulterten Wanderstock baumeln Rock und Tornister.

Durch Nebel, Sturm und Regen, zuweilen durch hellere Tage wandern die Freunde der Schneekoppe zu. Wie Kersting verheißen, finden sie in den Hirtenbauden einen Heuboden zur Nacht, ein warmes Feuer, an dem sie ihr durchnäßtes Zeug trocknen können, eine herzhaft dargereichte Flasche Branntwein für einen tüchtigen Schluck. Sie wandern über Elbbrunn und gelangen über feuchtes Gestein an einem Bergabhang entlang nach den Schneegruben. Der Hang der Grube ist von Nebel bedeckt, zuweilen zerreißt ihn der Wind, dann sehen sie Granitkegel aus der Tiefe ragen und zu ihren Füßen die hohen Wälder. Und weiter nach der kleinen Sturmhaube und von dort zur Schneekoppe hinauf.

Es ist kalt auf der Höhe, Schneeflocken wehen herab. Grau und trübe liegt die Koppe vor ihnen, schmal ist der Weg am Felsenriff, über Steingeröll und Moos, über Granitblöcke und riesige Steinstufen müssen sie hinauf. Erschöpft sinken sie auf das Strohlager, und Friedrich fragt sich im Einschlafen, wo der Sturm wilder braust, um den Turm der Nikolaikirche oder um diese einsame Baude.

In der Frühe gehen sie hinaus. Noch liegt Dämmerung über den Tälern. Den jagenden Wolken nahe, sehen sie unter sich die Gipfel aus dem Nebel tauchen. Weltentrückt und aller Nichtigkeit entrissen, lassen sie den Sturm über sich hinfahren, der über die Höhen braust. Da gewahren sie, wie in das Morgengrauen ein weißgelber, fahler Schein bricht. Die Nebel tasten sich über die Berge und werden von immer tiefer erglühenden Farben durchzogen. Die

Gipfel flammen auf, die Sonne steigt aus dem Nebelmeer, und wie von hoher Felsenklippe am Meer wandert der Blick ins Unbegrenzte.

Nach der Rückkehr wird im Dresdener Atelier wieder eine Leinwand von größerem Ausmaß auf die Staffelei gestellt. Das Wogen der Bergketten im Morgennebel, dunkel und hart im Vordergrund, gelöster in der lichteren Ferne, lassen wohl das Erlebnis ahnen, dennoch weicht Friedrich von der Wirklichkeit ab. Vor den sanfteren Tönungen des Hintergrundes reckt sich ein schroffer Felskegel, vom Morgen beleuchtet, hoch, auf dem ein Kreuz aufgerichtet ist; über die Abgründe, die Bergkuppen in der Tiefe bis in die unermeßliche Weite hinaus ragt es sichtbar. Verheißend wölbt sich der Himmel im zarten Erglühen.

Als das Bild bis zu den letzten Strichen gediehen ist, setzt er zu Füßen des Kreuzes zwei Gestalten: eine junge Frau umfaßt den Kreuzesstamm und reicht die andere Hand einem Mann, der die letzte Höhe erklimmen will. Wohl ist es wieder eine geheime Sprache, die auf der Leinwand redet, kaum einer wird ihren Sinn begreifen.

Der fröhliche Kersting sieht ihm eines Tages über die Schulter, als er an dem Bild malt, staunt es schweigend an und wird für seine Art ungewöhnlich ernst.

„Dies ist bei allen Göttern das erste Hochgebirgsbild, das ich sehe. Ein Meisterstück gegen die theatralischen Landschaften unseres Landsmannes Philipp Hackert mit Sennhütten und schmuck gekleideten Sennerinnen. Hier muß man den Atem anhalten und schauen." Nach einer Stille sagt er nachdenklich: „Ist mir doch, als bestätige das Kreuz dort oben, was ohnehin in der Landschaft atmet. Auch ohne dieses Zeichen kündet sie von göttlicher Verheißung."

„Besseres hättest du mir nicht sagen können, Georg.“

„Nur, was mich stutzig macht: Jene beiden Gestalten, die so durchsichtig sind, als hätte sich ein Nebelstreifen am Stamm des Kreuzes verloren und menschliche Gestalt angenommen, könnten die Erhabenheit stören und deinen Gegnern Anlaß zu Nörgeleien geben.“

„Mag sein, aber sie bleiben trotzdem. Jene Gestalten verkörpern noch tiefer den Gedanken der Verheißung und der Liebe. Die Frau zieht den zweifelnden und grübelnden Mann zur Höhe hinauf, oder ...“

„Nun?“

„Die gläubige Jugend, die das Vaterland liebt und an seine Befreiung glaubt, zieht das schwankende und mißtrauische Volk zur Höhe ...“

„Das ist ein guter Gedanke. Aber keiner wird ihn verstehen, und sie werden sich darüber aufhalten.“

„So laß sie zetern, die Herren Kunstrichter! Und nun schweig davon!“

Der harmlose Kersting sieht verdutzt drein, so zornig erlebte er den Freund noch nicht.

Während Friedrich an seiner Riesengebirgslandschaft malt, wird man auf der Berliner Ausstellung durch das Seestück „Mönch am Meer“ und „Die Abtei im Eichenwald“ auf den Dresdener Maler aufmerksam. Beide Gemälde erwirbt der Kronprinz von Preußen.

Die Freunde Heinrich von Kleist, Adam Müller, Rühle und Pfuel stehen bewundernd in der Berliner Galerie vor den Bildern. Sie gedenken des Einsamen im kahlen Atelier in der Pirnaischen Vorstadt und zögern nicht, sich aufs neue zu ihm zu bekennen. Kleist gibt mit Müller eine Zeitung, die „Berliner Abendblätter“ heraus; er kürzt eine umschweifende Besprechung des Bildes „Mönch am Meer“, die der Dichter Clemens Brentano ihm einsandte, füllt sie mit seinem Geist und läßt sie in den „Abendblättern“ erscheinen. Mit einem Bemerken schickt er sie an Friedrich. Der lacht in sich hinein, als er von dem Gewaltstreich hört; Kleists Sätze hämmern den Lesern einen tieferen Sinn ins Herz als Brentanos Schwärmen.

„Das Bild liegt mit seinen zwei oder drei geheimnisvollen Gegenständen wie die Apokalypse da, als ob es Youngs Nachtgedanken hätte, und da es in seiner Einförmigkeit und Uferlosigkeit nichts als den Rahmen zum Vordergrund hat, so ist es, wenn man es betrachtet, als ob einem die Augenlider weggeschnitten wären. Gleichwohl hat der Maler zweifelsohne eine ganz neue Bahn im Felde seiner Kunst gebrochen; und ich bin überzeugt, daß sich, mit seinem Geiste, eine Quadratmeile märkischen Sandes darstellen ließe, mit einem Berberitzenstrauch, worauf sich eine Krähe einsam plustert, und daß dies Bild eine wahrhaft Ossiansche und Kosegartensche Wirkung tun müßte. Ja, wenn man diese Landschaft mit ihrer eigenen Kreide und ihrem eigenen Wasser malte; so glaube ich, man könnte die Füchse und Wölfe damit zum Heulen bringen: das Stärkste, was man, ohne allen Zweifel, zum Lobe für diese Art von Landschaftsmalerei beibringen kann ...“ Also steht es in den „Abendblättern“.

In diesen Tagen empfängt Friedrich ein Gedicht des jungen Theodor Körner, der bei seinem Besuch in Dresden die „Abtei im Eichenwald“ während der Ausstellung sah. Der Siebzehnjährige hat sein Werk in sich erlebt wie nur wenige andere. Friedrich liest wieder und wieder mit Rührung die Strophe:

„Der Quell der Gnade ist in Tod geflossen,
Und jene sind der Seligkeit Genossen,
Die durch das Grab zum ew'gen Lichte ziehen . . ."

Um jene Zeit, als Friedrich die ersten Zeichen einer bedeutsamen Anerkennung empfängt und die drückende wirtschaftliche Not sich lindert, als Freundesgrüße ihn erreichen, beginnt im fernen Hamburg für den Freund Philipp Otto Runge ein langwährender Kampf mit dem unaufhaltsamen Tod.

Im Frühling brach die Auszehrung durch, deren erste Anzeichen Jahre zurücklagen, und schleichendes Fieber, Krämpfe und Hustenanfälle führten während des regnerischen Sommers das Werk der Zerstörung fort. Nach einem kurzen Aufflackern in sommerwarmen Herbsttagen in Harvestehude muß er sich im späten November in die unabänderliche Auflösung seines Körpers fügen.

In dem von Marschall Davout befehligten Hamburg aufs Sterbelager geworfen, hört er den Marschtritt französischer Soldaten von der Straße herauf. In dieser Zeit der Knechtschaft wird er abberufen, der erbarmungslose Krieg hat seine Kunst zerstört. Mit nichtigen Dingen hat er die kostbaren Stunden versäumen müssen.

Nun stapeln sich die Mappen mit den Entwürfen für seine „Tageszeiten", die er farbig und im Ausmaß von Wandgemälden ausführen wollte. Wenn Schmerzen ihn überfielen, hatte er längst die Mahnung verstanden, daß er alles, was in ihm nach Ausdruck verlangte, nicht mehr würde vollenden können, und er hatte still und hilflos vor sich hin geweint. Allein die Festigkeit seines Glaubens hatte ihn gestärkt.

Auch jetzt sind die „Tageszeiten“ unablässig in seinen Gedanken. Nur eine kurze Spanne Zeit liegt dazwischen, seit sie ihn mit verzehrender Glut ergriffen. Hätte er sich nur eine Schar begeisterter und begabter Schüler heranbilden und von ihnen seine Entwürfe ausführen lassen können, so wäre dieses Hingehenmüssen vor der Zeit nicht so schwer. An eine Schule, wie sie einst Raffael ins Leben rief, hat er oft gedacht; nun steht er allein mit seinen hohen künstlerischen Vorstellungen, die auszuführen ein Menschenleben zu knapp bemessen ist.

Nicht auf die vielen äußeren Werke war es ihm angekommen. Daß er in der Stille einen neuen Weg beschreite, das Göttliche offenbare in neuer Form und im Erringen einer einzigen Entdeckung sich verblute, dünkte ihn sein vornehmstes Gebot. So haben die „Tageszeiten“ den Farbenstudien weichen müssen, und nur der in Öl gemalte „Morgen“ verkündet eine schwache Vorstellung von der Vollendung, die er in sich geschaut.

Vor wenigen Wochen hatte er bei einem Freund das kurze Blühen einer Aloe belauscht, eines aus Indien stammenden Gewächses, das zwölf Jahre in der Stille die Kräfte sammelt, um sie in einem zwölf Stunden währenden Blühen zu entfalten. Das Gefühl einer nahen Verwandtschaft mit dieser Pflanze hatte ihn ergriffen. Wann war ihm die volle Blüte beschieden? Nur eine Ahnung davon wird er hinterlassen.

Ein weiser, gütiger Mensch muß der Professor Görres aus Koblenz sein, der die geistverwandten Worte zu seinen Zeichnungen schrieb und ihn im Sommer zu sich einlud, damit er in der weicheren Luft bei ihm Heilung fände. Runges Körper schüttelt ein Hustenkrampf. Der Brand ist ausgebrochen, keine menschliche Hilfe vermag ihn zu löschen.

Wird Klinckowström sein begonnenes Werk vollenden? Der in Rom weilende Freund wird es nie vermögen. Nur ein einziger, Caspar David Friedrich, der stetig dem Eigensten nachspürt und unbeirrbar seiner inneren Stimme folgt, in Armut lebt und allem äußeren Erfolg absagt, wird seiner Forderung die mögliche Erfüllung bringen. Seine letzten in Öl ausgeführten Gemälde – so sagten ihm die Freunde – lassen die durchgeistigte und als Symbol erfaßte Landschaft bei allem realen Schauen der Natur erwarten. Schwerer und langsamer als er hat der Freund sich durch die Jahre der Entwicklung gekämpft, doch dünkt er ihn heute wie der Fels, den er auf seinen ersten Rügenbildern mächtig und ruhevoll gegen das aufgeregte Meer ragen ließ.

Runge greift nach seiner Schrift „Die Farbenkugel", die auf seinem Bett liegt und deren Erscheinen er im vergangenen Winter freudig begrüßte. Nun hätte er mit seinem großen Werk beginnen können; getreu hatte er den Grund gelegt für seine kühnen Gemälde und Klarheit gebracht.

Er sieht auf seine geschwollenen Hände. Auch das Gesicht ist entstellt, er fühlt, wie sich die Haut spannt und wie schwer es ist, den Mund zu öffnen. Wenn nur alles erst abgetan wäre.

Auch Daniels sorgender Blick und Paulines zärtliches Streicheln der kranken Hände können die Schmerzen nicht lindern. Er läßt sie die Kinder hochheben, und der Anblick ihrer unschuldigen Gesichter weckt das Lebensverlangen wieder mächtig in ihm. Ist es denn so lange her, daß er selbst ein Kind war? Ist er es nicht geblieben in dieser kurzen Spanne, in der er erst nur die Vorsätze für sein Leben gefaßt hat? Wie ein Kind war er dem ernsten Spiel der Kunst nachgegangen, und darüber war der Tod genaht.

„Sage meinem Freund Perthes, ich möchte neben seinen zwei toten seligen Kindern ruhen", bittet er Daniel, als der Bruder nachts an seinem Bett wacht. „Es blieb ja alles nur Fragment, was ich getan, und das Bessere nehme ich mit hinweg aus der Zeitlichkeit."

„Alles Große in dieser Welt kann nur Fragment bleiben, wenn der Geist Höheres gebietet als der Körper auszuführen vermag."

Runges zerstörter Brust entringt sich ein Stöhnen.

„Nicht einmal Goethes ‚Farbenlehre' konnte ich durchlesen, sie erschien in diesem Frühling zu spät für mich. Der letzte Trost dieses Mannes hat mich erreicht, er hat mir geschrieben, daß meine ‚Farbenkugel' kein Irrweg für mich war, nur ein Umweg, der jetzt, da ich am Ziel bin, mir mit den erforschten Erkenntnissen mein Werk hätte vollenden helfen."

Daniel schlägt Goethes ‚Farbenlehre' auf.

„Und ist es nicht ein Trost, Otto, daß er deinen bedeutsamen Brief in seinem Werk abdrucken ließ? Und immer wieder ist mir dieser Satz eine Erquickung und sollte er auch dir sein: ‚Ganz neuerlich hat Otto Runge, von dessen schönen Einsichten in die Farbenlehre von der malerischen Seite her wir schon früher ein Zeichen abgelegt, die Abstufungen der Farben und ihr Abschattieren gegen Hell und Dunkel auf einer Kugel dargestellt, und, wie wir glauben, diese Art von Bemühungen völlig abgeschlossen.'"

Runge will noch einmal nach seiner „Farbenkugel" fassen, allein die Hände können es nicht mehr. Daniel schlägt die gestochene Tafel mit der Ansicht der Kugel von vier Seiten auf und ein zusammengefaltetes Blatt, das harmonische, disharmonische und monotone Farbenzusammenstellungen und die mögliche Auflösung der Disharmonien zeigt.

„Und ich sage es wieder: In der Ewigkeit werden wir die Kunst nicht kennen. Aber Gott kam ich nahe, als ich mich in die Farben versenkte, und es trieb mich göttlicher Geist, als ich alle erdenkbaren Farben um den Äquator einer Kugel anordnete. Wie die Lebensalter, Jahreszeiten und Weltalter mit dem Geheimnis der Dreieinigkeit verbunden sind, so sind es die drei Grundfarben, aus denen sich die Welt gestaltet ..."

Die Worte versagen ihm, und Daniel, der seit Monaten des Bruders Hinsterben verfolgt und Qualen erduldet, weil er ihm nun nicht mehr helfen kann, wie er es sein Leben lang getan, versucht, die immer wiederkehrenden Gedanken zu fassen. Doch wieder ein tiefes Aufstöhnen, und dann wie ein Aufschrei mit letzter Kraft: „Zu spät, Daniel, ich muß hinweg ... Wenn nur die Liebe und die Begeisterung wach bleiben in der Welt, so wird manch einer begreifen, was ich gewollt, und es wird ihn erquicken, wenn er sich daranmacht, den Auftrag fortzuführen ..."

Wenige Tage noch währt der Todeskampf, in dem er nach den fernen Brüdern ruft. Und wenn er die Lieben um sich sieht, auch seine Freunde Perthes und Besser, breitet er sein Leben vor ihnen aus, und sie erfahren noch einmal die Keuschheit und Erhabenheit seines Kampfes.

Und weil Pauline und Daniel an seinem Bett sitzen, überkommt ihn die Erinnerung, wie er einst um Pauline gelitten und wie dieses Leiden eins wurde mit dem um seine Kunst, so daß die irdische und die himmlische Liebe wie in eins verflochten waren.

„Was uns bewegt in der Zeitlichkeit, ist immer die Unruhe der Liebe, wenn wir recht gelebt haben", sagt er mit gewohnter Klarheit, „das Verlangen, das Ich und Du eins werden zu lassen. Daher kommen wir nie zu der ruhigen Liebe, weil sie uns im Leben nicht beschieden ist. Wer sich aber damit zufriedengibt, wenn er zurückgestoßen wird, ihm gleichsam etwas mißlingt, so tötet er sich selbst und wird nicht mehr lebendig, es sei denn nach einem langen und harten Kampf. Es ist uns aber in die Hand gegeben, ob wir leben werden in der Ewigkeit und ob wir unsere Kräfte so stark darangeben wollen, daß wir ermatten. Da wird es sich zeigen, ob wir zurücktreten von diesem Kampf oder lieber unterliegen. Wer aus seiner tiefsten Seele etwas hervorbringt, daß sein Leib darüber zugrunde geht, der hat den seligsten Tod."

Er hält erschöpft inne; sein Freund Besser denkt, wie Runge ihm vor Jahren einmal ähnliches geschrieben und wie er so ganz in diesem Sinn sich selbst hinangepeinigt hat zu diesem frühen zeitlichen Sterben.

Als es noch einmal wieder hell wird um ihn und Pauline an sein Bett tritt, sieht er auf ihren gesegneten Leib, der schwer ist von der nahen Geburt.

„So habe ich nun gefürchtet und mich betrübt, daß ich in der Jahreszeit, im Herbst, auf den die Vernichtung folgt, dahin muß, wo ich gehofft, in der neuerzeugenden Zeit zu sterben wie unter dem Zeichen eines neuen Anfangs. Aber nun habe ich mich doch in den Frühling hinübergerettet, denn wenn ich auslöschen muß, wird ein neues Leben anfangen, und wenn ich eingeschlafen bin, wird es erwachen."

Und es geschieht, wie er in seiner letzten Stunde ahnte. Seine „Tageszeiten" sind so innig mit ihm verschmolzen, daß ihr Rhythmus auch sein Sterben begleitet und seinen Tod hinüberfluten läßt in neues Leben. Denn kaum hat sich der Stundenkreis seit der Todesstunde einmal gerundet, als Pauline das Kind zur Welt bringt.

Die Arbeit an den zwei Morgenlandschaften des Riesengebirges nimmt ein jähes Ende für Friedrich, als ihn im Winter die Nachricht von Runges Tod erreicht. Wird ihm auch eine längst gehegte Ahnung bestätigt, der Verlust des Freundes bricht allzu hart über ihn herein. Kaum ein Jahr geht dahin, da dringt die zweite, nicht minder grausame Nachricht von Kleists Freitod am Wannsee nahe Potsdam zu ihm.

Schmerz über den Untergang des Jugendfreundes, Hader mit dieser Welt der dummen und trägen Herzen, die den Zusammenbruch eines Genies wie Kleist verschuldet, zeitigen in Friedrich die alten düsteren Gemälde: die weite Ebene im Schnee, ein Himmel darüber, der nichts von Trost weiß; auch die beiden geneigten frierenden Bäume, deren Wurzeln sich, durch den Schnee sichtbar, noch an die Erde klammern, fehlen nicht. Zwischen den Bäumen stützt sich ein Mann, vorgeneigt, auf seinen Stock, als gäbe es kein Erbarmen für ihn in dieser Welt. Das Grausamste aber sind die vielen abgesägten Baumstümpfe, die sich nackend aus dem Schnee heben, diese Wesen, an denen die Menschen durch ihr liebeloses Unverstehen ihr Zerstörungswerk geübt haben.

Im späten Sommer noch war Friedrich mit Freund Kühn durch den Harz gewandert. Es zog ihn nach diesem unwirtlichen, rauhen und dennoch schönen Gebirge, das ihm jetzt gerade recht ist mit seinen anstrengenden Kletterpartien durch ödes Felsgebiet, mit den dunklen Schluchten, der Einsamkeit auf den Kämmen, den Hohneklippen in urweltlicher Wildnis, den gestürzten Fichten, die wie Riesenungeheuer ihnen entgegen drohen. Und wenn sie beide erschöpft auf dem Hochmoor ausruhen, glaubt Friedrich, im heimatlichen Moor zu sein, wo das Heidekraut leuchtet, auf dem Moos der Sonnentau grüßt, die Kronsbeere und Moosbeere locken. Bei einem Abstieg nach Wernigerode zu skizziert er eine gewaltige Felswand, er wird sie einmal für ein Bild gebrauchen. Die heitere Sicht auf die kleine Stadt, die friedlich zwischen waldigen Höhen in der Sonne liegt, besänftigt das Gemüt.

„Nimm Abschied von den Harzer Bergen, Freund“, sagt Kühn, der fröhlich ein Wanderlied flötet, als sie von einem Aufstieg nach dem Armeleuteberg zurückkehren und noch einmal von der Höhe die Stadt im Tal liegen sehen, „morgen werden wir auf dem Weg nach Weimar sein.“

„Ich kann mich noch gar nicht darein finden, daß wir nach Weimar wollen. Wenn mich dieses Gebirge nicht so erfrischt hätte, ließe ich Weimar und Goethe fahren, von Dresden aus hätte ich mich nicht zu ihm aufgemacht. Und wenn du mich fragst, was mich hinzieht, so ist es eigentlich Runge, der mich auf den Weg zu ihm schickt, und nicht der Rat der Freunde, ich müsse den großen Mann aufsuchen, weil seine Anerkennung mich voranbringen könnte. Man fühlt ein Unbehagen, weil man fürchtet, Goethe wolle einem seine Meinung über Kunst aufbürden; da hat er bei mir so wenig Aussicht wie bei Runge, der ihm gegenüber fest geblieben ist, als er ihm vor Jahren begegnete."

„Goethe hat deine Bilder gesehen, er wird dich nicht überzeugen wollen; ein Mann wie er weiß, daß du seinen Kunstanschauungen so wenig geneigt bist, wie Runge es war."

„Ich begreife nicht, wie Goethe bei seiner naturhaften Lyrik, seiner wahrhaft großen Dichtung bei seiner Ansicht über die bildende Kunst in alten Formen stecken bleibt. Da ist wohl dieser Meyer, der ihm seine Weisheit täglich unterbreitet. Gegen Runge konnte er nicht an. Aber es gibt so viele Menschen, die alles, was im Gebiet des Geistigen, Unendlichen liegt, sei es Wissenschaft oder Kunst, in beengende Formen schmieden wollen. Jeden freien Aufschwung möchten die Engherzigen hemmen, damit hübsch alles auf ausgetretenen Wegen einhergehe. Ein Goethe kann doch nur jedem das Seine lassen. Jede Zeit hat ihren guten und bösen Geist; erkenne nur das bessere der Gegenwart und stelle nicht, wie viele jetzt wollen, die Vergangenheit als unbedingtes Vorbild für die Gegenwart auf. Warnen könnte man allenfalls, aber hindern sollte man nicht."

„Die Klassizisten haben nun einmal ihr Schönheitsideal", bohrt Kühn, dem nichts lieber ist, als Friedrich herzhaft wettern zu hören.

„Goethe ist mir so fern wie ein Götterbild der Antike, doch nicht einmal vor seiner Größe schauert es mich. Runge sagte etwas höchst Seltsames, ich entsinne mich klar seiner Worte: ‚Dies Weimar muß ein wunderlicher Ort sein, und es ist im Grunde merkwürdig und erschrecklich und grausend, was die Kunst aus den Menschen macht. Es sollte keiner so viel beten wie der Künstler: ‚... und führe uns nicht in Versuchung, sondern erlöse uns von dem Übel.‘ Er hatte wohl manches über Weimar erzählen gehört. Es ist sonderbar, wir sind auf dem Wege nach Weimar, aber werde ich zu Goethe gehen?“

Die beiden Freunde steigen im „Gasthaus zum Schwan“ ab, das neben Goethes Wohnhaus am Frauenplan liegt. Sie haben eine beschwerliche Wanderung hinter sich und strecken sich nach manchen Nächten auf hartem Waldboden behaglich in ihren Betten aus.

Am Morgen verabreden sie, daß Kühn das Wandergepäck zur Post trägt, wo sie sich beim Abgang des Postwagens um zwölfeinhalb Uhr treffen wollen.

„So muß ich versuchen, etwas früher vorgelassen zu werden, sonst wird die Zeit zu knapp“, überlegt Friedrich, „wenn ich schon einmal zu Goethe gehe, will ich ihm nicht in allzu großer Eile begegnen.“

Die von langen Märschen arg mitgenommenen Stiefel sind reinlich geputzt, die zerrissenen Socken gestopft und der Rock von der guten Wirtin im „Schwan“ nach Möglichkeit gebürstet, und die Löcher sind geflickt. So erscheint Friedrich vor der Haustür des Geheimrats.

Ein Diener öffnet; er ist an die merkwürdigsten Gestalten gewöhnt und weiß, daß sich hinter den nicht immer gepflegten Besuchern oft Männer verbergen, die sein Herr mit Wohlwollen empfängt.

„Ich komme zu früh“, sagt Friedrich in seiner kurzen bestimmten Art. „Es ist nicht anders möglich, weil ich mit meinem Freund um zwölfeinhalb Uhr die Post nach Jena nehmen will. Wird Herr Geheimrat mich schon jetzt empfangen?“

Der Diener ist von den ehrlich und treuherzig blickenden Augen bezwungen.

„Kommen Sie nur, Herr Friedrich. Seine Exzellenz, der Herr Geheimrat, wird Sie vorlassen. Ich muß nur erst versuchen, ob er mich anhört. Herr Doktor Riemer ist zum Diktat bei ihm, da läßt er sich nicht gern stören."

Friedrich macht eine Geste, als ob er sich zurückziehen will. Aber der Diener faßt ihn am Arm.

„Sie dürfen nicht wieder fortgehen, Herr Friedrich. Auch das würde dem Herrn Geheimrat nicht recht sein, er erwartet Sie ja. Man weiß nie recht, wie man es anstellen soll, wenn ein unvorhergesehener Fall eintritt. Nur ein wenig Geduld, bitte, und kommen Sie erst einmal nach oben."

Friedrich folgt ihm über die Diele nach der breiten Treppe und geht die flachen, bequemen Stufen hinauf. Die Abgüsse – der „Hund der Diana" und der „Faun von Belvedere" – fangen den Blick. Er tritt über das blau ausgelegte „Salve" in den Vorsaal, in dem viele Kupferstiche hängen und Büsten aufgestellt sind. Er kann sie nur flüchtig in sich aufnehmen. Dann geht er durch einen zweiten Raum, in dem gleichfalls Büsten stehen, nach dem von Grün umrankten Gartenzimmer. Eine Heiterkeit überwindet die Abwehr in Friedrich, er atmet menschlich warme Nähe.

„Bitte warten Sie hier, Herr Friedrich, bis ich dem Herrn Geheimrat Ihre Ankunft gemeldet habe."

Es währt nur wenige Minuten, dann ist der Diener wieder an seiner Seite.

„Der Herr Geheimrat läßt Sie in sein Arbeitszimmer bitten", sagt er mit gedämpfter Stimme, als habe er ihm etwas Bedeutsames mitzuteilen. Und noch leiser: „Eine besondere Gunst, nicht jeder darf ihn dort besuchen."

Sie gehen einen Gang hinunter, biegen um eine Ecke, ein junger Mann kommt auf Friedrich zu, sieht ihn mit liebenswürdiger Neugier an.

„Riemer“, stellt er sich vor und geleitet den Gast einige Schritte weiter. Friedrich sieht eine offene Tür, die in einen mäßig erhellten Raum führt. Er tritt ein. Goethe steht vor ihm.

Er begegnet dem forschenden, strengen Blick; die Wärme, die eben noch in ihm war, weicht, er verneigt sich steif.

„Sie sind mir willkommen, Herr Friedrich. Ihre Dresdener Freunde, Herr Appellationsrat Körner, Professor Kügelgen, die Maler Klengel und Hartmann sprachen herzlich und anerkennend von Ihnen. Ihre Bilder haben mich in den letzten Jahren mehr und mehr angezogen, wenn auch . . . nun, lassen wir das erst.“

„Herr Geheimrat mögen meinen Aufzug entschuldigen, ich komme geradewegs aus dem Harz.“

„Das ist mir lieb zu hören.“ Goethes Ton wird vertrauter. „Sie haben gewiß viele Skizzen mitgebracht. Wie man mir in Dresden sagte, haben Sie sich in Ihrer Malerei auch dem Gebirge zugewandt, ein Fortschritt, den ich zu schätzen weiß. Nichts schadet der Kunst mehr als Enge und ein ständiges Kreisen in gewohnten Bezirken.“

„Im vergangenen Jahr habe ich das Riesengebirge durchwandert, nachdem ich jahrelang das Elbsandsteingebirge und das böhmische Mittelgebirge durchstreift habe . . .“

„Wo waren Sie im Riesengebirge?“ fragt Doktor Riemer schnell. „Ich bin aus Schlesien, das Gebirge ist mir vertraut . . .“

Friedrich hat die erste Fremdheit überwunden und setzt sich auf Goethes Anerbieten an den Tisch.

„Wir wanderten über Elbbrunn nach den Schneegruben und der Sturmhaube bis zur Schneekoppe und erreichten den Gipfel; in der Morgenfrühe hatten wir eine weite Sicht.“

„Auf die geistige Verarbeitung dieser Eindrücke bin ich gespannt“, sagt Riemer warm, „Ihre Bilder vom Riesengebirge möchte ich einmal sehen.“

Friedrich zeigt keine Zustimmung, zögernd beginnt er zu sprechen.

„Wir brauchen Jahre, um jedes Gebirge in seiner Eigenart zu erkennen und seine besonderen Erscheinungen in uns aufzunehmen. Das Riesengebirge mit seinen einzelnen Kegeln und Felsen hat es mir angetan, die weitgeschwungenen Bergwellen sind dem Meer verwandt. Der Harz hat mir seine düsteren Schluchten und wilden Klüfte aufgetan ...“

„Und später werden die Alpen Sie anziehen und das schöne Italien, das noch jeden Künstler bezwungen hat“, fällt ihm Goethe heiter ins Wort.

Eine abwehrende Bewegung Friedrichs läßt ihn verstummen.

„Wir haben großartige Landschaften in unserer Heimat. Der Himmel leuchtet in Farben, die der Künstler sein Leben lang nicht ausschöpfen wird. Aber den Herren Kunstrichtern genügen unsere deutsche Sonne, Mond und Sterne, unsere Felsen, Bäume und Kräuter, unsere Ebenen, Seen und Flüsse nicht. Italienisch muß alles sein, um Anspruch auf Größe und Schönheit machen zu können.“

Goethe lächelt.

„Der Weitblick, den man in fremden Ländern erwirbt, kann nie schaden. Denken Sie an Ihren Landsmann Philipp Hackert, den ich hoch schätze, er wurde erst in Italien zum Künstler. Auch mir ging erst dort auf, was Kunst ist."

„Ich bitte um Nachsicht", lenkt Friedrich ein und verschweigt, daß nach seinem Ermessen Hackert in Italien nichts als ein Vedutenmaler geworden ist, deren es heute allzu viele gibt. „Was ich sagte, galt nicht dem Genie, sondern dem Künstler schlechthin, der meint, er könne nichts werden, ohne nach Rom zu pilgern. Es bleibt ihm hier genug zu lernen und zu schaffen."

„Schon gut", winkt Goethe freundlich ab. „Ich habe Sie hierhergebeten, Herr Friedrich, Sie sollten mein Arbeitszimmer sehen. Man hat mir von Ihrem Atelier in Dresden gesprochen, es soll einer Mönchszelle gleichen. Dies berührte mich angenehm. Bei einem Dichter bedarf es doch einiger Gegenstände, aber auch hier sehen Sie nur die notwendigsten. Dort ist das Pult, an dem ich stehe und schreibe wie Sie an Ihrer Staffelei, und ein kleiner Tisch für meinen Sekretär Herrn Doktor Riemer. Die Schränke und Kästen brauche ich für meine Mineralien, meine Meßinstrumente, die Borten für die Manuskripte und einige mir liebe Kunstgegenstände, das ist alles. Bequeme und geschmackvolle Möbel hindern mein Denken und machen mich lässig und träge." Er weist auf den gekrümmten Teil eines Astes. „Sehen Sie, dieses Stück von einem Ast habe ich mir von einer verkrüppelten Buche abgesägt, die seltsame Form hat es mir angetan. Die vom Sturm zerknickten und geschundenen Bäume auf Ihren Bildern haben mich letzthin in Dresden gefesselt."

Friedrich wird freier zu Sinn, er erinnert sich, daß er nicht nur bei einem Dichter und Minister zu Besuch ist, sondern bei einem Mann, der die Natur liebt und erforscht.

„Als ich Ihre ersten Sepiablätter sah“, beginnt Goethe wieder, „es waren Zeichnungen von Rügen, realistisch und zugleich von klassischer Linienführung, zog mich der hohe Himmel mit seinen Wolkenbildungen an. Sie mußten die ständig wechselnden Gebilde intensiv beobachtet und skizziert haben. Der Wunsch regte sich in mir, dergleichen Wolkenbildungen für meine Naturstudien zu besitzen.“

Friedrichs Blick fällt auf ein Hygrometer, Goethe bemerkt es.

„Sie sehen dort Instrumente, die ich gebrauche, auch für meine Messungen der Blitze ... Doch, Herr Friedrich, Ihre Wolken ... würden Sie mir solche Wolkenzeichnungen anfertigen? Sie wären eine Bereicherung meiner Sammlung.“

Friedrich senkt den Kopf und verbirgt sein Erschrecken. Ein Schweigen droht beklemmend zu werden, da greift Doktor Riemer ein.

„Herr Geheimrat, wir haben in Herrn Friedrich einen typischen Norddeutschen zu Gast, eine schwerfällige Natur, er ist anders als sein Landsmann Runge, der gleich in hellen Flammen stand.“

In diesem Augenblick dringt Kinderlärm vom anderen Flügel des Hauses herüber. Goethe stutzt.

„Hat meine Frau etwa wieder ihre Schauspielerkinder bei sich?“

Riemer lächelt befreit.

„Wahrscheinlich, Herr Geheimrat. Ich sah einige kleine Gesellen vom Garten her im Zimmer Ihrer Gattin verschwinden, als ich zu Ihnen kam.“

Dieser Zwischenfall genügt, um Friedrich seine Sicherheit zurückzugeben. Er spricht sehr langsam und überlegt jedes Wort.

„Ich habe viele Studien und Skizzen ausgeführt und tue es noch, doch geschieht dies in einer anderen Weise, als sie der Naturbeobachter oder gar der Gelehrte ausführt. Es besteht ein großer Gegensatz zwischen der Kunst, wie ich sie auffasse, und der Wissenschaft."

„Und dennoch", unterbricht ihn Goethe, „Ihre Bilder sind von einer höchst präzisen Anordnung, man merkt, daß die einsame Reißschiene an der Wand ein dringendes Instrument für Sie ist. Ihre ungemein klare Beobachtung zog mich mehr zu Ihren Bildern hin als – Sie werden es mir nicht verübeln – Ihre künstlerische Leistung, weil sie mit meinen Kunstgesetzen nicht übereinstimmt. Nun, und wie denken Sie über die Wolkenzeichnungen?"

Friedrich will schweigen. Mag Goethe daraus seine Abwehr entnehmen. Da aber fällt ihm Runge ein. Und der Wortkarge kann sprechen, und während er es tut, löst er sich mehr und mehr.

„Für mich sind die Wolken lebende Wesen, Gefährten, wie es der Baum ist, das Schiff, der Felsen. Ich muß allein sein, um eins mit diesen Wesen zu werden. Ich fühle mich ihnen noch tiefer verbunden als den Menschen. Nicht die treue Darstellung von Luft, Wasser, Felsen und Bäumen ist die Aufgabe des Bildners, sondern seine Seele, seine Empfindung soll sich darin widerspiegeln. Den Geist der Natur erkennen und mit ganzem Herzen und Gemüt durchdringen und aufnehmen und wiedergeben ist die Aufgabe des Kunstwerks."

Er verstummt. Er sieht Goethes Augen auf sich gerichtet, fraglos nimmt der ihn ernst, doch es gilt zu bestehen.

„Es ist mir unmöglich, diese Wolken zum Zweck wissenschaftlicher Beobachtungen, so groß meine Achtung davor ist, zu zeichnen. Sie sind gotttgewollte Wesen wie alles in der Natur, und wenn ich sie male, dann tue ich es mit der Ehrfurcht, die ich vor allen Kreaturen und Geschöpfen Gottes habe. Wie für mich die Malerei, das Belauschen und Wiedergeben der Naturerscheinungen in einem höheren Sinn eine heilige Handlung, eine tätige Andacht schlechthin ist."

Sein großer ehrlicher Blick trifft Goethe.

„Ich bedaure es daher, daß ich Ihre Bitte nicht erfüllen kann, Herr Geheimrat, aber ich müßte mir Gewalt antun."

Goethe bleibt ernst, schweigt.

Zum zweiten Mal versucht Doktor Riemer, die heikle Lage zu retten.

„Herr Friedrich erinnert mich jetzt an Runge, wie Sie ihn nach Ihren Erzählungen vor acht Jahren erlebten, er war unbelehrbar und jeglichem Einfluß abhold."

„Sie haben in mancher Weise recht, Riemer", sagt Goethe langsam, wie von einer Erinnerung heimgesucht. „Es ist seltsam, daß zwei höchst eigenartige, in der Gesinnung stark verbundene Künstler aus dem hohen Norden Deutschlands kommen, wo wir sonst kaum Genies haben. Ausgenommen Ihr Landsmann Hackert. Ich habe übrigens seine Aufsätze gesammelt, und noch in diesem Jahr wird eine Biographie über ihn erscheinen."

Friedrich sieht angestrengt auf eine Glaskugel, die ihn wieder an den Naturforscher erinnert, um nicht wegen Hackert eine neue Mißstimmung zu erregen.

„Es ging damals bei Runge um seine Kunstanschauung, um seine ‚Tageszeiten'. Anfangs machte er mir viel zu schaffen, doch zog er mich so sehr in seinen Bann, daß ich mich ihm nicht entziehen konnte." Goethe wird wärmer, seine Augen beleben sich. „Es war im Herbst 1803, er kam zu Fuß und wollte zu Fuß nach Hamburg. Ich traf ihn bei meinem Kollegen, Regierungsrat Voigt, und es ging aufgeregt zu. Seine Religion gab ihm bei seiner Jugend eine erstaunliche Sicherheit, und wenn sie auf diese Art im Menschen wirkt, muß man es achten. Da gab es kein Ausweichen, kein Lockern der eigenen festen Gesinnung. In der Hinsicht gleichen Sie Ihrem Landsmann." Ein kurz aufflammender Blick trifft Friedrich. „So lassen wir denn die Wolken."

„Ihr Freund Runge ist zu früh gestorben, der seltsame junge Mensch hätte Ungewöhnliches leisten können", vermittelt Riemer vorsichtig. „Wissen Sie, ob er noch ein Blatt seiner ‚Tageszeiten' in Öl ausführte, wie er es sich vorgenommen hatte?"

„Er soll den ‚Morgen' gemalt haben, doch, wie Professor Steffens mir schrieb, der es wohl von Daniel Runge erfuhr, soll der Sterbende den Bruder gebeten haben, das Bild zu zerreißen, weil es nicht entfernt dem gleiche, das er in sich trug. Was daraus wurde, weiß ich allerdings nicht."

Goethe schüttelt heftig den Kopf.

„Nie hätte er diese ‚Tageszeiten' vollendet, er hatte sich etwas Unmögliches vorgenommen, das bewältigt kein Sterblicher. Als er vor fünf Jahren zu mir kam, war er noch ein echter, gesunder Norddeutscher. Mit unvergleichlicher Frische und Anmut, mit einem tief poetischen Sinn trug er mir seine Ideen über Kunst vor. Ich fragte mich, wo das hinaus soll. Aber ich konnte ihm meine Bewunderung nicht versagen. Er hat mit schöner Treue zu mir gehalten in unseren gemeinsamen Bestrebungen um die Farbenlehre; manche Sätze stimmten wörtlich mit meiner Abhandlung überein. Ich bat ihn später, zu mir nach Weimar zu kommen und sich einige Zeit bei mir aufzuhalten, damit wir uns besser verständigen könnten. Es entsprach ganz seiner soliden und rechtschaffenen Natur, daß er sich für einige Zeit von der Kunst lossagte, um seinem Bruder Daniel als Kaufmann beizustehen, es muß ihm schwer geworden sein. Er konnte nicht kommen und schrieb mir hin und wieder von seinen neuen Entdeckungen, die Farbenlehre betreffend."

Nur dem wachsamen Auge Riemers merklich, verdunkelt sich Friedrichs Gesicht. Etwas wie eine verhaltene Anklage wird in seinen Worten laut:

„Im Sommer 1806 berichtete er mir auf einer Rügenwanderung bewegt von Ihrer gemeinsamen Arbeit; trotz der Gegensätze Ihrer Anschauungen war er voller Liebe und Vertrauen zu Ihnen."

„Es rührte mich, daß er bei diesen unvereinbaren Gegensätzen zu mir kam und wir ein Gemeinsames fanden, in dem wir wirken konnten", erwärmt sich Goethe. „Eine seltene Erscheinung in der Kunst. Für ihn war die Kunst ein Bekennen seines christlichen Glaubens. Ob es ein lebloser oder lebendiger Gegenstand ist oder das Wirken der Elemente, alles war für ihn ein Teil der Schöpfung, ein Preisen des Schöpfers, seines Gesetzes, das sich in allem Naturwirken kundtut. Durch den Künstler wirkt Gott, er ist sein Werkzeug. Ich aber denke anders. Ein Kunstwerk ist vom Künstler geschaffen, unabhängig von dem Glauben, seine Kunst ruht wohl auf religiösem Sinn, daher vereinigt sie sich gern mit der Religion. Für mich bedarf es dessen nicht, für mich beruht Kunst auf ihrem eigenen Ernst. Sie aber, Herr Friedrich, können nicht von Ihrer Religion unabhängig sein, Sie malen als Christ."

Nach dieser Rede wird es still, man hört verhalten wieder die Kinderstimmen herüber.

Dann sagt Friedrich:

„Auch hier müssen wir gewisse Unterschiede klar trennen. Unser gemeinsamer Freund Klinckowström wollte durch Bilder Religion in den Menschen erwecken. Er ging nach Rom und malt Madonnen, und nichts Eigenes ist an ihm. Runge sagte Ähnliches, aber er meinte es anders."

„Er wollte die religiöse Symbolik in der Landschaft", fällt Goethe rasch ein, „er wollte die Symbolik der Farben, eine tiefe Naturmystik schwebte ihm vor, an der er scheitern mußte. Soweit ich es erkenne, führen Sie seine Gedanken weiter. Sie legen Ihre persönliche Stimmung in die Landschaftsmalerei. Die Menschen auf Ihren Bildern stehen in Ehrfurcht vor dem göttlichen Gesetz. Runges Naturmystik sagt anderes aus. Seine Größe liegt verborgen. Es ist immer etwas Großartiges, wenn ein Künstler Verzicht leistet, um sich Erfahrungen und Kenntnisse anzueignen und eine neue Theorie zu entwickeln. Seine ‚Farbenkugel' war ein Umweg zu seinen ‚Tageszeiten', ihm war darum zu tun, die Farbe bis ins Letzte zu erkennen, bevor er sie verwerten wollte."

„Auch wir haben dies erkannt", bestätigt Friedrich. „Dennoch haben wir ihm Vorwürfe gemacht, seine Freunde, Professor Schildener, unser Lehrer Quistorp und Klinckowström, daß er sich zu sehr verlöre. Er gab uns recht, aber er blieb fest."

„Und er tat recht daran. Es kam für ihn die Erfüllung:

seine ‚Farbenkugel'. Er hat ihr Erscheinen noch erlebt, das kann uns ein wenig beruhigen. Ihr hat er die besten Kräfte geweiht, so ist er für mich mehr als ein Maler, der viele Bilder malt, aber nichts Eigenes bleibt bestehen. Auch mir warf man vor, ich wolle nur Newton widerlegen, es sei Liebhaberei, und ich solle die dichterischen Fähigkeiten ausüben und mich nicht in Farbentheorien vergraben. Und welch große Dinge gingen mir bei meinen Studien auf, ich traf mit Runge zusammen, als wir das Psychische der Farben erkannten."

„Sie, verehrter Herr Geheimrat, haben einen Dämon in der Brust, der Sie treibt, das Rechte zu tun. Und unser armer Runge trug ihn auch in sich. Kein bestimmtes Menschenvorbild war es, das er sich setzte, kühn stürzte er sich in ein Wagnis höchst eigener Art. Der Mensch ist nicht dem Menschen als unbedingtes Vorbild gesetzt, sondern das Göttliche, das Unendliche ist sein Ziel. Die Kunst ist es, nicht das Vorbild anderer Künstler, wonach er streben soll. Die Kunst ist unendlich, endlich aller Künstler Wissen und Können. Nur wer um das Höchste und Herrlichste ringt, dem kann das Schöne zuteil werden. Hier blieb er verkannt."

„Und er blieb bis zuletzt ein guter und reiner Geist. Gefahr lag in ihm, wie in Novalis Gefahr lag." Goethe atmet schwer, wie von Erinnerungen gepackt. „Und noch einer brach jäh und unvermutet auf, es war Kleist. Im Anfang versprach sein Talent das Beste, ich habe ihn geliebt, aber dann verstieg er sich. Seine hypochondrische Art mußte ihn zugrunde richten. Mich stieß mit den Jahren das Krankhafte an ihm ab; ich habe auch meine Jugendjahre durchkämpfen müssen, weiß, was Gefahr bedeutet, doch soll der Mensch die große Schwermut in sich bezwingen. Warum das Unschöne und Düstere mit solcher Konsequenz behandeln? Er hat mir den Mißerfolg mit seinem ‚Zerbrochenen Krug‘ nie verziehen, doch wenn er mir darum Vorwürfe machte, war es allein auf die Reizbarkeit seiner Nerven zurückzuführen. Er war krank, wie auch Runge es werden mußte. Und beide sind zugrunde gegangen.“

Friedrich sieht ihn groß und offen an.

„Wer sagt uns, daß solche einzigartigen Genies krank seien, verehrter Herr Geheimrat? Krank oder hypochondrisch sind Menschen, die nicht mehr imstande sind, sich aufzurichten. Diese beiden aber haben sich mit einem beispiellosen Willen erhoben, sie sind bewußt ihrer inneren Stimme nachgegangen und haben versucht, auszuführen, was sie ihnen befahl. Und diese innere Stimme kam von Gott. Wir finden auch in der Natur solche ungewöhnlichen Erscheinungen, die aufglühen, einen unerhörten Glanz verbreiten und verbrennen. Was Runge wollte, war vielmehr höchste Gesundheit, er selbst sagte einmal, es gebe gar nichts Gesünderes als sein Ziel. Und Kleist? Er überstieg sich in seinem Gefühl, aber krank war das nicht, sein Dasein war ein Zeugnis höchster Kraft. Er wurde nie begriffen, seine größten Werke wurden nie aufgeführt. Sein Ende ist zu verstehen.“

In diesem Augenblick meldet der Diener, daß Frau Geheimrat die Herrschaften im kleinen Eßzimmer zum Tee erwarte. Friedrich sieht auf Doktor Riemer. Hat er zuviel gesagt? Doch Riemer macht eine beruhigende Geste.

Goethe erhebt sich gelassen, tritt an die Tapetentür, wo eine Tabelle mit den Fahrtzeiten der Post angeklebt ist.

„Sie haben noch Zeit, Herr Friedrich. Die Post fährt um

zwölfeinhalb Uhr. Geben Sie uns Bescheid, Philipp, wenn es soweit ist", weist er den Diener an.

Sie gehen wieder den Gang zurück, nachdem Riemer sich verabschiedet hat, kommen in einen größeren länglichen Raum, den Goethe als den Eßraum bei Gesellschaften bezeichnet.

Plötzlich faßt er Friedrich leicht am Arm, zieht ihn links hinüber in ein anderes Zimmer.

„Sehen Sie", sagt er gedämpft, und Friedrich glaubt eine innere Erregung bei ihm zu spüren, „dort hängen die Kupferstiche von Runges ‚Tageszeiten'. Eine geheimnisvoll anmutige Welt. Ich glaube nicht, daß ich die Bilder hängen lasse, wir kommen alle nicht heil daran vorüber. Mein Freund Meyer schilt über sie, weil er immer davor stehenbleiben muß, bis ihm der Kopf weh tut. Frau Johanna Schopenhauer war hingerissen und schrieb ihrem Sohn Arthur begeisterte Briefe. Ich wollte ein Rungezimmer einrichten, er hatte uns wunderbare Scherenschnitte von Blumen in Lebensgröße geschickt, alle Tapeten sollten mit solchen Gebilden und Figuren bemalt werden. Doch die Zustände 1806 zerstörten diese Pläne. Aber ist es nicht zum Rasendwerden so schön, so toll? Das ganze Universum wollte er umfassen, er verlor sich ins Elementarische, bei aller Schönheit im einzelnen. Da, diese Blumen, diese Disteln, Storchschnäbel, das reine Teufelszeug, und dann wieder diese Reinheit, Anmut und Herrlichkeit, wie soll einer das aushalten, wenn er es schaffen will, wie es ihm vorschwebt, ins Monumentale gesteigert. Er mußte an sich halten, nicht schon die Farbe zu wagen, und dieser Verzicht rieb ihn wohl auf. Wenn man seine klaren und sittlich hohen Vorstellungen bedenkt, seine Religion ... dennoch, er stand an der Grenze, er mußte sterben oder verrückt werden. Da ist keine Gnade."

Er bricht kurz ab. Friedrich wendet sich, um sein Erschrecken, seine Abwehr zu verbergen. Da erscheint Christiane in der Tür.

„Hast du wieder deine Schauspielerkinder bei dir, mein Schatz? Sie haben gehörigen Lärm gemacht."

„Das konnte heute nicht schaden", erwidert Christiane heiter und drückt Friedrich herzlich die Hand. „Ich wußte von Ihrem Besuch, Herr Friedrich. Vor Ihren Bildern habe ich mich gefürchtet, ich liebe das Düstere nicht, bin nun einmal für Tanz und Fröhlichkeit. Doch Sie glauben nicht, was man alles erfährt. So drang aus Dresden die Kunde hierher, daß Sie zu Kindern gut seien und sie lieb hätten. Da dachte ich, er kann ja gar so schlimm nicht sein, und habe just heute die Kinder kommen lassen, die sich gern bei uns im Garten vergnügen."

Die natürliche und herzliche Frau führt sie in das kleine Eßzimmer an den Teetisch.

„So wird dir Herr Friedrich dankbar sein, ich merkte, daß seine Augen fröhlicher blickten als zuvor, da wir uns über die Kunstanschauung nicht einigen konnten."

Sie setzten sich nieder, und Christiane fragt munter nach Friedrichs Wanderungen. Eins der Kinder, ein Junge, stürmt herein. Goethe winkt ihn heran, und schon sitzt er auf seinen Knien.

„Was habt ihr kleinen Kobolde im Garten getrieben?"

„Wir haben Haschemännchen gespielt . . ."

„Nun, das lasse ich angehen, ich sehe auch, daß ihr meine guten Herlitzchen an meinem hübschen Strauch, den ich so liebe, die festen roten Früchte, nicht alle stibitzt habt. Die ihr mir drangelassen habt, habe ich mit Freuden genossen."

„Aber wir haben von den süßen Himbeeren genascht . . ."

„Dafür verdienst du einen Backenstreich!"

Das Kind sieht zu Friedrich hinüber und ruht nicht, bis es auch auf seinen Knien sitzt.

„Auf eine Kinderschar war ich in diesem Haus gar nicht vorbereitet", sagt Friedrich etwas hilflos. „Ich habe nicht einen Leckerbissen bei mir. Aber in Dresden habe ich eine kleine Freundin, der schenke ich meine Zeichnungen. Und weißt du, was sie damit macht?" fragt er den Jungen.

Das Kind sieht ihn neugierig an.

„Da hinein wickelt sie ihre Zuckerstückchen, die ich ihr schenke."

Darüber muß Goethe lächeln, aber Christiane, der einen Augenblick die Sprache wegbleibt, lacht schallend auf.

„Herr Friedrich, die kostbaren Skizzen!"

„Schon meine Freunde, auch Kleist, waren darüber recht ungehalten", versichert er gutmütig. „Ich passe jetzt ein wenig auf, seit sie es mir eingestanden hat. Aber es sind genug vorhanden, die beiseite können."

„Nun, es werden keine Wolken darauf sein", meint Goethe wohlwollend. „Doch lassen wir das. Wir freuen uns, daß Sie zu uns kamen, und werden Ihnen unsere Zuneigung nie entziehen. Wenn mir bei Ihren Gräbern und Totenackern auch wunderlich zu Sinn ist, so sind diese Bilder in ihrer Art vollkommen, und das ist selten heutzutage. Sie bleiben doch bei allem fest auf der Erde, und so erwarte ich manches Erfreuliche von Ihnen. Manchmal werden Sie auch einen hellen Morgen auf Ihren Bildern aufgehen lassen."

„Das Riesengebirge habe ich nur im Morgenlicht gemalt, wie das Gebirge in seiner Unruhe, seinem Hinwallen zur Ferne etwas Erwartendes hat, das dem Morgen, dem Erwachen entgegenflutet.“

Friedrich läßt das Kind auf den Boden gleiten, das von Christiane freundlich hinausgewiesen wird. Schnell vergehen die wenigen Minuten, der Diener Philipp Seidel erscheint und meldet, daß Herr Friedrich aufbrechen müsse. Der Abschied aus dem Haus am Frauenplan wird freundlicher als der Eingang. Und Seidel versichert noch an der Tür:

„Der Herr Geheimrat hatte ein zufriedenes Gesicht, darüber können Sie sich freuen, Herr Friedrich.“

Heimgekehrt, empfängt Friedrich eine Urkunde des Königs von Preußen. In Berlin haben die Freunde nicht nachgelassen, sich für ihn einzusetzen. Pfuel und Rühle berichteten dem General Scharnhorst von dem Dresdener Künstler, der in seinen Bildern mit geheimer, kraftvoller Sprache seinen Glauben an das Vaterland verkündet. Scharnhorst, für jeden Wegbereiter einer neuen Zeit aufgeschlossen, legte dem König nahe, daß ein Untertan des sächsischen Napoleonfreundes für die deutsche Erhebung wirke und daß es an der Zeit sei, solche Männer zu ehren. Der König zögerte nicht, Friedrich zum Auswärtigen Mitglied seiner Königlichen Akademie zu ernennen.

Verwundert sieht Friedrich auf des Königs Schriftstück nieder. Die Nebel der Frühe lichten sich, am Horizont steigt der Morgen herauf.

Die Knechtschaft dauert an, das Volk duldet, aber in seinem Dulden bäumt sich heimlich der Trotz; die Empörung hat eine stumme, doch mächtige Sprache und der Haß ein unsichtbares, scharfes Schwert. Wer sehen kann, gewahrt einen gefährlichen Schein, der über der blutigen Laufbahn des Tyrannen wetterleuchtet.

Im Mai des Jahres 1812 hält Napoleon einen Hoftag zu Dresden und entfaltet noch einmal den Glanz des französischen Imperiums. Dann bricht er mit seiner Armee nach Rußland auf.

Im Sommer des gleichen Jahres besucht der König von Preußen in Begleitung seines Generalstabschefs Scharnhorst, des Akademiedirektors Lütke und des Bildhauers Schadow die Berliner Kunstausstellung. Er verweilt ungewöhnlich lange vor einer Hochgebirgslandschaft.

„Wie kommt es", fragt er endlich Schadow, der sich erfolglos bemüht, auf die Bilder Lütkes hinzudeuten, „wie kommt es, daß dieser Künstler seine Bilder nicht unterzeichnet?"

Schadow zuckt die Achseln, Lütke verzieht den Mund zu einem geringschätzigen Lächeln.

„Eine Marotte, Majestät, wie sie die Künstler zuweilen haben, besonders wenn sie vom mystischen Geist besessen sind wie dieser Dresdener Maler."

Der junge Major Rühle, der sich in Scharnhorsts Begleitung befindet, tritt an den König heran.

„Erlauben Majestät, daß ich diese Eigenart erkläre. Caspar David Friedrich betrachtet sein Künstlertum als eine Berufung, der Künstler ist für ihn nur das ausübende Werkzeug Gottes. So haben es ja auch die großen Meister gehalten, die namenlos an den gotischen Domen wirkten."

Der König sieht verwundert auf den Sprechenden.

„Das ist ein frommer Brauch, also auf Ruhm zu verzichten, eine Auffassung, die uns Hochachtung gebietet."

Lütke legt mit einem mitleidigen Lächeln den stolzen Kopf zurück. Diese Nebellandschaft sei aber keineswegs der Natur getreu ausgeführt, kann er sich nicht enthalten zu bemerken, solche Farben gebe es nicht im Gebirge, und der Künstler habe sie offenbar nach der Phantasie aufgetragen.

Der König schüttelt den Kopf.

„Es ist ein schönes Bild", sagt er ruhig. „Als ich nach Teplitz reiste, war ich früh auf und gedachte, die Umgebung zu sehen; aus dem Nebel ragten die Hügelspitzen hervor, es wirkte wie eine Meeresoberfläche, und meine Absicht war vereitelt. Wer es nicht gesehen hat in der Natur, denkt, es ist nicht wahr. Mag diese Berglandschaft nicht genau der Wirklichkeit entsprechen, dennoch ist sie in ihrer Stimmung vollendet."

Lütke macht ein eiskaltes Gesicht, aber Scharnhorst, der seiner Gewohnheit nach mit halbgeschlossenen Augen das Bild betrachtet, sagt in seinem leisen, gedehnten Ton:

„Das Gemälde ist mehr als schön, Majestät, Caspar David Friedrich pflegt Geist in seine Bilder zu legen. Ich vermute auch hier einen eigenen Gedanken."

„Mit Verlaub", schaltet sich Lütke ein, „Friedrich leidet an der Manie, seine Bilder in einer Weise zu mystifizieren, die dem guten Geschmack nicht immer zuträglich ist."

Scharnhorsts Augen öffnen sich.

„Wenn es mit einer Kunst wie dieser geschieht, kann es ein Bild nur erhöhen", sagt er gelassen, aber mit einer Entschiedenheit, die jeden Widerspruch zerschlägt. „Übrigens verwechseln Sie Mystik mit Symbol. Ich vermute, der Künstler hat mit dem Kreuz dem Volk ein Zeichen aufrichten und seine Zuversicht stärken wollen."

Wieder läßt sich der junge Rühle vernehmen.

„Des Herrn Generalstabschefs Vermutung trifft zu. Caspar David Friedrich soll von diesem Bild als von einer Morgenhymne an das Vaterland gesprochen haben."

„Es ist so, Majestät", bestätigt Scharnhorst, „die Zensur hat die Patrioten gezwungen, verhüllte Formen zu finden, denen man jetzt auf allen Gebieten der Kultur und Politik begegnet. Hier haben wir ein Beispiel in der Malerei. Ernst Moritz Arndt spricht davon, daß man vieles, was man sagen möchte, nur andeuten dürfe, daß man sich dunkel und metaphysisch ausdrücken müsse, wenn man nicht von der Staatszensur erfaßt werden wolle."

Des Königs Augenbrauen ziehen sich zusammen, er atmet tief und gequält.

„Dieser Mann muß sich einen großen Glauben an des Volkes Kraft bewahrt haben", sagt er gedämpft.

„Er ist einer der unbesiegbaren Optimisten, die den Freiheitskampf vorbereiten helfen", erläutert Scharnhorst kurz und eindringlich. „Sie gilt es zu ehren."

Der König sieht starr auf das Bild, ohne daß er es zu betrachten scheint.

„Wollen das Bild für unser Schloß erwerben", sagt er kurz, wendet sich und läßt sich von Schadow weiterführen.

Um dieselbe Stunde zieht Bonaparte auf Moskau zu, seiner Niederlage entgegen.

Im März des nächsten Jahres nähert sich der Rest der Großen Armee, Haufen zerlumpter, verhungerter Krieger, der

Hauptstadt Sachsens, aus deren Toren im Monat zuvor der König geflohen ist. Bei dem Anblick der Heimkehrenden und dem Heranrollen nicht endenwollender Wagenreihen mit sächsischen und französischen Verwundeten vergessen auch die begeisterten Freunde der Kunst ihre Besuche auf den Galerien, und das gesellige Treiben weicht einer fiebernden Unruhe. Da die Spitäler die Kranken nicht mehr fassen können, müssen sie auf den Planwagen vor dem Schwarzen Tor oder in kleinen Hütten auf elenden Lagern liegen. Da ziehen etliche Bürger hinaus; sie hoffen, einen Verwandten oder Freund zu finden, um ihn nach Möglichkeit in die eigene Wohnung zu bringen.

Auch Friedrich und Freund Kühn, der einen Bruder unter den Verwundeten zu finden hofft, wandern zum Schwarzen Tor hinaus. Sie haben einen Tag umsonst die Lager aufgesucht; heute aber ist das Gerücht aufgetaucht, der Rat beabsichtige, die Besuche zu verbieten, um das Weitertragen ansteckender Krankheiten zu verhüten.

Am Nachmittag werden sie von den Ärzten fortgewiesen; der Rat habe es so verfügt. Kühn mit den blaugefrorenen Lippen in dem bartlosen, knochigen Gesicht und der etwas gelblichen Haut sieht wächsern aus. Wortlos kehren die beiden in die Stadt zurück.

Am Abend fühlt Friedrich einen stechenden Schmerz in den Augen, und seine Zähne schlagen frostig aufeinander. In der Nacht bricht starkes Fieber aus, und am folgenden Tag muß er liegenbleiben. Kühn holt einen Arzt, der ein Nervenfieber feststellt, das bei den Verwundeten herrsche und das Friedrich sich durch Ansteckung geholt haben müsse.

Der treue Kühn wacht in den Nächten bei dem Kranken

oder ruht auf einem notdürftig aus Decken hergerichteten Lager neben ihm auf dem Fußboden. Oft fährt Friedrich auf, fragt verstört, ob die Franzosen noch in der Stadt seien. Da erfindet der Freund eine siegreiche Schlacht, die mit der Überwältigung der Franzosen endet, obgleich der französische Divisionsgeneral Regnier mit seinem Stab in Dresden aufgetaucht ist und auf den Wällen der Altstadt Geschütze auffahren und Schanzpfähle einrammen läßt.

Als eines Tages Geschrei von der Straße heraufdringt, fragt der Kranke unruhig, ob wieder eine Schlacht im Gange sei. Und diesmal erfindet Kühn eine Rauferei, die unter den Bürgern stattfinde. Er berichtet mit großer Umständlichkeit und flößt dabei dem Kranken ein Glas starken Weines ein, so daß dieser bald eingeschläfert wird und Kühn unbesorgt auf die Straße gehen und sich über den Anlaß des Lärms unterrichten kann. Es ist auf der Elbbrücke zu Zusammenstößen gekommen. Das Volk begehrt leidenschaftlich den Abzug der Franzosen, und im Brühlschen Schloß, wo Regnier Wohnung genommen hat, werden Scheiben eingeschlagen.

Mitte März heißt es, die Russen seien den Franzosen auf den Fersen, und Kühn erzählt es in seiner Freude dem Kranken. Aber er verschweigt wiederum am nächsten Tag, daß der General Davout mit der Hauptmacht der Franzosen in Meißen eingerückt ist. Er holt eilig, da die Läden geschlossen werden sollen, noch etwas Hirse und einige Flaschen kräftigen Wein.

Als er die Treppen wieder langsam hinaufsteigt, geht es ihm durch den Kopf, was er Friedrich erzählen soll, wenn es wirklich zu einer Verbrennung des hölzernen Hängewerkes der Elbbrücke kommen wird, wie man eben im Laden vermutete. Er kommt zu keinem Schluß und grübelt noch, während er bekümmert die letzte Butter aus dem Schrank holt und in der kleinen Küche bei Friedrichs Wirtin den Brei für den Kranken anrührt. Als abends wirklich ein Feuerschein auflodert und Kühn bangen Herzens durch das Atelierfenster den Himmel sich röten sieht, richtet Friedrich sich auf. Er will das Bett verlassen, und seine fiebrigen Augen suchen den grauen Mantel, den der Freund vorsorglich versteckte. Der Kranke ist von einer unheimlichen Ruhe, als er fragt, ob Napoleon die Stadt in Brand gesteckt habe.

Kühn drängt ihn auf das Lager zurück.

„Die Russen haben das hölzerne Hängewerk der Brücke angezündet, damit die Franzosen nicht über die Elbe können."

Absichtlich verwechselt er die Franzosen mit den Russen. Friedrich sinkt ermattet zurück.

Am nächsten Tag werden strenge Parolen ausgegeben. Kein Bürger darf nach zehn Uhr das Haus verlassen. Davout ist mit seinen Truppen aus Meißen gekommen und hat die Stadt in Verteidigungszustand gesetzt. Die großen Pfeiler der Elbbrücke werden von Bergleuten, die man eigens aus Freiberg hat kommen lassen, angebohrt, damit die Brücke jederzeit gesprengt werden kann, wenn die Russen nachdrängen.

Dann sind wir von der Neustadt abgeschnitten, denkt Kühn bekümmert. Er wollte doch die gute Frau Kügelgen bitten, sich nach Friedrich umzusehen. Ein Frauenzimmer weiß immer noch etwas Stärkendes aufzutreiben, und der Vorrat ist bald erschöpft. Wie soll er den Freund gesundpflegen?

Er geht an das Elbufer hinunter, sieht, wie die Vorbereitungen zur Sprengung der Brücke getroffen werden und das Pulver in die Bohrstellen gefüllt wird. In der Dämmerung nehmen sie das Kreuz mit dem vergoldeten Heilandsbild, das bald hundert Jahre über dem Pfeiler steht, herab.

Wenn es nicht so schlimm mit dem Freund stände, würde er ihn nach der Neustadt schaffen, sinnt Kühn traurig. Nun ist er auf der abgesperrten Seite mit den Franzosen zusammen, und wehe, wenn er es merkt.

Am nächsten Morgen, als die Straßen totenhaft leer sind, erfolgt ein dumpfer Schlag.

Friedrich stöhnt auf.

„Du hast wohl schlecht geträumt", beruhigt Kühn.

Gegen Abend werden Friedrichs Augen klarer; das Fieber läßt nach, der kräftige Körper hat die Ansteckung überwunden. In den nächsten Tagen schläft er sich gesund. Allmählich wird er von Kühn über die Lage aufgeklärt, er bleibt gefaßt. Hin und wieder kann er, in seinen Mantel gehüllt, auf dem Bettrand sitzen. Er sieht ungeduldig nach den Frühlingswolken hinaus. Das Fieber hat ihn geschwächt, und die Mittel reichen nicht mehr zu kräftiger Kost, die teuer ist in dieser Kriegszeit.

Ende März tauchen in der Neustadt Kosaken auf; bald wimmelt die Stadt von Russen, und die ersten preußischen Truppen werden erwartet. Zwei Floßbrücken werden eiligst über den Fluß gebaut, damit die Verbindung mit der Altstadt notdürftig wieder hergestellt ist.

An einem Nachmittag kommt atemlos Kersting angesprengt. Der kleine, stämmige Kerl strotzt vor Jugendkraft. Er komme, um Hilfe zu erbitten, weil er sich den

Lützowschen Jägern anschließen wolle; Kügelgen habe ihm die Waffen geschenkt, aber es fehle noch mancherlei für die Uniform.

Friedrich umarmt den Freund. Die Krankheit verschlang einen beträchtlichen Teil der Einnahme, die sein Hochgebirgsbild brachte, aber Kersting muß seinen schwarzen Rock haben, und so gibt er ihm den Rest seines Geldes. Kersting jubelt. Arndt sei mit Herrn vom Stein nach Dresden gekommen. Und der junge Körner habe aus Wien an seine Eltern geschrieben, daß er sich den Lützowern anschließen wolle.

Von Freund Kühn, der zu dem verwundeten Bruder gerufen wurde, allein gelassen, geht Friedrich, auf seinen Knotenstock gestützt, wie ein Gefangener im kahlen Raum auf und ab. Gram und Bitterkeit peinigen ihn, weil er die Getreuen allein hinausziehen lassen muß.

Einmal hört er einen festen, eiligen Schritt die Treppe heraufkommen. Sollte es Arndt sein? Seit jenem Novemberabend in Greifswald sahen sie einander nicht.

„Hatte ich doch versprochen, daß Sie mich ohne Mummenschanz sehen sollen, wenn die Zeit da ist!" begrüßt Arndt ihn heiter.

„Die Zeit ist gekommen; die Weisheit der Schwätzer und das Gewinsel der Wankelmütigen werden bald verweht sein."

Er sieht Friedrich erschrocken an.

„Sie haben sich eine böse Krankheit geholt, sagte mir Kersting."

„Hol es der Teufel, ja! Nun muß ich zusehen, wie die Jungen die Uniform der Lützower anziehen."

„Lassen Sie es gut sein, Sie Mann des heiligen Ungenügens", sagt Arndt ernst. „Es bekommt jeder seinen Platz zugewiesen, und Sie haben den Ihrigen schon ausgefüllt, als die meisten lahmen Herzen unter dem Druck des Feindes verzagten."

Friedrich wirft einen zornigen Blick auf die im Winkel gestapelten Bilder und bittet Arndt, sich zu setzen.

„Ein Schwertstreich gilt mehr. Oder auch ein kräftiges Wort zur rechten Stunde."

Arndt schüttelt abwehrend den Kopf. Seine gütigen Augen ruhen auf dem abgezehrten Gesicht seines Landsmannes.

„Bis zu Scharnhorst drang Ihr Schaffen; er hat ein waches Auge für die echte Liebe und den echten Haß und weiß einen Mann wie Sie zu schätzen. Das ist es, was ich diesem lauen Geschlecht vorwerfe, daß es flatterhaft und wankelmütig auf jeden, der den Mörder seines Volkes haßt, wie auf einen dummen Tropf herabsieht. Wenn ich auch zugebe, daß man den Fürchterlichen so leicht nicht richten sollte, wie es viele tun. Er trägt das Gepräge eines außerordentlichen Menschen, eines erhabenen Ungeheuers. Die Gelehrten und Gebildeten gebärden sich, als begriffen nur sie die Zeit, verkünden in schönklingenden Worten ihre Weisheit und wissen nichts vom Gemüt des Volkes. Es sind ihrer viele, die das Volk verwirren, aber wenige, die in klaren Formen die festen Zeichen aufrichten." Eine Ader schwillt auf seiner Stirn. „Es kocht in mir, wenn sie prahlen mit ihrer Weltliebe und ihrer Klugheit. Das allerärgste Übel ist die Lähmung eines starken Gefühls."

„Und die es besaßen in den Unglücksjahren, sind nicht mehr", sagt Friedrich, und seine Augen haben ein gefährliches Glühen. „Runge mußte die freiheitsliebende Seele im französischen Hamburg aushauchen. Und Kleist! Hier stand er, lohte wie ein Vulkan, als er uns seinen Katechismus las. Auch sein Haß ist verzehrt, seine Liebe verlodert vor der Zeit."

Arndt läßt sinnend den klaren, ruhigen Blick durch das hohe Fenster wandern.

„Liebe, sagen Sie; ja, die hatte er in einer prächtigen Wildheit für die Sache des Vaterlandes. Als ich ihn in Berlin sprach, verbrannte er sich in dieser Liebe und in manchen kühn geschauten Plänen. Allein er stieg zu hoch in seinem Gefühl, die Zeit begriff ihn nicht, und so sank er ins Bodenlose. Es war wohl keine ausharrende Liebe in ihm." Arndt gerät in Glut. „Was die Spanier jetzt siegreich werden ließ, war allein ihr Glaube. Auch in Rußland habe ich gesehen, wie sich das Volk unter dem Kreuz versammelte, und es blieb stark gegen feindliche Übermacht. Solange die Deutschen auf menschliche Hilfe allein vertrauen, kommen sie gegen den Erzfeind nicht auf."

„Die treuen tapferen Herzen mußten untergehen oder sich freudig opfern", sagt Friedrich mit kaum beherrschtem Groll. „Um so schwerer kann ich es verwinden, daß andere, darunter mein alter Quistorp, zu denen gehören, die sich haben blenden und beschwatzen lassen."

Arndts Gesicht mit den frischen braunen Farben wird rostrot.

„Auch mein Schwiegervater, Eures Quistorp Bruder, ist vom Napoleonwahn behext. Hätte nicht sein Neffe, der Major Quistorp, sich so glanzvoll im spanischen Freiheitskampf hervorgetan, ich wäre unglücklich, mit diesem Namen verbunden zu sein."

Er erhebt sich und reicht dem Freund die Hand.

„Leben Sie wohl, Friedrich, ich denke, Sie bald gesund zu sehen. Herr vom Stein braucht mich. Er kann die zahllosen Vorschläge, die ihm die Vaterlandserretter in ihren Briefen machen, nicht alle allein bewältigen. Und auch sonst gilt es, große Dinge vorzubereiten."

Friedrich fühlt noch den Druck der kräftigen Hand, als der Freund gegangen ist. Sein hager gewordener Leib strafft sich.

Mitte April rückt ein zweites russisches Armeekorps ein. Dresden schimmert wie eine Stadt des Ostens von den bunten Farben vieler Völker. Kosaken, Baschkiren mit Bogen und Köchern voll gefiederter Pfeile, Ukrainer und kleine Kalmücken wechseln durch die Straßen. In den Ostertagen klingt die Stadt von Festfreude und von den Huldigungen, die dem König von Preußen und Alexander von Rußland dargebracht werden. Der Ostergruß der Russen „Christ ist erstanden!" tönt fromm durch das lärmende Kriegsgetümmel. Sachsen-Weimarische, Gothaer und Hildburghauser Truppen rücken ein, und mit jeder Stunde wächst die Zuversicht.

Wir wollen sterben, wenn wir nicht siegen können! heißt die Parole der jungen Kämpfer.

Aber in die von Hoffnung bewegte Unruhe schlägt dumpf die Botschaft von einem Anmarsch der Franzosen, die sich in Thüringen gesammelt haben. In banger Ahnung blicken die Verbündeten nach Westen.

Am 2. Mai tritt eine Lockerung in die Spannung. Zwischen Weißenfels und Leipzig soll eine Schlacht geschlagen sein, bei der viel Blut geopfert wurde; jedoch, so verlautet es weiter, sollen sich die Verbündeten behauptet, die Preußen sogar einen Sieg errungen haben.

Die Spannung wächst, als am nächsten Tag lange Wagenreihen mit Verwundeten durch die Straßen fahren. Auch in der Nacht hält dieser traurige Zug nicht an und erreicht am zweiten Tag seinen Höhepunkt. Erst am 6. Mai erscheint der amtliche preußische Bericht über die verlorene Schlacht bei Großgörschen. Und noch am selben Abend verbreitet sich das Gerücht, daß die Franzosen mit großer Übermacht im Anmarsch seien.

Friedrich, der sich durch das Gedränge auf den Straßen bewegt, sieht einen hageren, gebeugten Mann in Generalsuniform vorübergehen. Das edle Gesicht ist verschlossen vor der Welt, die Lider sind halb gesenkt, und doch, hinter der hohen Stirn arbeiten unablässig die wachen Gedanken. Er hinkt leicht, anscheinend ist er am Knie verletzt. Friedrich sah ihn noch nie, doch weiß er, daß es Scharnhorst ist.

Gleich darauf begegnet er Arndt, der es ihm bestätigt und berichtet, daß Scharnhorst nach Wien wolle, um Österreichs Hilfe zu gewinnen; er sei hart mitgenommen nach der letzten Schlacht und mit Plänen und Anweisungen beschäftigt. Arndt schüttelt den Kopf, aus seinen eben noch ernsten Augen bricht das gewohnte Lebensfeuer.

„Wir wollen uns nicht mißmutig machen lassen. Ich sehe deutlich Gottes Hand, und wer einen wachen Sinn hat, erkennt sie."

Er braust geschäftig davon, und Friedrich sieht seine kurze, stämmige Gestalt in der Menge untertauchen.

Die Unruhe wächst mit jeder Stunde, als der Donner der Geschütze von Nossen und Wilsdruff her tönt. Verdächtige Ausländer werden aus Dresden entfernt. Alle

Truppen sind zum Aufbruch gerüstet, die Wachtfeuer der Russen leuchten am Elbufer und von den jenseits des Flusses gelegenen Höhen.

An einem Morgen klopft es ungestüm an Friedrichs Tür. Karoline Bardua, Kügelgens begabte Schülerin, hat pustend einen Korb mit Erfrischungen und Wein die Treppe heraufgeschleppt; nun steckt sie auf Friedrichs brummendes Herein den Tituskopf mit dem lebhaften Gesicht durch die halbgeöffnete Tür.

„Diese guten Sachen schickt Ihnen Frau Kügelgen, Herr Friedrich“, sagt sie aufgeregt und stellt seufzend den Korb nieder. „Knapp bin ich durch das Gewimmel gekommen. Ein durstiger Soldat hätte mir fast den feinen Tokaier stibitzt.“

„Das wäre mir gerade recht, wenn der arme Kerl einen guten Tropfen im Leibe hätte, bevor er gegen die Franzosen ziehen muß“, erwidert Friedrich barsch. „Ihm tut es nötiger als mir.“

Echt Friedrich! denkt Karoline und schluckt den sonderbaren Dank hinunter.

„Sie sind schroff gegen Ihre Freunde, die Sie lieben und Ihnen Gutes tun wollen, Friedrich.“

Er dämpft seine rauhe Stimme.

„Ich weiß das, meine gute Bardua, ich weiß auch Eure Freundschaft zu schätzen, aber ich habe nun einmal allein meine besten Gedanken und muß so verbraucht werden.“

„Man möchte Ihnen böse sein, wenn nicht Ihr gutes Herz bei allem zu spüren wäre, das es uns immer wieder antut“, sagt sie mit einem kleinen grollenden Lachen und packt umständlich den Inhalt des Korbes auf dem Tisch aus. „Louise Seidler weiß auch ein Liedchen von Ihnen zu singen, das nicht gerade lieblich klingt. Sie hatten wohl von ihrem Abgott Goethe wegen seiner Bewunderung für Napoleon nicht in zartesten Tönen gesprochen."

„Es tut mir leid um das liebe sanfte Mädchen. Die Freundin Goethes sollte sich nicht mit einem pommerschen Rauhbein abgeben."

„Aber sie ist eine große Verehrerin Ihrer Kunst und schätzt Sie hoch, sie würde mich schelten, wenn sie wüßte, was ich Ihnen eben verraten habe. Ich soll einen Gruß von ihr ausrichten, und sie läßt Sie fragen, ob Sie ihr Hintergrund und Luft auf einem Porträtbild malen wollen. Das Bild stellt die beiden Töchter einer Frau Rodde aus Lübeck dar, der Tochter des bedeutenden Geschichtsforschers Schlözer in Göttingen. Wer weiß, woher sie wieder diese einflußreichen Freunde hat? Der Frau Rodde soll als Mädchen von siebzehn Jahren von der Göttinger Universität die philosophische Doktorwürde verliehen worden sein. Man stelle sich vor, wie gelehrt die junge Dame sein mußte. Jetzt hat sie einen reichen Mann und ist ständig mit ihren Töchtern auf Reisen, damit sie Bildung erwerben. Etwas verrückt, nicht wahr?"

„Wie man es nimmt. In diesem Fall ein Glücksfall für unsere liebe Seidler. Sagen Sie ihr, daß ich mir alle Mühe geben werde, ihrem Bild einen Hintergrund nach ihrem Wunsch zu malen. Diesem bescheidenen Mädchen kann ich keine Bitte abschlagen."

„Das dachte ich mir", sagt Karoline schnippisch, „man muß schönes, blondes Haar haben und so lieblich und wohlgesittet sein wie Louise Seidler, um die Gunst des rauhbeinigen Pommern zu gewinnen ... und dieser mädchenhafte Charme ..."

Friedrich kann ein Lächeln nicht unterdrücken.

„Sie hat vor Jahren einige meiner Zeichnungen an Goethe geschickt, und er hat sie erworben. Ich bin der guten Seele Dank schuldig. Mich rührt ihre stille Zurückhaltung und die Treue zu ihrem Verlobten, der während des Krieges in Spanien starb, wie man mir sagte. Das Grauen, das mir sonst die Kopistinnen in den Galerien verursachen, kann dieses unschuldige Mädchen nicht in mir erwecken."

„Mit den Kopistinnen zielen Sie wohl auf mich?" Karolines Augen blitzen ihn an. „Doch ich werde Ihnen keine Ruhe lassen, bis Sie mir für ein Porträt sitzen!"

Sie schüttelt allen Unmut ab, ergreift energisch einen Stuhl und pflanzt sich neben der Staffelei, vor der Friedrich arbeitet, auf.

„Hören Sie, Friedrich, ich habe eine Bitte an Sie", sagt sie resolut, aber mit Wärme. „Sie kennen meiner Eltern Haus in Ballenstedt. Ich nehme die Familie Kügelgen für die nächste Zeit mit zu uns, weil hier in Dresden alles drunter und drüber gehen wird. Kommen Sie mit und lassen Sie sich gesundpflegen. Schwester Minchen und ich werden Sie verwöhnen, Sie sollen Ihre Stube haben und brauchen keinen Menschen zu sehen, wenn Sie nicht wollen, auch uns nicht."

Dieses Anerbieten kommt Friedrich überraschend. Ein geruhsames, sorgenfreies Leben herrscht im Haus der alten Barduas, und es sind liebe, freundliche Menschen. Er hatte sie mit Kühn während der Harzwanderung besucht. Für die Familie Kügelgen ein idyllischer Ruheplatz im Gewoge des Krieges. Aber für ihn?

„Sie sind kaum genesen und können hier nicht helfen, kommen Sie mit", bittet Karoline aufgeregt.

„Nein“, sagt er hart, „nein, meine liebe Bardua; ich danke Ihnen, aber ich komme nicht mit.“

„Sie werden von neuem erkranken, und noch einmal halten Sie es nicht aus.“

Friedrich schweigt. Ihn verfolgt immer noch das blasse, todmüde und von innen her bewegte Gesicht Scharnhorsts, das er im Vorübergehen sah. Helfen kann er nicht, aber dort in behaglicher Ruhe sitzen?

„Vielleicht gehe ich fort, wenn die Franzosen einrücken sollten. Aber mit nach Ballenstedt kann ich nicht kommen.“

Wie er das wieder sagte, denkt Karoline, als sie die Treppe trotz des leeren Korbes schwer und langsam hinuntergeht. Wie er das rauh und unfreundlich sagte. Aber zuletzt traf sie doch der warme Blick aus den großen Augen.

Karoline merkt es erst, als sie durch den Schwarm der Soldaten läuft, die ihr einige derbe Anzüglichkeiten wegen ihrer verweinten Augen nachrufen. Er hat gar nicht daran gedacht, unter welchen Gefahren sie nach der Altstadt hinübergelangt ist, geht es ihr durch den Kopf, als sie die Floßbrücke überquert, und sicher wird er den guten Tokaier einem Kosaken schenken.

Während des Sommers dringen zwei aufwühlende Nachrichten in die Abgeschlossenheit des Ateliers.

Im Juni erliegt Scharnhorst, auf dem Weg nach Wien begriffen, seiner zunächst ungefährlichen Wunde, bevor er das dringende Unternehmen zur Hilfe des Vaterlandes ausführen kann. Im späten August fällt der hochbegabte Dichter Theodor Körner als Lützower Jäger in einem Gefecht bei Gadebusch.

Der Schmerz des Einsamen zeitigt eine Felsenlandschaft, deren Urbild er aus dem Elbsandsteingebirge in sich trägt. Sie wird zu einem jener Bilder, das den Beschauern Anlaß zu der Aussage gibt, dieser beherrschte und verhaltene Künstler male zuweilen Gemälde von ungeheurer Wildheit.

Auf einem Felsenhang ist ein mächtiger Baum gestürzt, seine Wurzeln klammern sich ans Gestein, sein verdorrter Rumpf liegt schräg über dem Abgrund, mit seiner Krone auf dem jenseitigen Felsen. Hinter einem Baumstumpf im dunklen Vordergrund sieht man in die nebelnde Schlucht. Auf ferner Höhe steigen Blöcke des Sandsteins, ferne, hohe Türme, in den morgendlichen Himmel.

Napoleons Ankunft und die in Übermacht anrückenden Franzosen werden gemeldet. Die Russen stecken eiligst die von ihnen gebauten Floßbrücken in Brand; dabei lösen sich die Kähne voneinander, schwimmen brennend die Elbe abwärts bis an die Pfeiler der Elbbrücke, wo sie sich zusammenhäufen und in Flammen auflodern. Für das anmutige, heitere Dresden beginnen die Leiden und Grausamkeiten eines Kriegsschauplatzes, die es zwar während der sommerlichen Waffenruhe hinter feierlichen Beleuchtungen, Festgelagen, Opernaufführungen und Huldigungen Napoleons versteckt, die es aber bei Beginn des Herbstes, als es von Kämpfen umtobt wird, in eine Stätte des Grauens und Todes verwandeln.

Mangel, Seuche, Unrat und der Laster schlimmste, Unbarmherzigkeit und Roheit überfallen die schöne Stadt, die ihr König schonen wollte, in der aber nicht einmal mehr die Sterbenden Platz finden, sondern in der Elbe einen vorzeitigen Tod erleiden müssen. Selbst das Triumph- und

Danklied der Sieger von Leipzig vermag das Entsetzen nicht zu mindern. Bis in den November hinein dauert die Schreckensherrschaft der Franzosen an, die nichts von der Niederlage wissen wollen, und erst mit Ausgang des alten Jahres klärt sich der Blick der gemarterten Bevölkerung, um das neue mit Hoffnungen auf eine gesegnetere Zukunft begrüßen zu können.

In den schwersten Schreckenstagen verließ Friedrich die Stadt. Als er in der Morgenfrühe durch das Schwarze Tor ging, glaubte er den Wagen der Gräfin Thun mit Lebensmitteln, die sie gewiß aus Böhmen herbeigeschafft hatte, vorüberfahren zu sehen.

Er wandte sich durch die umliegenden Dörfer, in denen er die Landleute unter der Habsucht der französischen Troßknechte leiden sah, einem stillen Gebirgsdorf zu, wo er die Zeit über, zwar von den wüstesten Auswirkungen verschont, doch in dem sich überall ausbreitenden Mangel verbrachte.

Bei Anbruch des neuen Jahres kehrt er über die verwüsteten Landstraßen nach Dresden zurück. In der Pirnaischen Vorstadt nahe seiner Wohnung sind die Häuser zerschossen, und die Menschen, die über die Straße schleichen, fangen erst langsam wieder an, in den ausgedörrten Leibern die Ahnung einer Sättigung zu spüren und zaghaft in die Stille der klaren Winterluft zu horchen, nachdem wochenlang das Donnern der Geschütze und das Schreien der Verwundeten ein immerwährendes Grauen in ihnen wachhielt.

In seinem Atelier, das Friedrich mit den zurückgelassenen Gemälden unversehrt vorfindet, treten in Gedanken die Gefährten vor ihn hin, mit denen er hinter diesen Wänden die Befreiung ersehnte. Kleists Freiheitsgesänge klingen in ihm auf, die jugendstraffe Gestalt Theodor Körners mit der frohen Bereitschaft im Blick ist ihm nahe, als neigte er sich über seine Schulter, um ein Bild zu betrachten. An Scharnhorst, seinen edlen Beschützer, denkt er in Verehrung und Trauer.

Er schließt sich in seinem Atelier ein und beschwört die Großen der Vergangenheit. Mit dem in tiefer Höhle einer Felsenlandschaft verborgenen Sarkophag des Cheruskerfürsten Arminius, vor dem ein Krieger Wache hält, ehrt er die Besten, die für das Vaterland gefallen sind. Wohl ist es finster in dieser Schlucht, aber die grün leuchtenden Tannen ragen zur Höhe, die Felsen steilen sich aufwärts, und der Sarkophag steht geöffnet, der Geist eines Großen der Vorzeit ist gegenwärtig und mahnt zur Ehrung der Toten. Auch mit dem Grabmal alter Helden, in Felsblöcken eingemauert, ruft Friedrich die Überlebenden des Krieges zu würdiger Haltung auf. An Huttens Grab im Chor einer gotischen Ruine hält ein Mann – er mag es selber sein – schmerzvolle Andacht.

Noch andere Male aus alter Vorzeit entstehen auf den Bildern. Die Hünengräber, jene Granitblöcke aus der heimatlichen Ebene, gemahnen an den heroischen Geist der Väter. Ein Hünengrab im Schnee, von drei Eichen umstanden, die er im Schreckensjahr 1806 skizzierte, kündet von der Ruhe des Todes und dem Ausharren gegen den Ansturm feindlicher Mächte. Unter sturmgejagtem Gewölk, vom zerborstenen Baum und zerknicktem Strauchwerk umgeben, ruht schwer der Stein.

Im Frühling veranstaltet der russische Stadtkommandant Fürst Repnin eine Ausstellung patriotischer Bilder.

Neben Hartmanns und Kügelgens Allegorien hängen Friedrichs stille Landschaften mit dem prophetischen Geist und die letzten Heldenehrungen.

Sein Ruf ist längst fest gegründet. Aber die Lasten, die der verarmten Stadt auferlegt werden, sind zu schwer, als daß die Kunst hier gedeihen könnte. So muß der Sparsame, der trotz des genügsamen Lebens in Schulden geriet, seinen Bruder Heinrich um Hilfe anrufen. Bitter kommt es ihn an, als er den Brief in die Heimat sendet.

Die Bitterkeit frißt sich tiefer ein, als ihn unvermutet aus dem Hinterhalt der Angriff eines Gegners trifft. Wo ein wahrhaftiger Mensch unbeirrt den eigenen Gesetzen folgt, wachen Mißgünstige und sinnen, wie sie ihn vernichten können. So erträgt es der Akademiedirektor Lütke in Berlin nicht, daß ein junger, befähigter Mensch in begeisterter Rede seinen ersten Lehrer, den Maler Caspar David Friedrich in Dresden, feiert. Daher streicht er den jungen Maler Wiese aus der Liste der Akademieschüler mit dem Bemerken aus, der Schüler finde anscheinend mehr Behagen an den Prinzipien seines ersten Lehrers als an den gefälligen Wahrheiten der Natur.

Als Friedrich den Brief seines Schülers empfängt, fühlt er sich noch tiefer in die menschenmeidende Abgeschiedenheit gerückt. Keine Mittel scheuen diese Schurken, wenn es ihr Vorteil ist, und ob ein armer Mensch darüber verhungert, gilt ihnen gleich; sie werden ihn schmähen und die ihm anhängen verfolgen.

Auch die politische Reaktion gewinnt ihren zeitweise verlorenen Einfluß langsam zurück. Nach dem Tode Scharnhorsts hat sich die Situation zugespitzt, der Kampf zwischen den beharrenden und fortschrittlichen Kräften in der preußischen Armee und Staatsführung hat sich verstärkt, die Männer des Fortschritts werden immer mehr aus ihren Stellungen verdrängt. Trauern er und seine Freunde um den Tod Scharnhorsts, so ist der in den Augen der Reaktionäre ein Glücksfall – ein gefährlicher Aufrührer ist ausgeschaltet.

Zwischen den düsteren symbolhaften Gemälden leuchten zuweilen freundlichere Bilder auf, deren Krönung das böhmische Mittelgebirge mit dem Milleschauer wird. Noch lebt mit unverminderter Leidenschaft in ihm die sanft gewellte Landschaft und mit ihr die verlorene Freundin, die ihn nach dem lieblichen und doch so seltsam unruhigen Gebirge mit seinen Bergkegeln wies. Nach Jahren der Entbehrungen und drückenden Kummers gelingt ihm mit seinem nun gewonnenen Können ein Bild von einer für ihn bisher unwahrscheinlichen Heiterkeit. Über den dunkelgrünen Wiesen und den im bläulichen Dunst liegenden vulkanischen Erhebungen wölbt sich ein weitgespannter Himmel von blauer Helligkeit, von sanften rosa Morgennebeln durchzogen. Der höchste Kegel jener Bergkette, der Milleschauer, steigt schroff und doch leicht aus der Ebene in die duftige Höhe. Was ihm vor Jahren unerreichbar dünkte, hat er in diesem Bild gewonnen: Der Himmelsraum ist voll lebendiger Luft und Klarheit, ein beglückender Friede geht von ihm aus. Freunde und Beschauer staunen, wie der Maler düsterer und nebelnder Landschaften mit gleicher hoher Meisterschaft dieses Bild vollenden konnte. So klärt sich auch in ihm allmählich das umdunkelte Gemüt, zumal ihn aus der Heimat tröstliche Nachrichten erreichen.

Christian, der nun seit Jahren heimgekehrt ist, arbeitet als Kunsttischler in Greifswald, sein Schaffen ist stetig geworden, und sein Wesen hat sich den lebensfrohen Schwung bewahrt. Er beginnt, phantasievolle Holzschnitte zu fertigen, von denen er schon manche Arbeit dem Bruder sandte und durch ihn neue Aufträge erhielt. In den Briefwechsel der Brüder streuen sich die schalkhaften Zettelchen von Christians junger Frau Elisabeth, einer Greifswalderin, und werfen manche Ablenkung in das glückskarge Dasein des Einsamen.

Er blieb allein unter den Brüdern. Den Unpaarsten der Unpaaren nennt ihn Frau Kügelgen mit freundlichem Grollen und bemüht sich oft vergeblich, ihn in das helle Gottessegenhaus zu ziehen. Freund Kühn ist im harten Lebenskampf zur Erhaltung seiner Familie angespannt. Der muntere Georg Kersting hält sich als Zeichenlehrer in Polen bei einer Fürstin Sapieha auf. Die kecke, lebenssichere Karoline Bardua sieht ihn zuweilen, ihrer Art zuwider, traurig und befangen an, als er sich auf ihre wiederholten Bitten hin von ihr malen läßt. Nur schwer bezwingt er seinen scharfen Sarkasmus, als er sich mit schönen, glatten Zügen auf der Leinwand sieht. Karoline hat einen Helden ihrer Mädchenträume gemalt, für seine innere Existenz ist sie blind geblieben.

Seine Vereinsamung, nur durch die Liebe und Verehrung zweier Schüler, des begabten Fritz Bommer und des gemütvollen, stillen August Heinrich, erhellt, trennt ihn von allem noch so bescheidenen menschlichen Glück. Oft überschauert es ihn, daß von Jugend auf immer nur Verzicht und Kampf waren und bleiben sollen bis ans Ende. Keine helle Stimme, keine Wärme am Herd sind ihm gegönnt; nicht Frau und Kind, die ihn aus seinen Grübeleien wachrufen, warten seiner. Die Nähe der Brüder muß er entbehren, kein Kreis liebender Menschen umgibt ihn. Zuweilen holt er mit einer Scheu vor sich selbst die „Berliner Abendblätter" vom Dezember des Jahres 1810 hervor, in denen ein schöner Nachruf über seinen Freund Runge geschrieben steht, und immer sind es die Worte, die er noch einmal liest: „Den Tag nach seinem Tod ward ihm ein Kind zum Leben geboren, und so hat selbst die Natur, die ihn liebt, seinen Verlust auf die rührendste Weise feiern wollen."

In die Natur war von Kindheit an auch sein Leben verwoben; sie aber wird ihn ausstreichen in der Stunde seines Todes.

So lebt er sein mönchisches Leben in kahler Zelle, der Verkündung von einem neuen Himmel und einer neuen Erde, von der Geburt des Lichtes aus der Finsternis hingegeben. Zuweilen, wenn die Stille ihn quält, befreit er sich in Aphorismen, in Vers und Prosa, von den ihn bedrängenden Gedanken:

„Warum, die Frag' ist oft an mich ergangen,
Wählst du zum Gegenstand der Malerei
So oft den Tod, Vergänglichkeit und Grab? –
Um ewig einst zu leben,
Muß man sich oft dem Tod ergeben."

SPÄTE RAST

Ein Trüpplein Kinder bewegt sich im Dämmern eines frühen Septemberabends durch die Straßen und nimmt von der Pirnaischen Vorstadt her die Richtung nach dem Innern der Altstadt zu.

Die zeitige Dunkelheit des Frühherbstes hat noch die Wärme des Tages bewahrt, wie in einer lauen Sommernacht.

Doch es ist nicht die weiche Luft allein, sondern die Aussicht auf eine ungewöhnliche Festlichkeit, die die Kinder mit froher und banger Erwartung erfüllt. Sie drängen sich an ein junges Mädchen, das ein Kleines auf dem Arm trägt und deren Aufmerksamkeit zu gewinnen es der ganzen Kraft ihrer hellen Stimmchen bedarf. Sie wollen wissen, was zu tun sei, wenn bei dem lebenden Bild, das sie heute abend stellen wollen, eine von ihnen zu lachen anfange oder eins das Niesen bekomme, das Kleinste gar ein Nasenlichtlein anstecke.

Das Mädchen hat seine eigenen Gedanken. Während es die Fragen der Kinder wie abwesend beantwortet, grübelt es, ob er, für den es dies alles erdacht und hergerichtet hat, wohl an diesem Abend zugegen sein wird. Aber immer geht alles Hoffen in der Unabänderlichkeit unter, daß er seit je alle Geselligkeit gemieden und daher auch an diesem Abend fernbleiben wird. Umsonst wird alle Mühe gewesen sein, die richtigen Kinder auszuwählen und die passende Kleidung von den Nachbarn zu borgen, umsonst alle still heruntergewürgten Vorwürfe des Bruders über ein mit so viel Umständen herzurichtendes Bild. Schweigend hat sie alle diese Plagereien erduldet und sich gehütet, das Geheimnis, warum sie eben dieses Bild mit den vielen Kindern gewählt, preiszugeben; sie hat den Bruder in dem Glauben gelassen, daß sie es nur aus eigener Freude an dem kleinen Volk ausgesucht habe.

Nun aber wird es so kommen, daß er, von dem sie weiß, wie sehr er Kinder liebt, sich wieder in seinem Atelier verschließt oder draußen vor den Toren einsam umherstreift. Und alles wird bleiben wie bisher. Sie wird ihm zuweilen in der Morgenfrühe, wenn er von seinen Wanderungen zurückkehrt und sie von ungefähr am Elbufer entlang den Weg nach der Stadt nimmt, begegnen. Er wird sie auf seine Art mit den tief unter buschigen Brauen liegenden Augen ansehen. Sie wird sich abwenden und nachher zornig über sich sein, daß sie es getan hat. Sie wird sich auch hüten, ihren Bruder zu bitten, sie mit in das Atelier seines Lehrers zu nehmen, nachdem er ihr schon einmal erklärte, der Meister werde ihn mitsamt seiner Schwester hinauswerfen, denn er sei auf die Menschen im allgemeinen, besonders aber auf junge unbedeutende Mädchen nicht gut zu sprechen. Es müßten nahe Freunde sein, die er bei sich einließe, aber nicht irgendein armes hergelaufenes Ding, wie sie, Caroline Bommer, eins sei.

Sie rückt das unruhige Kind auf ihrem Arm zurecht und versucht, sich von ihren Gedanken zu lösen und die Kinderfragen zu beantworten. Aber die Angst in ihr übertönt alles andere und läßt auch nicht nach, als sie sich mit ihrem Trüpplein durch die hereinströmenden Gäste in das Akademiegebäude drängt und einer von den jungen Malschülern ihr zuflüstert, daß sie bei den lebenden Bildern gewiß den ersten Preis erhalten werde. Sie wehrt ihn unmutig ab und wird erst ruhiger, als sie Friedrichs Schüler August Heinrich gewahrt, in dessen traurigen, stillen Augen es warm aufleuchtet, als er sie kommen sieht. Er hält ihre Hand fest, nickt ihr aufmunternd zu und hilft ihr, die Kinder nach dem Ankleideraum zu bringen, während ihr Bruder Fritz sie zurechtweist, die aufgeregten Kinder gründlich im Zaum zu halten. Es komme heute darauf an, daß alles gut klappe, denn es sei noch nie dagewesen, daß sein Lehrer einen Festabend der Akademie zu besuchen gedenke; nur seiner Ernennung zum Mitglied der Dresdener Akademie mit einem Gehalt von einhundertfünfzig Talern und seiner dadurch aufgeheiterten Laune sei es zu danken, daß er seinen und Heinrichs Bitten nachgegeben und sein Kommen zugesagt habe.

„Paß gut auf die kleinen Würmer, Lina, daß sie dir nicht den Bildrahmen sprengen und eine besondere Komödie aufführen."

Caroline Bommer hört den Bruder nicht mehr; kein menschliches Wort noch irgendein Lärm dringen zu ihr. Glutübergossen und mit unruhig atmender Brust, viel zu wirklichkeitsnah für ein lebendes Bild, sitzt sie, von den blankäugigen Kindern umringt, auf der Bühne. Als wirklich durch die Stille ein kleines Kichern aus einem Kindermund zittert, ein Junge zusammenfährt, um ein lautes Niesen zu unterdrücken, und endlich das Kleinste beginnt, auf den Knien gegen die Rampe zu rutschen, schlägt ihr das Herz bis zum Hals. Wie im Taumel verläßt sie, während Lachen, Stimmengewirr und Händeklatschen ihr entgegenrauschen, nach einem tiefen Knicks die kleine Schar zusammenraffend, eilig die Bühne.

Ihre Unruhe weicht erst einer beklemmenden Stille, als sie mit den Kleinen durch ein Hinterpförtchen der Akademie das Freie sucht und er, für den sie allein das Bild gestellt, vor ihr steht. Nur noch ein gespanntes Lauschen ist in ihr, als sie ihn sagen hört, sie dürfe nicht allein mit den Kindern durch den dunklen Abend gehen, und er ohne weitere Worte eins der Kleinen auf den Arm nimmt und ihr durch den warmen Frühherbstabend folgt. Er bleibt an ihrer Seite, wartet geduldig an jeder Haustür, bis sie ein Kind nach dem anderen abgeliefert hat, und bittet sie, als sie das letzte versorgt, um einen Gang zum Elbufer, wenn sie es nicht vorzöge, zu dem Fest zurückzukehren.

Danach frage sie gar nicht, sagt sie eilig, und es ist das erste Wort, das sie hervorbringt. Sie gehen beide das Elbufer hinauf, an den Weiden vorüber.

Wenn er zu bestimmen hätte, würde er ihr heute abend den ersten Preis zuerkannt haben, hört sie ihn nach einer Weile sagen. Aber die jetzige Welt sei so verdorben, daß sie an allem Künstlichen und Verschrobenen mehr Gefallen finde als an einem schlichten lebenden Bild.

Sie habe gar nicht an einen Preis gedacht, weil ihr Bruder Fritz sie gewarnt und ihr das Mißlingen des Bildes vorausgesagt habe, bringt sie mutig hervor.

Warum sie denn darauf verfallen sei?

Das wisse sie nicht recht. Sie legt die Hand gegen ihre ihm zugewandte Wange, denn eine heiße Welle durchspült sie, und sie meint, es müsse in der Dunkelheit zu sehen sein.

Er führt sie weiter den Fluß hinauf durch ein langes Schweigen, und es ist, als ob er sie gar nicht mehr beachte. Aber während sie sich an seiner Seite von der Stadt entfernt, ist ihr, als schließe sie ihr Leben hinter sich ab und die arme Caroline Bommer bleibe hinter den Häusern der Stadt zurück, indes sie in eine Ferne hineingleite, die seltsam fremd sei.

Als sie schon weit draußen sind, die Stadt mit Türmen und Kuppeln schattenhaft hinter ihnen liegt und ein Vogelschrei im Busch sie wie ein Ruf aus einer schon verlassenen Welt dünkt, muß sie nach dem Himmel aufsehen. Ihr ist, als schaue sie zum erstenmal die Unendlichkeit seines Raumes und das Zahllose seiner Gestirne, daß sie ein leichter Schwindel faßt. Friedrich bleibt stehen, legt vorsichtig seinen Arm um sie. Sie erträgt still und tapfer den auf sie gerichteten Blick und sinkt hinab in seine dunkle Abgeschlossenheit. Nachdem er sich eine Weile in ihren Anblick verloren, umfaßt er mit beiden Händen das runde, blühende Gesicht und küßt behutsam ihre Stirn.

Er zieht, immer noch schweigend, ihren Arm durch den seinen und geht mit ihr denselben Weg nach der Stadt zurück. Wenn auch die Häuser vor ihnen aufsteigen und Caroline vertraute Stätten erkennt, so ist ihr noch immer, als gehe sie ferner und ferner von allem hinweg und alle Dinge seien nur noch Traumbilder eines früheren, längst vergangenen Lebens.

Als sie vor dem schmalen Häuschen der Witwe des Faktors Bommer in der Pirnaischen Vorstadt stehen, küßt er sie noch einmal wie zuvor.

Dann geht er still die Straße hinauf.

Enge Räume hat die Wohnung am Elbberg, die Caspar nach der Trauung mit Caroline in einer Winterfrühe betreten hat. Durch die schmalen Fenster können sie auf die

Elbe hinuntersehen, die an ihrem Haus vorüberrauscht, und über den Strom hinweg nach der lieblichen Gegend mit den bewaldeten Hügeln. Für Caroline, die bisher in den engen Vorstadtstraßen keinen freien Blick kannte, ist nichts köstlicher, als morgens auf das fließende Wasser hinabzusehen, seinen frischen Geruch einzuatmen und auf das leise Spülen gegen den Ufersand zu lauschen, oder abends durch das Fenster das Verglimmen des rötlichen Scheins über den Hügeln zu beobachten.

In Friedrichs Arbeitsraum bleibt die Sparsamkeit der Gegenstände bewahrt; aber in der gemeinsamen Wohnstube, in der Schlafkammer, sonderlich in Carolines kleiner Küche stapelt sich buntes Gewirr auf Tischen und Schränken. Friedrich betastet es staunend und sucht von ihr zu erfahren, wozu dies und jenes wunderliche Ding nötig sei, worauf Caroline mit einem kleinen Freudenjauchzer über seine Unwissenheit in einem neuerdings angewöhnten Kauderwelsch von sächsischer Mundart und pommerschem Plattdeutsch ihn wiederum fragt, ob er in seiner Tasse schwimmende Kaffeebohnen finden möchte oder ob sie festtags den Braten am Spieß schmoren solle, wie es sicher seine rauhen Brüder von ihren Hausfrauen verlangten. Sie könne sich gut vorstellen, daß diese Brüder wilde Gesellen seien, weil sie noch nicht einmal zur Hochzeit gratuliert hätten.

Friedrich schilt sie, von den Brüdern Glückwünsche zu verlangen, weil sie ja ihrem Mann während der acht Tage ihrer Ehe keine Zeit gelassen habe, ihnen ihre Hochzeit auch nur mitzuteilen. Und während er von den Brüdern erzählt, gehen sie umschlungen in der kleinen Wohnung auf und ab, von der Küche in die Wohnstube und von der

Wohnstube in Friedrichs Atelier, in die Schlafkammer und wieder die Reihe zurück. Friedrich denkt, wie seltsam es doch ist, von einem sauberen Zimmerchen in ein anderes zu lustwandeln und dabei eine sanfte, muntere Frau am Arm zu führen. Caroline erfährt von dem alten Haus an der Nikolaikirche, von der Siederei mit den riesigen Wollknäueln für die Kerzen, den porzellanenen Seifenformen mit dem Namen Friedrich darauf und von Präfkes Späßen. Als Friedrich ihr aber ausmalt, wie sie eines Tages mit ihm in der Schaluppe über den Bodden nach Rügen fahren und wie in einer Nußschale auf den hohen Wellen tanzen werde, möglicherweise auch in einen Sturm geraten und in den tiefen Schlund hinabsausen könne, ist es ihr nicht ganz geheuer, und sie flüchtet unter seinen Mantel.

Sie ruht eine Weile in dem warmen Schlupfwinkel, bis von der Küche her das Zischen und Klappern eines tanzenden Deckels sie an das kochende Wasser mahnt. Und während sie in der Küche arbeitet, setzt Friedrich sich an seinen neuen Schreibtisch, den er sogleich nach seiner Gehaltsbewilligung bestellte und dessen Bezahlung ihm schon mancherlei Kopfzerbrechen macht, holt voll Freude über das schön gearbeitete Möbelstück einen Bogen aus dem Fach und schreibt an seine drei Brüder nach der Vaterstadt Greifswald.

„Meinen Brüdern, Verwandten und Bekannten sei hiermit kund und zu wissen getan, daß ich am 21. Januar früh um die sechste Stunde in der hiesigen Kreuzkirche mit Caroline Bommer getraut worden bin; also schon acht Tage Ehemann. Einige Stunden nach der Trauung ging ich nach Hause in der Absicht, an Euch zu schreiben, wurde aber daran gehindert.

Wenngleich ich seit dem Tage meiner Trauung mich schuldig fühle, an Euch schreiben zu müssen, so haben wir doch schon längst auf Briefe von Euch gewartet, und meine Frau beginnt unruhig zu werden, doch auch sie wird schreiben, um mit ihren neuen Brüdern bekannt zu werden.

Es ist doch ein schnurrig Ding, wenn man eine Frau hat; schnurrig, wenn man eine Wirtschaft hat, sei sie auch noch so klein, schnurrig, wenn meine Frau mich mittags zu Tisch einladet. Und endlich ist es schnurrig, wenn ich jetzt des Abends fein zu Hause bleibe und nicht wie sonst im Freien umherlaufe.

Alles, was ich jetzt unternehme, muß immer mit Rücksicht auf meine Frau geschehen. Schlage ich einen Nagel in die Wand, so darf er nicht so hoch sein, wie ich langen kann, sondern nur so hoch, als meine Frau mit Bequemlichkeit ihn erreichen kann. Kurz, seit sich das Ich in Wir verwandelt hat, ist gar manches anders geworden. Es wird mehr gegessen, mehr getrunken, mehr geschlafen, gelacht und geschäkert. Auch mehr Geld ausgegeben, und vielleicht werden wir künftig an Sorgen auch keinen Mangel haben. Doch wie es Gott gefällt.

Übrigens sind Vorhänge vor den Fenstern nötig geworden, auch Kaffeetrommel, Mühle, Trichter, Kanne und Tassen mußten angeschafft werden. Koch- und Bratofen, Töpfe und Töpfchen, Schüssel und Schüsselchen, Tiegel und Tiegelchen sind nötig geworden.

Ja, sonst war mein Spucknapf immer in meinem Zimmer, jetzt bin ich angewiesen, in ein kleines dazu eingerichtetes Geschirr zu spucken, doch meine Liebe zur Reinlichkeit und Ordnung fügt sich gern und mit Freuden darin.

Gott mit Euch, liebe Brüder, Euren Weibern, Kindern, der gesamten Familie und allen Bekannten.

Euer Bruder Caspar David Friedrich."

Ehe Caroline sich versieht, soll sie erfahren, was für gute Gesellen die Brüder sind, denn Briefe, begleitet von Paketen, häufen sich in der Wohnung am Elbufer.

Was aber mag sich in dem Tönnchen verbergen, das ihr Heinrich als Hochzeitsgabe für die Speisekammer sendet? Friedrich sieht ihr lachend zu, als sie mit Hammer und Zange an dem hölzernen kleinen Faß herumhantiert. Was steckt wohl in dem Tönnchen, Lina?

Ein salziger Geruch strömt ihr entgegen, und silbern flimmert es unter dem geöffneten Deckel hervor. Sie jubelt auf. Heringe aus der Ostsee, prächtig feste Fische. Sie hat vorerst abwechslungsreiche Gerichte, denn sie versteht es, den Hering nach ihres Mannes Anweisungen auf pommersche Art zu bereiten. Sie lacht glücklich, als Friedrich ihr versichert, für ihn stände es fest, daß sie keine Bommern, wohl aber eine echte Pommern sei und sicherlich ein Ahnherr sich verschrieben habe, andernfalls sei es ein Unding, daß sie Heringe so echt pommersch zu bereiten verstände. Dafür solle sie auch im August mit ihm nach Greifswald fahren; um diese Zeit sei über Meer und Himmel eine solche Gewalt der Farben, daß sie gar nicht mehr dort wegfinden werde.

Caroline sieht nach dem Abendrot über den Hügeln und freut sich, daß es mit jedem Abend später aufglimmt und Greifswald, das Meer, die Brüder und alle die seltsamen Dinge ihr näher rücken.

Doch bevor sie für die weite Reise nach Norddeutschland rüsten kann, erreicht Friedrich ein Brief von seinem getreuen Georg Kersting. Er hat die ersehnte Stellung als Malervorsteher an der Königlich Sächsischen Porzellanmanufaktur zu Meißen erhalten und kann seine Agnes heiraten. Der Freund möge sie bald mit seiner jungen Frau besuchen und sich an ihrer beider Glück erfreuen.

Nirgends hat der Himmel solch luftige Helle, wenn er über den Feldern steht, und nirgends umspannt er die Erde so weit, nirgends weht ein so reiner, kräftiger Wind, geht es Caroline durch den Sinn, als sie mit ihrem Mann seine Heimat durchwandert. Nirgends gibt es solch ein gesichertes Hauswesen wie bei den Friedrichs, dünkt es sie, wenn sie von der Siederei die Treppe hinauf in die Wohnung steigt. Nirgends fand sie solch trauliche Stille, nie schmeckten die Früchte so seltsam herbe und süß wie in Christians Garten, in dem sie mit den Brüdern und Präfke beisammen sitzen, wenn das Stundenschlagen von St. Nikolai durch den Abend hallt und die Eule vom Wall herüberstreicht. Jeden Morgen glänzen ein paar rotwangige Äpfel am Baum, und Christian findet für sie einen immer noch schöneren heraus. Am lustigsten aber wird es, wenn die ganze Familie mit Christians Kindern, Heinrichs Sohn Heinrich und Adolfs Sohn Adolf von Caspar ersonnene Spiele treiben und alle miteinander auf dem Rasen unter den Obstbäumen durcheinanderpurzeln.

An warmen Abenden, wenn die Nelken stark duften, Adolf und Christian mit ihren Frauen und Heinrich, der die seine verlor, sich im Garten einfinden, fühlt Caroline sich wie in einem Kreis geborgenen Glückes beschlossen.

Caspar beobachtet zufrieden das ruhige stetige Leben

seines jüngsten Bruders, der nach den Wirren der Jugend eine glückliche Häuslichkeit fand. Heinrich, der ihm klagt, daß er von Kindheit an ein vom Schicksal Gezeichneter ist und es bleiben werde sein Leben lang, tröstet er.

„Habe ich je gedacht, ein Weib ernähren zu können, und waren wir nicht verzagt, was aus Christian, dem lockeren Burschen, werden würde? Jetzt gehört er zu Greifswalds geachtetsten Bürgern. Wir empfangen Freude, wenn wir am wenigsten darauf zu hoffen wagen. Auch du, Bruder, findest neues Glück, dein Heinrich ist mir ein lieber Neffe."

Zuweilen gesellen sich der gütige Magister Finelius von St. Nikolai, Quistorp, mit dem Friedrich wieder nah verbunden ist, und dessen Schüler, der junge Architekt Giese, hinzu und besprechen seine und Christians Entwürfe für die Erneuerung der Nikolaikirche. Dann sitzt Caroline bei den Frauen und wird von Präfke mit neuen Schnurren und Schwänken von einem Lachen ins andere gebracht, daß ihr immer wohler in dieser Umwelt wird. Wenn aber Präfke, dem nichts lieber ist, als die neue Verwandte zu hänseln, ihr ernsthaft nahelegt, daß sie einen Mann genommen, der nicht nur der wunderlichste auf der Welt sei, sondern auch eine Liebschaft mit dem Monde habe und sie eines Nachts vor Eifersucht um den Verstand bringen werde, rückt sie aus, setzt sich mitten in dem Gerede der Männer ihrem Caspar aufs Knie und flüstert ihm zu, daß der alte Onkel Präfke sie auf den Mond eifersüchtig gemacht habe.

Die Männer haben heiße Köpfe wegen einiger Zeichnungen, die dem Rat vorgelegt werden sollen, und Caspar, der mit der Obrigkeit seine Erfahrungen gemacht hat, ermahnt den Bruder und Giese, sich alles schriftlich geben zu lassen, bevor sie an die Ausführungen gingen, denn man müsse sich diesen Behörden gegenüber mit einer Eisrinde umziehen. Präfke sperrt die Augen auf und traut seinen Ohren nicht, als er diese praktischen und vernünftigen Ratschläge hört. Caspar aber meint, er sei ja nun Hausvater, habe ein Weib, das jeden Tag Zuckergebäck und neue Kleider verlange, und müsse auf dem Posten sein.

Jeder Tag schenkt der jungen Frau neue Erfahrungen, wenn sie mit ihrem Mann die winkligen Straßen durchstreift, die mit glasierten Ziegeln geschmückten Giebelseiten der Häuser bewundert, die Möwen füttert oder durch das Mauerwerk der Ruine von Eldena in der Ferne das Meer gewahrt. Aber die Erfüllung ihrer brennenden Sehnsucht wird ihr erst beschieden, als sie, von Friedrichs Mantel umhüllt, über das blaue Wasser hin der großen Insel Rügen zufährt, den vorübergleitenden Jollen mit rotbraunen Segeln staunend nachsieht und leise aufschreit, als der eirunde Kopf eines Seehundes auftaucht, der mit Blitzesschnelle die Flut zerteilt und als winziger Punkt auf der Wasserfläche wieder verschwindet.

Nach glücklicher Landung geht sie eine Weile schwankend dahin, als sei sie noch auf dem Wasser, doch sie hat wieder Erde unter den Füßen; da schmecken der Kaffee und die frisch aus dem Rauchfang geholten Flundern in der Fischerhütte doppelt so gut. In der Stille des Strandes, der weiß und flimmernd in das blaue Meer eingewebt liegt, läßt sie den feinen Sand durch die Hände gleiten; die riesigen Granitblöcke versetzen sie in Staunen. Wenn sie auf den Dünen inmitten blühender Erika und Strandblumen in die Stille horchen, die im sanften Wellenschlag oder

Möwenschrei zu tönen beginnt, werden ihr die Augen feucht, weil sie die Glückseligkeit nicht fassen kann.

Am Nachmittag ist sie nicht vom Strand fortzubringen, weil Muscheln und bunte Feuersteine, mit denen sie ihre Taschen füllt, sie anspornen, den seltenen Bernstein zu suchen. Sie folgt Caspar auf eine schmale Landzunge, die Jasmund und Wittow verbindet, weil er ihr dort einen reichen Fundort des durchsichtigen Steins verheißt. Zwischen dem Meer und dem weitgedehnten Bodden findet sie dann im Seetang, der sich wie Raupen über den weißen Sand schlängelt, einige leuchtende Bernsteine, bittet ihren Mann, ihr eine Kette davon anfertigen zu lassen, doch dürften die Steine nicht geschliffen werden und müßten ihre natürliche gezackte Gestalt behalten. Gegen Abend kommt ein Wind auf, das Meer wird unruhig, und Caroline fürchtet sich, daß die hohen Wellen sie auf dem schmalen Landstrich erfassen und fortspülen könnten.

Sie ist braun und blühend geworden, ihre Augen leuchten ihn an in tiefer Freude, und sein Blick ruht darin aus wie in der Klarheit eines gesegneten Spätsommertages.

Hin und wieder kommt Besuch in die bescheidene Wohnung am Elbufer, durchreisende Künstler, darunter Männer von Ruf und Ausländer.

Wenn es Friedrich zu unruhig wird, weist Caroline sie freundlich ab. Aber der Gast, mit dem er sich heute schon geraume Zeit beredet, muß ein ungewöhnlicher Mann sein.

Im vorigen Jahr fielen ihrem Mann bei einem Besuch der Kunstausstellung einige Landschaften von Carl Gustav Carus auf. Er hörte, daß er kein Maler von Beruf, sondern Professor an der neu errichteten Akademie für Medizin und Chirurgie sei und als Direktor der Entbindungsanstalt vorstehe. Durch einen Freund, den Münzbeamten Kummer, wurde er mit ihm bekannt. Nach wenigen Worten, die sie miteinander gesprochen, vor allem durch die ungewöhnliche Einfühlung in die Natur, die sich auf seinen Bildern ausprägt, kamen sie einander nahe.

Sicher wird er ein würdiges Haupt und recht wunderlich sein, wie Professoren es nun einmal sind, dachte Caroline. Sie brachte daher ihren Willkommensgruß höchst verwirrt über die Lippen, als sie beim Öffnen der Tür einen jungen Menschen mit einem schmalen, von Nachtwachen angegriffenen Gesicht vor sich sah, aus dem sie sehr klare und leuchtende Augen anblickten.

Sie tritt ein wenig schwer zu den Männern ins Atelier, um sie zum Abendbrot in die Wohnstube zu bitten.

Der junge Gast stutzt, als sie im hellen Licht vor ihm steht, und sieht besorgt auf Friedrich.

Es sei kein leichtes Ansinnen an seine Frau, sie in diesem hochgesegneten Zustand mit überflüssiger Arbeit zu belasten. Hätte er vorhin gemerkt, wie es um Frau Friedrich stehe, wäre er der Einladung zum Abendessen nicht gefolgt.

Caroline errötet. Sie fühle sich wohl und munter, sagt sie fest und lächelt vor sich hin, als ihr Mann sich wie ein ahnungsloses Kind von dem jungen Arzt zurechtweisen läßt. Sie setzen sich um den kleinen Tisch und essen die von der jungen Hausfrau lecker zubereiteten Heringe, von denen die Brüder wieder ein Tönnchen schickten. Caroline beobachtet bei dem Gespräch der beiden Männer die feinen energischen Hände des Gastes. Frauen müssen Zutrauen zu diesen Händen haben, die gewiß in der Not ruhig und sicher zugreifen. Auch seiner sanften Stimme zuzuhören beruhigt das Gemüt.

Er berichtet von seiner Berufung nach Dresden und wie man ihn vorerst mit einem Gehalt angestellt habe, das für die schwere, verantwortungsvolle Arbeit, die Landfahrten und Operationen, die er zu bewältigen habe, viel zu gering sei und es daher auch bei ihm sehr bescheiden zugehe. Dennoch fühle er sich glücklich in Dresden. Seine alten Eltern habe er bei sich im Dachstübchen wohnen, seine Frau helfe in der Entbindungsanstalt als Verwalterin, und zwischen allen Lasten habe er zwei medizinische Bücher geschrieben und Kupfertafeln dazu gezeichnet und radiert. Eins dieser Bücher behandele die Natur des Weibes im gesunden und kranken Zustand, erläutert er mit einem Blick auf die junge Frau. Er habe zwei kleine Töchter, im vorigen Jahr sei ihnen ein Sohn geschenkt, ein großes Glück, da vordem ein Söhnchen am Scharlachfieber gestorben sei. Er habe in seinem Kummer bei der Malerei den Frieden wiedergewonnen, und niemand könne ihn hindern, sich in den spärlichen Mußestunden dieser Kunst hinzugeben.

„Auch der alte Professor Klengel nicht, der sich recht wunderlich über meine Bilder äußerte!“ Er lacht belustigt auf. „Klengel war der erste der Dresdener Maler, den ich aufsuchte, ich hatte von dem Luftton und den Farben auf seinen Bildern gehört und ging voll gespannter Erwartung zu ihm. So jäh bin ich noch nie von der rauhen Wirklichkeit abgekühlt worden. Ein kleines, vergilbtes Männlein saß in seinem alten, schon arg mitgenommenen Schafpelz vor seiner Staffelei; seine Pfeife war rauchgeschwärzt, und mitten in seiner Rede stieß er jedesmal einen

Fluch aus, wenn ihm die Gicht ins Gebein fuhr. Ich durfte ihm zusehen und nahm manches in mich auf, ohne daß er mir viel Anweisungen gegeben hätte. Einen leitenden Professor der Dresdener Akademie hatte ich mir würdevoller gedacht. Doch vergesse ich nie, wie er mich kurz und trokken anfuhr: ‚So, hat die Sirene Kunst Sie ooch verführt?'"

Friedrich schiebt seinen Teller beiseite und lehnt sich zurück.

„Bei ihm, ja, bei den meisten Malern mag die Kunst wohl eine Sirene sein. Immerhin ist er mir viel lieber als Mechau und sein Gefolge, die Jahr für Jahr ihre Veduten malen oder die Alten nachahmen und damit die Gunst des Publikums erwerben wollen. Die meisten Bilder erinnern an schon gemalte Bilder, aber nicht an die Natur. Alle, die so malen, gehören zum großen Haufen."

„Professor Kügelgen, den ich bald darauf kennenlernte, ist leider auch einer Äußerlichkeit verfallen. Seine Beliebtheit dankt er der schön gefärbten Ähnlichkeit seiner Porträts und seiner liebenswerten Art, mit Menschen umzugehen, Eigenschaften, von denen sich sogar ein Goethe umgarnen läßt. Doch söhnte mich seine ernste Lebenshaltung sehr mit ihm aus, seine neidlose Anerkennung anderer Künstler und vor allem seine Bewunderung für Sie, Herr Friedrich, seine aufrichtige Zuneigung zu Ihnen. Er erkennt in Ihnen den weitaus größeren Künstler. Von ihm erfuhr ich von dem Kunststreit, den Sie mit Ramdohr durchzufechten hatten. Er ist Ihnen da treulich beigesprungen."

„Diesem Freund und seiner Frau habe ich nur Gutes zu danken", bekennt Friedrich seinem Gast. „Seine ehrliche, bescheidene Natur versöhnt mit seiner begrenzten Begabung. Er hatte vor Jahren einen großen materiellen Verlust zu erleiden. In dieser Zeit äußerlicher Beschränkung gab er sich durch den Einfluß seiner Frau religiösen Betrachtungen hin, zog sich aus dem geräuschvollen Treiben zurück. Sein von jeher gütiges Wesen war nun in einem Frieden geborgen, daß jeder, der ihm nahe kam, von ihm berührt wurde. Er ist mir seither ein wahrhaft guter Freund geworden."

„So ist Menschlichkeit letzthin das Entscheidende bei einem Künstler", sagt Carus. „Seine Kunst vergeht, was er aber im Innern war, das zieht noch seine Kreise, wenn er nicht mehr auf dieser Welt ist. Professor Kügelgen scheint diese Menschlichkeit zu haben, und daher konnte er auch Ihre Eigenart erkennen."

Carus' leuchtende Augen sehen auf Friedrich, der über etwas nachzudenken scheint. Da trifft sein Blick die zu ihm aufgeschlagenen Augen der jungen Frau. Verwirrt faßt sie nach der Schüssel und bietet sie dem Gast noch einmal an. Und Carus greift zu.

„Selten haben mir diese silbrigen Fischlein so gut geschmeckt, liebe Frau Friedrich. Davon muß ich meiner Frau berichten, sie wird sich eiligst daranmachen, es Ihnen gleichzutun."

Ein tieferes Erröten bekundet Carolines Verwirrung. Aber dann faßt sie Mut.

„Die guten Brüder in Greifswald schicken uns Tönnchen voller Heringe", sagt sie beherzt. „Die Schwägerinnen haben mich unterwiesen, auch andere Gerichte auf pommersche Art zu bereiten."

„Sie waren schon in der Heimat Ihres Mannes? Nach Ihren Bildern, verehrter Herr Friedrich, und Ihren letzten

Studien von Rügen läßt es mir keine Ruhe. Ich möchte dorthin reisen und Ihre einzigartige Welt in Wirklichkeit erleben."

Friedrichs Abseitigkeit vergeht schnell.

„Tun Sie das, und warten Sie nicht lange, lieber Carus. Sie müssen sich Zeit nehmen. Die Fahrt nach Berlin braucht allein drei Tage. Doch Sie werden belohnt. Sie kommen durch mächtige Eichenwaldungen und anmutige Dörfer, Sie können sich in Muße umschauen, während Sie gemächlich in der Postkutsche dahinschaukeln. Wenn Sie dann die Küstenstädte, meine weitere Heimat, die Insel Rügen durchwandern und ohne Hast sich der Natur hingeben wollen, müssen Sie sich einen Monat von Ihren Patienten frei machen."

Carus legt sein Besteck über dem leeren Teller zusammen und stützt mit leisem Aufatmen seinen Kopf in die Hand.

„Es wird ohnehin bald notwendig sein. Ich habe die Überanstrengung während der Kriegsjahre, die darauf folgende schwere Typhuserkrankung noch nicht ganz überwunden. Es lastete Verantwortung auf mir, und ich war erst vierundzwanzig Jahre alt. Ich könnte mir daher einen solchen Aufenthalt mit gutem Gewissen leisten."

„Die kräftige Luft wird Ihnen guttun, Herr Professor", ermutigt ihn Caroline. „Ich war noch nie in meinem Leben so gesund wie dort oben in der frischen, salzigen Meeresluft. Bei den guten Brüdern und ihren Frauen fühlte ich mich wie zu Hause. Und dann die Fahrt nach Rügen ... Dort gibt es keine Gasthöfe, wir kehrten in einer der einsamen Fischerhütten ein, die zwischen den hohen Granitblöcken liegen. Die Wirtin holte aus dem Rauchfang getrocknete Flundern, die da in Reihen hingen, und gab uns Kaffee zu trinken. Aber dann erst, ach, ich weiß nicht, wo ich beginnen soll, die Farben, das leuchtende Weiß, der lichte Himmel, das tiefe Meeresblau, die grünen Wiesen . . ., man will immer nur schauen, weil es nichts Schöneres auf der Welt gibt . . ."

Carus sieht sie erstaunt an.

„Sie sind auf einmal wie verwandelt, liebe Frau Friedrich. Es muß wohl eine rechte Zeit des Glückes für Sie gewesen sein. Von diesen Tagen, Herr Friedrich, künden Ihre letzten Bilder wie die ‚Kreidefelsen auf Rügen'. Kühn und spitz gezackt steigen sie aus der Schlucht empor, vor dem Smaragdgrün des Meeres, unter dem sonnendurchhellten Himmel. Das Weiß der Klippen – wie brenne ich darauf, sie zu sehen – wird aufgehoben durch die Menschen in ihrer leuchtenden Kleidung. Der Einsame im farblosen Grau – Sie sind es wohl selbst, Herr Friedrich – achtet ihrer nicht und ist von der Ferne hingenommen.

Dann Ihre ‚Lebensstufen'. Auch auf diesem Bild lebt Heiterkeit. Die anmutige Reihe der Segelschiffe mit ihren hohen Masten lockt den Blick in die Weite. Herrlich, wie die Farben von Land, Meer und Himmel zusammenklingen! In dem Beisammen der vier Generationen am Meeresufer kündet sich die Hoffnung an auf ein erfülltes Leben. Ja, diese Welt dort am Meer möchte ich sehen."

„Fahren Sie im späten August, auch wir waren um die Zeit an der Küste." Friedrich legt seinen Arm um Caroline, und Carus entdeckt bei ihm einen bisher noch nicht sichtbaren Ausdruck stiller Zufriedenheit. „Nehmen Sie unseren guten Münzbeamten Kummer mit; ich habe einmal mit ihm eine Rügenwanderung gemacht, er wird Sie nach den rechten Stätten führen. Sie werden einige Tage bei meinem Bruder Johann in Neubrandenburg wohnen, die Umgebung ist wohl die schönste Landschaft in Mecklenburg. Sie können dort Bäume sehen ... Wir reden darüber, wenn Sie zurückgekommen sind. In Greifswald werden Sie bei meinem Bruder Adolf im Elternhaus Unterkunft finden. Und von dort sollen Sie mit einer Schaluppe nach Rügen fahren. In Altenkirchen wird Sie mein Freund, Pastor Schwarz, ans Herz drücken, er ist Kosegartens Nachfolger und für Kunst begeistert. Sagen Sie mir, wann Sie reisen wollen, und Sie werden überall mit Freuden aufgenommen werden."

„Wenn wir nur mitfahren könnten", entschlüpft es der armen Caroline, die sogleich durch einen Blick ihres Mannes wieder in ihr bescheidenes Wesen verwiesen wird. Sie will sich schweigend zurückziehen. Da faßt Carus ihre Hand, hält sie fest in der seinen, und sie fühlt eine ruhige Kraft in sich übergehen.

„Wenn ich hier bald nötig sein sollte, rufen Sie mich, liebe Frau Friedrich."

„Ich danke Ihnen, Herr Professor", sagt sie lächelnd, räumt langsam den Tisch ab und geht hinaus.

Carus folgt seinem Gastgeber ins Atelier.

„Es bewegt mich tief, nach den Jahren mit all ihren Sorgen und Zweifeln Ihnen nahe sein zu dürfen", versichert er weich und doch voller Festigkeit. „Ich fragte mich oft, ob ich nicht auf die Kunst verzichten müßte, um mich ganz meinen Verpflichtungen als Arzt widmen zu können, denn ich wurde zeitweise wie ein unglücklich Liebender von zwei Gewalten zugleich ergriffen. Schon früh ist mir eine hohe Verantwortung auferlegt worden, die in den Kriegsjahren beinah meine Kräfte zerstört hätte, so daß ich oft nicht wußte, wie ich die Fülle der täglichen Forderungen und das Verlangen nach künstlerischer Betätigung vereinen sollte. Ich muß Ihnen gestehen, daß ich mich nicht allein in der Malerei, sondern auch in schriftstellerischen Arbeiten versuche, die sich nicht nur auf medizinisches Gebiet erstrecken."

Von dem freimütigen und ehrlichen Bekenntnis des Jüngeren wohltuend berührt, sieht Friedrich forschend in das übernächtigte Gesicht des Arztes, wird jedoch durch die klaren und energischen Züge seiner Sorge enthoben.

„Es wäre schade, wenn Sie verzichteten, lieber Carus, so sehr mir jegliche Halbheit sonst zuwider ist. Keiner soll sein eigenes Pfund vergraben und etwa gar mit fremdem Gute wuchern, wie es so manche tun, die den Mut nicht haben, den eigenen Weg zu finden. Nur das ist unser Eigen, was wir in unserm Innern für wahr und schön, für edel und würdig erkennen. Ich sehe keine Gefahr der Zersplitterung oder Verflachung, weil bei Ihnen Forschen und Kunst unmittelbar miteinander verbunden sind, ja, eins aus dem anderen hervorgeht, und Ihre Malerei durch diese Einheit bedingt ist. Ich wünschte etlichen Malern nur halb so viel Liebe und Eindringen in die Natur als Sie in sich tragen."

Ein dankbarer Blick trifft ihn aus den wachen Augen.

„Mich dünkten einst die studentischen Vergnügungen wie das Kommersieren der Landsmannschaften schrecklich, und ich beschäftigte mich lieber auf einsamen Wanderungen mit den ernsten Fragen des Lebens. Ich zweifelte, ob meine Kräfte für die Wissenschaft genügen würden, die ärmlichen Verhältnisse meiner Eltern drückten mich, es gab immer wieder Zweifel an der rechten Lebensgestaltung, die einem unklaren Verlangen nach dem Tode gleichkamen. Nur wurde ich von solchen Trübungen durch mein Studium und die Last der Arbeit bald wieder geheilt."

„Und der Wille, Maler zu werden, war nicht in Ihnen?"

„Ein innerer Ruf, Künstler zu werden? Nein. Obwohl ich schon vor Jahren unter dem alten Schnorr in Leipzig auf der Pleißenburg intensive Studien getrieben habe. Dagegen war mein Streben zur Wissenschaft ein eisernes Gebot. Kunst und Poesie waren mir zu heilig, um sie zur Grundlage meiner Existenz zu mißbrauchen. Die Kunst liegt bei uns noch zu sehr im argen, um als Maler eine Familie erhalten zu können, es sei denn, daß man sich selbst erniedrigt, indem man die Zahl der Nachahmer und Vedutenmaler vermehrt."

Friedrichs Züge umdunkeln sich.

„Darum habe ich mein einsames Leben in höchster Beschränkung geführt, ich weiß heute nicht, wie ich die harten Jahre überstanden habe. Aber es war mir einmal in meiner Jugend, als ob ein Ruf an mich erginge. Und diesem Ruf bin ich gefolgt."

„Und Sie gewannen die einsame Höhe, die mir nie beschieden sein wird, verehrter Herr Friedrich. Meine Grenzen als Künstler sind mir bewußt. Bei mir trat der Gedanke an ein Leben ohne Familie gar nicht in Erscheinung. Ich wuchs mit meiner späteren Frau zusammen auf, sie war – so sonderbar es sich anhören mag – als Tochter der dritten Frau meines Großvaters meine Tante, wir wurden schon früh einander unentbehrlich. Es liegt in meinem Wesen, für Menschen – seien es die Meinen oder mir anvertraute Patienten – zu sorgen. Dennoch mußte ich starke

Hemmungen überwinden, als ich mich zum Beruf des Arztes entschieden hatte, Krankenzimmer waren mir zuwider. Aber ich faßte die Heilkunst als eine Art Priestertum auf, und je grausamer das menschliche Elend um mich her war, um so fester fühlte ich mich an dieses Priesteramt gebunden."

„Wie auch die Malerei eine heilige Handlung sein soll", führt Friedrich die Gedanken des jungen Arztes fort. „Aber es wird sich nur selten erfüllen, daß ein Beruf durch solche Hingabe und Haltung geweiht wird. Und der Schmerzen sind genug, bis wir uns zur klaren Erkenntnis gerettet haben."

„Wie wahr ist es, was Sie sagen, Herr Friedrich. Darf ich weitersprechen? Hier kann ich es frei. Bei meinem Studium hatte ich den ständigen Wechsel des Werdens und Vergehens in allen sichtbaren Erscheinungen in mich aufgenommen. Es lag mir bald schwer im Sinn, warum dieser Wechsel sein müsse, ständig quälte mich das Suchen nach etwas Bestehendem, etwas Übersinnlichem, das allem zugrunde liegen mußte, obgleich ich mich unbeirrbar mühte, das Sichtbare zur möglichsten Vervollkommnung zu führen. In diesem Suchen ging mir Schellings Gedanke einer Weltseele auf; ein höchstes Göttliches bestimmt geistig die wandelbare Welt und bleibt unabhängig von der Vernichtung, in ewiger Wahrheit und Schönheit. Erst nach und nach konnte ich diesen Gedanken entwickeln, ich mußte ihn mir erarbeiten, doch es blieb mein Ziel, mich dem Göttlichen mehr und mehr zu nähern. Das war es dann, was mich zu Ihren Bildern hinzog. Es ist darin bei aller realen Behandlung der Natur ein Geistiges unverkennbar, das sich allen Ihren Werken aufprägt und womit Sie einsam stehen in einer noch ungeklärten Epoche der Kunst, einsam auch gegen Ruisdael und Claude Lorrain, diesen Meistern der Landschaft. Man spürt in Ihren Bildern das Unaussprechliche, sagen wir schlicht das Geheimnis, das tief im Menschen verborgen liegt. Die geistige Landschaft wird für mich wohl eine unerfüllbare Sehnsucht bleiben, aber darum mühen werde ich mich weiterhin, so wie ich mich um die Erkenntnis des Sichtbaren bemühe. Und hierbei kommen mir meine eigenen Gedanken. Sollte nicht der Künstler wie sein Handwerk auch die Wissenschaft treiben, um die Erde und das Leben auf ihr mit Wahrheit und Treue darstellen zu können?"

Friedrich sieht ruhig in die feurig blickenden Augen des jungen Menschen.

„Mag sein, daß er dann vor manchem Irrtum bewahrt bliebe. Aber die einzig wahre Quelle der Kunst ist unser Herz, die Sprache eines reinen kindlichen Gemütes. Ein Gebilde, das nicht aus diesem Born entsprungen, kann nur Künstelei sein. Jedes echte Kunstwerk wird in geweihter Stunde empfangen und in glücklicher geboren, oft dem Künstler unbewußt aus innerem Drang des Herzens."

Er erhebt sich langsam, holt ein kleines Bild zwischen anderen hervor, stellt es vor Carus hin und bedeutet ihm, es sich anzusehen. Er geht leise in die Wohnstube und verweilt horchend an der Tür zur Schlafkammer. Weil es still dort bleibt, fordert er Carus auf, mit ihm ans Elbufer hinunterzugehen und ihn auf seiner Abendwanderung zu begleiten.

Doch Carus bleibt regungslos, seine Stimme ist umschleiert.

„Von diesem Bild hörte ich schon, von dem warmen braunen Ton der Dämmerung, von einer gelockerten Malweise, die man bisher bei Ihnen noch nicht kannte."

Es ist eins der letzten Bilder dieses Jahres. Zwischen einem zum Abhang hin gewundenen Baum mit wildem phantastischem Geäst und Wurzelwerk und einer Tanne mit hängenden Zweigen schwebt in der nächtlichen Himmelsschale der runde Mond, bis auf eine schmale Sichel beschattet. Am Abhang, abgewandt vom Beschauer, sind zwei Freunde einander zugeneigt, im Anblick des Mondes versunken.

„Andacht beim Betrachten des Universums", sagt Carus leise. „Dieses Bild hebt alle quälenden Probleme auf. Liebende und wortlos sich verstehende Freunde – und wir sind bewahrt. Diese große schlichte Wahrheit redet vernehmlich aus diesem kleinen Format."

Die beiden Männer gehen unter den Weiden an der Elbe entlang. Es dämmert, der Mond hebt das Wasser ins Licht. Friedrich wendet sein Gesicht dem Strom zu.

„Darf ich zuweilen zu Ihnen kommen?" fragt Carus verhalten, als scheue er sich, die Betrachtung des Meisters zu stören. „Man sagt, daß Sie sich zurückziehen und daß dies nicht anders wurde, seit Sie zum Staunen der Dresdener geheiratet haben. Aber auf Wanderungen dürfe Sie zuweilen ein Freund begleiten. Ich wäre dankbar, wenn ich Ihnen auf solchen Wegen meine Betrachtungen über Kunst mitteilen und Ihr Urteil, Ihre Kritik darüber hören dürfte."

Friedrich nickt schweigend, allmählich wird die Rede des jungen Carus freier.

„Ich habe einige Aufsätze über Landschaftsmalerei niedergeschrieben. Wahrscheinlich werde ich sie als Briefe herausgeben. Es liegt mir daran, daß das Volk aus seiner Unkenntnis des Naturlebens erweckt werde. Ich strebe in diesen Lehrbriefen eine Vermählung von Wissenschaft und Kunst an. Wenn auch die Wissenschaft mein Hauptanliegen bleibt, so hoffe ich doch, in der Kunst mindestens nachfühlend und verstehend etwas hervorbringen zu können. In mancher Hinsicht fühle ich mich stark zu Tieck hingezogen, sein Geist hat sich in den letzten Jahren geklärt und das Verworrene und Bizarre überwunden. Näher steht mir freilich Goethe um seiner gesunden, klaren Festigkeit willen. Vor allen anderen aber Sie, verehrter Herr Friedrich, Ihre Ruinen, Ihre Winterlandschaften, Ihre schmerzlich tiefen Naturbilder haben nie etwas Krankhaftes und Selbstquälerisches oder gar Mystisches. Sie sind der einzige unter den modernen Künstlern, der mein Verlangen nach einer Durchgeistigung der Kunst befriedigt. Das Wissen ist notwendig für eine neue Kunst, auch Sie haben es treu geübt von Jugend auf."

„Und wie werden Sie diese Forderungen im einzelnen darlegen?"

„Alles in der Natur, das Vielfältige, das Werden bis zum Vergehen, ist auch in uns, und so sind wir darin eins mit ihr. Die Landschaftsmalerei soll Darstellung einer Stimmung des Gemütslebens durch die Nachbildung einer entsprechenden Stimmung im Naturleben sein. Unablässig soll daher der Künstler die Formen und Farben der Natur studieren. Von den verschiedensten Gebieten muß er sich nach und nach das Typische einprägen, daß die Phantasiegestalten nur in reinster Naturwahrheit erscheinen und man den Künstler als festgewurzelt im Wirklichen erkennt."

„Lebenslänglich ist dieses Studium, des Übens darf kein Ende sein."

„Man hat bisher auf den Akademien nie auf die wissenschaftliche Ausbildung der Naturdarstellung geachtet. Dies ist um so merkwürdiger, weil man in der bildenden Kunst bei der Darstellung des menschlichen Körpers sogar anatomische Studien verlangt. Der Maler muß die Anatomie der Erde, der Berge und Pflanzen kennen, auch der Bäume und Sträucher, der Erdmassen, Flußlinien, der großen Gebirgszüge, der Wolken und der Meereswogen. Kennt er diese schöne Gesetzmäßigkeit in der Natur, auch die Lichtwirkungen und Farben, dann wird er die Ehrfurcht vor allem Lebendigen, vor der Natur in sich fühlen . . ."

Friedrich ist stehengeblieben.

„Und diese Ehrfurcht ist Andacht, ist Gottesdienst."

Der Abendwind fährt durch die Kugelhäupter der Weiden, und die Wellen schlagen leise herauf. Durch das Dämmern sieht er das blasse Gesicht des jungen Carus vor sich. Mit ähnlicher Besessenheit verkündete einst Runge seine hohen Träume. Dieser klare und kühne Kopf hier wird nur das Mögliche wollen. Und wieder hört er die erregte, doch sehr beherrschte Stimme:

„Es werden einst Landschaften höherer und bedeutungsvollerer Schönheit entstehen, als Claude Lorrain und Ruisdael gemalt haben, und doch werden es reine Naturbilder sein. Die Natur wird in ihnen in einer höheren Wahrheit erscheinen, und die steigende Vollendung des Technischen wird ihnen einen Glanz verleihen, den frühere Werke nicht haben konnten."

Friedrich wendet sich wieder zum Gehen.

„Es ist ein guter Gedanke, diese Ideen den Künstlern und

solchen, die es werden wollen, nahezubringen. Glauben Sie aber nicht, daß es immer nur einzelne unter ihnen sein werden, die Ihre Forderungen aus sich heraus erfüllen werden?"

„Wahrscheinlich wird es so sein. Auch Sie stehen einsam in der Gegenwart. Doch will ich zum mindesten die junge Generation auf diese Notwendigkeit hinweisen. Es ist mir aufgefallen, wie sehr an der Landschaftsmalerei in den letzten Jahrzehnten gesündigt wurde, indem man sie ins Schablonenhafte verzerrte und den Begriff der Landschaft ins Äußerliche erniedrigte. Es ist ja die neu gewonnene Erde, die wir darstellen. Ich will daher vom Erdlebenbild sprechen, von einer Erdlebenbildkunst; wir wollen mit der Erde eins werden, so wie Sie von sich sagen, daß Sie mit Ihren Bäumen, Ihren Felsen eins gewesen sind."

„Und so beziehen Sie die Erscheinungen des Himmels wie Wolken und Lichtbildungen mit ins Erdlebenbild?"

„Sie gehören dazu; alles andere, das Unsagbare, ist das Geistige, das, wie Sie sagen, keiner erlernen kann, wenn er es nicht in sich hat. Es kann ebenso gut in einem Teich, in einem Waldwinkel sein, in einem Rasenstück, über dem der Himmel blaut, und wie bei Ihnen in einem Strauch auf einer öden Sandfläche. Es ist das Geheimnis darin, wenn nur die in der Natur verborgene göttliche Idee erfaßt ist, eine kleine Welt, ein Mikrokosmos in sich und für sich im großen."

„Peter Cornelius, der Maler des Monumentalen, besuchte mich einmal auf der Durchreise. Er stand nachdenklich vor meinen kleinen Bildern. Ich sagte: ‚Das Göttliche ist überall, auch im Sandkorn, da habe ich es einmal im Schilfe dargestellt'. Und er gab mir recht."

Friedrich deutet mit einer Geste den Rückweg an.

„Wir wollen uns in der Nähe halten", sagt er gewichtig und lächelt. Und nach einer Wegstrecke, die sie schweigend zurücklegen:

„Es ist viel Gutes und Wahres in dem, was Sie vorhaben. Die Kunst tritt als Mittlerin zwischen die Natur und den Menschen. Das Urbild ist zu groß, zu erhaben, um es erfassen zu können. Das Abbild als Menschenwerk liegt dem Schwachen näher, und so erklärt sich auch wohl die oft gehörte Äußerung, daß das Abbild mehr gefalle als die Wirklichkeit. Oder auch die Redensart: Es ist so schön, als wenn es gemalt wäre, statt von einem Gemälde zu sagen, es sei so schön, als wenn es Natur wäre."

„Die Naturschönheit ist göttlicher, die Kunstschönheit ist menschlicher Art", ergänzt Carus die Gedanken Friedrichs, „und so wird es erklärlich, warum erst durch die Kunst der Sinn für die Natur aufgeschlossen werden kann. Bisher gibt es nur einen bedeutenden Mann, der durch Kunst zum Wissen geführt wurde und aus diesem Wissen wieder höhere Kunstleistungen hervorbrachte. In seinen Werken ist eine orphische Kunst, keine, die mit Aberglauben zu tun hat, sondern die ewig wie die Natur selbst ist, weil sie nichts anderes als Natur ist: Ich denke an Goethe."

Sie halten vor Friedrichs Wohnung an. Mit festem Druck umschließen sich die Hände der beiden Männer.

„Kommen Sie zu mir, wann immer Sie wollen, lieber Carus", sagt er freundlich und geht dann schnell ins Haus.

Ein paar Sommerwochen vergehen. Da läßt Caroline einen Strumpf, an dem sie strickt, fallen, begibt sich in die Schlafkammer und wirft sich auf das Bett. Friedrich hat ein waches Ohr, er folgt ihr. Er wird unruhig. Warum mußte er Carus eben jetzt nach der Heimat reisen lassen, er wußte, daß Linas schwere Stunde bevorstand. Aber Caroline wehrt lachend ab und tischt ihm einige von Präfkes lustigen Schnurren auf, das hilft ihnen über die langsam schleichenden Stunden hinweg. In tiefer Nacht kann Friedrich den Brüdern in Greifswald und Bruder Johann in Neubrandenburg einen Brief schreiben.

„Liebe Brüder,

eben schlägt es zwölf Uhr, es ist Mitternachtsstunde. Es ist alles stille um mich her, nur von Zeit zu Zeit schreit ein kleines Kind. Diesen Abend um ein Viertel auf zehn Uhr gebar meine Lina ein klein wohlgestaltetes Mädchen. Um sieben Uhr strickte sie noch an einem Strumpf. Die Wehen folgten schnell aufeinander und mochten wohl heftig sein, denn sie schrie einige Male sehr laut, daß es die Leute auf der Gasse wohl haben hören können, doch in den Zwischenräumen lachte sie und bat mich, mich nur nicht zu ängstigen. Die Mutter scheint in diesem Augenblick zu schlafen und auch das Kind. Zwölfmal hat das kleine Wesen schon geniest. Es schrie, und das recht laut, in derselben Minute, als es geboren war. Jetzt ist das Kind wieder wach und schreit und niest und macht sich immer frei mit den kleinen Händen. Dies ist die wahrhafte und treue Lebensgeschichte des kleinen Mädchens ohne Namen . . .“

Die warme, dunkle Spätsommernacht ruht im offenen Fenster, und der Elbe ständiges Fließen rauscht zu ihm herauf. Schlafend, in sich zusammengeduckt, hockt der Kanarienvogel im Bauer, das Caroline vergaß, für die Nacht zu verhüllen.

Der Winter ist kalt, aber Bruder Heinrich hat mit Greifswalder Freunden, die nach Dresden reisten, seinen Pelz geschickt. Wenn Friedrich, darin eingehüllt, von seinen Frühwanderungen nach Hause kommt, hört er schon auf der Treppe, wie seine kleine Tochter Emma Freudenlaute von sich gibt; sie hat ihn gehört, wühlt die Bettdecke herunter und streckt ihm die Ärmchen entgegen, wenn er ins Zimmer tritt.

An einem Morgen sieht der Vater gar wunderlich aus. Die Haare seines Bartes sind bereift, richtige Eiszapfen hängen daran. Caroline sieht ihn erschrocken an, muß dann aber lachen, und Emma jubelt.

„Beinah wären mir die Augenwimpern zusammengefroren. Ich habe die Kälte im Pelz gar nicht gefühlt, aber da wurde es mir so verschwommen vor den Augen, als frören sie mir richtig zu."

Caroline hat den Ofen geheizt, und Caspar muß sich ans Feuer setzen. Sachte tropft es aus Bart und Pelz, wo der Atem ihn berührt. Eine Kanne mit heißem Tee steht bereit, Brot und ein Stück Schinken aus der Heimat.

„Ohne Bruder Heinrichs Pelz hätte ich nicht gewagt, bei zwanzig Grad Kälte in der Frühe zu lustwandeln. Aber es machte mir unendliche Freude, so eingemummelt dem Winter Trotz bieten zu können." Er wärmt frohgemut die Hände an der Teekanne.

„Wie hältst du das aus, Mann, nüchtern und bei der Kälte stundenlang zu wandern? Unsere kleine Emma hat schon nach ihrem Vater verlangt. Sie wimmert dann leise vor sich hin, und ich weiß, was ihr fehlt. Nun sollst du sehen, wie sie mit Armen und Beinen um sich schlägt, wenn ich sie anziehe. Sie weiß, daß sie auf die Gasse hinunter kommt. Der kleine Andreas von der Fischersfrau Krüger fährt sie getreulich im Wagen umher, und ich kann meine Wirtschaft besorgen. Heute will ich einen Brief an Heinrich schreiben, er möchte uns im Sommer besuchen, er soll die Wohnstube mit dem schönen Ausblick für sich bekommen. Die guten Brüder! Wann fahren wir wieder nach Greifswald, Caspar? Sie müssen doch unsere kleine Emma sehen? Adolf hat angefragt, ob wir noch an die Pommeraner denken."

Friedrich trinkt einen tüchtigen Schluck Tee, die letzten Eisklümpchen haben sich gelöst. Er sieht herausfordernd auf seine Lina.

„Nach Pommern fahren wir gewiß nie wieder. Woher sollten wir das Reisegeld nehmen? Zum Herbst ziehen wir in das neue Haus, bekommen eine schöne Wohnung. Wozu brauchen wir nach Greifswald zu fahren?"

Caroline sieht ihn starr an, dann springen ihr die Tränen aus den Augen.

„So etwas darfst du nie wieder sagen, Caspar! Ich glaube es dir auch nicht, aber ich kann es nicht einmal hören." Sie drückt das Kind an sich. „Mir ist immer so seltsam zumute, wenn ich das Bild von dir ansehe: die Frau am Fenster. Ich bin es ja selbst. Dann muß ich denken ..."

„Was mußt du denken, Frau?"

„Daß ich nie wieder nach Greifswald und Rügen komme. Es ist so, als ständen die Wände fest um mich her, aber dort draußen liegt das Schiff. Ich kann es sehen, es fährt weit hinaus, vielleicht auf das unendliche Meer, auf dem man immer weiterfahren will, aber ich komme nie hinunter auf das Schiff, ich bin für alle Zeit hier ... ja, ich bin gefangen ..."

„Was du für törichte Gedanken hast, Lina", sagt Friedrich härter als er will. Es ist nur allzu wahr, was sie sagt. Diese Frau am Fenster ist an Haus und Pflicht gebunden, an Mann und Kinder, aber die Ferne, nach der sie sich sehnt, die schöne leuchtende Welt erreicht sie nie ... bis sie einst ihren armen Leib aus diesen Mauern tragen. Sie hat es wohl gefühlt, seine Lina; die Zeit ist vorbei, in der sie noch beide auf dem Segler ins Weite fahren konnten, unwiederbringlich vorbei ...

„Du kannst zufrieden sein, Lina, mit dieser Gefangenschaft. Du kannst mit deinem kleinen Mädchen spazierengehen, so viel du willst. Ich fahre ja auch nicht nach Greifswald. Sicher wird uns Bruder Heinrich im neuen Haus besuchen."

„Herr Professor Carus sagte, daß du nach Hause fahren mußt, sonst würdest du krank."

„Daran ist nicht zu denken. Ich habe viel Arbeit vor. Und nun laß uns davon schweigen, Lina."

Der Frühling bricht schnell mit sanfter Wärme herein. Die Morgengänge werden in leichter Jacke unternommen. Und die kleine Emma kann frühzeitig ausgefahren werden.

An einem Morgen sieht Caspar seinen Schüler August Heinrich erschreckend bleich die Gasse heraufkommen. Der junge Mensch scheint in höchster Aufregung zu sein.

„Was ist geschehen, Heinrich?"

Dann hört er die Worte, die mit fliegendem Atem in kurzen Sätzen hervorgestoßen werden.

Professor Kügelgen sei am vergangenen Abend auf dem Heimweg von seinem Loschwitzer Landhaus durch einen

Säbelhieb ermordet worden. Der Sohn habe den toten Vater nach einer in Sorgen durchwachten Nacht heute früh in einer Ackerfurche gefunden. Freunde hätten den Toten heimgebracht. Diese Kunde habe sich schnell verbreitet, und ganz Dresden sei in Aufregung und Empörung.

Friedrich kann kein Wort hervorbringen. Er winkt seinem Schüler, daß er sich entfernen möge, gibt Caroline kurz von dem Geschehen Bescheid und schließt sich in seinem Atelier ein. Er nimmt an diesem Tag nichts zu sich. Gegen den späten Nachmittag verläßt er die Wohnung. Er geht nach einem Tannenwald, in dem der Freund mit seinen beiden Söhnen Schieß- und Kletterübungen vorzunehmen pflegte. Manchen Morgen sah er die drei fröhlich heimkehren.

Auf dem Waldboden zeigen sich die ersten Anemonen, die drei Wanderer mögen sich noch gestern daran erfreut haben. Aber dann geht er auf den Weinberg zu, wo heute in der Frühe der junge Wilhelm so Grausames erleben mußte. Und ihn dünkt, daß dies noch schlimmer sei als das Elend, das ihm in der Jugend durch den Tod seines Bruders Christoffer beschieden war.

Gestern abend ... er muß sich besinnen. Es war ein schöner Abend mit klarem Himmel. Der Freund wird länger verweilt haben, die Dämmerung hatte ihn überrascht, er mußte eilen, um vor der Dunkelheit daheim zu sein.

Da hörte er etwas hinter sich, einen raschen, schweren Schritt, das Sausen eines Säbels, fühlte einen Schlag auf dem Kopf, griff im Fallen mit den Händen ins Gras, dessen frisches Sprießen ihn auf dem Hinweg erquickte. Ein Gesicht stand über ihm, das furchtbarer war als alles, was ihm je im Leben furchtbar erschienen war. Er hatte als

Maler in viele Menschengesichter gesehen, hatte in ihnen gefährliche Wünsche, aber auch hohe Gedanken und Träume gewahrt. Nun mußte er dieses Gesicht über sich haben in seiner letzten Stunde, von der er gehofft, daß Helenens und der Kinder Gesichter über ihm sein würden, mußte erdulden, daß es sich zwischen ihn und die Geliebten drängte.

Friedrich geht nach dem Loschwitzer Weinberg hinauf, der in mittlerer Höhe eines Bergzuges liegt und sich nach dem Weißen Hirsch und der Bautzener Straße zu verliert. Ihm fällt ein sonniger Herbstmorgen ein, als er hier den Freund mit Frau und Sohn traf. Sie waren voll kindlicher Freude darüber, daß sie im Frühling das Häuschen würden beziehen können. Frau Lilla hoffte, nach Jahren häufiger Trennungen von dem Gatten ihn endlich in der Stille um sich zu haben und mit ihm die Sommerfreuden zu genießen. Sie hatte frischere Farben in ihrem sonst blassen Gesicht, und beide waren heiteren Vorstellungen über die Vollendung des Baues hingegeben. Wilhelm träumte davon, wie er mit dem Vater in dem hellen Raum mit den schönen, breiten Fenstern würde malen dürfen.

Friedrich sieht von der Höhe über die fernen Ortschaften, Berge und Täler und nach dem Elbstrom, der zu Füßen des Berges der Stadt zufließt. Verstört geht er den Berg hinunter und durchirrt den Wald, bis er spät in der Nacht heimkehrt.

Vor der Haustür sieht er eine schmale Frauengestalt regungslos verharren; es ist Caroline. Unwirsch fährt er sie an, was sie nachts hier draußen zu suchen habe, anstatt sich mit dem Kind schlafen zu legen, wie sie es sonst tue, wenn er seine späten Abendwanderungen mache.

Als er ihrem verzweifelten Blick begegnet, versagt ihm die Sprache, und nun ergießt sich ungehemmt ein Tränenstrom über das Gesicht der Schweigsamen. Er zieht sie in die Tür und heißt sie, ein wenig milder, die Treppe hinaufzugehen. In der Wohnung bricht es dann aus ihr heraus:

„Die Sorge . . . ich konnte es zu Hause nicht aushalten . . . geh nie mehr in der Nacht allein fort . . . Liebster . . . ich bitte dich . . . nicht allein in später Nacht . . .“ Und sie umschlingt seinen Hals. Er hält die junge bebende Frau im Arm, bewegt von Unwillen, daß er in seiner ureigensten Gewohnheit gestört werden soll, und Rührung über ihre Liebe. In diesem Zwiespalt löst er sich unsanft von ihr. Da greift sie zur letzten Zuflucht wie immer, wenn sie seine Abgeschlossenheit durchbrechen will, und fleht ihn noch einmal in ihrem Kauderwelsch von sächsischer und plattdeutscher Mundart an. Er nimmt ihren Kopf, von dem sich das Haarkrönchen gelöst hat, in seine Hände.

„Du brauchst dich nicht zu fürchten, Lina. Mich rührt keiner an, weil jeder weiß, daß ich ein armer Kerl bin und bei mir nichts zu holen ist. Tät er es aber doch, so brächte ich ihn zur Strecke. Geh nun schlafen. Es war ein schwerer Schlag. Und laß uns der armen Frau und der lieben Kinder im Gebet gedenken.“

Friedrich ist in den nächsten Tagen nicht imstande zu malen. Ihm ist, als müsse selbst Gott ein Zorn erfassen, seine Erde zu vernichten, weil die Menschen immer wieder, was er ihnen aus Liebe schenkt, töten, was er aufbaut, vernichten. Erst als er den Freund in die Erde aufgenommen weiß, wird er ruhiger.

Nach Wochen sucht er die Ruhestätte auf und malt das

Grab. Dabei hütet er sich, die strenge Ferne der Gräber zu betonen. Das bunte Gerank der Blüten, das frühlingshafte Aufsprießen eines Baumes über dem Grab innerhalb der umgrenzenden Mauer und das stille Abendlicht bieten ein Bild des Friedens und lassen die Trauernden ein Verbundensein mit dem geliebten Toten fühlen.

Weil Friedrich weiß, daß niemand Zutritt zu der Familie erhält, sendet er das Bild durch einen Boten der Freundin.

Am nächsten Morgen tritt der junge Wilhelm bei ihm ein. Als er den abgemagerten lieben Menschen vor sich sieht, eine verwunderte Frage im Blick, unsicher wie ein im tiefsten Frieden aufgescheuchtes Geschöpf, zieht er ihn an sich. Es dauert eine Weile, bis Wilhelm stockend hervorbringt, er komme von seiner Mutter. Sie, die sich jedem Menschen verschließe, habe beim Empfang des Bildes die ersten zusammenhängenden Worte gesprochen. Es sei schwer gewesen, ihren Sinn zu erfassen, aber er glaube, sie so verstanden zu haben, daß sie die erste Ahnung eines Trostes verspürt habe, als sei sie nun mit dem Vater in einer Stille umschlossen.

„Ich soll Ihnen sagen, daß meine Mutter dieses Bild mit Dank annimmt. Es wird ihr eine Mahnung an ihre eigentliche Heimat sein, die ihr, so hofft sie in Demut, bald gewährt wird.“

Es wird Mai, und Friedrich geht an manchem schönen Tag mit seiner jungen Frau an dem neu erbauten Haus vorüber, in das sie bald einziehen werden. Es liegt nur wenige Häuser von der alten Wohnung entfernt an der Elbe. Ihm kommt in den Sinn, wie die Familie Kügelgen sich vor

Jahren freute, als sie das große schöne Haus „Gottessegen“ bezog und wie dann alles Glück ein grausames Ende nahm. Doch Carolines unentwegtes und fröhliches Plaudern verscheucht die düsteren Gedanken.

„Ein Pferdestall ist auf dem Hinterhof, Caspar. Als ich Emma das neue Haus und die Pferde zeigte, jubelte sie. Ich habe gestaunt, wie groß die Tiere sind.“

„Bedenke, wie schwer sie oft zu ziehen haben. Ich sah einen Wagen mit fünfzig Scheffel Roggen, er wurde von vier Pferden gezogen. Sie müssen groß und stark sein.“

„Weit und geräumig werden wir es haben. Dein Atelier hat Raum genug für die großen Bilder, die du jetzt malst. Wir werden sicher noch öfter Besuch bekommen. Dann ist die Wohnung durch eine Tür verschlossen, ich brauche mich nachts nicht vor Einbrechern zu fürchten, wenn du auf deinen Wanderungen bist.“

„Wir werden einen lieben Hausgenossen haben, Lina, und das ist das beste daran. Daß ich unserm Dahl eine Wohnung im gleichen Haus verschaffen konnte, freut mich über alles. Mit ihm werden wir Gutes erleben. Wie habe ich gejubelt, als dieser junge Norweger mit einer Naturkraft ohnegleichen zwischen das vermoderte Gerümpel von Schmierereien in die Säle der Akademie einbrach und bei diesen Mumien von Professoren und dem Gefolge von Adrian Zingg, das dort noch umhergeistert, eine prächtige Verwirrung hervorrief. Da hat das Dresdener Publikum sich endlich einmal herzhaft entschieden; es bereitete dem jungen Dahl mit seiner norwegischen Phantasielandschaft einen stürmischen Erfolg und ließ die alten Professoren in ihrem Moderduft sauer lächeln.“

„Du hast sein Talent erkannt und ihn freundschaftlich

aufgenommen. Dafür liebt und verehrt er dich. Sein gutes, warmes Herz ist dir dankbar, weil du ihm die schöne Wohnung mit dem weiten Ausblick verschafft hast."

„Zwei junge Familien werden fortan unter einem Dach wohnen, und wenn ich auch der ältere bin, ich werde wieder jung." Friedrich drückt den Arm seiner Frau an sich. „Welch ein Glück, daß ihn die Liebe so heiß packte und er sich verheiratete, sonst wäre er wohl gar nicht in Dresden geblieben. Mit ihm wird fortan ein frischer Wind durch die Säle der Akademie brausen. Und wir, Lina, haben ihn ganz nahe. Er muß noch manches lernen; bei seinem großen, breiten Schwung beachtet er nicht genug die Ausarbeitung der einzelnen nahen Naturstücke. Aber sein eigenwilliges Talent wird durchbrechen und ihn zu einem großen Künstler machen. Ich wünsche ihm viel Erfolg in seinem Leben. Er ist der Sohn armer Eltern, wie auch Thorwaldsen es ist. Sein Vater war nämlich Fischer in Bergen."

„O Caspar, wenn sein Vater ein Fischer war, so hast du ihn schon darum in dein Herz geschlossen. Wie ist es nur möglich, daß ein Künstler in solch einer ärmlichen Umgebung aufwächst, ohne Anregung, ohne seine Gaben durch Vererbung zu empfangen?"

„Die Natur wirkt auch hier geheimnisvoll, doch nach göttlichen Gesetzen. Den Funken hat er von Gott empfangen, die ungebrochene Naturkraft aber von seinem Vater, der das harte Leben eines Fischers durchstehen mußte. Die norwegischen Fischer haben es schwerer als unsere an der Ostsee, das wilde, rauhe Klima, die steinige klippenreiche Küste, die grausame Armut, die lange Winterfinsternis kann nur ein eiserner Wille überwinden. Du weißt es,

Lina, Menschen, die sich aus Armut und Entbehrung durchkämpfen müssen, helfe ich immer, wie ich nur kann."

„Das sagen auch deine Schüler, die für den Unterricht nur ein paar Taler zahlen oder auch gar nichts."

„Die neue Wohnung wird acht Taler mehr kosten. Sie ist es wert. Wir werden es nicht allzu sehr merken, ich habe Bilder verkauft und neue Bestellungen angenommen. Sei froh, Lina, und freue dich auf den Herbst."

Am Terrassenufer steht das neue Haus mit zwei Wohnungen, von denen man so ungehindert wie von der alten Wohnung am Elbberg über den Strom nach dem jenseitigen Ufer sehen kann. In Dresden ist es Mode geworden, dieses Haus mit seinen zwei bedeutenden und in ihrer Eigenart höchst ausgeprägten Bewohnern aufzusuchen. Schon das ist ungewöhnlich, daß man nicht bei dem einen einkehren kann, ohne von ihm den anderen in aufrichtiger und selbstloser Weise rühmen zu hören. Wer die ernsten Seestücke des Norddeutschen oder seine neuen, mächtig getürmten Gebirgslandschaften betrachtet, wird ihn nicht verlassen, ohne von ihm auf seinen Mitbewohner im oberen Stockwerk, auf den jungen Norweger Johan Christian Claussen Dahl, und dessen frischen und feurigen Schwung, mit dem er seine Bilder male, hingewiesen zu werden. Keiner steht vor den kraftvollen Naturszenen des kleinen feingliederigen Norwegers, ohne Caspar David Friedrich, dessen Malereien die Grenze der Dichtung streifen, ehrfürchtig rühmen zu hören.

Die kunstliebenden und geistbewegten Dresdener sind beglückt über die in ihrer Stadt neu auftauchenden Talente. Ludwig Tieck ist nach jahrelangem Aufenthalt auf dem

Gut Ziebingen in der Neumark nach Dresden zurückgekehrt. Er bewohnt mit seiner Familie ein großes schönes Haus am Altmarkt, die Dresdener nennen es die „Burg des alten Romantikers“.

Friedrich begegnet dem Freund an einem hellen Junimorgen am Elbufer. Er ist wie alle Dresdener, die den Dichter nach Jahren wiedersehen, von seiner Erscheinung gerührt und erschüttert. Ein schweres Gichtleiden zwingt den schlanken hohen Körper zu leicht gebückter Haltung, sein Gesicht ist schön wie einst, das Auge glüht wie je von Liebe, Geist und einer vertiefteren Innerlichkeit.

„Meister Friedrich, Sie Erfüller der Träume meines geliebten Freundes Philipp Otto Runge, wie froh bin ich, daß ich Sie wiederfinde in dieser gesegneten Stadt. Wenn nur wenige in Dresden sich bewußt sind, welch ein Geist in ihren Mauern lebt, diese wenigen verehren Sie um so höher.

Doch, Freund, als ich Sie eben sah, fiel mir sogleich etwas höchst Erfreuliches ein. Noch im Juni wird Wassili Andrejewitsch Shukowski erwartet, er will sich mit seinem Schüler, dem russischen Thronfolger Nikolaus, in Dresden aufhalten. Dieser Mann ist Geist von Ihrem Geist. Ich stehe seit Jahren mit ihm in regem Briefwechsel. Er ist der Begründer der russischen Romantik. Auch dort stand ja um die Jahrhundertwende eine junge Dichterschar gegen die Klassizisten auf, auch dort flüchteten sie aus einer ungeklärten Gegenwart in eine gefühlvolle, individualistische Dichtung, eine Folge der Vereinsamung des echten Künstlers in unserer Zeit. Auch sie versenkten sich in die reiche dichterische Vergangenheit ihres Volkes, entnahmen den alten, schönen Sagen ihre Stoffe. Das altrussische Igorlied wurde wiederentdeckt. Shukowski ist die Seele dieser Bewegung. Er ist groß in seinen Nachdichtungen und Übersetzungen, er übertrug Schillers ‚Jungfrau von Orleans' und viele seiner Balladen ins Russische, es ist ihm ein dringendes Anliegen, Schiller seinem Volk nahezubringen. Sicher wird er in Berlin, wo er sich jetzt aufhält, Ihre Gemälde sehen, und sobald er hier ist, wird er zu Ihnen eilen, den verwandten Geist zu begrüßen. Ihm werden Sie Ihr Atelier nicht verschließen, Freund!"

Bevor Friedrich antworten kann, umfaßt der lebhafte Mann seine Hand mit starkem Druck.

„Lösen Sie sich aus Ihrer Abgeschlossenheit und gesellen Sie sich zu Ihren gleichgesinnten Freunden. Ich werde in diesem Winter dramatische Vorlesungen halten, darunter aus Werken von Shakespeare und Kleist. Sie dürfen in diesem Kreis nicht fehlen, lieber Freund."

Gegen das Fenster seines Ateliers gelehnt, hält Friedrich die Hand über die geschlossenen Augen und horcht auf die leise und bezwingende Stimme Shukowskis, der ihm seine Elegie „Das Meer" vorliest. Das Auf- und Niederwogen der Wellen, durch das Versmaß beschworen, werden bei dem Vortrag des Russen noch eindringlicher. In dieser Dichtung lebt wahrlich seine eigene Welt.

„Schweigendes Meer, azurblaues Meer,
Verzaubert stehe ich über deiner abgründigen Tiefe.
Du lebst, du atmest; verwirrende Liebe.
Erregende Gedanken erfüllen dich,
Eröffne mir dein tiefes Geheimnis.
Was bewegt deine unendliche Weite?

Was atmet deine gespannte Brust?
Es zieht wohl aus der Erde Gefangenschaft
Der ferne lichte Himmel dich an.
Du bist rein, wenn er rein ist,
Du glänzest in seinem strahlenden Blau,
Du glühst in seinem Morgen- und Abendlicht,
Du liebkosest seine goldenen Wolken
Und glitzerst freudig mit seinen Sternen,
Wenn aber dunkle Wolken sich sammeln,
Um dir den klaren Himmel zu nehmen,
Bäumst du dich auf und stöhnst und wälzt deine Wogen."

Es bleibt still zwischen den Männern, als der Dichter geendet hat. Nur zögernd richtet Friedrich sich aus seiner versunkenen Haltung auf.

„Ich hörte den Gesang des Meeres, wie ich ihm von Jugend auf in meiner Heimat lauschte. Auch Ihnen ist das Meer ein Wesen, dem Sie sich verbinden. Ihr Gedicht ist vollendete Musik."

„In russischer Sprache würden Sie diese Empfindung vielleicht noch ausgeprägter haben", sagt Shukowski bescheiden. „Doch . . . auch ich hörte Musik, als ich in Berlin vor Ihrem Gemälde, dem ‚Begräbnis im Eichenwald' stand. Es war Musik des deutschen Meisters Bach. Wie in einer rein gegliederten Fuge steigen die Linien der aufstrebenden Pfeiler der Ruine hinan, unterbaut von dem dunklen Ernst der Eichen. Dieses Hochstreben aus irdischer Vergänglichkeit, das ich auch auf anderen Ihrer Bilder sah, erlebte ich als eine Bestätigung meiner Weltanschauung. Ich stand wie vor einem Wunder; in Ihren Gemälden wird das Geistige sichtbar, das bisher nur die Sprache und die Musik – so glaubte ich – auszudrücken imstande seien."

Shukowski hält inne. Geschieht es aus innerer Erregung, oder sucht er nach einem Ausdruck und findet ihn nicht? Friedrich wahrt dieses Schweigen und sieht vor sich hin.

„Bei einem höchst seltsamen Bild in der Dresdener Ausstellung begegnete mir wieder dieses Aufstreben im Architektonischen", beginnt Shukowski zögernd. „Es heißt ‚Nächtlicher Hafen'. Bezwingend ist es durch die Farben, bezwingender durch die beiden hohen, schmalen Türme, die mit den leeren Masten der Schiffe in die mondhelle Nacht steigen, klar und doch traumhaft unwirklich wie in einer Geisterstadt. Es ist wohl eine erdichtete Stadt, nicht wahr?"

„Auf mehreren meiner Bilder habe ich Gebäude in eine andere Gegend verlegt", sagt Friedrich heiter. „Die Marktkirche und den Roten Turm der Stadt Halle habe ich an einen Hafen gerückt und erhöht, daher rührt die innere Bindung von Türmen und Schiffsmasten her."

„Wie auf der Terrasse im Vordergrund zwei Frauen abgewandt stehen und auf die Stadt blicken, hat etwas Faszinierendes. Bewegt die Frauen allein die Andacht vor dem hohen Bau der Kirche, vor dem gotterfüllten Geist des Baumeisters? Oder denken auch sie über den Sinn allen Seins nach?"

„Dieses Nachdenken geht wohl immer einer Erfahrung voraus; erst dann fühlen wir Beruhigung im Anschauen erhabener Bauwerke, wenn uns vorher Unruhe bewegt."

Wieder zögert Shukowski, und als er zu reden beginnt, geschieht es scheu und verhalten.

„Ihre Malerei begegnet meiner Lyrik dort, wo Sie das

innere Erleben Ihrer Gestalten beim Anblick der Landschaft zum Ausdruck bringen. Den Frieden, den der Mensch im Tätigsein und im Bewahren der göttlichen Gesetze findet, suchen auch meine Geschöpfe. Wie Ihre Fischer am Abend dem Hafen zufahren, so kehren in meinen Elegien die Bauern und Hirten nach schwerer Tagesarbeit heim ins Dorf."

Friedrich löst sich mehr und mehr aus seiner Zurückhaltung; er rückt seinen Stuhl in die Nähe des Gastes und sieht ihn aufmerksam an. Hätte er noch kein Wort gesprochen, so würde er doch den verwandten Menschen in ihm erkennen.

„Lebten Sie auf dem Lande, bevor Sie an den Hof berufen wurden?"

„Nach meiner Ausbildung auf der Universität kehrte ich auf das Gut meines Vaters zurück, um in Gemeinschaft mit den Menschen meiner Heimat zu leben. Dort versenkte ich mich in die Literatur unseres Volkes und anderer Völker und fand für meine Lyrik eine selbständige Form, die vorher von den klassischen Dichtungen Lomonossows und Dershawins beeinflußt war."

„Wo sind Sie in dem weiten Rußland zu Hause?"

„In der Nähe von Tula liegt das Gut meines Vaters, im Dorf Mischenskoje. Meine Mutter war eine Türkin, zart und liebevoll, unter ihrer und der Großmutter Obhut wuchs ich auf, sie erzogen mich im Geist der Humanität und Nächstenliebe. Ich bin um einige Jahre jünger als Sie, Herr Friedrich, doch erlebte auch ich um die Jahrhundertwende, wie in Westeuropa und vor allem in Deutschland eine junge Bewegung von Dichtern und Künstlern durchbrach. Ich wurde von Novalis und Tieck und seinem Kreis stark angezogen. Mit meinen Freunden hatte ich auf der Universität sehr ausdauernd deutsche Sprachstudien getrieben und Goethes ‚Werther', Schiller und Shakespeare gelesen. Schiller ist für mich das größte deutsche Genie. Meinen ersten großen Erfolg brachte mir die Nachdichtung der Ballade ‚Leonore' von Bürger, doch fand ich eine meinem Wesen eigene Lösung. Meinen Freunden, zu denen unser Dichter Batjuschkow gehörte, und mir stand im Gegensatz zum Klassizismus die dichterische Intuition und Phantasie höher als die veraltete Form. Aber wir verloren uns nicht nur ins Traumhafte, Unreale; das wirkliche Leben, die Not des Volkes erfüllten unser Denken. Wir waren und sind leidenschaftliche Patrioten. Wir verfaßten Artikel über die Bedrückung der russischen Bauern, ich schrieb über die Notwendigkeit der Befreiung der Leibeigenen. Wo immer ich kann, trete ich dafür ein, und ich werde in kurzer Frist meinen Leibeigenen die Freiheit geben."

„Ihre Gedanken sind einer besseren Zukunft zugewandt. Und doch kamen Sie mit Ihrer kritischen Einstellung an den Hof des Zaren?"

„Der große Befreiungskrieg riß mich aus meinem ländlichen Frieden ins politische und kriegerische Leben."

Shukowski überlegt, dann äußert er freimütig:

„Ich sah in Berlin Ihr Gemälde ‚Kreuz im Riesengebirge', von dem man mir sagte, daß es in schwerer Zeit eine Morgenhymne an das Vaterland sein sollte. Mir war, als grüßte mich eine Bruderseele. Wie auch Sie, verehrter Herr Friedrich, in jenen Jahren die Hochachtung Ihrer großen Männer Scharnhorst und Arndt gewannen, die den König auf Sie hinwiesen, so wurde der Zar durch meine Dichtungen auf mich aufmerksam. Nach der Schlacht bei Austerlitz hatte ich das ‚Lied des Barden über dem Grab der siegreichen Slawen' gedichtet. 1812 kämpfte ich als Freiwilliger der Moskauer Landwehr; im Lager von Tarutino, wo unsere Truppen sich zum Angriff sammeln mußten, als wir Moskau geräumt hatten, schrieb ich die Ode: ‚Der Sänger im Lager der russischen Krieger'. Sie war ein Hymnus auf das kämpfende Rußland. Die Helden der russischen Geschichte bis zu den Feldherren des vorigen Jahrhunderts, unsere gegen Napoleon kämpfenden Krieger werden in der Form soldatischer Trinksprüche besungen. Der Zar berief mich bald als Lehrer des Thronfolgers an den Hof."

„Sie sind also kein Gegner des Zaren", fragt Friedrich gespannt. „Man spricht von einer geheimen Bewegung in Rußland, zu der auch Dichter und Literaten gehören sollen; sie verfolgen revolutionäre Bestrebungen, sagt man."

Shukowski sieht ernst und bedeutsam auf Friedrich.

„Ich bin nicht gegen den Zaren Alexander. Er hat uns aus den unerträglich einengenden Bestimmungen und Gesetzen seines Vorgängers Paul I. befreit. Ich liebe mein Volk nicht minder heiß als die Männer, von denen Sie sprechen. Doch man muß sich selbst erkennen. Der Tod eines nahen Freundes bestimmte mich, das laute Treiben der politischen Kämpfe und das Streben nach Ruhm aufzugeben. Die Aufforderung, in einen Geheimbund zu treten, lehnte ich ab. Ich stehe aber mit den Männern dieses Geheimbundes in Verbindung, ich weiß, wer unter ihnen ist. Niemand am Hof des Zaren oder sonst ein Mensch wird je von mir diese Namen erfahren."

Wieder sieht Shukowski mit Aufrichtigkeit auf Friedrich.

„Mir gilt der Ruhm nichts, die Sinnlosigkeit aller Ehrungen habe ich früh erkannt. Auch Sie, verehrter Meister, legen auf den Namen keinen Wert. Sie zeichnen Ihre Bilder oft gar nicht. Als ich es bemerkte, ehrte ich Sie um so höher."

„Unsere ins Persönliche gedrängte Kunst birgt eine Gefahr. Wir wollen aus der Vereinsamung zu einer Gemeinschaft in unserem Streben nach Vollkommenheit, nach Höherem in unserer Kunst, gelangen. Was gilt da der Name des einzelnen?"

„Das ist eine vornehme Haltung, die Ihrer Kunst würdig ist. Sie stehen als ein einzelner unter den deutschen Malern der Gegenwart. Und wohl auch im Leben ... Ich tue es auch, das Schicksal hat es so gefügt."

Shukowski schweigt. Es ist, als besinne er sich auf etwas. Dann beginnt er scheu und leise.

„Ich sah noch ein Bild von Ihnen. Sie nennen es: ‚Auf dem Segler'. Die aufsteigenden Taue und Maste sind schräg gerichtet, das rechte Segel wird vom Wind gebläht. Wie die junge Frau in einer schön geschwungenen Haltung am Bug des Schiffes sitzt, neben ihr der Mann das Steuer hält und beide der Silhouette der Hafenstadt entgegensehen, bringt uns eine Gemeinschaft von Mann und Frau nahe, der wir auf Ihren Bildern sonst kaum begegnen."

Friedrich wird ein wenig verwirrt. Die schmerzvolle Einsamkeit in des Dichters Zügen entgeht ihm nicht.

„Ich malte dieses Bild vor einigen Jahren, als ich mit meiner Frau in meiner Heimat war", sagt er, als lägen diese Tage weit zurück und wären ohne Bedeutung für die Gegenwart.

Ein Schatten umdunkelt Shukowskis Gesicht. Als er Friedrichs forschenden Blick auf sich gerichtet sieht, hat er sich wieder in der Gewalt und nimmt eine straffe Haltung an.

„Es wird nun Zeit, verehrter Herr Friedrich, daß ich zu meinen Anliegen komme. Darf mein Schüler, der junge Thronfolger Nikolaus, Sie einmal besuchen? Ich möchte, daß er Ihre Bilder sieht und Sie persönlich kennenlernt. Ich werde mit ihm über Sie sprechen, und ich bin gewiß, daß er einige Gemälde, die mich tief beeindruckt haben, erwerben wird."

„Ihr Schüler ist mir willkommen, sein Lehrer bürgt für seinen Wert."

„Doch nun komme ich mit einem persönlichen Anliegen zu Ihnen, verehrter Meister. Könnten Sie sich entschließen, mich auf meiner Reise in die Schweiz zu begleiten? Ihre Gebirgslandschaften haben mir diesen Gedanken eingegeben. Sie werden neue erhabene Eindrücke in sich aufnehmen, um sie einst schöpferisch in Ihrer Kunst umzudichten. Werden Sie mir diesen Wunsch erfüllen?"

Friedrich wendet sich ab. Den andern enttäuschen zu müssen ist qualvoll. Und dieses Herz schlägt ihm rein und unverfälscht entgegen. Doch es bleibt kein Ausweg.

„Verzeihen Sie, lieber Herr Shukowski, wenn ich Ihnen absagen muß. Sie wollen mich mit sich haben, aber das Ich, das Ihnen gefällt, wird nicht mit Ihnen sein. Ich muß allein bleiben und wissen, daß ich allein bin, um die Natur ganz zu schauen und zu fühlen. Ich muß mich dem hingeben, was mich umgibt, mich vereinigen mit meinen Wolken und Felsen, um das zu sein, was ich bin. Und so ist es besser, ich bleibe hier."

Shukowski sieht sinnend an Friedrich vorbei nach dem Fenster, als überdenke er diese Antwort. Ohne ein Anzeichen von Staunen oder gar Kränkung erhebt er sich langsam.

„Ihre Entscheidung ehre ich, so sehr ich sie bedaure, verehrter Herr Friedrich." Sein Blick sucht an den leeren Wänden, als vermisse er dort etwas, richtet sich dann mit einem flehenden Ausdruck auf Friedrich. „Darf ich, bevor ich von Ihnen gehe, ein eben vollendetes Gemälde ansehen, von dem Ludwig Tieck mir sprach? Es soll den Mondaufgang am Meer darstellen."

Die bescheiden vorgebrachte Bitte greift Friedrich freudig auf; er kann die Enttäuschung, die er dem Dichter zufügen mußte, lindern. Er bittet ihn, vor die Staffelei zu treten.

Shukowski steht, die Hände ineinander verschlungen, andächtig da. Friedrich geht für einen Augenblick in den Nebenraum. Als er ins Atelier zurückkehrt, glaubt er in den Augen des Dichters einen feuchten Glanz zu entdecken.

„Es ist der eigenartigste und ergreifendste Mondaufgang, den ich je auf einem Gemälde sah. Nicht nur die Poesie begeistert mich, sondern die Andacht der Menschen. Die beiden Frauen, die auf dem hohen Steinblock am Meeresufer sitzen, scheinen tief beglückt. Getrennt von ihnen erleben die zwei Männer draußen auf einem der äußersten Steine die hohe Stunde. Das verleiht dem Bild seine besondere Weihe. Abendfrieden verheißen die heimkehrenden Schiffe, das Licht aus der Höhe und im Wasser, Sicherheit der Anker vorn im Bereich der Klippen."

Zum Abschied sagt Shukowski:

„Wer dieses Gemälde der Leinwand anvertraut, braucht wahrlich die Schweiz nicht. Sie haben ein Meisterwerk vollbracht. Dankbar nehme ich von Ihnen Abschied. Solange ich lebe und wirke, wird man in Rußland Sie verehren und sich Ihnen verbunden fühlen. Ich bin sicher, noch über mein Grab hinaus. Leben Sie wohl, verehrter Meister, wir werden uns wiedersehen."

Es gibt Stunden, in denen Friedrich durch das eine Fenster seines meist abgedunkelten Ateliers nach der besonnten Landschaft sieht und ein bisher noch nie gekanntes Gefühl ihn überkommt, vor dem er sich fast fürchtet und dem er sich dann doch hingibt. Der Vielgeprüfte und im Innern einsam gebliebene Künstler, dessen Schaffen ein Ausdruck seelischer Spannungen bleibt, kann es kaum fassen, daß ihm etwas beschieden wurde, wonach er nie trachten wollte und das sich ihm als das erweist, was die Menschen Glück nennen.

In diese Räume, von Lina und den beiden kleinen Mädchen erwärmt und erhellt, kehren oft die ihm im Geist verwandten Schüler und Freunde, Carus und Dahl, ein. Sie sind um Jahre jünger und noch im Werden begriffen, doch ihm in Treue und Verehrung ergeben, dankbar für jeden Hinweis, zuweilen bis zur Nachahmung von ihm abhängig, dann aber von eigenen Gewalten und ernsthaften Absichten bestimmt und geführt. Ein größerer Kreis junger Menschen ehrt ihn und hört auf seine Weisungen. Die neidlose Bewunderung seines Hausgenossen Dahl beschwichtigt die Gehässigkeit von Kollegen, die ihm die spät errungene Anerkennung mißgönnen. Noch fehlt ihm eine gefestigte Lebensgrundlage, doch solange seine Schaffenskraft ungebrochen ist, fürchtet er keine Gefahr. Neue Bindungen haben sich als wertvoll erwiesen. Der junge russische Thronfolger Nikolaus hat ihm bei seinem Besuch kräftig die Hand geschüttelt und ihm, wenn er in Not käme, seine Hilfe zugesichert. Die drei ihm von Shukowski warm empfohlenen Gemälde „Nächtlicher Hafen“, „Auf dem Segler“, „Mondaufgang am Meer“ erwarb er für die von seiner Großmutter Katharina mit großer Pracht erbaute Ermitage.

So hat er die Sorgen, die sich manchmal einstellen wollten, von sich getan und kann sich an seiner Häuslichkeit mit den geliebten Menschen erfreuen. Leicht gelingt ihm in seiner neu gewonnenen Malweise ein heiteres Bild.

Wieder erhebt sich ein Felsen mit einer Tannengruppe. Doch nun wird der Vordergrund in warmen Farben von der Sonne beschienen. Man sieht auf das liebliche Elbtal, zwischen Wäldern, Wiesen und Höhen fließt der Strom dahin. Die Ferne ruft nicht mehr, der Fels bietet Rast, ausruhend kann der Blick in besonnter Weite verweilen.

Wenn auch die Besuche im Atelier sich häufen, so durchschaut Friedrich bei vielen die modische Wichtigtuerei, hinter der sich ein untrügliches Mißverstehen seiner Kunst verbirgt. So bleiben seine Zurückhaltung und die sparsame Lebensweise bewahrt. Frau Caroline muß oft auf kleine Dinge verzichten, die eine Frau nicht gern entbehrt. Dazu gehören die runden Sandtörtchen, die im Fenster der Schloßkonditorei mit ihrem bunten Zuckerguß so verlokkend für den Vorübergehenden aufgebaut sind. Als sie am Vorabend ihres Geburtstages eine leise Andeutung macht, meint ihr Mann, sie könne wohl der künstlichen Näschereien entraten, weil die Natur in diesen Hochsommertagen ohnehin genug zum Naschen biete. Er vertröstet sie auf den Winter, wenn er, in Heinrichs Fell gehüllt, mit Eiszapfen im Bart, von seiner Frühwanderung heimkomme; dann solle sie seine Taschen untersuchen, wie sie es gern zu tun pflege.

Um so erstaunter ist sie, als sie am nächsten Morgen neben einigen Nützlichkeiten einen blanken Taler auf ihrem Tischchen findet. Friedrich kann über ihre verwundert fragenden Augen ein herzhaftes Lachen nicht unterdrücken. „Gib ihn einem, der an dir vorübergeht und dich elend und hungrig dünkt, oder einem, von dem du weißt, daß er entbehren muß, und freue dich seiner Freude. Das labt den Gaumen zwar nicht, aber das Herz gewinnt dabei."

Caroline fühlt sich zufrieden und wohlgelaunt, als sie am Nachmittag Tabak und kräftigen Wein kauft und sich mit Emma nach den Fischerhäusern am Elbufer begibt.

Den Fischern ist ihr Mann von Jugend auf zugetan. Oft spricht er davon, daß er den Fischern auf Hiddensee, denen es an gutem Fang fehle, weil die von Rügen ihnen die fettesten Heringe wegschnappten, das harte Leben erleichtern möchte. Sie denkt an die Kinder dort, von denen er ihr erzählte, daß sie mit einem Stück getrockneten Fisch in der Tasche umherlaufen und alle Augenblicke hineinbeißen, um bei dem kärglichen Brotertrag der dürftigen Felder ihre kleinen Mägen satt zu bekommen. Sie wird an das schöne Rügen erinnert, wenn ihr Mann sie mit zu den Elbfischern nimmt, mit denen er sich gern beredet und von denen ihm einige Modell stehen. Dabei hat sie den alten Hörg kennengelernt, der für geringes Geld stundenlang im Winter auf dem Eis ausharrt und Aale sticht. Er wird sich freuen, wenn er für die kalten Tage etwas zum

Rauchen und Trinken in seiner Lade unter dem Bett verborgen weiß. Sie schlüpft, als sie den Alten bei seinen Netzen beschäftigt sieht, in sein armseliges Altenteil und verbirgt das Mitgebrachte. Hernach sucht sie Marie Krüger auf, um ihr Mehl und Butter zu bringen. Die Frau muß den Garten und ein Stück Ackerland allein besorgen und hat von der Anstrengung schon in ihren besten Jahren ein verhutzeltes Gesicht bekommen. Ihre Stimme wird schrill, wenn sie erregt ist, wie jetzt, als sie sich über Linas Gaben freut. Beide Frauen setzen sich auf die Bank vor dem Haus. Sie sehen dem kleinen Andreas Krüger nach, der Emma an die Hand faßt und mit ihr nach dem Ufer hinunterläuft. Er wird sicher einmal ein tüchtiger Elbfischer, meint Caroline. Es ist ein heißer Tag, die Luft zittert über dem Wasser, in dem die Kinder planschen. Und in Caroline kommt das Verlangen nach Greifswald und dem Meer und den guten Brüdern mit ihren Frauen zur Ruhe.

Als sie am späten Nachmittag heimkommt, erzählt sie ihrem Mann, was sie erlebte, und wird mit Emma und der kleinen Agnes ans Herz gedrückt.

Der Abend ist schwül, in den offenen Fenstern steht die dumpfe Luft. Der Fluß liegt grau und schwer unter dem Dunst, in dem die Sonne in mattem Licht ausglüht. Caroline öffnet behutsam die Tür zum Atelier; um diese Zeit arbeitet ihr Mann nicht mehr, er sitzt am Fenster und liest.

„Hörst du ihn dort oben auf und ab gehen, Caspar? Er hat wieder sein Heimweh. Wenn er so unruhig mit den kleinen hurtigen Schritten in seinem Atelier umherläuft, dann quält es ihn. Dann kann er wohl nicht arbeiten. Wenn er malt, läuft er nicht so umher. Seine Skizzen und Naturstudien liegen auf dem Fußboden verstreut, damit er sie für sein großes Gemälde immer vor sich sieht."

„Wie du das alles weißt, Lina . . ."

„Frau Dahl hat es mir erzählt. Und du hast auch davon gesprochen. Diese Schritte habe ich schon oft gehört, dieses Laufen zum Fenster und wieder zurück. Hörst du es? Ihn quält das Heimweh nach Norwegen."

„Er wird eine um so bessere Phantasielandschaft malen. Die Dresdener sind begeistert, und wir wollen es ihm wünschen, er ist ein guter und warmherziger Mensch und für jede Hilfe dankbar. Du hast recht, Lina, auch ich höre schon eine Weile dieses Hinundherjagen."

„Er wird wieder herunterkommen und bei dir Zuflucht suchen, du bist sein Halt, Caspar, nicht nur in der Kunst. Er ist nicht immer so lustig und strahlend, wie er manchmal scheint. Das muß man fühlen. Hörst du? Jetzt kommt er die Treppe herunter, gleich wird er anklopfen. Soll ich ihn hereinlassen?"

„Du weißt, daß Carus und Dahl bei mir eintreten können, wann immer sie wollen. Geh und öffne ihm, Lina."

Caroline kennt das Gesicht des von allen geliebten urwüchsigen und doch so nervösen Künstlers. Es ist verwirrt, gequält. Er trägt ein Bild unter dem Arm.

„Darf ich zu Ihrem Mann, Frau Friedrich?" fragt er vorsichtig und gedämpft. „Ja? Oh, ich danke Ihnen, ich danke Ihnen." Erleichtert geht er ins Atelier.

„Ein bedrückender Abend heute, nichts für uns Nordleute, die ihren kühlen Wind gewohnt sind", begrüßt Friedrich ihn herzlich. „Setzen Sie sich und erzählen Sie, lieber Dahl. Sie waren in Italien. Sprechen Sie von Italien."

Aber Dahl hat ein Bild entdeckt.

„Welch monumentale Wirkung bei kleinem Format! Wo mag diese Küste liegen mit ihren Klippen, der Felseninsel, die sich ins mondhelle Wasser vorschiebt und der von der anderen Seite felsige Höhen entgegenstreben? Es könnte Norwegen sein. Menschenlose Einöde, ruhiges Meer, schroffe Felsbildungen, welch ein Friede inmitten harter und gewaltiger Natur."

Dahl atmet tief.

„Wie fühle ich die Luft des Nordens, die Heimat . . ."

Friedrich rückt die Bank in die Nähe des Bildes.

„So setzen Sie sich und erzählen Sie beim Anblick des Nordens von Italien, lieber Dahl", sagt er aufmunternd.

Dahl streckt in einer temperamentvollen Gebärde die Arme wie in Abwehr von sich.

„Ich sah Italien und sah es noch einmal und war berauscht, und ich sah Tirol und die Schönheit des Südens. Ich rannte durch all die Pracht und rannte wie ein Besessener und dachte an Norwegen. Wenn ich malte, malte ich ein norwegisches Italien."

Eine Pause, ein tiefes Aufseufzen. Dann eine scheue Frage:

„Wollen wir einen Gang ins Elbtal machen, lieber Herr Friedrich?"

„Es ist drückend heute. Mir ist, als würde Carus einsehen. Doch sprechen Sie weiter, lieber Dahl, sprechen Sie, damit Sie zur Ruhe kommen."

„Komme ich zur Ruhe? Werde ich nicht um so unruhiger? Diese Mahnung in mir: Du hättest in Norwegen bleiben müssen! Auch wenn ich keine Anregung hätte, mich nicht hätte ins Weite auswirken können. Das weiß ich. Aber die Mahnung bricht immer wieder durch. Wergeland schrieb mir, der norwegische Dichter Wergeland; er lebt dort oben und dichtet seine wilden, revolutionären Gedichte. Er wird immer tiefer in die politische Dichtung geraten, er wird ein frisches Leben in die Heimat bringen. Er ist dort geblieben. Bisher habe ich meine Heimat noch gar nicht recht gekannt, nun, nachdem ich sehen lernte, in Italien und hier durch Sie, könnte ich Norwegens Wirklichkeit malen. Damals war ich zu jung, zu unreif. Nun könnte ich ein Künder Norwegens werden."

„Sie sind jung, Dahl. Sie haben Zeit. Und einmal werden Sie in die Heimat reisen."

„Was bedeutet reisen? Meine Sehnsucht nach Italien wurde erfüllt. Ich habe viel gelernt. Wie ich Norwegen malen muß, lernte ich nicht. Ein norwegischer Freund schrieb mir, er möchte in Italien wohnen, das Leben sei dort einfacher, glücklicher, und dann aus der Phantasie Norwegen malen. Ich will das nicht. Ich will keine Phantasielandschaften mehr malen. Ich will Wirklichkeit."

Er ist aufgesprungen. Mit kleinen nervösen Schritten jagt er durch den Raum, tritt ans Fenster.

„Die Dresdener erwarten solche Landschaften von Ihnen, mit Ihrem echten und sprühenden Realismus."

Ein beklommenes Aufatmen antwortet. Dann wie ein Erstickender, der sich mehr und mehr zur Luft durchringt:

„Ein Abend wie heute... solche Schwüle gibt es dort oben nicht. Die Luft ist klar. Sie hören ein Sägewerk in der Stille. Sie hören das Lied der Holzfäller, die die mächtigen Stämme den Fluß hinabfahren. Sie hören den Laut der Lure, die einer bläst, und dazu das Getöse der stürzenden Bäche. Und all dies muß auf den Bildern sein, das

Volksleben, das tätige Dasein der Menschen gehören dazu. Man muß die Holzflößer und die Lachsfänger sehen. Man muß auf dem Bild erkennen, wie die Menschen ihre Häuser bauen, wie sie in ihren Trachten einhergehen, so wie Ihre Fischer in der Mönchguter Tracht. So muß der Beschauer das unbekannte Norwegen in sich aufnehmen."

Er wendet sich, mit lebhaften Bewegungen begleitet er seine Worte.

„Eine Birke, Norwegens Baum, steht unberührt auf einsamer Bergeshöhe, so einsam, daß man sie nicht beschneiden kann, um Viehfutter für den Winter zu haben. Unter Lebensgefahr klettern die Menschen auf die steilen Höhen, wohin sonst nur die Ziegen gelangen, damit sie Heu ernten können. Auch das muß sichtbar sein. Dann eine Landkirche im altnordischen Stil. – Freund, ich kann es so schnell nicht sagen, wie sich die Bilder in mir drängen."

Friedrich kennt die sich überstürzende Sprache, die in der Erregung vorgestoßenen Worte. Man ist anfangs davon gefesselt, aber es ermüdet, längere Zeit zuzuhören. Dennoch muß es heraus, dieser Mann erstickt an seiner Kraft, die sich entladen muß.

„Gute Gedanken, lieber Dahl, wenn sie auch meiner Auffassung von der Landschaftsmalerei nicht ganz entsprechen. Sie haben ein Leben vor sich, um sie auszuführen."

„Mir bleibt ein Trost: Hier habe ich Sie, hier habe ich Carus, diesen außerordentlichen Mann. Und diesen weiten Himmel über Dresden, den ich mit seinen Erscheinungen oben von meinem Luftschloß aus für meine Studien betrachten kann."

„Sie haben die Dresdener schnell gewonnen, und so geben Sie sich vorerst zufrieden, soweit dies möglich ist. Das

Überschäumende auf Ihren Bildern, das Rastlose, und ich muß sagen, auch das Unberechenbare Ihres Talentes sind norwegische Eigenschaften, mit denen Sie uns Deutsche bezwingen, um die man Sie in Norwegen um so mehr lieben müßte, weil Sie ein Echter sind."

„Was hilft es? Ich allein fühle, daß es nicht Norwegen ist, was ich male. Ich lebe noch von der Großartigkeit, mit der Everdingen die nordische Landschaft malte, ich lebe von Ruisdael mit seinen Bäumen und Bächen ... und jetzt ... ja, jetzt lebe ich von Ihnen, verehrter Meister."

„Es kann Ihnen nichts schaden. Sie behalten Ihre Eigenart dennoch. Quälen Sie sich nicht."

Dahl stellt sein Bild, das er mitbrachte, gegen die Bank.

„Dieses Bild danke ich Ihnen. Als ich es malte, habe ich an Sie gedacht. Dieser Sonnenaufgang über dem Meer, der Nebel über dem Wasser, das konnte ich nur von Ihnen lernen. Der alte Schnorr sagte mir, es sei eins der vortrefflichsten Bilder, die ich gemalt hätte, und es sei den Ihren verwandt. Ich habe noch ein anderes auf Karmö gemalt, mit Ruinen, Kirchhof und Totengräbern, meine trüben Gedanken waren darin, daß es mit mir vorbei sein könnte, bevor ich ein wahrhafter Künstler geworden bin."

Friedrich lächelt verständnisvoll.

„Auch mir kamen einst solche Gedanken, das liegt lange zurück. Da malte ich mein eigenes Begräbnis mit allem, was dazu gehört. Es gibt Ähnlichkeiten in unserer Entwicklung. Sie kamen mit zweiundzwanzig Jahren nach Kopenhagen, ich mit zwanzig. Sie haben von Eckersberg gelernt. Abildgaard konnte Ihnen so wenig helfen wie mir und meinem Landsmann Otto Runge. Wir lernten, was wir brauchten, aber wir blieben, die wir waren. Sie lieben

Ihr Land, seine alten Gebäude, wie ich die Ruine von Eldena. Sie werden sich selber finden, eines Tages sind Sie ein Eigener. Auch ich habe Heimweh bis zur Qual gehabt, aber ich wollte auch das mächtige Gebirge ertragen, damit ich eins mit ihm würde wie mit dem Meer. Ich machte mich auf nach dem Uttewalder Grund, nicht weit entfernt von hier, bei Wehlen. Dort war ich sechs Tage allein; man hatte mir ein Quartier in der leerstehenden Hütte eines Waldarbeiters überlassen. Ein niedergestürzter Block ist so seltsam über einen schmalen Weg zwischen zwei hohen Felsenmauern eingeklemmt, daß er mit ihnen ein Tor bildet. Winzig steht der Mensch darin. Es war dort ohnehin dunkel, aber einmal wurde es mitten am Tage schwarze Nacht, ein Gewitter grollte heran, die Wetterwolken schleppten sich über dem Felsentor hin. Die Bäume dort oben duckten sich tief und schlugen aneinander, in Klüften und Höhlen und Riffen blitzte es durch die Finsternis, dann brach der Donner los mit hundertfältigem Echo in der Felsenschlucht, kleine Gießbäche waren zu strömenden Flüssen geworden, der Regen ein ungeheures Wasser, das sich über alles ergoß. Die Farne, die noch aus einer wärmeren Erdperiode stammen und sich in dieser feuchten Eingeschlossenheit erhalten haben sollen, nahmen ein vorsintflutliches Aussehen an. Ich war dem Grauen nahe. Die Naturgewalten können Sie auch hier erleben, aber ich warne Sie. Nach sechs Tagen Einsamkeit war ich am Ende."

In verehrender Andacht hat Dahl ihm zugehört. Dann hebt er eigenwillig den Kopf, seine Augen haben einen kindlich beglückten Ausdruck.

„Lernen kann ich auch hier. Aber der Beifall der Menschen macht mich nicht blind gegen mein Unvermögen. Ich muß die Heimat wiedersehen. Mein Auftrag als Künstler bleibt Norwegen, das unbekannte, von der Welt noch nicht erlebte Norwegen."

Sie hören einen leichten Schritt auf der Straße. Friedrich sieht hinaus.

„Ich ahnte es. Carus kommt."

Es dämmert schon, als die drei Männer im Atelier beisammen sind.

„Wollen Sie bei uns einen kühlen Seewind spüren?" fragt Friedrich, holt aus dem Nebenzimmer eine Flasche Stachelbeerwein von den Greifswalder Brüdern und stellt sie mit drei Gläsern auf den kleinen Tisch. „Wir haben die Schwüle mit unseren Nordlandsbildern vertrieben."

„Das ist durchaus möglich!" Carus' eben noch müde Augenlider heben sich, wach blitzt es darunter hervor. „Wir können uns so stark in eine andere Atmosphäre versetzen, daß wir ihre Ausstrahlung in uns aufnehmen. Wenn ich an kühlen und trüben Tagen einen Brief aus Italien erhalte, atme ich aus ihm die Glut und Lichtheit in mich ein, fühle mich erleichtert und erwärmt."

Er hält sein gefülltes Glas den beiden entgegen.

„So wollen wir die süßen Beeren des Nordens, vom Seewind durchkräftigt, genießen! Ich bin wie so oft aus meiner ärztlichen Überlastung zu Ihnen geflüchtet, um mich aufzufrischen. Und heute hatte ich einen guten Anlaß dazu. Ich habe wieder etwas von Ihnen gelernt, Friedrich, und zwar, was die Konzentration des Lichtes betrifft, die Sie neulich bei meiner kleinen Mondlandschaft vermißten. Auf Ihren Rat hin habe ich eine dunkle Lasur auf die Palette genommen und außerhalb des Mondes und der nächst erleuchteten Stellen alles, und je mehr gegen den

Rand des Bildes, um so dunkler, damit übertuscht, und siehe, die Wirkung war erstaunlich. Darüber war ich ganz glücklich. Ach, Freunde, meinen Lebensatem empfange ich von Ihnen. So laßt uns dankbar sein, ich bin es von Herzen. Und nun, verehrter Friedrich, möchte ich Ihre Bilder sehen, Ihre Eiche im Schnee, das Hünengrab im Herbst."

Friedrich bringt die gewünschten Gemälde.

„Da haben wir die neue Malweise, den gelockerten Pinselstrich, den pastosen Farbauftrag!" Carus hat den Rest seiner Müdigkeit überwunden. „Welch eine Farbigkeit. Da ist der geliebte einsame Baum; ich habe sie in Ihrer Heimat gesehen, diese gigantischen Geschöpfe. Nicht nur die kahlen Äste strecken sich von dem wipfellosen Baum, diese Äste haben noch ein mächtiges Gezweig. Ein Urgewaltiger, der, seiner Krone beraubt, sich aufrecht hält. Sie ergeben sich nicht den Urmächten, Freund, wie die Dichter der Romantik in ihrem Weltschmerz. Dieser Baum steigt, hart vom Leben getroffen, unbesiegbar in den Winterhimmel."

„Die neue Malweise danke ich Dahl, seine Jugendfrische hat mich mitgerissen."

„Es ist wahr, Ihre Farben werden realistischer", triumphiert Dahl fröhlich. „Sie verlieren zwar das Überpersönliche, das mich so überwältigte, als ich Ihre Bilder sah, dieses Grauviolett, wodurch die Formen vergeistigt werden, diese Strenge, die zarte Durchsichtigkeit. Mir war, als glichen sie Schattenbildern, ähnlich wie auf griechischen Urnen, die allein durch ihre Umrisse die Grundidee einer tiefen und hohen Kunst erhalten. Die Einheit Ihres Farbtons brachte den Gegensatz von Nähe und Ferne in Einklang."

„Wem die Natur sich nicht offenbart im zartesten Einklang, sondern nur im schroffsten Gegensatz ihren Geist erkennt, dessen Sinn ist verschlossen für Kunst", sagt Friedrich.

„Nun haben Sie mit dem natürlichen Farbton aber Wärme, Leben und Unmittelbarkeit gewonnen", begeistert Carus sich von neuem. „Es ist für mich reizvoll und fördernd, zu beobachten, wie Sie beide in Ihrer Malweise sich so stark voneinander unterscheiden und jeder doch vom andern aufnimmt und dabei gewinnt. Sie, lieber Dahl, malen alla prima, sogleich auf die Leinwand, daher haben Ihre Farben den sinnlichen Reiz, die unmittelbare Frische. Und doch ist Meister Friedrichs Einfluß zu spüren, das stärker durchgearbeitete Natur- und Erdleben."

„Und zwischen uns beiden steht Carus, der Mann der Wissenschaft, der ..."

„... nie ein Künstler großen Formates werden wird. Darüber bin ich mir im klaren, Freunde. Dennoch hoffe ich, etwas mehr als nur Dilettantisches zu erreichen. Ich weiß, daß ich besser Kunstwerke in mir aufnehmen als schöpferisch gestalten kann, ich gehe ja von der Wissenschaft aus an die Kunst heran und will sie dadurch vertiefen, ich will darstellen, was ich in meinen Landschaftsbriefen formuliere. Wieweit es mir gelingt?"

„Sie werden wohl in Ihren kleinen Erdlebenbildern über das Gewöhnliche hinauswachsen, daran zweifle ich nicht. Da sind Sie auch ein Eigener."

„Und meine Rückenfiguren, so meinen Sie doch, habe ich Meister Friedrich zu sehr abgeguckt." Carus' geistvolle Augen sind groß auf Friedrich gerichtet.

„Nun, sie sind ganz anderer Art als meine", entgegnet dieser mit gütigem Lächeln. „Und das ist gut so."

Der Nachtwind hebt sich auf und weht kühlend herein, die Freunde genießen schweigend die Erfrischung.

„Ich habe oft darüber nachgedacht“, sagt Dahl in die Stille hinein, „wie die Gesichter Ihrer Menschen aussehen würden, wenn sie sich umwendeten. Man fühlt es, diese Wesen sind andachtsvoll dem Schauen hingegeben. Aber man hört manchmal die Ansicht, daß man in tief unglückliche Gesichter sehen würde, in denen sich die unerfüllte Sehnsucht, mit dem All eins sein zu wollen, ausdrückt. So ist es doch nicht.“

„Es könnte hier und da einmal geschehen, aber das wäre eine Ausnahme. Selbst auf den düsteren Bildern ist nicht von Verzweiflung oder Verzicht oder einem trüben Sichabfinden die Rede. Diese Geschöpfe behaupten sich gegen die Gewalten, sie finden die Bestätigung ihres eigenen Wesens in dem gesetzmäßigen Wandel der Natur. Sie fühlen sich ja gerade eins mit ihr und darum auch mit Gott. Daher ihre Kraft, sich zu behaupten. Und das ist der Mühe wert, der Mensch ist sich Streben und Standhaftigkeit schuldig. So schwer es sein mag; wir müssen uns mühen, solange unsere Kräfte uns gegeben sind.“

Carus sieht Friedrich aufmerksam an.

„Sie waren immer schon hager und hatten eine bleiche Farbe, mein verehrter Freund, aber Sie sind noch hagerer geworden in diesen Jahren. Und Sie haben doch eine gute Hausfrau. Sie arbeiten zuviel. Welche Fülle von Gemälden sind in den Jahren Ihrer Ehe entstanden. Wer heute eine Ahnung von Kunst hat, ehrt Ihr Genie. Daß es nur wenige sind, erweist den Wert Ihrer Kunst um so mehr. Lassen Sie sich Zeit, erholen Sie sich, fahren Sie in die Heimat.“

Friedrich winkt ab.

„Ich habe eine Familie und muß sorgen, daß wir nicht in Not geraten.“

„Die Jahre der Not sind überwunden. Sie haben Freunde und Bewunderer. Sie haben uns, Ihre beiden Schüler, die keinen Mangel in Ihrem Leben dulden werden.“

„Ja, verehrter Meister, wir werden Ihnen beistehen mit aller Kraft, schonen Sie sich“, beschwört ihn Dahl.

„Ich arbeite nicht allein, weil die Not kommen könnte. Es ist eine Folge meines langsamen Reifens, ein Durchbrechen, das nicht aufzuhalten ist. Die Fülle in mir fordert diese Arbeiten.“

„Die geistige, seelische Inanspruchnahme neben der körperlichen Leistung verzehrt Sie.“ Carus' Stimme ist ernst und eindringlich.

„Auch ich bin nach meiner Arbeit tief erschöpft“, gibt Dahl zu, „obgleich ich die Bilder so im Schwunge hinmale.“

„Diese Jahre muß ich dennoch nutzen, an eine sichere Grundlage ist leider nicht zu denken“, sagt Friedrich, nun doch bedrückt.

„Es muß eines Tages soweit sein, daß der alte Professor Klengel abtritt und eine ordentliche Professur für Sie frei wird. Was in meinen Kräften steht ... auch Goethe wird ein Wort für Sie einlegen ... Auch, Freunde, es sind gerade zwei Jahre her, seit ich bei ihm war, auch das bewegte mich heute. Es ist doch ein eigenes Glück, noch in der Zeit zu leben, in der solch ein gewaltiger Urgeist unter uns ist, und ihm gar begegnen zu dürfen. Eine neue Generation, die es nicht mehr erlebt, wird uns dieses Glück nicht nachfühlen können. Es stärkt den Glauben an die Welt, wenn man von einer Ausstrahlung seines Geistes überrascht wird, und es ist erschütternd, wenn ein Mensch, der großen Einfluß auf die eigene Entwicklung gehabt hat, plötzlich nahe vor einem steht. Ich sollte einige Tage sein Gast sein, um mit ihm anatomische und naturwissenschaftliche Gespräche fortzuführen, aber das Studium der Seetiere in Genua lag mir im Sinn, und so verließ ich ihn. Nun überkommt mich Sorge, daß ich ihn nie wiedersehe."

„Sie haben eine stärkere Bindung zu diesem großen Mann", sagt Friedrich und denkt an Runge, dem auch kein Wiedersehen mit Goethe beschieden war. „Meine Achtung versage ich ihm nicht. Ich begreife nur nicht, wie es möglich ist, daß ein Naturforscher, ein Dichter voll tiefen Naturgefühls in seinem Urteil über Landschaftsmalerei so unsicher ist und sich von einem Hofrat Meyer einen veralteten Geschmack aufladen läßt. Seine Bewunderung für Hackert ist mir unerklärlich. Sieht er nicht, daß die späteren Bilder dieses Malers nichts als süßliche Veduten sind? Er müßte besser wissen als andere, daß die Natur durch den menschlichen Geist neu geformt werden muß, wenn ein wahrhaft künstlerisches Gemälde entstehen soll."

„Das neu erwachte Naturgefühl, das in Goethes Dichtungen, in Rousseaus Philosophie lebendig ist, kann sich in der Malerei nur langsamer durchsetzen", entgegnet Carus der harten Aussage seines älteren Freundes. „Sie hat ganz andere Ausdrucksmöglichkeiten als die Dichtung, die unmittelbar das Gefühl der Zeitepoche wiedergibt. Hinzu kommt, daß die klassischen Ideale und Gesetze Winckelmanns sich so stark durchgesetzt hatten, daß auch Goethe ihnen erlag. Die italienische Natur eroberte den Geschmack, die Farben sind dort wärmer, die Denkmäler früherer Zeit erregten die Phantasie, und so glaubte man, nur in Italien könnte sich die Kunst entwickeln, nur die klassische Ausstattung könnte die Landschaft erheben. Wir müssen Goethe in seinem Irrtum zu verstehen suchen. Es ist ein Irrtum. Warum konnte sonst eine arme Natur wie die Niederlande mit Sand, Eichen und Feld einen Künstler wie Ruisdael hervorbringen, die reiche Schweiz aber keinen seiner Art? Darum werden die Gemälde im kleinen Format unseres Meisters Friedrich noch leben, wenn die großen theatralischen Landschaften der Dietrich, Adrian Zingg, Hackert, Mechau, Klengel und wie sie noch heißen mögen, in Vergessenheit versunken sind."

Carus leert, jeden Tropfen kostend, das Glas mit dem Fruchtwein.

„Es ist tiefe Nacht geworden, Freunde, und morgen erwartet mich ein harter Dienst."

NEBEL

Ein junger, blasser Mensch lehnt, die Hände im Rücken verschränkt, gegen die kahle Wand des Ateliers. Er wendet keinen Blick von seinem Lehrer, dessen Schüler er seit einem Jahr ist. Friedrich steht ihm abgewandt am Fenster, um dann wieder für einige Minuten erschöpft auf den Stuhl vor der Staffelei zu sinken.

So geht es nun schon einige Stunden, seit ein Bote von der Akademie das Schreiben brachte. Der junge Carl Blechen hatte geahnt, daß es in diesen Tagen eintreffen würde, und sich mit einem erdachten Anliegen eingestellt, um seinem Meister nahe zu sein.

Draußen auf dem Fluß hängt der Novembernebel und nimmt jegliche Sicht. Sonst würde der Schweigsame dort am Fenster einen weiten Gang in die Umgegend unternommen haben, das für ihn unfehlbar Heilsame gegen alle Störungen. Dieses Schreiben aber muß etwas enthalten, das neben der Ablehnung der Nachfolge des ordentlichen Professors Klengel eine bis ins Innerste greifende Kränkung enthält und eine lähmende Wirkung auf den Betroffenen ausübt, sonst würde er auch in den Nebel hineinwandern und nicht wie ein Gefangener nach der undurchdringlichen Wand dort draußen starren.

Hin und wieder quält sich ein schweres Aufatmen aus der Brust des Verstörten. Als Caroline mit der kleinen Tochter Emma ihn zum Mittagessen rufen will, weist er sie hart hinaus und heißt sie das Kind, das freudig auf ihn zuläuft, mit sich zu nehmen. Nach ihrem fragenden Blick schleudert er ihr rauh ein Wort entgegen: „Abgelehnt!" Die arme Frau wird blaß bis in die Lippen. Sie sieht hilflos auf den Schüler ihres Mannes, der ihr durch eine Gebärde zu verstehen gibt, daß er bleiben wird und sie sich unbesorgt entfernen könne. Seine sensible Natur nimmt an dem Schlag, der seinen Lehrer traf, inneren Anteil und läßt ihn bei ihm ausharren.

Endlich wendet Friedrich sich ihm zu.

„Ich habe es geahnt, lieber Blechen, schon im vergangenen Jahr, ohne daß ich wußte, um was es ging. Doch unter der Eiskruste birgt sich immer noch ein Keim des Lebens. Auch der ist vernichtet. Der Untergang beschlossen."

„Nein!" schreit der junge Mensch mit heiserer Stimme auf. „Kein Untergang! Alle Großen gingen unerkannt durch ihre Zeit. Nur diese schulmeisterlichen Käuze von der Akademie haben dieses Elend angerichtet. Sie aber werden leben, und Ihre Kunst wird noch leben, wenn diese Philister vermodert sind."

„Und meine Familie wird verhungern."

„Nie, solange Ihre Freunde, Ihre Schüler Ihnen nahe sind. Ihre Bilder werden gekauft werden auch ohne diese akademischen Schlafmützen."

Carl Blechen sieht in das fahl gewordene Gesicht seines Lehrers, in dem jetzt jähe Zornesröte flammt.

„Man weiß nicht, wie man es mir beibringen soll, und greift zu unverschämten Anschuldigungen. Ich kenne diese Winkelzüge zur Genüge. Schon einmal hat mir die Borniertheit in meinem Leben Wunden geschlagen, die noch heute nicht vernarbt sind. Doch damals hatte ich Kraft, die Anfeindung zu überstehen."

Er wendet sich wieder ans Fenster und starrt hinaus.

Die Nebelwand weicht nicht, wie Schatten gleiten die Fischerkähne mit leeren Mastspitzen vorüber.

Unvermutet reißt er das Fenster auf.

„Abgelehnt! Sie haben mich abgelehnt, weil ich die Kunst nicht genug studiert habe!“ schreit er in bitterem Hohn hinaus.

Sein Schüler kennt diese aus Bitterkeit und Sarkasmus gemischte Sprache, Antwort auf Dummheit und Unverständnis. Aber hier schwingt noch etwas anderes mit, das ihn gefährlicher dünkt. Es muß wohl ein Mensch dort unten auf der Straße sein, oder schreit er wie ein Wahnsinniger seine Not ins Leere?

Doch da hört er eine kräftige Männerstimme.

„Ich komme, Friedrich!“

Carl Blechen will sich zurückziehen.

„Bleib!“ herrscht Friedrich ihn an. „Du störst nicht. Du kannst deine Erfahrungen bereichern. Du siehst, wohin es führt, wenn man sich der Kunst ergibt ... Dahl ist es. Geh, öffne ihm.“

Dahl umfaßt mit beiden Händen Friedrichs Schultern.

„Ein untrügliches Zeichen Ihrer Größe, wenn man Sie abweist! Ich ahne, was diese Dummköpfe wieder einmal ausgeheckt haben.“

Er nimmt das Gutachten, das auf der Bank liegt, und überfliegt es.

Da steht es wirklich: Der innere Drang seines Genies habe ihn auf die höhere Stufe geführt, auf der er unleugbar stehe, nicht etwa ein gründliches Kunststudium ... Dahl fliegt vor Erregung.

„Nur eine versteckte Umschreibung, nichts als das. Nie haben Sie Ihre reine Linie, die klar durchdachte Komposition vernachlässigt, sondern zuchtvoll in jedem Bild geübt und eben dadurch die erhabene Ruhe auf den Bildern gewonnen. Über Ihr von früh auf geübtes Können sind sich selbst Ihre Gegner im klaren. Unerhört, dies einem Mann von Ihrem Format zu sagen."

Dahl schlägt mit der flachen Hand auf das Schriftstück. „Kindisch ist der Grund dieser Ablehnung. Mit solchen Behauptungen wollen sie beweisen, daß Sie nicht imstande seien, Schüler zu unterrichten."

„Das ist Hohn! Verfluchte Schulmeister und Knechtsseelen!" entfährt es dem jungen Blechen. „Wir Jungen wissen wohl am besten, was wir von Ihnen lernen."

Dahl sieht sich flüchtig um, liest weiter, dann sagt er empört:

„Nichts als kleinliche Enge! Sie sind denen zu genial, Friedrich. Im übrigen stimmt es ja gar nicht, daß Sie ‚durch Ihre Vorliebe für die Darstellung des Düsteren, Rauhen, Ungewöhnlichen und Trüben trotz unverkennbar großer Genialität' – die müssen sie Ihnen also doch lassen – ‚in eine solche Einseitigkeit ausgeartet', man höre, ausgeartet!, seien, daß ‚eine freiere und mannigfaltigere Einwirkung von Ihnen nicht erwartet werden kann'."

Dahl lacht bitter auf.

„Eine bequeme Art! In den letzten Jahren befanden sich Ihre hellen und heiteren Landschaften auf der Ausstellung, die ‚Kreidefelsen auf Rügen', ‚Auf dem Segler', ‚Ausblick ins Elbtal', die ‚Elblandschaft', herrlich durchlichtete Gemälde. Und Ihre Meeresbilder, die den Abendfrieden atmen. Wo sind sie düster? Gesundheit in der Farbe, Strenge in der Form. Was hat dies alles mit Einseitigkeit zu schaffen?"

Friedrich ist durch die Nähe des Freundes ruhiger geworden.

„Es ist etwas Wahres daran, daß meine rauhen und düsteren Landschaften die heiteren überwiegen. Wer mich kennt, weiß, daß sie nicht ein Abbild der Vernichtung, sondern ein Übergang zu neuem Leben, zur Vollendung bedeuten. Wer es aber nicht sehen will, der erkennt es nicht. Flache Seelen gibt es immer. Aber warum kann man von mir nicht eine freie und mannigfaltige Einwirkung auf die Schüler erwarten? Immer wieder betone ich, daß man nie einem anderen die Eigenart nehmen solle, wenn überhaupt eine vorhanden ist. Bei den meisten ist ja nichts als Nachahmen. Ich sage, was ich immer sagte: Man soll nie einem Künstler die Eigenart nehmen, wie es gerade die Herren Kunstrichter gern tun. Sie wollen den angehenden Talenten den Götzendienst mit den Italienern eintrichtern, und noch immer kann man von den idyllischen Landschaften nicht loskommen."

Der junge Blechen fühlt mit Erleichterung, daß sein Lehrer die innere Fassung wiedergewonnen hat, und zieht sich schweigend zurück. Auf dem Flur öffnet sich die Tür zur Schlafkammer. Frau Caroline kommt ihm mit verstörtem Gesicht entgegen, die kleinen Mädchen hängen an ihrem Kleid.

„Ihr Mann wird es überwinden, Frau Friedrich. Herr Dahl wird ihm über die nächsten Stunden hinweghelfen. Morgen bin ich wieder zur Stelle."

Dahl versucht, den Gekränkten aufs Allgemeine zu lenken.

„Diese Verfehlungen werden sein, solange an den Akademien keine Künstler, sondern alltägliche und vielleicht ganz gute Lehrer sitzen. Sie, Meister, müssen über dergleichen Irrungen erhaben sein."

„Ich bin es längst. Aber hier geht es um das Dasein der Meinen. Und es geht um meine künstlerische Ehre. Immer habe ich offen gegen die Enge bei der Lehrtätigkeit geredet. Sie glauben, den Begriff der Schönheit festgelegt zu haben, und wehe, wenn einer ihnen andere Wege zeigt. Wer will wissen, was einzig schön ist, und wer kann es lehren? O diese trockenen ledernen Amtsschimmel! Die Menge lobt sie für die dargebotenen Krücken, wer aber eigene Kraft fühlt, verlacht sie."

„Sie können nicht erkennen, daß die verschwenderische Natur ihre Gaben ungleich verteilt."

„Vielen wurde wenig, Wenigen viel zuteil. Jedem offenbart sich der Geist der Natur anders; darum darf auch keiner dem andern seine Lehren und Regeln als untrügliches Gesetz aufbürden. Keiner ist Maßstab für alle; jeder nur Maßstab für sich und für die mehr oder weniger ihm verwandten Gemüter. Darum, ihr Lehrer der Kunst, die ihr euch so viel mit eurem Wissen und Können dünkt, hütet euch, daß ihr nicht jedem tyrannisch eure Regeln und Lehren aufbürdet!"

Dahl hat ihm geduldig zugehört, der immer in neuen Variationen gegen die Zustände auf den Akademien wettert, dabei ist ihm ein Trost eingefallen.

„Sie sind es nicht allein, der Vorwürfe zu ertragen hat. Ein Freund schrieb mir, er sei bitter enttäuscht, weil ich mein urwüchsiges Talent in die Enge gesperrt hätte. Seit ich in Ihrer Nähe sei, verlöre ich mich an Nebensachen und hätte das Ganze nicht mehr in der Gewalt. Was soll ich zu solch einer Kränkung von nahen Freunden sagen?"

„Sie reden lassen und sich nicht darum bekümmern, denn sie wissen es nicht besser. Nebensache hin, Nebensache her. Nichts ist Nebensache in einem Bild, alles gehört unumgänglich zum Ganzen; darf also nichts vernachlässigt werden. Wer dem Hauptteile seines Bildes nur dadurch einen Wert zu geben weiß, daß er andere, untergeordnete Teile in der Behandlung vernachlässigt, mit dessen Werk ist es schlecht bestellt. Alles muß und kann mit Sorgfalt ausgeführt werden, ohne daß Einzelheiten sich aufdrängen. Die wahrhafte Unterordnung liegt nicht in der Vernachlässigung der Nebensachen, sondern in der Anordnung der Dinge und Verteilung von Schatten und Licht."

Dahl wird nach diesen Worten sehr nachdenklich. Friedrich geht auf die Diele, hüllt sich in Bruder Heinrichs Pelz und kehrt zurück.

„Es ist kalt hier, lieber Dahl. Ich danke Ihnen, daß Sie bei mir aushalten. Ihre Frau wird Sie vermissen."

„Sie weiß, daß ich nach Hause gekommen bin, das genügt ihr. Ich kann jetzt nicht hinaufgehen. Jetzt noch nicht. Da ist etwas, das ich nicht begreifen kann und das mich beunruhigt. Man bewundert mich, schreibt mir himmelstürmende Kritiken, und dabei habe ich ja nur von Ihnen gelernt. Carus hat nach den Anfängen eines begabten Dilettanten durch Sie künstlerisch wertvolle Arbeiten hervorgebracht. In diesem Jahr wird er seine Landschaftsbriefe vollenden, für die er auch Ihnen Anregungen verdankt. Wir beide haben von Ihnen genommen, wir beide sind gesicherter als Sie, Carus durch seine soziale Stellung, ich durch unverdiente Anhänglichkeit des Publikums. Und Sie sollen fortan in Unsicherheit bleiben, und der Lebenskampf wird Sie verzehren. Das schmerzt mich mehr, als ich es sagen kann. Dabei haben Sie jetzt diese gelockerte Malweise, Ihre Wirkung auf das Publikum ist größer geworden. Warum, wenn man dies bemerkte – und man mußte es bemerken – warum klemmt man sich hinter die Ausrede von Ihrer Einseitigkeit? Ich komme nicht dahinter und wittere andere Gründe. Ja, ich glaube, sie klar zu erkennen. Und dann . . . dann stehen wir in gleicher Gefahr."

Friedrich sieht ihn verständnislos an.

„Ich will Ihnen sagen, was ich glaube. Man sieht nach den jungen Malern in Düsseldorf, man merkt, daß dort etwas Neues beginnt, ein Geschmack für feurige Farben, der dem Publikum entgegenkommt. Und man möchte nicht zurückbleiben. Ja, das ist es! Und Sie sollen sehen: Man wird keinen Nachfolger für Klengel finden. Wenn sie einen Künstler, dessen hohe Genialität sie anerkennen, ablehnen, müßten sie einen von der Art der Düsseldorfer wählen. Den finden sie nicht. Hier nicht. Wenn diese Düsseldorfer sich einmal durchsetzen sollten, mache ich nicht mit, von meiner Art lasse ich nicht. Seien Sie getrost, Sie stehen nicht allein."

„So werden wir einem völligen Vergessen überantwortet."

„Noch ist keine Gefahr. Noch werden Ihre Bilder gekauft, auch meine. Aber die Gefahr kann kommen."

„Mich dauern nur die Meinen. Ich bin karges Leben gewohnt. Meine Frau trägt ein drittes Kind."

Dahl sieht Friedrich bittend an:

„Erhalten Sie sich gesund, geben Sie dem Schmerz nicht zuviel Raum. Ihre Freunde leben. Carus wird weiterhin Bewunderer und Käufer für Sie werben, er ist verläßlich. Bleiben Sie gesund, lieber Freund!"

Von einem winterlichen Morgengang kehrt Friedrich heim, die Tür zur Schlafkammer steht weit offen.

„Ein Sohn, Caspar, ein gesunder kleiner Sohn . . .“

Caroline ruft es ihm zu. So ist denn alles gut vorübergegangen. Seine Caroline hat ihm einen Sohn geboren.

Die Frau des Fischers Krüger hat ihr beigestanden. Jetzt hält sie ihm ein winziges Bündel entgegen. Er wirft den Pelz von sich und hält seinen kleinen Sohn im Arm. Er drückt ihn an sich. Sein vom Schnee feuchter Bart streift das winzige Gesicht. Kräftiges Geschrei erhebt sich.

„Sanft, Herr Professor, das Kind ist noch keine zwei Stunden alt!“ Frau Krüger nimmt es ihm ab. Und Caroline lacht.

„Morgen ist Weihnachten, und dir wird ein lieber kleiner Sohn geschenkt, Mann! Du hast ihn dir so gewünscht. Wie glücklich können wir sein. Die guten Brüder haben uns Gaben geschickt, Adolf schenkt dir eine warme Jacke und hat schöne Wachsstöcke dazugelegt. Wie werden sie morgen abend leuchten und duften.“

Er sitzt an ihrem Bett, hält ihre heiße Hand.

„Was ist dir, freust du dich nicht, Caspar?“

„Warum sollte ich mich nicht freuen, mein liebes Weib?“

„Ich dachte, du würdest dich viel, viel mehr freuen. Ein Sohn . . .“

„Ich habe ihn ja beinah zerdrückt, Lina.“

Sein warmer Blick ist über ihr. Und dennoch . . . ein Schluchzen schüttelt sie.

„Ihre liebe Frau muß ausruhen, Herr Professor.“

Frau Krüger schließt sachte die Tür hinter ihm.

Er setzt sich in seines Bruders Jacke ins kalte Atelier. Nur einmal nicht grübeln und sich freuen. Ein Sohn, ein gesunder Sohn, ein Patenkind seines Bruders Adolf, dessen Namen er tragen soll. Er zieht die Jacke dicht über der Brust zusammen. Nur einmal diese liebende Geborgenheit fühlen, diese brüderliche Sorge, um wieder neuen Mut zu gewinnen und sich nicht von Angst um die Existenz bedrängen zu lassen. Noch leben die Brüder in der Heimat, und solange sie leben, werden sie die Seinen nicht darben lassen. Aber er kann es nicht hindern, daß ihre Gaben ihn bedrücken. Er tut, was in seinen Kräften steht, um ihre Wünsche zu erfüllen. Er schickt Christian Zeichnungen für seine Holzschnitte, er besorgt Adolf Geschenke, die in Greifswald nicht zu kaufen sind. Auch hat er für Christian, der als Kunsttischler eine Ladeneinrichtung zu fertigen hatte, die Entwürfe geliefert, obgleich er wenig Ahnung von dieser Kunst hatte und erst in der Stadt die Läden eines Seidenhändlers und eines Goldschmiedes besichtigen mußte, um die Entwürfe fertigen zu können. Besonders hat er auf eine Art von Glasschränken, die man neuerdings in Dresden mit Auslagen auf die Straße stellt, um Käufer anzulocken, hingewiesen. Diese Art von Werbung ist gewiß für das kleine Greifswald etwas Ungewöhnliches. Er hat dem Bruder für die dem Eingang gegenüber liegende Wand Spiegel vorgeschlagen, in denen sich an dunklen Tagen das Licht des Kronleuchters an der Decke und der Lampen auf den Auslagetischen widerspiegelt. Für den Ladeninhaber hat er einen zierlichen Gitterverschlag entworfen, hinter dem er sich bei seiner Buchführung ungestört aufhalten kann. Er hat als Farbe für die Decke ein leuchtendes Blau, in dem sich die Deckenbeleuchtung und das Lampenlicht schön ausnehmen würden, empfohlen. Auch für die Schaufenster hat er auf Spiegelglas hingewiesen und für den Fußboden auf farbige Teppiche mit großen Blumenmustern. Durch die beigefügten Skizzen sollte Bruder Christian zu weiterem Nachdenken angeregt werden.

Wenn er nur eine Stunde bei den Brüdern sein könnte, das Eisige, das ihn jetzt oft im Innern angreift, würde vergehen und das Leben wieder freudiger in ihm erwachen.

Ein sonderbares Jahr, das nun zu Ende geht.

Die Kälte im vorigen Winter setzte hart ein. Stundenlang, in Bruder Heinrichs Pelz gehüllt, beobachtete Friedrich den Eisgang auf der Elbe, das Ineinanderschieben der Eisschollen, die sich zu Eisblöcken hochtürmten. In jenen Tagen bewegte ihn der Untergang eines Schiffes. Er malte eine Eislandschaft voll erhabener Trostlosigkeit; die Trümmer eines vom Eis eingeklemmten Schiffes mahnen an die drohende Vernichtung allen Lebens. In seinem bitteren Hohn nannte er das Bild „Ein gescheitertes Schiff auf Grönlands Westküste im Wonnemond". Die Menschen standen verständnislos davor und begriffen ihn nicht. Er hatte dem Publikum wieder einmal das Behagen verdorben.

Er hatte darauf gewartet, daß sich erfüllen würde, was sich ihm mit Eiseskälte angezeigt hatte. Aber es geschah nichts Furchtbares, vielmehr wurde er vom Grafen Vitzthum, dem Akademiedirektor, gerufen, und es wurde ihm angekündigt, daß er zum außerordentlichen Professor ernannt und sein Gehalt um fünfzig Taler, mithin auf zweihundert Taler, erhöht sei. Er wußte, daß sich die Freunde für ihn eingesetzt hatten.

Aber ihm wurde nicht besser zu Sinn, bis dann wirklich das Eisige eingetroffen war, das er unklar geahnt hatte.

Der alte Professor Klengel war erkrankt und mußte seine ordentliche Professur an der Akademie niederlegen. Friedrich und die Freunde hofften, er werde Klengels Nachfolger werden, seine Schüler glaubten fest daran ... Aber es geschah das, was sich ihm angekündigt hatte. Es kam die Ablehnung.

Der Grübelnde schreckt zusammen, als es ungestüm an seine Tür klopft. Freund Dahl eilt strahlend auf ihn zu, schüttelt ihm kräftig die Hände.

„Lieber, lieber Freund! Dieser Sohn wird Ihnen Freude bringen. Er sei gesegnet!"

Friedrich schweigt. Dahl kennt dieses Gesicht, er setzt sich zu ihm.

„Zu spät, die Freude kommt zu spät, lieber Dahl. Mit fünfzig Jahren wird mir ein Sohn geschenkt. Ich werde nur seine Kindheit erleben. Und wie habe ich ihn ersehnt ... und wie habe ich Kinder geliebt ..."

„Dieser Sohn, der Ihnen im einundfünfzigsten Lebensjahr noch geboren wurde, ist ein Geschenk Gottes. Sie werden ihn am innigsten lieben, das ist bei uns Männern so."

Wieder antwortet nur ein bedrückendes Schweigen wie immer, wenn Friedrich von einem bohrenden Gedanken nicht freikommt.

„Es will mir nicht aus dem Sinn: Vor vier Tagen starb Klengel, ein alter kranker Mann. Ich hätte sein Nachfolger werden müssen ..."

„Reißen Sie diese Wunde nicht immer wieder auf. Heute nicht."

„Sie wird nie mehr heilen."

„Wir müssen uns alle durchs Leben schlagen. Wir haben uns gebunden, und wir müssen nun hinnehmen, daß wir für eine Familie zu sorgen haben. Das hemmt, aber es gibt auch Kraft. Und was wäre aus uns geworden, wenn wir allein geblieben wären? Ich könnte Frau und Kinder nicht mehr entbehren."

„Sie haben recht, Freund Dahl. Lina war einmal mit Emma verreist, ich kam gut in der Arbeit voran. Es war sehr still. Aber immer möchte ich diese Stille nicht mehr um mich haben."

Dahl geht mit seinen kurzen, eiligen Schritten im Atelier auf und ab, zum Fenster und wieder zurück. Bleibt vor Friedrich stehen.

„Einmal muß man sich befreien. Auf kurze Zeit. Meine Kunst lebt, wenn ich Norwegen wiedersehe, sie stirbt, wenn ich darauf verzichte. Erfolge betören mich so wenig wie Sie. Ich weiß, was mir fehlt und was Ihnen fehlt, Freund. Die Stunde wird kommen, in der wir beide aufbrechen."

Ein schwer verhaltenes Aufseufzen antwortet ihm.

„Fort mit den trüben Gedanken, Freund. Sie haben einen Sohn bekommen. Er wird sich einst durchschlagen, wie wir beide es müssen, und er wird bestehen, denn er ist ja *Ihr* Sohn!"

An der Tür macht sich ein Geräusch bemerkbar. Der Drücker wird heruntergezogen, schnellt wieder hoch, dann glückt es, die Tür geht auf. Emma, von der kleinen Agnes gefolgt, läuft auf den Vater zu; sie hat gelbe und weiße Taler in den Händchen.

„Was willst du mit den Talern, Emma?"

„Einen Tannenbaum kaufen . . . morgen ist Weihnachten . . . einen Tannenbaum für Brüderchen . . ."

Dahl hebt das Kind in die Höhe, alles ist strahlende Freude an ihm.

„Morgen ist Weihnachten, und ihr habt ein Brüderchen geschenkt bekommen ... welch ein Glück. Kommen Sie, Friedrich, auf dem Altmarkt finden wir noch schöne Weihnachtsbäume, ich will für meine Kinder auch eine duftende Tanne aus den Bergen kaufen. Wir tragen die Bäume nach Hause ... das wird einen Jubel geben. Und du, kleines Fräulein, steckst deine Taler in die Sparbüchse, solche hübschen bunten Taler mußt du dir aufbewahren ...“

Als die Männer ins Freie treten, hält Friedrich an und sieht nach dem hellen Winterhimmel.

„Sonderbar ... es ist klare, reine Luft, und mir liegt es wie schwerer feuchter Nebel auf der Brust ...“

„Er ist krank, Herr Dahl, mein Mann ist krank. Er liegt und atmet schwer. Er arbeitete nur noch ... dieses große, unheimliche Bild mit dem Berg ... und dabei wurde er elender mit jedem Tag. Wenn ich ihm den kleinen Adolf brachte, nahm er ihn auf den Arm, drückte ihn an sich. Dann wies er mich gleich wieder hinaus. Er müßte arbeiten, sagte er. Und nun ist es vorbei. Lieber Herr Dahl, ich bitte Ihre Frau, daß sie nach Adolf sehen möchte. Ich bringe die Mädchen zu einer Freundin und hole Professor Carus.“

„Tun Sie das, liebe Frau Friedrich. Es wird alles geschehen. Seien Sie unbesorgt, meine Frau wird kommen und aufpassen.“

Dahl bringt sie die Treppe hinunter, öffnet die Haustür, und Caroline, die kleine Agnes auf dem Arm und Emma an der Hand, eilt in den dunklen Abend hinaus.

Sie klopft an die Tür des kleinen Hauses von Fischer Krüger.

„Liebe Frau Krüger, bewachen Sie meine beiden Mädchen, bis ich Professor Carus geholt habe. Ich muß eilen, mein Mann ist krank, sein Atem geht schwach. Ich danke Ihnen."

Schon ist sie zu Carus unterwegs. Von weitem sieht sie das Haus hell erleuchtet. Der Professor ist ein bekannter Mann in Dresden geworden. Gewiß hat er hohen Besuch.

Der Diener weist sie ab. Herren aus Leipzig seien anwesend, große Besprechung. Nachher kämen Künstler von der Oper, es werde musiziert.

„Mein Mann ist krank, er ist doch der Freund des Herrn Professor Carus. Ich gehe nicht fort ohne Herrn Professor."

Sie steht auf der Diele, ihr Gesicht ist blaß, in ihrem Kopftuch, auf ihren Schultern liegt Schnee. Ihre Augen glänzen feucht und sind gerötet.

Carus kommt leicht im eleganten Anzug die Treppe herunter. Er ist noch etwas abwesend, sieht sie befremdet an.

Caroline sagt dasselbe, was sie nun schon zweimal in Todesangst hervorbrachte.

„Es ist gut, Frau Friedrich. Ich komme sofort. Ich will mich nur bei meinen Gästen entschuldigen."

Er ist schon halb die Treppe hinauf, da wendet er sich.

„Warten Sie, Frau Friedrich, ich nehme Sie mit in meinem Schlitten. Sofort anspannen, Karl."

Sie sitzt, von Carus in eine Decke gehüllt, neben ihm, die hellen Glocken läuten fröhlich, das Schneien hat nachgelassen.

„Ich bitte Sie um Verzeihung, Herr Professor! Sicher war es unrecht von mir, Sie heute abend zu stören. Doch mein Mann . . ."

„Sie haben recht getan, Frau Friedrich. Sonst hätten Sie sich bittere Vorwürfe machen müssen. Für uns Ärzte gibt es nichts, was wichtiger wäre als der Dienst an einem Kranken, und noch dazu an einem Freund. Ich lernte früh, daß ich meine eigene menschliche Freiheit zum Opfer bringen müsse, ein Arzt gibt jedem das Recht, über seine Zeit zu verfügen. Schon während meiner Studienjahre gewann ich diese Erkenntnis. Eines Nachts wachte ich im Spital bei einem Kranken. Während er schlief, las ich in einem Buch. Doch nach jeder Seite horchte ich auf die Atemzüge meines Patienten. Dabei fiel mein Blick auf allerlei Sinnbilder, die auf den Bettschirm gemalt waren: Darunter war ein Mann, der unter einer schweren Last dahinkeuchte. ‚Anderen dienend, werde ich aufgerieben', stand lateinisch unter diesem Bild. Da wußte ich, was mich erwarten würde, und es erfüllte mich mit Dankbarkeit und Freude, daß ich den Beruf des Arztes würde ausüben dürfen. Und es ist nicht anders geworden."

Friedrich richtet sich auf. Er sieht Carus im Abendanzug, den Mantel um die Schultern geworfen. Dicht hinter ihm steht Caroline, die Augen furchtsam auf ihn gerichtet.

„Was hat dies zu bedeuten?" schreit er auf, Entsetzen im fahlen Gesicht. Und weil keine Antwort kommt, noch einmal, schärfer:

„Ich fragte, was dies zu bedeuten hat?"

Carus wirft den Mantel ab, setzt sich an sein Lager.

„Beruhigen Sie sich, verehrter Freund. Ihnen ist nicht wohl. Aus Sorge rief mich Ihre liebe Frau hierher. Sie tat recht daran."

Ein mißtrauischer Blick trifft Caroline.

„Wie kommst du zu dieser eigenmächtigen Handlung,

Lina? Ich bin nicht krank. Wie konntest du Herrn Professor Carus rufen?" schreit er sie an.

„Eine begreifliche Sorge, zürnen Sie ihr nicht. Lassen Sie mich Ihr Herz untersuchen, Freund."

Carus' ruhige, bestimmte Rede läßt Friedrich nachgeben. Caroline ist hinausgegangen.

Mit wenigen leichten Griffen hat Carus den Rock geöffnet, die Brust frei gemacht.

Während er untersucht, spricht er leise, doch eindringlich auf den Kranken ein.

„Es hat nichts Ernstes auf sich, doch wir müssen vorsichtig sein. Ich habe Sie gewarnt, vor Jahren schon. Sie sind fünfzig geworden, gefährliche Jahre für jeden Mann. Sie sind gesund; was Sie umwirft, ist nichts als zu großer Verbrauch körperlicher, seelischer und geistiger Kräfte. Was haben Sie in den letzten Jahren geleistet! Übermenschliches. Ihr Körper braucht reine stärkende Meeresluft. Ihre Seele braucht sie noch dringender. Auch Teplitz wäre gut für Sie. Reisen Sie, ehe es zu spät ist."

Er entnimmt seiner Tasche ein Pulver, geht zur Tür, bittet Caroline um ein Glas Wasser.

Friedrich wehrt ab.

„Mich ekelt vor solchen Giften. Hat sich der Körper daran gewöhnt, ist er ihnen verfallen. Die Natur muß sich helfen. Schafft sie es nicht, ist es ohnehin nicht von Nutzen."

„Es ist ein sanftes Mittel, lieber Freund. Nehmen Sie es, damit Sie zur Ruhe kommen und das Herz sich kräftigt. Nichts weiter. Für die nächsten Tage bitte keine weiten Wege unternehmen, und dieses Wandern im Winter ohne Frühstück sollten Sie unterlassen."

Er sieht auf der Staffelei die fast vollendete Hochgebirgslandschaft und erschrickt.

„Friedrich, was haben Sie da aufgetürmt. Dieses Gemälde wurde aus meinen armseligen Zeichnungen, die ich Ihnen aus der Schweiz mitbrachte. Und aus den wenigen Beschreibungen, die ich Ihnen gab. Die Wirklichkeit ist es nicht, es ist mehr. Ich, der diese Berge sah, vermochte sie nicht wiederzugeben. Sie sahen sie nicht, und doch wurde Ihr Bild der Inbegriff jedes Hochgebirges schlechthin. Friedrich, es ist kein Wunder, daß Sie hier elend liegen. Versuchen Sie sich zu bändigen. Sie sollen leben und Großes leisten."

Caroline bringt das Wasser, ihre Hand zittert, ihre Augen sind verweint. Sie kniet an seinem Lager.

„Nach Greifswald, Caspar, dann wirst du gesund, nach Hause! Deine Brüder warten darauf, daß du kommst und sie dir Gutes tun können."

Carus setzt sich wieder zu ihm, und seine leise beruhigende Stimme, seine aufrichtigen Worte üben ihre unfehlbare Macht auf den Kranken aus.

„Ihre liebe Frau hat recht. Ich habe mir ja selber damals dort neue Kräfte geholt. Schon das stille und tüchtige Aussehen der Männer und Frauen, das Hauswesen bei Meister Adolf Friedrich, bei dem Ihre Künstlernatur in die Tätigkeit des Handwerks umgesetzt erscheint, beruhigt und stärkt das Gemüt. Äußerlich ist er Ihrer hageren Gestalt von allen Brüdern am ähnlichsten. Dann die Fahrt nach Rügen, als ich wirklich auf dem Meer dahinfuhr, das ich zum ersten Mal vom Greifswalder Kirchturm erblickt hatte. Eine Windstille kam auf, die Schiffer warfen Anker, wir kochten Kartoffeln, an denen wir uns stärkten. Ich blieb auf dem Verdeck und atmete immer nur den Geruch des Wassers und fühlte, wie das Leben in mir pulste. Abends tranken wir Tee und aßen gutes kräftiges Schwarzbrot dazu, und nachts schlief ich auf der Bastmatte unter dem Deck, bis morgens ein Wind aufkam. Nie wieder habe ich solch einsames und schönes Naturleben gesehen wie auf dem Vilm, die fast abgestorbenen Eichen. Ihre Bäume, Freund, taten es mir an, die Äste einer Rotbuche hingen wie Lauben um den Stamm. Die Bewohner wußten nichts von der Welt, nicht einmal von Napoleons Vertreibung. Mir war, als hätte ich bisher nur leichte Melodien gekannt und hörte nun eine Symphonie Beethovens, als ich Rügen, seine Klippen, Farben und Bäume sah und das Meer rauschen hörte."

Friedrich und Caroline sind ruhiger geworden, wie zwei Kinder horchen sie auf die Worte des jungen Arztes, der seine Gäste und den festlichen Abend in seinem Hause vergessen zu haben scheint.

„In diesem Jahr können wir noch nicht heim, Lina. Ich brauche größere Einnahmen, wenn ich es wagen kann. Ich will mich nicht immer auf die Liebe der Brüder verlassen."

„So denke an den edlen Dichter Shukowski, er vergißt dich nicht", fleht Caroline.

„Ein guter Gedanke, liebe Frau Friedrich. Shukowski hat noch immer alles beim Zaren durchgesetzt, was er wollte; wie es ihm gelingt, weiß keiner. Wohl durch sein untadelhaftes Wesen."

„Von Rußland kann ich jetzt nichts erwarten. Vom Zaren will ich keine Hilfe. Er soll grausam gegen die Patrioten vorgehen, die im Dezember beim Tod Alexanders einen Aufstand, der fehlschlug, wagten. Er soll ohne alle

Gnade sein, um seinen Thron zu festigen. Was mag aus Puschkin geworden sein, aus den tapferen Männern, die eine bessere Zukunft für das russische Volk ersehnen? Jetzt ist nicht die Stunde, um Shukowskis Hilfe anzurufen. Wir werden uns auch so durchbringen, Lina. Im nächsten Jahr fahren wir heim, im nächsten Jahr."

„Damit vertröstet er mich schon fünf Jahre", sagt Caroline ganz leise wie zu sich selbst.

„Er wird fahren, ich verspreche es Ihnen!" Carus drückt ihr die Hand. „Vertrauen Sie auf Ihre Freunde. Und pflegen Sie Ihren Mann gesund."

Vor der Haustür erwartet ihn Dahl. Ob es schlimm um den Kranken stehe, fragt er.

„Noch besteht keine Gefahr. Aber ich glaube, es ist dies der Anfang eines Leidens, das wir nicht werden heilen können. Er muß in sich verbrennen, wie sein ungewöhnlicher Geist es verlangt. Wir vermögen nur zu lindern und ihn durch unsere Freundschaft der Gefahr völliger Vereinsamung zu entziehen. Ich war längst auf diesen Zusammenbruch gefaßt. Doch ihm die Arbeit verbieten wäre sinnlos, und so gab ich ihm die Zeichnungen aus der Schweiz, die seine Phantasie ablenken sollten von seinen Grübeleien über die kränkende Ablehnung. Was daraus entstand, ist mehr geworden, als meine Vorstellungen nur ahnen konnten."

„Wird dieses Hochgebirgsbild ihm materielle Erleichterung bringen?"

„Ich glaube es zuversichtlich, er will auch den Watzmann malen, und den wird man bestimmt kaufen. Ich werde auf seine Zeichnungen hinweisen, die leicht unterzubringen sind. Herr von Quandt vom sächsischen Kunstverein wird sie für seine Sammlung erwerben. Die Heimreise ist notwendig."

Nach einem Jahr harter Arbeit wird unerwartet schnell die Heimkehr ins Vaterhaus möglich durch den Verkauf seines Watzmannbildes. Die Gemeinschaft der Brüder nimmt ihn liebevoll auf. Der Druck der letzten Jahre löst sich, und die Kräfte wachsen ihm täglich neu. Er fühlt, wie wohl auch ihnen seine Nähe tut. Es gilt, Bruder Adolf, der seine Frau verlor, über den Schmerz hinwegzuhelfen und sein von Unruhe geplagtes Gemüt zum Frieden zu bringen. Auch Heinrich, dem gütigen Bruder, der seit Jahren die verlorene Frau entbehrt und den die seelischen Trübungen seit der Kindheit nie ganz verließen, findet neuen Mut durch den Zuspruch des Bruders. Am wohlsten tut dem Heimgekehrten sein Bruder Christian, dieser unbeschwerte und glückliche Mensch, dem alles gelingt und der mit Frau und Kindern ein sorgenloses Dasein als angesehener Bürger führt. Da gibt es wieder Zeichnungen für die Holzschnitte zu besprechen und neue Anregungen zu geben, vor allem dem Bruder zu sagen, wie so manche Künstler und Kunstkenner in Dresden sich mit großer Achtung über seine Arbeiten geäußert hätten.

Nach Jahren höchster Kraftanstrengung ist es erholsam, sich dem Alltag hinzugeben und seine Beobachtungen in der kleinen Stadt zu machen, über das Leben der Menschen nachzudenken und zu überlegen, wie man so manche zurückgebliebene Gewohnheit ändern könnte.

Als wieder einmal die Feuerglocke erschallt und er mit den Brüdern den Kopf aus dem Fenster steckt, um zu sehen, wo es wohl brenne, schüttelt er unzufrieden den Kopf.

„Warum macht ihr es in Greifswald nicht so, wie man es in Dresden eingeführt hat, daß ihr mit Glockenschlägen kundtut, wo die Gefahr ist? So könntet ihr am Vettentor zweimal, am Steinbeckertor dreimal, am Mühlentor viermal, am Fleischertor fünfmal anschlagen lassen, und jeder wüßte die Hauptrichtung. Die Nachtwächter müßten dieselben Zeichen durch ihre Hörner geben. Ich weiß, daß alles beim alten bleibt, wenn die Änderung auch kein Geld kosten würde, aber alles Gute findet nun einmal schwer seinen Eingang. So habe ich mir auf meinen Wanderungen Gedanken gemacht, wie man in Greifswald das Wasser bessern könnte. Man müßte die Hälfte der öffentlichen Brunnen verschließen; je mehr Wasser aus einem Brunnen geschöpft wird, um so klarer ist das Wasser."

„Wer das durchführen wollte, der würde den Fluch aller Mägde in Greifswald auf sich laden", meint Christian mit einem komisch-bedenklichen Gesicht.

„Den sollte wohl einer hinnehmen, wenn ihr dafür gutes Wasser zum Trinken hättet und gesund bliebet. In Dresden kommen die Leute aus der Stadt mit Kannen und Eimern, um sich aus einer Quelle in der Dresdener Heide Wasser zu schöpfen, ich selber hole uns zuweilen etwas, Ihr könnt euch nicht denken, wie rein und kräftig dieses Wasser schmeckt."

Es gibt zwar ein Gelächter unter den Brüdern, weil gerade der scheinbar Weltfremdeste unter ihnen sich Sorgen um ihren Alltag macht, doch es gibt täglich neue Fragen, mit denen sie zu ihm kommen, und jedem wird eine kluge und praktische Antwort zuteil.

Das Verweilen auf Rügens Kreidefelsen bei dem Wechselgesang des Meeres mit den sturmgepeitschten Eichen stärkt Caspars Gesundheit. Nach ausgedehnten Wanderungen und einem Besuch bei seinem Freund, dem Pastor Schwarz in Altenkirchen, zieht es ihn nach Hiddensee. Die Einkehr bei den Fischern in Vitte, das Ausruhen und der tiefe Schlaf auf einem Lager in ihren mit Stroh gedeckten Hütten an der einreihigen Dorfstraße, dem Norderende, das vom Meer durch Dünen und karge Feldstreifen, vom Bodden durch schmales Wiesenland getrennt ist, bringen ihm den lang ersehnten Frieden. Ihn rührt die treue Anhänglichkeit dieser Armen, die Freude des Wiedersehens, die selbst auf dem versteinerten Gesicht des bald hundertjährigen Gau in unverminderter Helle aufgeht. Und wieder sieht er, wie einst mit dem Freund Otto Runge, die Sonne über Rügen aus zartgefärbtem Nebel aufsteigen und den Mond in dem Wasser des Boddens zwischen der kleinen und großen Insel seine Brücke schlagen. Wenn einer der Fischer an windstillen Tagen die Netze im Meer auslegen will, begleitet er ihn an den Strand und folgt ihm mit dem Blick auf die offene See. Regungslos liegt unter verschleierter Sonne im magischen Licht das Meer. Wie aufgesogen vom All ragt draußen auf leerer Fläche der Schattenriß des gleitenden Kahns. Endlose Einsamkeit ist um ihn.

Mit Vorliebe verweilt Friedrich an den verschwiegenen Buchten der Insel, etwa beim Alt-Bessin oder auf der südlich gelegenen kleinen Vogelinsel, wo er, gegen eine Kiefer gelehnt, die im Schilf plätschernden Wasservögel, das Glucksen des Binnenwassers und das feine Schlagen der Wellen von der See her belauscht. Die flachen, vom Wasser umspülten Inselvorsprünge verleihen die Empfindung des Gleitens auf gelöster Erdscholle. Ein Bauernhof auf einer vorgestreckten Halbinsel scheint im Wasser zu treiben.

In Gedanken verfolgt Friedrich seinen Freund Dahl auf seiner Wanderung nach den geliebten Stätten Norwegens, denn auch er hat sich nach der Heimat aufgemacht. Friedrich kennt ihre Namen, und nach des Freundes Beschreibungen leben sie klar in seiner Vorstellung: der Heimatort Bergen, Kongsberg, das echteste Norwegen in Telemarken, der Schärgarten, vom Meer umwogt, und das Hochfjäll. Dahl wird von dieser Heimkehr eine Erneuerung für seine Kunst gewinnen, des ist er gewiß. Ihm, Friedrich, wird das Heimaterlebnis nur eine Kräftigung bringen, um die letzten Jahre bestehen zu können, denn dies wird die letzte Heimkehr für ihn bleiben. Er bedenkt es und hält die geliebtesten Stätten in flüchtigen Skizzen fest.

Heimgekehrt nach Greifswald, malt er die Vaterstadt mit ihren Türmen hinter grünen Wiesen unter einem makellosen Himmel.

Sein Gönner und verständnisvoller Förderer, der Generalgouverneur von Neuvorpommern und Rügen, Wilhelm Malte, Fürst zu Putbus, hört von Friedrichs Anwesenheit in der Heimat, und weil er nahe der Granitz ein Stück Land weiß, das ihm das Köstlichste dünkt, gibt er Friedrich den Auftrag, diese Landschaft im Bilde festzuhalten.

Friedrich macht sich mit Freude an die Arbeit. Ein Landschaftsbild von eigenartiger Schönheit entsteht: Ein Wiesenhang senkt sich zum Meer hinab. Vereinzelte Baumgruppen heben sich aus dem sommerlichen Feld, ein Weg mit Punkten von Baumkronen führt nach dem Ufer hinunter. Heimkehrende Schiffe nähern sich dem Hafen, weiter hinaus liegen einige vor Anker, ein Boot mit eingezogenem Segel hat schon das Ufer erreicht. Fischer in Mönchguter Tracht hängen Netze zum Trocknen auf. Heiterer Friede liegt über diesem Bild mit seinem hellen Himmel über dem tiefblauen Meer.

Das Bild dünkt ihn wohlgelungen, und es kommt ihn schwer an, es dem Fürsten abliefern zu müssen. Er möchte es mit sich nehmen für eine Zeit, in der er nicht mehr diese gesegnete Insel wird sehen dürfen. Der Putbuser wird fluchen, er aber hat sein Leben lang hergeben müssen; dieses nun will er für sich behalten.

Und während er überlegt, wie er es dem Fürsten verweigern kann, hört er jemand mühselig die Treppe heraufkommen, die nach dem Boden führt, auf dem er sich wegen des günstigen Lichtes eingerichtet hat. Ist es sein alter Quistorp, dem seine Jahre und die drückende Schwüle des Spätsommernachmittags das Steigen schwer machen? Er öffnet die Tür und beugt sich hinab.

Es muß einer sein, der arg mitgenommen ist, eine magere Hand schiebt sich am Geländer hinauf und zieht einen müden Körper nach. Friedrich erschrickt, als er seinen Jugendfreund Lappe erkennt, den er vor Jahren auf seinem kleinen Anwesen in Pütte gesund und wohlgeborgen inmitten seiner Kinderschar vorfand. Er holt den Zögernden zu sich herein und drückt ihn auf den Stuhl vor der Staffelei nieder.

So geschieht es, daß Lappes Blick auf das Bild fällt. Kein Wort kommt über seine Lippen, aber das Blut steigt in die blassen Wangen, und die in dem Dichter nie ganz erloschene Begeisterung erwacht in den müden Augen.

„Da muß ich mein Unglück vergessen, wenn ich dies Bild

anschaue, und säße ich auf nackter Erde in Schnee und Winternacht, ich würde der Not vergessen."

Friedrich beugt sich zu ihm nieder.

„Was ist dir geschehen, Lappe?"

Der Freund spürt dem Umriß der Landschaft nach und sonnt sich im Erkennen vertrauter Gestade.

„Bleiben meine Lieder doch ein armseliges Stammeln vor dieser Hymne auf unser gesegnetes Rügen!" sagt er leise.

Friedrich läßt den Freund gewähren. Beunruhigt über sein Aussehen – sein Gesicht erscheint unter dem zurückgestrichenen spärlichen Haar noch länger und schmaler – fragt er ihn dringender.

Da wendet sich Lappe ihm zu, seine Stimme will versagen:

„Verbrannt ... alles verbrannt ... mein kleines Haus ... mein spärlicher Hausrat ... das Nest zerstört, meine Kinder verstreut." Ein Schluchzen überkommt den Armen. „Auch meine letzten Verse – Lieder vom Eiland – sind vom Feuer verschlungen. Waren sie auch bescheiden, so hing doch das Herz daran."

Friedrich bleibt stumm vor diesem Jammer. Lappe fährt ruhiger fort: „Ich war von dem Übermaß der Geschäfte aus Stralsund in die ländliche Stille geflohen, und im glücklichen Beieinander mit Weib und Kindern begann die Muse von neuem zu sprechen. Doch der kleine Besitz wurde mir nicht gegönnt, schweifendes Gesindel äscherte mein Glück ein."

Friedrich sieht ins Leere über die hingesunkene Gestalt hinweg, die vor seinem Bild kauert, auf dem die frischen Farben leuchten.

„Meine Kinder sind untergebracht, meine Frau wohnt

bei Freunden in Stralsund, mich nahm Schildener bei sich auf, und so hörte ich von deinem Hiersein. Da hielt es mich nicht länger zurück. Weißt du doch, was du mir warst von Jugend auf, und wie ich jubelte, als dein Weg sich lichtete. Wahrlich, es geschah mit Recht", sagt er schon wieder heiter und versenkt sich in das Bild.

Friedrich schweigt noch immer. Er entsinnt sich des Herbstmorgens, als er, noch die Kälteschauer des Todes in sich spürend, in Lappes ärmlicher Kammer Ruhe fand und unter des Freundes Mantel, den dieser über ihn breitete, in einen kurzen festen Schlaf der Genesung fiel. Wie er diese scheue Sorge als wohltuend empfunden, die ihn wieder ans Leben knüpfte. Und er überdenkt des Freundes Leben, das nichts war als ein Lobsingen der Heimat, und der nun in seinen gebrechlichen Tagen durch die Bosheit der Welt kein Haus mehr für sich und die Seinen hat.

Lappes zerknitterte Züge hellen sich auf, kärglich wie ein Strahl der Wintersonne, der sich schnell wieder verflüchtigt.

„Hoffen kann ich auf Heimkehr, mir wurde Hilfe zugesichert. Unser gütiger Schildener versprach mir eine beträchtliche Summe zum Aufbau eines neuen Hauses, und es werden sich etliche Freunde finden. Aber es kann lange währen, und die Trennung von den Meinen fällt mir schwer."

Schildener wird es können. Immer heimischer wurde der Griechenfreund in nordischer Umwelt, tiefgründiger sein Forschen nach alter Volkskunst. Von ihm ist Hilfe gewiß ... aber von den anderen? Friedrich lächelt bitter.

„Hätte ich selbst nicht der hungrigen Kinder genug ..."

„Wie kannst du nur glauben, daß ich auf dich gehofft habe. Kenne ich doch die Beschränkung, die du dir auferlegen mußt. Nein, Freund, darum kam ich nicht zu dir."

Friedrich geht an das geöffnete Bodenfenster und sieht eine Schar Stare über die Dächer her zur Reise aufbrechen und feines Silbergeflock über den Himmel dämmern. Er wird noch mehr Bilder malen; so freilich keins mehr wie dieses da, das er dem Putbuser unterschlagen wollte. So kein einziges mehr, das er mitnehmen möchte für die Zeit, wenn er nicht mehr heim kann.

Nun aber wird er sein Bild doch an den Putbuser weggeben.

Er bringt den Freund in sein Quartier zu Schildener. Mit dem Gelehrten, der nur seinen Studien und der Bereicherung seiner Gemäldesammlung lebt, bespricht er das Erforderliche für eine schnelle Unterkunft des obdachlosen Freundes.

Dann geht er zum Hafen hinunter und den Ryck entlang. Es ist der alte Weg der Kindheit, aber des Knaben dunkles Ahnen ist dem Zorn über die Missetaten der Welt gewichen, dem Grauen vor dem Unabwendbaren, dem der Mensch preisgegeben ist.

Es ist kühl, der Seewind wälzt schwarzblaue Wolken herüber, und schwefelgelb gegen die düstere Himmelswand lohen die Mauern von Eldena auf, um die er in kindlichem Unverstand den Bruder in den Tod getrieben hat. Das Ungenügen dieser Welt zerrt an ihm, und es greift jetzt tief wie Frostnächte mit eisigen Spuren des Todes.

Er geht weiter den Fluß hinab, denn wenn er umkehrt, wird er den Regenbogen auslöschen und das Bild zerstören. So geht er weiter, wo einst der Knabe stand, und starrt hinaus.

Es waren diese Erde und dieser Himmel, von denen er Zeugnis abgelegt hat, doch es waren zugleich eine Erde und ein Himmel, die nicht von dieser Welt sind, und darum haben ihn so viele nie begriffen. Sie werden auch weiter seiner spotten in ihrer Sattheit und ihrem Behagen, weil er von Tod und Grab kündete, und sie werden nicht erkennen, daß er verbrannt ist für sie um des ewigen Trostes willen.

„Nimm mich hinweg, bevor ich vergessen könnte, daß du, Gott, hinter allem stehst mit deiner ewigen Ordnung, denn ich erfahre zu oft, daß sie dich zuschanden machen! Lösche mich aus, bevor ich der Dunkelheit verfalle!"

IM ABENDLICHT

In Dresden kann Friedrich seine Arbeit aufnehmen, und der beglückende Austausch künstlerischer Erfahrungen mit den Freunden Carus und Dahl belebt sich wieder. Freude bereitet ihm die Entwicklung seines jüngeren Hausgenossen. Dahl hat sich nicht getäuscht; die flüchtigen Studien und Skizzen, die er in seiner Heimat festhielt, zeigen klar genug, daß sein Wirklichkeitssinn, sein kraftvoller Realismus die Landschaft Norwegens recht erfaßt haben. Nicht allein das leidenschaftlich Bewegte der Natur, vielmehr das Einmalige der Berge und Fjorde, der Gletscher und Felsen bestimmen sein inneres Erleben und seine Malerei. In seinem Gemälde vom Sognefjord ist er der große Künstler geworden, wie es Friedrich erwartete, der diese Entwicklung voraussah.

Die häusliche Gemeinschaft mit den Seinen gewinnt für einige Zeit wieder an Wärme, und der Vater nimmt froheren Anteil am Gedeihen seiner Kinder, vor allem seines kleinen Sohnes. Der Pferdestall im Hinterhof des Hauses ist ein Lieblingsplatz des Kindes, und er muß mit ihm dort die schönen hohen Pferde ansehen und sie aus der Hand mit Brotrinden füttern. Sie streuen ihren Tauben, die im Stall untergebracht sind, Körner hin, beobachten sie beim Brüten, und des Knaben Liebe zu den Tieren beruhigt den Vereinsamten, der die Menschen mehr und mehr meidet. Die Lebensweise wird sparsamer, als sie ohnehin schon war, denn Carus drängt auf eine Kur in Teplitz, doch die Einnahmen verringern sich ständig.

Um so befremdender ist es für Caroline, daß ihr Mann eines Tages für ein ihr unnötig erscheinendes Unternehmen eine erhebliche Summe opfert, bis sie auch in dieser für ihre Begriffe verschwenderischen Ausgabe nur eine Bestätigung seines alle Kreatur liebenden Gemütes erkennt. Ist es nicht wirklich so, daß die Weiden unten am Fluß zu ihnen gehören wie die Tauben im Pferdestall und ihre Kanarienvögel im Heck auf dem Boden des Hauses, die sie hegen und pflegen? Standen nicht die Weiden neben ihr, als sie mit Caspar den ersten Weg eines neu beschlossenen Lebens schritt? Sind sie nicht lebendige Wesen? Wie haben sich die Kinder im Frühling an den samtgrauen Kätzchen gefreut, und wie hatte sie gestaunt, als sie am Ufer des Ryckflusses noch prächtigere Weiden fand.

Aber eines Tages wurden die Kronen der Weiden am Elbufer beschnitten, sie standen unter dem späten Herbsthimmel wie frierende Krüppel. Caspar war mißmutig geworden und hatte sich über den rohen Eingriff der Menschen in die wohlgestaltete Natur geschämt. Damit nun die Kronen nicht noch einmal den Sägen zum Opfer fallen, hat er sich entschlossen, bei dem Rat der Stadt die käufliche Erwerbung zu beantragen. Die Summe ist nicht gering, die er zahlen muß. Doch im nächsten Jahr frohlockt Caroline, als sie ihn am Ufer unter seinen eigenen Weiden auf und ab gehen sieht. Und sie freut sich mit ihm, als die langen gelbgrünen Zweige lebensfrisch gegen das blinkende Elbwasser stehen.

Doch das Verweilen in menschenferner Abgegrenztheit und die Entfremdung allem weltlich Verankerten gegenüber nehmen beständig zu und werden durch das Scheitern heiß gehegter patriotischer Hoffnungen genährt. Den edelsten und opfermütigsten Kämpfer, seinen Landsmann Arndt, unter den vom Staat Verfolgten, seines Amtes enthoben und zur Untätigkeit verdammt zu wissen bringt das vielfach gekränkte Herz in neue Not.

Als durch eine Bürgschaft, die er vertrauend übernahm, ihm von seinem wenigen Besitz noch genommen wird und er sich zu einem neuen Hilferuf an die Brüder entschließen muß, wird der ohnehin mißtrauisch Gewordene einer immer tieferen Vereinsamung überantwortet. Sein begabter und ihm treu ergebener Schüler August Heinrich ist vor Jahren gestorben und hat seine seltene Begabung nicht entfalten können. Carl Blechen, der von seiner Kunst so stark beeinflußt wurde, hat sich nach Italien aufgemacht.

Ein Aufenthalt in Teplitz bringt vorübergehend eine Festigung der Gesundheit, aber die Sorge vor neuer Verschuldung läßt ihn die eben gewonnenen Kräfte überspannen.

Je mehr er sich von der Außenwelt zurückzieht, um so schmerzlicher empfindet er jede Störung. Er riegelt sich auch den Seinen gegenüber ab, und oft geschieht es, daß er seinen kleinen Sohn Gustav Adolf, der mit kindlichen Kritzeleien von Tieren, besonders von Pferden, zu ihm ins Atelier kommt, ungehalten abweist.

Caroline wagt sich kaum noch zu ihm hinein. Wenn sie ein Anliegen vorzubringen hat, senkt sie den Scheitel, als erwarte sie eine Zorneswelle, die im nächsten Augenblick über sie hinwegbrausen kann. Dann trifft sie ein verstörter Blick aus den großen Augen, den sie nie ertragen würde, wenn sie nicht die Erinnerung an eine Zeit bewahrte, in der sie fröhlich wie die eines Kindes sie ansahen.

In diesem Aufruhr sieht sie sich etwas Unfaßlichem gegenüber, dem auch hingebende Selbstentäußerung nicht gewachsen ist. Wenn ihr frommes Gemüt sie alle Härten geduldig tragen läßt, so kann sie über die wachsende Entfremdung, an der sie sich schuldlos fühlt, nicht hinwegkommen.

Bei der zunehmenden Zerrüttung im Haus des Freundes bleibt Carus der Familie helfend und ratend zur Seite. Einmal findet er die arme Caroline mit verzweifelt fragendem Blick vor den Trümmern ihres häuslichen Glücks. Und um sie auf ein nicht mehr aufzuhaltendes Geschehen vorzubereiten, zugleich aber ihr Ausgeliefertsein an einen rätselhaften Vorgang zu klären, versucht er, sie teilhaben zu lassen an den qualvollen Leiden und Kämpfen ihres Mannes, und ist so bestrebt, den Auswirkungen dieses geistigen Ringens das Verwirrende zu nehmen. Er faßt behutsam eine ihrer Hände, die noch für drei Kinder zu sorgen haben und doch hoffnungslos in ihrem Schoß liegen, um ihr durch menschliche Wärme aus der Zerschlagenheit zu helfen.

Caroline neigt nachdenklich den Kopf. Wenn sie ihn nach Pommern schaffen könnte, würde er wohl gesunden. Aber Carus half schon viel, und Bilder werden kaum noch gekauft. Doch sie legt, wie um einen Halt zu fassen, nun auch die andere Hand in die des Arztes, die immer noch ihre Rechte hält, hebt den Kopf und sieht ihn dankbar an.

Da wird heftig die Tür aufgerissen, und Friedrich steht auf der Schwelle mit einem Gesicht, in dem Zorn und Wahnsinn lodern. Beide sind für Sekunden wie gelähmt. Caroline schlägt die Hände vor ihre Augen, um das Furchtbare nicht sehen zu müssen. Ihr Mann aber zerrt sie herunter, umklammert eisenfest ihren Arm und führt sie hinaus. Gegen Carus, der sich beschwichtigend nähert, hebt er in Abwehr die Hand und verläßt den Raum.

In höchster Sorge sucht Carus den gemeinsamen Freund Dahl in seiner Wohnung auf und, seiner Verschwiegenheit vertrauend, berichtet er die eben erlebte Szene.

„Versuchen Sie unserm Freund jeglichen Argwohn gegen mich auszureden“, bittet er ihn inständig. „Haben sich einmal fixe Ideen in dem Kranken festgesetzt, kehren sie immer wieder und können seine Existenz und die der Seinen untergraben. Ich bin als Arzt machtlos, wenn er sein Mißtrauen auf mich wirft und völlig sinnlose Vorstellungen hegt. Er wird meiner noch oft bedürfen. Wir müssen auf Wahnvorstellungen gefaßt sein. Die arme Frau ist diesem fortschreitenden Leiden nicht gewachsen, sie wird sich an ihm verzehren. Hoffen wir, daß sie sich bis zum bitteren Ende aufrecht hält.“

Der Norweger kann sich der Tränen kaum enthalten.

„Unser Friedrich, unser armer Freund! Seine Umdüsterung gab mir längst zu denken. Noch gelingt es mir manchmal, ihn aufzuheitern, und sein Vertrauen zu mir blieb bisher unerschüttert.“

„Erhalten Sie sich dies Vertrauen! Geben Sie mir Nachricht, wenn Schlimmeres eintrifft. Solange meine Kraft reicht, komme ich zu ihm.“

Bedrückt geht Carus an diesem Abend nach Hause. Er kennt diese Erscheinungen bei Kranken; um wieviel gewaltsamer werden sie sich vollziehen bei der höchst empfindlichen und doch willensstarken Natur seines Freundes. Er wird seine ganze Kraft aufbieten müssen, um ähnlichen Szenen standzuhalten.

In diesen Jahren werden viele von Friedrichs Gemälden

ergreifende Abbilder des ihn bedrängenden Unheils und seiner inneren Überwindung: Meeresbilder, das große Segelschiff, Landschaften bei Dresden, unter denen der Bruchacker mit den herbstlich kahlen Bäumen, den Nebelkrähen und den Turmspitzen hinter dem Hügel eins der bezwingendsten ist.

Bevor seine letzte Kraft versagt, geschieht noch einmal etwas, das ans Wunderbare grenzt.

In seinen Leiden und aufsteigenden Todesahnungen besiegt er die ihn lähmenden Mächte mit einem Meisterwerk von erhabener Ruhe und Harmonie: Es ist eine abseitige, wenig ansprechende Landschaft, die Elbaue bei Dresden.

In die durch eine Überschwemmung von Wasser durchbrochenen Landschollen fällt gegen die Bildmitte hin das goldrote Licht des Abendhimmels. Hier ist es nicht das Meer, sondern das einsame, flache und nur im Hintergrund von Waldungen durchzogene Land, das Zwiesprache mit dem Himmel hält. Irdisches und Ewiges sind im vollkommenen Frieden in eins beschlossen.

Die vor Jahren neu gewonnene und gelockerte Malweise ist wieder dem glatten Pinselstrich von einst gewichen, der graue Ton herrscht vor, wenn auch die Farben ihre Kraft bewahren. Der Meister fühlt, daß er kein Bild von gleichem Rang mehr schaffen wird; diese Landschaft im Abendlicht dünkt ihn sein Abschied.

Das Versagen der Kräfte macht sich fühlbar, und zwischen ruhigeren und arbeitsamen Stunden wiederholen sich Ausbrüche der Verzweiflung. Erregende Auftritte mit Carus, der zu den in Dresden viel umworbenen Persönlichkeiten gehört und dessen Wirkungskreis sich mehr und mehr erweitert, bleiben nicht aus, so daß der Arzt seine

Besuche einschränken muß und sich schmerzlich über den Verlust eines unersetzlichen Freundes klar wird. Als aber eines Tages der französische Bildhauer Pierre-Jean David d'Angers, der auf seiner Rückreise nach Frankreich begriffen ist, in Dresden weilt, führt er ihn selber nach des Freundes Atelier. Friedrich öffnet die Tür, wie es jetzt oft geschieht, weil er Caroline den Besuchen fremder Menschen fernhalten will. Ein großer hagerer Mann im grauen Mantel begrüßt den berühmten Bildhauer. Der Adel seines blassen Gesichtes, das von Alter und Krankheit Spuren trägt und nur noch spärlich vom ergrauten Haar und Bart umrahmt wird, erschüttert den Franzosen. Hier folgt ein Mensch noch ungebrochen seiner inneren Weisung, mögen auch Störungen zuweilen ihre Klarheit trüben.

Nachdem der Meister auf Bitten des Fremden seine letzten Gemälde hervorgeholt hat und David d'Angers sich lange darin vertiefte, sagt er zu Carus:

„Fünf Jahre habe ich mich in Deutschland aufgehalten und Bewundernswertes gesehen. Den Gemälden des Herrn Friedrich ist an Eigenart nichts vergleichbar. Er hat die Tragödie der Landschaft entdeckt."

Er wendet sich zu dem Schweigsamen und fragt in gebrochenem Deutsch, wovon es herrühren möge, daß ein solch drängender Geist seine Gemälde beseele.

Und er soll erfahren, daß die Redeweise dieses Malers lakonisch ist. Eine rauhe Stimme antwortet ihm:

„Der Maler soll nicht nur malen, was er vor sich sieht, sondern auch, was er in sich sieht. Sieht er aber nichts in sich, so unterlasse er zu malen, was er vor sich sieht . . ."

David d'Angers glaubt schon, der Meister habe seinen Satz beendet, als er hinzufügt:

„... sonst werden seine Bilder den spanischen Wänden gleichen, hinter denen man nur Kranke oder gar Tote erwartet.“

Der Franzose erschrickt, doch Carus, an des Freundes oft harte Ausdrucksweise gewöhnt, sagt beschwichtigend: „Meines Freundes Worte sind so gemeint, wie sie uns ansprangen, sie enthalten eine Wahrheit, die ihm nicht von eben kam. Die Bitterkeit seiner Erfahrung hat sie ihm eingegeben, und wer sein Leben kennt, der wird ihm zustimmen; die eisenfeste Eigentümlichkeit in seinen Bildern ist das Resultat seiner Charakterfestigkeit, die ihm die Wege wies, die er seit Jahren beschreitet. Die Dämmerung ist in seinem Leben wie in seiner Kunst sein eigenstes Element.“

Den Müden und von Dunkelheit Bedrängten beschäftigt das erschöpfte und nicht mehr beglückende Ausruhen nach mühevoller Tagesarbeit. In dieser Stimmung malt er seine „Rast bei der Heuernte“. Ruhende Frauen, gegen einen Heuhaufen gelehnt, sehen gelassen nach den Gewitterwolken, die sich hinter einer Ruine und bewaldeten Höhen türmen. Sie scheinen so tief ermüdet, daß es sie nicht stört, was sich da zusammenballt. Dahl, der dem Freund bei der Arbeit zusieht, betrachtet ihn nachdenklich. Der sieht jetzt selber aus wie ein von harter Lebensarbeit Erschöpfter mit dem Gesicht eines strengen und beharrlichen Mannes, der um seinen bedrohten Abendfrieden weiß.

Bevor er das Bild vollendet hat, wird er vom Schlag getroffen, seine rechte Hand gelähmt.

In die Armut und Trostlosigkeit tritt kurze Zeit darauf Bruder Heinrichs Sohn Heinrich, der von einer Reise ins Erzgebirge zurückkehrt. Er hat die gütigen Augen des Vaters, sein demütiges und liebevolles Wesen. Der Kranke sieht ihn eines Morgens an seinem Bett sitzen, und die Freude verändert ihn, als sei er gesundet. Der Vater, von der Erkrankung seines Bruders tief betrübt, habe ihm geschrieben und ihm ans Herz gelegt, über den Onkel zu wachen und alles Erdenkliche für seine Genesung aufzubieten, sagt Heinrich ein wenig scheu.

Unter der liebevollen Sorge des Neffen klärt sich das Gemüt des Gelähmten, und Caroline erfährt mit schmerzhafter Freude, wie seine Zuversicht sich stärkt. Auch über die Malversuche seines zehnjährigen Sohnes beugt er sich und prüft ernstlich die Umrisse eines Pferdes, meint aber lächelnd, er könne dem Jungen wohl nichts mehr beibringen, der anscheinend eine neue Malweise der sauber begrenzten Linienführung seines Vaters vorziehe. Wohltuend ist es jetzt für den in seiner Tätigkeit Beschränkten, mit dem jungen Heinrich über seine Erfahrungen in der Kunst und bei Dresdener Künstlern zu sprechen und ihm seine Gedanken über das Schaffen des Künstlers mitzuteilen, weil er ein aufgeschlossenes Herz fühlt. Und Heinrich, der jede Gebärde, jede Äußerung hingebend belauscht, erfährt manch ein wertvolles Wort, und damit es bewahrt bleibt, schreibt er es nieder. Nach längeren Pausen, zögernd, wie aus weiter Ferne gesammelt, dringt es zu ihm:

„Willst du dich der Kunst widmen, fühlst du den Beruf, ihr dein Leben zu weihen, so achte genau auf die Stimme deines Innern, denn sie ist Kunst in uns.

Hüte dich vor kalter Vielwisserei, vor frevelhaftem Vernünfteln, denn sie töten das Herz, und wo das Herz und das Gemüt im Menschen erstorben sind, da kann die Kunst nicht wohnen.

Bewahre dir einen reinen, kindlichen Sinn und folge unbedingt der Stimme deines Innern, denn sie ist das Göttliche in uns und führt uns nicht irre.

Heilig sollst du halten jede reine Regung deines Gemütes, heilig achten jede fromme Ahnung, denn sie ist Kunst in uns. In begeisternder Stunde wird sie zur anschaulichen Form, und diese Form ist dein Bild.

Nur das ist dein eigenes Pfund, was du in deinem Innern für wahr und schön, für edel und gut anerkennst.

Schließe dein leibliches Auge, damit du mit dem geistigen Auge zuerst dein Bild siehst. Dann fördere zutage, was du im Dunkeln gesehen, daß es zurückwirke auf andere von außen nach innen."

Oft aber folgt den klar gefügten Sätzen ein leidenschaftliches Reden und Deuten, auf das Heinrich ratlos horcht, weil ihm nur Weniges verständlich bleibt. Und weil er Einzelheiten von hoher Schönheit hört, betrübt es ihn, den Sinn nicht erfassen und zusammenfügen zu können. Denn der Kranke, der sich seines Werkzeuges beraubt findet, sucht sich von der Fülle seiner Gesichte zu befreien. Nach und nach aber verfällt er einem Vorsichhindämmern, aus dem nur einzelne Worte wie aus einer unbekannten Sprache zu dem Lauschenden dringen.

Carus, der wieder täglich um den Freund bemüht ist, sieht bekümmert, daß die Mittel zu einer dringenden Kur in Teplitz nicht reichen. Da wendet sich Caroline in äußerster Bedrängnis an ihren Schwager Heinrich, von dem sie weiß, daß seine Liebe zu dem Bruder ihn jedes Opfer bringen läßt.

Als wirklich ein Betrag eingeht, überlegt sie mit ihrem

Neffen Heinrich, wie die Geldmittel zu ergänzen seien, um einen Aufenthalt in Teplitz möglich zu machen; sie kommen aber beide zu keinem Entschluß.

In diesen Tagen hält sich der russische Zar Nikolaus in Dresden auf. Er sendet einen Herrn seiner Begleitung zu Friedrich. Weil Caroline die Weisung erhalten hat, niemanden vorzulassen, fragt sie schüchtern nach dem Begehren des Gastes.

Der Abgesandte des Kaisers, erstaunt über den merkwürdigen Empfang, gibt ihr zu verstehen, daß der Leibarzt des sächsischen Königs, Herr Professor Carus, sich lobend über einige Skizzen von der Insel Rügen ausgelassen habe, die sich im Besitz des Herrn Professor Friedrich befinden sollen. Weil sein Herr das pommersche Eiland besucht habe und von seiner Schönheit entzückt sei, wünsche er diese Skizzen zu erwerben, um sie als Andenken mit nach Rußland zu nehmen.

Caroline dankt Carus im stillen. Zugleich aber ist sie entsetzt; denn gerade diese Skizzen sind das Teuerste und beinah das letzte, woran ihr Mann hängt.

Zögernd bringt sie ihr Anliegen vor. Ein fast irrer Blick des Kranken trifft sie.

„Die Skizzen“, schreit er auf und stampft mit dem Knotenstock auf den Boden, „das letzte, was ich habe, soll ich hergeben? Hält man mich schon für einen Bettler? Sage dem Kerl, er solle sich zum Teufel scheren mit seinen Rubeln, die Skizzen gebe ich nicht her.“

Caroline tritt blaß und mit fliegendem Atem vor den Fremden. Er möge seinen erlauchten Herrn bitten, ihrem Mann nicht zu zürnen, er könne sich nicht entschließen, die ihm teuren Andenken an seine Heimat herzugeben.

Wieder sitzen sie am Bett des Kranken und beraten. Wenn der Zar für die Skizzen eine ansehnliche Summe zahlen würde, dann wäre die Reise nach Teplitz gerettet, und sie könnten auf eine Heilung der lahmen Hand hoffen.

Ein schluchzendes Stöhnen bricht sich aus der Brust des Kranken. Caroline gibt die Verzweiflung neuen Mut.

„Wenn du wieder malen kannst, wirst du leben und wir alle mit dir“, mahnt sie inständig.

Friedrich hebt mühsam die linke Hand, sie nimmt es als Zustimmung. Heinrich bringt die Skizzen zu Carus, der sie an den Zaren weitergibt.

Die Reise kann angetreten werden. Doch der Abschied von dem Neffen, der während der Krankheit die Zuneigung seines Onkels und seiner Tante durch seine treue und liebevolle Pflege gewonnen hat, erschüttert beide, und von Carolines Tränen begleitet, begibt sich Heinrich schweren Herzens auf die Heimfahrt nach Greifswald.

Nach der Rückkehr aus Teplitz macht sich eine Kräftigung des Körpers fühlbar. Der Genesende möchte die Hand wieder an die Arbeit gewöhnen, doch bei den ersten Versuchen drängt sich ihm die Gewißheit von einer für immer geschwundenen Fähigkeit auf.

Die einzige Freude des Vereinsamten bleiben die Spaziergänge in der Nähe des Hauses, auf denen Emma ihn begleitet. Ständig ist die Tochter um ihn, pflegt ihn mit Hingabe und versucht, seine Verzweiflung, wenn die Hand nicht folgen will, zu dämpfen. Sie ist so ganz seine Tochter mit den großen hellen Augen, der schmalen hohen Gestalt und dem blassen Gesicht. Auf kurzen Spaziergängen schließt sich ihnen der junge Elbfischer Andreas Krüger an, der als Knabe mit Emma spielte, und sein verläßliches Wesen tröstet den um die Seinen besorgten Vater.

Um Emma brauche er sich nicht zu grämen, sie werde bald seine Frau werden, wie er es sich schon als Junge vorgenommen, versichert Andreas Krüger treuherzig. So sei es gewiß, daß auch Agnes und Gustav Adolf keine Not leiden werden. Nach solchen Gängen kehrt der Vater ruhiger heim.

„Die Fischer waren mir zugetan von Kindheit an“, sagt er dann wohl zu Caroline, „auch ich fühlte mich zu ihnen hingezogen wie zu den Hirten und Landarbeitern. Menschen, die ihre mühsame und schlichte Arbeit in der Natur verrichten, haben einen graden und stetigen Sinn.“

An manchen Tagen aber geht er allein hinaus. Es tut ihm wohl, bei den Brückenpfeilern stehenzubleiben, wo der Fluß seine Wasser gegen die steinernen Mauern spült, die Augen zu schließen und zu horchen. Freilich hat das gleichmäßige Rauschen nicht die Musik der Ferne, nicht den rhythmischen Schlag des in die Unendlichkeit tönenden Meeres, aber eine Kühle und der Geruch des Wassers steigen herauf, und es bleibt doch eine Melodie aus den Urgesängen der Erde.

Am köstlichsten ist es, abends unter den Weiden auf und ab zu gehen, allein, nur ihrem vertrauten Umgang überlassen, sich gegen einen ihrer Stämme zu lehnen und sich ihrem Atem einzufühlen. An stürmischen Tagen ist das Rauschen ihrer Kronen nicht so wie das der Eichen und Buchen auf der Stubnitz, aber es ist doch das gleiche kraftvolle Leben darin. Sie neigen sich zueinander wie in trunkener Liebe. Da kommen die Ströme des Hasses zur Ruhe. Und dort, welch wunderliches Ineinanderfügen. Dort hat eine Weide die Mondkugel in ihrer runden Krone eingefangen; zwischen dem Geäder der Zweige und dem Gewirr der schmalen, feinen Blätter sieht sie hindurch, auch ein paar Wolkenfetzen bleiben darin hängen.

Hatte ihm Carus nicht einmal die Sage vom verlorenen Mond erzählt? Ja, es war Carus, der Gefährte manch köstlicher Mondnächte. Hatte er sie nicht selbst ersonnen, diese Sage? Es war einmal eine Zeit gekommen, so hub sie an, da begann das Licht des stillen Mondes zu schwinden. Nach vielen Jahren versuchten die Menschen, die von seiner Schönheit hörten, ihn wiederzufinden. Aber umsonst blieb ihr Bemühen, bis die meisten seiner ganz vergaßen. Viele glaubten schon nicht mehr an sein Bestehen, und die Klugen erachteten sein Verschwinden als einen Vorteil, da die Auswirkungen seines magischen Lichtes für viele Menschen gefährlich gewesen seien. Aber diesen Verleumdungen zuwider gab es etliche, die sich nach dem Anblick seines ruhigen Glanzes verzehrten. Da geschah es, daß ihnen eines Nachts die blanke Mondkugel erschien. Sie waren tief beglückt, sollen aber bald darauf gestorben sein. Ob sie den Mond auch wohl in einer Weidenkrone eingefangen sahen?

Die frühen Herbstabende haben ihre eigenen Erscheinungen. Haben sie nicht immer zu den festlichen Zeiten gehört? Das Wasser nimmt die Glut des abendlichen Gewölks in sich auf, und das Laub der Eichen und Buchen lodert mit in das Flammen der Wolken und ihrer Spiegelungen.

Nun hat sich der Nebel drüben auf die Wiesenhänge gesenkt, und es kann sein, daß dort das Ufer verschwindet. Dann weitet sich der Fluß, und Himmel und Wasser schwingen sich in weitem Bogen einander zu; das Land flieht zurück, und es bleibt nur ein Strich, trennend gezogen zwischen Himmel und Meer, bis auch dieser sich verflüchtet.

An solchen Herbstabenden mag es geschehen, daß eine Träne über die hagere Wange sickert.

Wenn der Winter beginnt, hebt eine traurige Gefangenschaft an. Die Wanderungen hören auf, und nur dem Auge ist Freiheit gewährt.

Die Brüder und Freund Dahl haben gesorgt, daß die Wohnung am Elbufer erhalten bleibt; aber es ist schwer für Caroline, die Räume warm zu bekommen, und so bleibt es morgens im Atelier empfindlich kalt. Dann sitzt der Einsame am Fenster, in Bruder Heinrichs Pelz gehüllt. Wie grau und kahl bleibt das Atelier, wie ermüdet sehen die Wände aus, wenn der Himmel eine weißgraue Wand vor das Fenster spannt. Doch im Innern gedeiht manche Landschaft. Dann steigen auf den eintönigen Wänden Bilder voll hoher Verheißungen auf, kühne Türmungen von Bergesgipfeln und Felsgestein. Hatte er nicht einmal die Finsternis malen wollen? Nun ist ihm Zeit geblieben, in den Erscheinungen der Luft und der Ferne zu forschen, und so gehen ihm neue Ahnungen auf. Er muß sich für diese Bilder bereiten und sie klar und fertig schauen, Luftschaften sind es, wie Schubert sie nannte, ferne Wolkenschaften.

Er wird nicht so töricht sein, diese Herrlichkeiten zu malen, wie er es einmal als Knabe getan, als er den Himmel über der dunklen Erde zeichnen wollte. Sein Leben lang hat er diese Torheit wiederholt, und nun entsetzt er sich, wie der Knabe es tat, als er glaubte, im Traum seine

Zeichnung vollendet zu haben, und am Morgen ein wüstes Gekritzel von seinen ungefügten Händen fand.

Heute kann er seine früheren Bilder, die angesichts der neuen Visionen nur kümmerliche Sichtbarkeiten sind, nicht auslöschen und sie vor den Menschen verbergen. Es wäre besser, daß sie ins Ewige eingingen. Könnte er doch aus des Vaters Lichtgießerei eine Kerze holen und alles verbrennen!

Jeden Morgen muß er von neuem beginnen, die Bilder an die kahlen Wände zu malen. Aber nicht immer ist das innere Auge wach, und oft bleiben sie leer, kalt und grau.

Wenn die Dämmerung alles in ein magisches Zwielicht taucht, wird es erträglicher. Die Elbkähne haben ihre Lampen angesteckt, und wenn sie mit leisem Rauschen durch das Dunkel fahren und sich die Lichter hin- und herbewegen, könnten es genauso auch Schiffe auf dem Ryck sein. Auch die Schaluppen, die über den Greifswalder Bodden von Rügen kommen, gleiten so traumhaft dahin. Vielleicht sind es aber die Lichtstümpfe aus des Vaters Siederei, und gleich werden Christians Hände das Wasser aufrühren.

Nun läßt der Mond die Kugelhäupter der Weiden ergrauen. So spann er einst bleiche Streifen in der Kammer, vor deren Fenster die Mauern von Sankt Nikolai hochstiegen, wenn Christoffer das Buch beiseite legte. Wie nahe ist Christoffer, und wie sind seine Augen mit einer Liebe, die der Tod nicht auslöscht, auf ihn gerichtet. Was war es doch für ein Lied, das der Bruder sang? Und welch ein Wort hat er im Buch des Jakob Böhme gelesen von der Qual der Finsternis und der Kraft des Lichtes und von der Ausgeburt aus der Finsternis durch des Lichtes Kraft . . .

Wie war jenes Wort? Er hatte es wohl tief durchlebt, aber nun die Formel verloren.

Ob das kleine Mädchen, das ihm mitten im Winter bunte Blumen bringt, wohl Luischen ist, die seine Skizzen zum Einwickeln benutzte? Es sieht aus wie eins der seligen Kinder auf Runges „Morgen". Hat es die Blumen von den schlafenden Wiesen der Nacht geholt, weil sie vom Morgentau noch feucht sind?

Bald wird der Winter vorüber sein, denn sein kleiner gelber Gefährte, der seit dem Herbst nicht mehr sang, beginnt wieder die ersten Flötenversuche. Seine scheuen Versuche nach dem Erwachen sind Töne des Paradieses. Er pfeift einige Male denselben Ton, nimmt eine Kadenz zur Höhe und wiegt sich nach kurzem Anschlag in zarten Schwingungen. Inbrünstiger werden seine Lieder, sein Körper wird schmal, und der kleine Kopf biegt sich zurück.

Der Winter muß schon vorüber sein, die Luft dringt mit sanfter Wärme durch das geöffnete Fenster. Was dort heraufklingt, ist das feine kristallene Singen des Meeres, Töne voller Verheißung eines künftigen Morgens. Jene einsame Wolke dort oben gleitet über endlose Flächen glänzenden Wassers, das von ihr den Abglanz empfängt.

Unruhe kommt in den heiteren Himmel. Ein Wirbel jagt die kleinen, sanft geröteten Wolken auseinander und schleift graublaue Fetzen vor die Helle. Ein dunkelfarbenes Gewölk beginnt sich zu regen. Von allen Richtungen steigt es herauf. Schwarzgraue Gebirge stürzen drohend einander entgegen, ballen und türmen sich auf, jeglicher Glanz ist dahin. Und der Morgen schien doch so nahe.

Zu einer schwarzblauen Wand hat sich der Aufruhr gefestigt. Graue Schwaden fegen darunter hin, kommen tief herab, berühren die Erde. Über kahles Geäst und zitterndes Gezweig jagen sie, hüllen es sein, und es windet sich, reckt sich, taucht wieder hervor.

Doch in das Rauschen des Wassers tost das Brausen des Sturmes. Die Wand zerbirst, Wolken mit fahlgrauen Kronen fliehen stürmisch davon. Aufs neue beginnt ein Kreisen.

Nun sammeln sie sich um die Höhe des Himmels und empfangen ein weißes Fließen aus unsichtbaren Quellen. Es kann nicht lange mehr währen, und ein Glänzen von lauterstem Licht wird entfacht sein.

Es ist an der Zeit, das leibliche Auge zu schließen, damit das innere schaue. Schon zuckt ein schräges Gestrahl aus jener gelichteten Türmung, das durch die geschlossenen Lider bricht.

Und endlich ist es so weit, daß der Glanz durch jegliche Hülle dringt und sich die himmlische Ausgeburt vollzieht.

BILDNACHWEIS

(Umschlagbild) Vier Lebensstufen (Ausschnitt). Öl. Um 1825/30. Leipzig, Museum der Bildenden Künste

(Frontispiz) Selbstbildnis. Kreidezeichnung. Um 1818. Berlin, Staatliche Museen, Nationalgalerie

1 Herakles. Bleistiftzeichnung. Um 1790/94. Museum der Stadt Greifswald

2 Bildnis des Vaters Adolf Gottlieb Friedrich. Kreidezeichnung. Um 1798. Museum der Stadt Greifswald

3 Der Greifswalder Marktplatz. Aquarell. Um 1818. Museum der Stadt Greifswald

4 Alte Buche auf Rügen mit rastendem Wanderer. Pinselzeichnung (Sepia). Um 1798/99. Museum der Stadt Greifswald

5 Hünengrab im Herbst. Öl. Um 1824. Dresden, Staatliche Kunstsammlungen

6 Winterlandschaft. Öl. 1811. Schwerin, Staatliches Museum

7 Mittag. Öl. Nach 1815. Ehemals Privatbesitz, Frankfurt am Main

8 Mondschein am Strand (mit den zwei Fischern). Öl. Um 1815/17. Ehemals Privatbesitz, Berlin

9 Mondschein am Strand (mit dem Anker). Öl. Um 1815/17. Ehemals Privatbesitz, Berlin

10 Seestück bei Mondschein. Öl. Um 1827. Leipzig, Museum der Bildenden Künste

11 Die Klosterruine Eldena im Riesengebirge. Öl. Um 1815/20. Museum der Stadt Greifswald

12 Harzlandschaft mit felsigem Weg und Tanne. Bleistiftzeichnung. Um 1811. Museum der Stadt Greifswald

13 Das Kreuz im Gebirge. Sepia. Um 1808. Ehemals Berlin, Schloß

14 Das Kreuz im Gebirge (Tetschener Altar). Öl. 1808. Dresden, Staatliche Kunstsammlungen

15 Landschaft bei Loschwitz. Aquarell. Um 1800. Museum der Stadt Greifswald

16 Frau am Fenster. Öl. 1822. Berlin, Staatliche Museen

Die Bildauswahl verzichtete bewußt darauf, den Schwerpunkt auf die allgemein bekannten und in guten Drucken verbreiteten Werke Friedrichs zu legen, sondern griff auch auf Studienblätter zurück, die einen lebendigen Eindruck vom Schaffensprozeß des Künstlers vermitteln können. Der Verlag dankt dem k. Direktor des Museums der Stadt Greifswald, Herrn Klaus Möller, für seine Unterstützung, und Herrn Günter Ewald, Stralsund, für die fotografische Neuaufnahme der meisten Vorlagen.

BILDNACHWEIS

(Umschlagbild) Vier Lebensstufen (Ausschnitt). Öl. Um 1825/30. Leipzig, Museum der Bildenden Künste

(Frontispiz) Selbstbildnis. Kreidezeichnung. Um 1818. Berlin, Staatliche Museen, Nationalgalerie

1 Herakles. Bleistiftzeichnung. Um 1790/94. Museum der Stadt Greifswald

2 Bildnis des Vaters Adolf Gottlieb Friedrich. Kreidezeichnung. Um 1798. Museum der Stadt Greifswald

3 Der Greifswalder Marktplatz. Aquarell. Um 1818. Museum der Stadt Greifswald

4 Alte Buche auf Rügen mit rastendem Wanderer. Pinselzeichnung (Sepia). Um 1798/99. Museum der Stadt Greifswald

5 Hünengrab im Herbst. Öl. Um 1824. Dresden, Staatliche Kunstsammlungen

6 Winterlandschaft. Öl. 1811. Schwerin, Staatliches Museum

7 Mittag. Öl. Nach 1815. Ehemals Privatbesitz, Frankfurt am Main

8 Mondschein am Strand (mit den zwei Fischern). Öl. Um 1815/17. Ehemals Privatbesitz, Berlin

9 Mondschein am Strand (mit dem Anker). Öl. Um 1815/17. Ehemals Privatbesitz, Berlin

10 Seestück bei Mondschein. Öl. Um 1827. Leipzig, Museum der Bildenden Künste

11 Die Klosterruine Eldena im Riesengebirge. Öl. Um 1815/20. Museum der Stadt Greifswald

12 Harzlandschaft mit felsigem Weg und Tanne. Bleistiftzeichnung. Um 1811. Museum der Stadt Greifswald

13 Das Kreuz im Gebirge. Sepia. Um 1808. Ehemals Berlin, Schloß

14 Das Kreuz im Gebirge (Tetschener Altar). Öl. 1808. Dresden, Staatliche Kunstsammlungen

15 Landschaft bei Loschwitz. Aquarell. Um 1800. Museum der Stadt Greifswald

16 Frau am Fenster. Öl. 1822. Berlin, Staatliche Museen

Die Bildauswahl verzichtete bewußt darauf, den Schwerpunkt auf die allgemein bekannten und in guten Drucken verbreiteten Werke Friedrichs zu legen, sondern griff auch auf Studienblätter zurück, die einen lebendigen Eindruck vom Schaffensprozeß des Künstlers vermitteln können. Der Verlag dankt dem k. Direktor des Museums der Stadt Greifswald, Herrn Klaus Möller, für seine Unterstützung, und Herrn Günter Ewald, Stralsund, für die fotografische Neuaufnahme der meisten Vorlagen.

INHALT

Im Frühlicht
5
Die Entrückung
23
Der Verwirrte
39
Aufbruch
70
Versuchung
118
Kampf
177
Erhöhung
248
Späte Rast
315
Nebel
382
Im Abendlicht
411
Bildnachweis
429